全国高等教育自学考试指定教材

法律专业

国 际 私 法

（含：国际私法自学考试大纲）

（2018年版）

全国高等教育自学考试指导委员会　组编

主　编　蒋新苗
副主编　金彭年　郭玉军
撰稿人　蒋新苗　金彭年　郭玉军
　　　　李先波　欧福永　田洪鋆
　　　　黄　辉
审稿人　何其生　杜焕芳　杜新丽

图书在版编目(CIP)数据

国际私法:2018年版/蒋新苗主编. —北京:北京大学出版社,2018.10
(全国高等教育自学考试指定教材)
ISBN 978-7-301-29999-9

Ⅰ.①国… Ⅱ.①蒋… Ⅲ.①国际私法—高等教育—自学考试—教材 Ⅳ.①D997

中国版本图书馆CIP数据核字(2018)第240716号

书　　　名	国际私法(2018年版)
	GUOJI SIFA(2018 NIAN BAN)
著作责任者	蒋新苗　主编
责　任　编　辑	冯益娜
标　准　书　号	ISBN 978-7-301-29999-9
出　版　发　行	北京大学出版社
地　　　址	北京市海淀区成府路205号　100871
网　　　址	http://www.pup.cn
新　浪　微　博	@北京大学出版社　@北大出版社法律图书
电　子　邮　箱	编辑部 law@pup.cn　总编室 zpup@pup.cn
电　　　话	邮购部 010-62752015　发行部 010-62750672　编辑部 010-62752027
印　刷　者	河北滦县鑫华书刊印刷厂
经　销　者	新华书店
	787毫米×1092毫米　16开本　21.75印张　476千字
	2018年10月第1版　2023年12月第7次印刷
定　　　价	46.00元

未经许可,不得以任何方式复制或抄袭本书之部分或全部内容。
版权所有,侵权必究
举报电话:010-62752024　电子邮箱:fd@pup.cn
图书如有印装质量问题,请与出版部联系,电话:010-62756370

组 编 前 言

21世纪是一个变幻难测的世纪,是一个催人奋进的时代。科学技术飞速发展,知识更替日新月异。希望、困惑、机遇、挑战,随时随地都有可能出现在每一个社会成员的生活之中。抓住机遇,寻求发展,迎接挑战,适应变化的制胜法宝就是学习——依靠自己学习、终生学习。

作为我国高等教育组成部分的自学考试,其职责就是在高等教育这个水平上倡导自学、鼓励自学、帮助自学、推动自学,为每一个自学者铺就成才之路。组织编写供读者学习的教材就是履行这个职责的重要环节。毫无疑问,这种教材应当适合自学,应当有利于学习者掌握和了解新知识、新信息,有利于学习者增强创新意识,培养实践能力,形成自学能力,也有利于学习者学以致用,解决实际工作中所遇到的问题。具有如此特点的书,我们虽然沿用了"教材"这个概念,但它与那种仅供教师讲、学生听,教师不讲、学生不懂,以"教"为中心的教科书相比,已经在内容安排、编写体例、行文风格等方面都大不相同了。希望读者对此有所了解,以便从一开始就树立起依靠自己学习的坚定信念,不断探索适合自己的学习方法,充分利用自己已有的知识基础和实际工作经验,最大限度地发挥自己的潜能,达到学习的目标。

欢迎读者提出意见和建议。

祝每一位读者自学成功。

全国高等教育自学考试指导委员会
2017年1月

目　录

国际私法自学考试大纲

大纲前言 ··· 7
Ⅰ　课程性质与课程目标 ··· 9
Ⅱ　考核目标 ·· 11
Ⅲ　课程内容与考核要求 ·· 12
Ⅳ　关于大纲的说明与考核实施要求 ···························· 43
附录　题型举例 ··· 46
大纲后记 ··· 48

国　际　私　法

前言 ··· 51
第一章　绪论 ··· 53
　　第一节　涉外民事关系与法律冲突 ·························· 53
　　第二节　国际私法的名称、范围和定义 ···················· 58
　　第三节　国际私法的渊源 ······································ 60
　　第四节　国际私法的基本原则 ································ 64

第二章　国际私法的历史 ·· 68
　　第一节　国际私法的立法史 ···································· 68
　　第二节　国际私法的学说史 ···································· 72
　　第三节　中国国际私法的历史 ································ 78

第三章　冲突规范与法律选择 ······································ 81
　　第一节　冲突规范概述 ·· 81
　　第二节　准据法表述公式和连结点 ·························· 85
　　第三节　法律选择的方法 ······································ 88
　　第四节　识别 ·· 90

第四章　冲突规范运用中的一般性问题 … 95
第一节　反致 … 95
第二节　先决问题 … 98
第三节　区际、人际及时际法律冲突的解决 … 100
第四节　法律规避 … 102
第五节　外国法的查明和适用 … 104
第六节　公共秩序 … 107

第五章　外国人的民事法律地位 … 115
第一节　外国人民事法律地位的概念 … 115
第二节　外国人民事法律地位的主要待遇制度 … 116
第三节　外国人在中国的民事法律地位 … 119

第六章　自然人 … 121
第一节　自然人的国籍冲突 … 121
第二节　自然人的住所冲突 … 123
第三节　自然人的权利能力和行为能力 … 127

第七章　法人 … 132
第一节　法人的国籍和住所 … 132
第二节　外国法人的认许 … 135
第三节　法人属人法和内国的外国人法的适用 … 137

第八章　法律行为与代理 … 139
第一节　法律行为 … 139
第二节　代理 … 140

第九章　物权 … 147
第一节　物之所在地法原则 … 147
第二节　国际破产 … 151
第三节　信托 … 154

第十章　知识产权 … 157
第一节　知识产权的法律适用规则 … 157
第二节　知识产权国际保护规则统一化进程 … 160

第十一章　合同之债法律适用的一般制度 … 173
第一节　合同法律适用概述 … 173
第二节　合同准据法的确定 … 175
第三节　合同形式与缔约能力的法律适用 … 186

第十二章　典型国际合同法律适用的具体制度 190

- 第一节　国际货物买卖合同的法律适用 190
- 第二节　国际货物运输合同的法律适用 193
- 第三节　国际货物运输保险合同的法律适用 197
- 第四节　国际贸易支付的法律适用 198
- 第五节　国际技术转让合同的法律适用 200
- 第六节　国际私人直接投资合同的法律适用 202
- 第七节　国际劳务合同的法律适用 202
- 第八节　国际消费合同的法律适用 204
- 第九节　国际电子商务合同的法律适用 206

第十三章　法定之债 210

- 第一节　侵权行为 210
- 第二节　几种特殊的侵权行为 212
- 第三节　不当得利和无因管理 221

第十四章　婚姻家庭 223

- 第一节　结婚 223
- 第二节　夫妻关系 230
- 第三节　父母子女关系 234
- 第四节　离婚 237
- 第五节　收养 240
- 第六节　监护 243
- 第七节　扶养 246

第十五章　遗嘱与继承 248

- 第一节　遗嘱继承 248
- 第二节　法定继承 251
- 第三节　关于遗嘱和继承的海牙公约 254

第十六章　国际民事诉讼 258

- 第一节　国际民事诉讼法的概念和渊源 258
- 第二节　外国人民事诉讼地位 259
- 第三节　国际民事管辖权 265
- 第四节　管辖豁免 274
- 第五节　国际民事诉讼中的时间要素与诉讼保全方式 277
- 第六节　国际司法协助的职能机关与运行机制 279

第七节 域外送达……………………………………………………281
第八节 域外取证……………………………………………………286
第九节 外国法院判决的承认与执行………………………………290
第十节 中国区际民商事判决的相互认可与执行…………………296

第十七章 国际商事仲裁……………………………………………300
第一节 国际商事仲裁概述…………………………………………301
第二节 国际商事仲裁的类型………………………………………304
第三节 仲裁协议……………………………………………………308
第四节 仲裁程序……………………………………………………315
第五节 国际商事仲裁的法律适用…………………………………326
第六节 国际商事仲裁裁决的承认与执行…………………………329
第七节 中国区际仲裁裁决的相互认可与执行……………………336

后记……………………………………………………………………339

全国高等教育自学考试
法律专业

国际私法自学考试大纲

全国高等教育自学考试指导委员会　制定

大 纲 目 录

大纲前言	7
Ⅰ　课程性质与课程目标	9
Ⅱ　考核目标	11
Ⅲ　课程内容与考核要求	12
第一章　绪论	12
一、学习目的与要求	12
二、课程内容	12
三、考核知识点与考核要求	12
四、本章重点、难点	13
第二章　国际私法的历史	13
一、学习目的与要求	13
二、课程内容	14
三、考核知识点与考核要求	14
四、本章重点、难点	14
第三章　冲突规范与法律选择	15
一、学习目的与要求	15
二、课程内容	15
三、考核知识点与考核要求	15
四、本章重点、难点	16
第四章　冲突规范运用中的一般性问题	16
一、学习目的与要求	16
二、课程内容	17
三、考核知识点与考核要求	17
四、本章重点、难点	18
第五章　外国人的民事法律地位	18
一、学习目的与要求	18
二、课程内容	19
三、考核知识点与考核要求	19
四、本章重点、难点	19
第六章　自然人	20
一、学习目的与要求	20

二、课程内容 ………………………………………………………………………… 20
三、考核知识点与考核要求 ………………………………………………………… 20
四、本章重点、难点 ………………………………………………………………… 21

第七章 法人 …………………………………………………………………………… 21
一、学习目的与要求 ………………………………………………………………… 21
二、课程内容 ………………………………………………………………………… 21
三、考核知识点与考核要求 ………………………………………………………… 22
四、本章重点、难点 ………………………………………………………………… 22

第八章 法律行为与代理 ……………………………………………………………… 23
一、学习目的与要求 ………………………………………………………………… 23
二、课程内容 ………………………………………………………………………… 23
三、考核知识点与考核要求 ………………………………………………………… 23
四、本章重点、难点 ………………………………………………………………… 24

第九章 物权 …………………………………………………………………………… 24
一、学习目的与要求 ………………………………………………………………… 24
二、课程内容 ………………………………………………………………………… 24
三、考核知识点与考核要求 ………………………………………………………… 24
四、本章重点、难点 ………………………………………………………………… 25

第十章 知识产权 ……………………………………………………………………… 25
一、学习目的与要求 ………………………………………………………………… 25
二、课程内容 ………………………………………………………………………… 25
三、考核知识点与考核要求 ………………………………………………………… 26
四、本章重点、难点 ………………………………………………………………… 26

第十一章 合同之债法律适用的一般制度 …………………………………………… 27
一、学习目的与要求 ………………………………………………………………… 27
二、课程内容 ………………………………………………………………………… 27
三、考核知识点与考核要求 ………………………………………………………… 27
四、本章重点、难点 ………………………………………………………………… 28

第十二章 典型国际合同法律适用的具体制度 ……………………………………… 28
一、学习目的与要求 ………………………………………………………………… 28
二、课程内容 ………………………………………………………………………… 28
三、考核知识点与考核要求 ………………………………………………………… 29
四、本章重点、难点 ………………………………………………………………… 31

第十三章 法定之债 …………………………………………………………………… 31
一、学习目的与要求 ………………………………………………………………… 31
二、课程内容 ………………………………………………………………………… 31

三、考核知识点与考核要求 ………………………………………… 32
　　四、本章重点、难点 ………………………………………………… 32

第十四章　婚姻家庭 ……………………………………………………… 33
　　一、学习目的与要求 ………………………………………………… 33
　　二、课程内容 ………………………………………………………… 33
　　三、考核知识点与考核要求 ………………………………………… 34
　　四、本章重点、难点 ………………………………………………… 35

第十五章　遗嘱与继承 …………………………………………………… 35
　　一、学习目的与要求 ………………………………………………… 35
　　二、课程内容 ………………………………………………………… 35
　　三、考核知识点与考核要求 ………………………………………… 36
　　四、本章重点、难点 ………………………………………………… 36

第十六章　国际民事诉讼 ………………………………………………… 36
　　一、学习目的与要求 ………………………………………………… 36
　　二、课程内容 ………………………………………………………… 37
　　三、考核知识点与考核要求 ………………………………………… 38
　　四、本章重点、难点 ………………………………………………… 39

第十七章　国际商事仲裁 ………………………………………………… 39
　　一、学习目的与要求 ………………………………………………… 39
　　二、课程内容 ………………………………………………………… 40
　　三、考核知识点与考核要求 ………………………………………… 40
　　四、本章重点、难点 ………………………………………………… 42

Ⅳ　关于大纲的说明与考核实施要求 …………………………………… 43
附录　题型举例 …………………………………………………………… 46
大纲后记 …………………………………………………………………… 48

大 纲 前 言

为了适应社会主义现代化建设事业的需要,鼓励自学成才,我国在20世纪80代初建立了高等教育自学考试制度。高等教育自学考试是个人自学、社会助学和国家考试相结合的一种高等教育形式。应考者通过规定的专业考试课程并经思想品德鉴定达到毕业要求的,可获得毕业证书;国家承认学历并按照规定享有与普通高等学校毕业生同等的有关待遇。经过三十多年的发展,高等教育自学考试为国家培养造就了大批专门人才。

课程自学考试大纲是国家规范自学者学习范围、要求和考试标准的文件。它是按照专业考试计划的要求,具体指导个人自学、社会助学、国家考试、编写教材及自学辅导书的依据。

随着经济社会的快速发展,新的法律法规不断出台,科技成果不断涌现,原大纲中有些内容过时、知识陈旧。为更新教育观念,深化教学内容和方式、考试制度、质量评价制度改革,使自学考试更好地提高人才培养的质量,各专业委员会按照专业考试计划的要求,对原课程自学考试大纲组织了修订或重编。

修订后的大纲,在层次上,本科参照一般普通高校本科水平,专科参照一般普通高校专科或高职院校的水平;在内容上,力图反映学科的发展变化,增补了自然科学和社会科学近年来研究的成果,对明显陈旧的内容进行了删减。

全国考委法学类专业委员会组织制定了《国际私法自学考试大纲》,经教育部批准,现颁发施行。各地教育部门、考试机构应认真贯彻执行。

全国高等教育自学考试指导委员会
2018年9月

Ⅰ 课程性质与课程目标

一、课程性质和特点

国际私法在普通高等法学教育中是一门核心课程,不仅是法学专业的必修课,而且也是所有法学课程中的主干课程。在全国高等教育自学考试中,国际私法一直是法律专业的必修课。可见,无论是在普通高等法学教育中,还是在全国高等教育自学考试中,国际私法课程是整个高等法学教育中不可缺少的组成部分。

当今世界是一个国际交往关系十分发达的世界,任何民族和国家都不可能孤立存在,它必然与其他民族、国家乃至整个国际社会发生联系和交流。而国际私法作为规范国际社会发生的各种平等主体之间的人身关系和财产关系的一个法律部门,在中国特色社会主义法律体系中居于不可替代的特殊地位,不仅是一个相对独立的法律部门,而且是国际法律体系中富有特色的法律分支。尤其是在我国颁布单行的国际私法立法即《中华人民共和国涉外民事关系法律适用法》以后,作为部门法的国际私法和作为独立学科的国际私法学的地位也在日益提升。在"一带一路"建设和努力构建人类命运共同体的新时代,国际私法作为预防和消除各国民商事法律冲突的一个独立的法律部门,也正在发挥其解决国际民商事争端和维护国际民商新秩序的独特功能。学习和掌握必要的国际私法知识具有极其重要的意义与作用,有助于我们运用该法律手段维护国家在对外民商事交往中的权益,维护中外当事人的正当权益,化解国际民商事争端,促进国际民商新秩序的重构和人类命运共同体的构建。

二、课程目标

设置本课程的总体要求是:系统掌握国际私法学的基本理论、基本知识、基本概念,重点掌握中国的国际私法的立法及有关司法解释,基本掌握中国参加或缔结的重要国际私法公约的主要内容,了解外国国际私法立法的基本制度,培养运用所学理论知识分析和解决国际私法问题的能力,为做好法律服务工作获取必要的知识本领,并为以后进一步深造打下良好的基础。

设置本课程的目标和要求是:

正确理解国际私法的地位和作用;

科学把握涉外民商事关系的特性和涉外民商事法律冲突的种类;

正确掌握和运用国际私法解决法律冲突的方法;

全面熟悉国际私法主体制度;

深入理解冲突规范及其运用的相关制度;

熟练掌握涉外民商事领域法律适用的具体规则；

领会并合理运用国际民商事程序的基本规则。

三、与相关课程的联系与区别

国际私法是整个法律制度中一个重要组成部分，其首要的任务既是在国际民商事活动中成为维护自己国家和人民利益的有效的法律工具，又是在人类社会进入知识经济与全球化时代过程中成为促进国家间平等互利交往和有助于建立新的国际民商秩序的法律制度以及保障全人类福祉的有利的法律手段。因此，国际私法涉及的领域广泛，既包含有国内民法、民事诉讼法等基本知识，还包括国际公法与国际经济法的知识和规则。本课程是一门理论性和应用性都比较强的部门法学。要学好国际私法，首先，必须打好法理学和民商法学的基础，其次，也还需熟悉国际公法和民事诉讼法等基本理论，同时也要了解其他相关部门法知识。

国际私法有其独特的概念与术语，其原理与规则以及运作体系也与国内法有着相当大的区别，必须采取有别于国内法的学习方法来对待国际私法。另外，国际私法的内容与制度也有别于国际公法或国际经济法，在学习过程中务必要遵循国际私法的独特规律和演变机制。

四、课程的重点和难点

本课程的重点是：国际私法的调整对象和方法；冲突规范的结构与特点；冲突规范运用中的一般性问题；各种涉外民事关系的法律适用及重要的统一实体法公约的主要内容；国际民事诉讼程序和国际商事仲裁中的基本制度和理论。

本课程的难点是：国际私法主体制度、冲突规范及其相关制度的运用、国际民商事法律冲突的解决途径与方法、世界各国国际私法立法与司法实践的比较分析。

Ⅱ 考核目标

本大纲在考核目标中,按照识记、领会、简单应用和综合应用四个层次规定考生应达到的能力层次要求。这四个能力层次是递进关系,各能力层次的含义是:

识记(Ⅰ):要求考生能够识别和记忆本课程中有关国际私法概念及国际私法原理的主要内容,并能够根据考核的不同要求,做出正确的表述、选择和判断。

领会(Ⅱ):要求考生能够领悟和理解本课程中有关国际私法概念及原理的内涵及外延,理解相关国际私法知识的区别和联系,并能根据考核的不同要求对国际私法问题进行逻辑推理和论证,做出正确的判断、解释和说明。

简单应用(Ⅲ):要求考生能够根据已知的国际私法事实,对国际私法问题进行某一国际私法领域的法律分析和论证,得出正确的结论或做出正确的判断。

综合应用(Ⅳ):要求考生能够根据已知的国际私法事实,对国际私法问题进行多个国际私法领域的综合法律分析和论证,并得出解决问题的综合方案。

Ⅲ 课程内容与考核要求

第一章 绪 论

一、学习目的与要求

通过学习本章,了解国际私法是以涉外民事关系为调整对象的一个独立的法律部门,以及它应包括的主要规范、法律渊源和基本原则,并且明确它在贯彻对外开放政策、构建人类命运共同体、"一带一路"建设的推进和重构国际民商新秩序方面的重要作用。

二、课程内容

第一节 涉外民事关系与法律冲突
涉外民事关系;法律冲突。
第二节 国际私法的名称、范围和定义
国际私法的名称;国际私法的范围;国际私法的定义。
第三节 国际私法渊源
国内立法;国内判例;国际条约;国际惯例;国际私法之原则和一般法理及学说。
第四节 国际私法的基本原则
主权原则;平等互利原则;国际协调与合作原则;保护弱方当事人合法权益原则。

三、考核知识点与考核要求

(一)涉外民事关系与法律冲突
1. 识记:(1)涉外民事关系的概念;(2)法律冲突的概念;(3)区际法律冲突;(4)人际法律冲突;(5)时际法律冲突。

2. 领会:(1)法律冲突产生的原因;(2)法律冲突解决的历史发展阶段。

3. 简单应用:涉外民事法律关系的界定标准。

(二)国际私法的名称、范围和定义

1. 识记:(1)国际私法最常见的几个名称;(2)国际私法的范围。

2. 领会:国际私法的定义。

(三)国际私法的渊源

1. 识记:(1)国内立法;(2)国际条约;(3)国际私法之原则和一般法理及学说。

2. 领会:判例在国际私法中的作用。

3. 简单应用:作为国际私法渊源的国际惯例。

(四)国际私法的基本原则

1. 识记:(1)主权原则;(2)平等互利原则。

2. 领会:保护弱方当事人合法权益原则。

3. 简单应用:国际协调与合作原则。

四、本章重点、难点

本章重点:国际私法的调整对象;国际私法的渊源;国际私法的基本原则。

本章难点:国际私法的定义;法律冲突;国际私法的范围。

第二章 国际私法的历史

一、学习目的与要求

通过学习本章,了解国际私法的立法和理论发展历史,了解中国国际私法在这两方面发展的大致历程,以进一步明确国际私法是随着国际经济关系和社会物质生活条件的发展而发展的,从而加强对健全中国国际私法的重要意义的认识。

二、课程内容

第一节 国际私法的立法史

国际私法的国内立法史;国际私法的国际立法史。

第二节 国际私法的学说史

意大利的法则区别说;法国的法则区别说;荷兰的国际礼让说;萨维尼的法律关系本座说;英国的既得权说;库克的"本地法"说;当代国际私法的新发展。

第三节 中国国际私法的历史

中国国际私法立法;中国国际私法学说史。

三、考核知识点与考核要求

(一)国际私法的立法史

1. 识记:(1)《巴伐利亚法典》;(2)《普鲁士法典》;(3)国际私法统一化的概念;(4)统一国际私法的国际组织;(5)统一私法的国际组织。

2. 领会:(1)《法国民法典》中冲突规范的立法特点;(2)国际私法的国内立法的新发展;(3)当代冲突法统一工作的特点。

(二)国际私法的学说史

1. 识记:(1)法则区别说的概念;(2)巴托鲁斯;(3)达让特莱;(4)胡伯三原则;(5)库克"本地法"说。

2. 领会:(1)杜摩兰的意思自治原则;(2)萨维尼的法律关系本座说;(3)既得权说;(4)当代国际私法的新发展。

(三)中国国际私法的历史

1. 领会:(1)唐朝《永徽律》中关于冲突规范的规定;(2)中国国际私法长期落后的基本状况;(3)改革开放后中国国际私法理论研究的成就。

四、本章重点、难点

本章重点:法则区别说;国际私法统一化;国际私法学说史。

本章难点:杜摩兰的意思自治说;萨维尼的法律关系本座说。

第三章　冲突规范与法律选择

一、学习目的与要求

通过学习本章,了解冲突规范的概念、性质、结构和类型,并对冲突规范的适用和如何根据冲突规范确定准据法等问题有较系统的理解,为进一步学习后面有关章节打下坚实基础。

二、课程内容

第一节　冲突规范概述
冲突规范和准据法的概念与特点;冲突规范的结构;冲突规范的类型;正确认识冲突规范在国际私法中的地位与作用。

第二节　准据法表述公式和连结点
准据法表述公式;连结点。

第三节　法律选择的方法
依法律的性质决定法律的选择;依法律关系的性质决定法律的选择;依最密切联系原则决定法律的选择;依"利益分析"或"利益导向"决定法律的选择;依案件应取得的结果决定法律的选择;依有利于判决在外国得到承认与执行和有利于求得判决一致决定法律的选择;依当事人的自主意思决定法律的选择。

第四节　识别
识别的概念;识别冲突及其产生的原因;识别的对象;识别的依据。

三、考核知识点与考核要求

(一)冲突规范概述
1. 识记:(1)冲突规范的概念;(2)准据法的概念。
2. 领会:(1)冲突规范的结构;(2)冲突规范的类型;(3)正确认识冲突规范在国际私法中的地位和作用。

3. 简单应用:单边冲突规范与双边冲突规范的互换。
4. 综合应用:运用冲突规范解决法律冲突。

(二)准据法表述公式和连结点

1. 识记:(1)准据法表述公式的概念;(2)各种准据法表述公式;(3)连结点的概念。
2. 领会:(1)连结点的法律意义;(2)连结点的选择。
3. 简单应用:系属公式与系属的关系。

(三)法律选择的方法

1. 识记:(1)法律选择的概念;(2)利益分析的概念。
2. 领会:法律选择的各种方法。
3. 综合应用:举例说明依最密切联系原则决定法律选择的方法。

(四)识别

1. 识记:(1)识别的概念;(2)识别冲突的概念。
2. 领会:(1)识别冲突产生的原因;(2)识别的对象;(3)识别与定性的关系。
3. 简单应用:识别的依据及其运用。

四、本章重点、难点

本章重点:冲突规范的概念;冲突规范的结构与类型;连结点。
本章难点:准据法表述公式;法律选择方法;识别的依据。

第四章 冲突规范运用中的一般性问题

一、学习目的与要求

通过学习本章,掌握反致、先决问题和区际法律冲突、人际法律冲突及时际法律冲突的解决、法律规避、外国法的查明和适用、公共秩序保留等制度的基本内容以及它们在国际私法上的意义和作用。

二、课程内容

第一节 反致

反致的概念及种类；反致产生的原因；反致在理论与立法上的分歧；中国有关反致的规定。

第二节 先决问题

先决问题的概念；先决问题的构成；先决问题的准据法；中国有关先决问题的规定。

第三节 区际、人际及时际法律冲突的解决

区际法律冲突的解决；人际法律冲突的解决；时际法律冲突的解决。

第四节 法律规避

法律规避的概念和构成要件；法律规避的性质；法律规避的效力；中国有关法律规避的规定。

第五节 外国法的查明和适用

外国法的查明；外国法的适用。

第六节 公共秩序

公共秩序的概念与作用；有关公共秩序保留制度的理论；公共秩序的立法方式；排除适用外国法后的法律适用；运用公共秩序保留制度时应注意的问题；中国有关公共秩序的规定。

三、考核知识点与考核要求

（一）反致

1. 识记：(1) 反致的概念；(2) 转致的概念；(3) 间接反致的概念。
2. 领会：(1) 反致产生的原因；(2) 关于反致理论上的分歧；(3) 实践中的反致制度。
3. 简单应用：关于反致的立法与实践。

（二）先决问题

1. 识记：(1) 先决问题的概念；(2) 先决问题的构成。
2. 领会：(1) 先决问题的准据法；(2) 中国有关先决问题的规定。
3. 简单应用：中国处理先决问题的司法实践。
4. 综合应用：关于先决问题的理论与实践分歧。

（三）区际、人际及时际法律冲突的解决

1. 识记：(1) 区际私法的概念；(2) 人际私法的概念；(3) 时际私法的概念。
2. 领会：(1) 区际法律冲突的解决方法；(2) 人际法律冲突的解决方法；(3) 时际法律

冲突的解决方法。

  3. 综合应用：关于区际私法的理论与实践分歧。

（四）法律规避

  1. 识记：(1) 法律规避的概念；(2) 法律规避的构成要件；(3) 法律规避的性质。

  2. 领会：(1) 法律规避的效力；(2) 法律规避与公共秩序的关系。

  3. 简单应用：中国有关法律规避的规定。

（五）外国法的查明和适用

  1. 识记：(1) 外国法的查明方法；(2) 外国法不能查明时的法律适用。

  2. 领会：(1) 外国法适用上的一般原则；(2) 外国法错误适用的救济。

  3. 简单应用：中国有关外国法查明的规定。

（六）公共秩序

  1. 识记：(1) 公共秩序的概念；(2) 公共秩序的立法方式。

  2. 领会：(1) 有关公共秩序的理论；(2) 公共秩序的作用；(3) 排除适用外国法后的法律适用。

  3. 简单应用：中国关于公共秩序的规定。

  4. 综合应用：运用公共秩序保留制度时应注意的问题。

四、本章重点、难点

本章重点：反致的概念及种类；反致产生的原因；先决问题的构成要件；法律规避的法律效力。

本章难点：外国法的查明方法；区际私法的理论与实践；公共秩序的概念和作用；公共秩序保留制度的运用。

第五章　外国人的民事法律地位

一、学习目的与要求

通过学习本章，了解赋予外国人一定的民事法律地位的必要性，这既是国际民商事关系发展的客观要求，也是国际私法产生的前提条件之一；明确几种主要的外国人待遇制度的内容以及当前外国人在中国的民事法律地位。

二、课程内容

第一节　外国人民事法律地位的概念
外国人民事法律地位的含义;外国人民事法律地位的变迁。
第二节　外国人民事法律地位的主要待遇制度
国民待遇;最惠国待遇;歧视待遇和非歧视待遇;互惠待遇;普遍优惠待遇。
第三节　外国人在中国的民事法律地位
外国人在中国的民事法律地位的演变;外国人在中国的民事法律地位。

三、考核知识点与考核要求

（一）外国人民事法律地位的概念
1. 识记:(1) 外国人民事法律地位的含义;(2) 外国人民事法律地位的变迁。
（二）外国人民事法律地位的主要待遇制度
1. 识记:(1) 国民待遇的概念;(2) 最惠国待遇的概念;(3) 歧视待遇和非歧视待遇的概念;(4) 互惠待遇的概念;(5) 普遍优惠待遇的概念。
2. 领会:(1) 国民待遇的意义、特点和适用范围;(2) 最惠国待遇的作用、特点、分类和适用范围;(3) 最惠国待遇的例外事项。
3. 综合应用:国民待遇原则的适用。
（三）外国人在中国的民事法律地位
1. 识记:外国人在中国享有的民事权利。
2. 领会:外国人在中国的民事法律地位的变迁。
3. 简单应用:中国有关外国人民事法律地位的立法与司法实践。

四、本章重点、难点

本章重点:外国人民事法律地位的几种主要待遇制度;外国人在中国享有的民事权利。
本章难点:外国人在中国的民事法律地位的变迁。

第六章 自 然 人

一、学习目的与要求

通过学习本章,从法律冲突和法律适用的角度,了解自然人国籍、住所以及权利能力和行为能力法律适用等方面的基本理论和基本制度,掌握中国的相关规定。

二、课程内容

第一节 自然人的国籍冲突

自然人国籍与国籍冲突的概念;自然人国籍冲突的解决。

第二节 自然人的住所冲突

住所的概念;住所在国际私法中的地位;住所与国籍、居所、惯常居所和经常居所在法律上的区别;自然人住所的法律冲突;自然人住所的识别依据;自然人住所冲突的解决;中国有关住所冲突的解决原则;《解决本国法和住所地法冲突公约》。

第三节 自然人的权利能力和行为能力

自然人的权利能力;涉外失踪或死亡宣告;自然人的行为能力;涉外禁治产宣告;实际连结点的改变对自然人行为能力的影响。

三、考核知识点与考核要求

(一)自然人的国籍冲突

1. 识记:(1)国籍的概念;(2)国籍冲突。

2. 领会:(1)自然人国籍在国际私法中的地位;(2)自然人国籍积极冲突的解决;(3)自然人国籍消极冲突的解决。

3. 简单应用:中国解决国籍冲突的有关规定。

(二)自然人的住所冲突

1. 识记:(1)住所的概念;(2)自然人住所的识别依据。

2. 领会:(1)住所在国际私法中的地位;(2)住所与国籍、居所、惯常居所和经常居所在法律上的区别;(3)自然人住所的法律冲突;(4)自然人住所冲突的解决原则;(5)《解决本国法和住所地法冲突公约》。

3. 简单应用:中国有关住所冲突的解决原则。

4. 综合应用:中国有关经常居所地的立法与司法实践。

(三)自然人的权利能力和行为能力

1. 识记:(1)自然人权利能力的概念;(2)自然人行为能力的概念。

2. 领会:(1)自然人权利能力的法律冲突;(2)涉外失踪或死亡宣告的管辖权;(3)涉外失踪或死亡宣告的法律适用;(4)自然人行为能力的法律冲突;(5)涉外禁治产宣告的管辖权和法律适用;(6)连结点的改变对自然人行为能力的影响。

3. 简单应用:中国关于自然人民事行为能力法律适用的规定。

四、本章重点、难点

本章重点:自然人的国籍冲突;自然人的住所冲突。

本章难点:自然人权利能力的法律适用;自然人行为能力的法律适用;连结点的改变导致的自然人行为能力的动态冲突问题。

第七章 法 人

一、学习目的与要求

通过学习本章,了解法人是国际私法关系中另一类重要主体,以及法人的国籍、外国法人的认许、法人属人法和内国的外国人法的适用等方面的基本理论和制度,掌握中国的相关规定。

二、课程内容

第一节 法人的国籍和住所

法人国籍的概念;确定法人国籍的标准;法人的住所。

第二节　外国法人的认许

外国法人认许的概念；外国法人认许的程序；中国有关外国法人认许的规定。

第三节　法人属人法和内国的外国人法的适用

法人属人法的确定；法人属人法与内国的外国人法的适用范围；有关承认外国法人资格的国际公约。

三、考核知识点与考核要求

（一）法人的国籍和住所

1. 识记：(1) 法人的国籍；(2) 法人的住所。
2. 领会：(1) 确定法人国籍的不同学说；(2) 跨国公司国籍的确定；(3) 法人住所的确定。
3. 简单应用：中国确定法人国籍的有关规定与实践。

（二）外国法人的认许

1. 识记：(1) 外国法人认许的概念；(2) 外国法人的特别认许程序；(3) 外国法人的概括认许程序。
2. 领会：(1) 国际社会关于外国法人认许程序的不同规定；(2) 中国有关外国法人认许的规定。
3. 简单应用：中国关于法人行为能力法律适用的规定。

（三）法人属人法和内国的外国人法的适用。

1. 识记：(1) 法人属人法的概念；(2) 内国的外国人法的概念。
2. 领会：(1) 法人属人法的适用范围；(2) 有关承认外国法人资格的国际公约。
3. 综合应用：中国关于法人属人法的适用范围的规定及相关判例。

四、本章重点、难点

本章重点：跨国公司的国籍确定；法人住所的确定；外国法人的认许程序。

本章难点：法人属人法；法人属人法的适用范围。

第八章 法律行为与代理

一、学习目的与要求

通过学习本章,了解法律行为是发生国际私法关系的最常见的法律事实及其法律适用的一般制度;了解代理是国际商事活动领域中经常采用的制度及其准据法的选择。

二、课程内容

第一节 法律行为
法律行为的概念与法律行为的成立;法律行为方式的准据法。
第二节 代理
被代理人与代理人关系的准据法;本人与第三人关系的准据法;代理人与第三人关系的准据法;关于代理法律适用的海牙公约;中国有关涉外代理法律适用的规定。

三、考核知识点与考核要求

(一)法律行为
1. 识记:(1)法律行为的概念;(2)法律行为成立的形式要件;(3)法律行为成立的实质要件;(4)行为地法的概念。
2. 领会:(1)涉外法律行为实质要件的准据法;(2)涉外法律行为方式的准据法。
3. 简单应用:中国《民法通则》和《民法总则》关于法律行为的具体规定。
(二)代理
1. 识记:(1)代理与涉外代理的概念;(2)代理的种类。
2. 领会:(1)被代理人与代理人关系的准据法;(2)本人与第三人关系的准据法;(3)代理人与第三人关系的准据法;(4)海牙国际私法会议《代理法律适用公约》的主要内容。
3. 简单应用:中国关于涉外代理法律适用的立法与司法实践。
4. 综合应用:中国加入海牙代理公约的可行性和必要性。

四、本章重点、难点

本章重点：法律行为方式的准据法；涉外代理的定义。
本章难点：被代理人与代理人关系的准据法；代理人与第三人关系的准据法。

第九章 物　　权

一、学习目的与要求

通过学习本章，掌握"物之所在地法"是解决各种物权关系适用的最为普遍的冲突法原则，同时了解涉外破产关系和信托关系中的一些基本的法律适用制度。

二、课程内容

第一节　物之所在地法原则

物之所在地法原则的产生与发展；物之所在地的确定及难以确定所在地时的变通处理；物之所在地法的适用范围。

第二节　国际破产

单一破产制和复合破产制；破产宣告的地域效力上的三种不同理论与实践；国际破产的管辖权；国际破产的法律适用；中国关于国际破产的立法与实践。

第三节　信托

信托的法律适用；《关于信托的法律适用及其承认的公约》。

三、考核知识点与考核要求

（一）物之所在地法原则

1. 识记：(1) 物之所在地的确定；(2) 几种特殊情况下的物或财产的法律适用；(3) 中国关于物权法律适用的规定。

2. 领会:物之所在地法原则的产生与发展。
3. 简单应用:物之所在地法的适用范围。
(二) 国际破产
1. 识记:(1) 单一破产制的概念;(2) 复合破产制的概念;(3) 普及破产主义;(4) 地域破产主义。
2. 领会:关于破产宣告的地域效力。
3. 简单应用:中国有关国际破产的立法与司法实践。
4. 综合应用:国际破产的法律适用。
(三) 信托
1. 识记:(1) 信托准据法的概念;(2) 信托准据法的适用范围。
2. 领会:《关于信托的法律适用及其承认的公约》的主要内容。

四、本章重点、难点

本章重点:物之所在地法原则;中国有关物权的立法与司法实践;信托的法律适用。
本章难点:普及破产主义和地域破产主义;国际破产的管辖权;国际破产的法律适用。

第十章 知识产权

一、学习目的与要求

通过学习本章,明确涉外知识产权法律适用的基本制度,掌握知识产权国际保护方面的主要内容,了解中国有关知识产权国际保护的立法。

二、课程内容

第一节 知识产权的法律适用规则
专利权法律适用理论与实践;商标权法律适用理论与实践;著作权法律适用理论与实践;中国有关知识产权法律适用的立法与实践。

第二节 知识产权国际保护规则统一化进程

知识产权国际保护规则统一化公约;知识产权国际保护规则统一化的国际组织;中国在知识产权国际保护规则统一化进程中的贡献。

三、考核知识点与考核要求

(一) 知识产权的法律适用规则

1. 识记:(1)涉外专利权的概念;(2)涉外商标权的概念;(3)涉外著作权的概念。
2. 领会:(1)专利权的法律适用理论与实践;(2)商标权的法律适用理论与实践;(3)著作权的法律适用理论与实践。
3. 简单应用:中国有关知识产权法律适用的立法与实践。

(二) 知识产权国际保护规则统一化进程

1. 识记:(1)《保护工业产权巴黎公约》的主要内容;(2)《商标国际注册马德里协定》及其《议定书》的主要内容;(3)《保护文学艺术作品伯尔尼公约》的主要内容;(4)《世界版权公约》的主要内容;(5)《保护表演者、录音制品制作者和广播组织的国际公约》的主要内容;(6)《保护录音制品制作者禁止未经许可复制其录音制品公约》的主要内容;(7)《与贸易有关的知识产权协定》的主要内容。
2. 领会:(1)《保护工业产权巴黎公约》是当今国际社会保护工业产权的最基本、最重要的一个全球性多边公约;(2)《伯尔尼公约》和《世界版权公约》的关系;(3)世界知识产权组织的基本任务;(4)世界贸易组织对知识产权的保护。
3. 简单应用:双国籍国民待遇原则。
4. 综合应用:中国有关知识产权国际保护法律机制的构建。

四、本章重点、难点

本章重点:专利权的法律适用理论与实践;商标权的法律适用理论与实践;著作权的法律适用理论与实践。

本章难点:知识产权国际保护规则统一化公约的主要内容;中国在知识产权国际保护法律制度构建中的地位和具体措施。

第十一章 合同之债法律适用的一般制度

一、学习目的与要求

通过学习本章,了解涉外合同是产生国际私法上的债的最主要根据;掌握合同在法律适用上的一般制度和基本理论,我国法律关于合同法律适用的主要规定是本章的主要内容。

二、课程内容

第一节 合同法律适用概述
合同"涉外"因素的判断;合同法律适用的理论主张;合同法律适用的历史发展阶段。
第二节 合同准据法的确定
合同准据法的特定概念;合同准据法的适用范围;合同准据法的确定方法。
第三节 合同形式与缔约能力的法律适用
合同形式的法律适用;当事人缔约能力的法律适用;中国关于合同形式和缔约能力的规定。

三、考核知识点与考核要求

(一)合同法律适用概述
1. 识记:(1)涉外合同的含义;(2)合同法律适用的同一论;(3)合同法律适用的分割论;(4)合同法律适用的主观论;(5)合同法律适用的客观论。
2. 领会:(1)合同法律适用的历史发展;(2)关于国际合同法律适用的不同主张。
3. 简单应用:(1)合同法律适用同一论与分割论的关系;(2)合同法律适用主观论与客观论的关系。
4. 综合应用:中国关于涉外合同界定的标准。
(二)合同准据法的确定
1. 识记:(1)合同准据法的概念;(2)合同准据法的适用范围;(3)合同准据法的确定

方法。

2. 领会:(1) 当事人意思自治原则;(2) 最密切联系原则。

3. 简单应用:(1) 当事人意思自治原则的具体运用和限制;(2) 最密切联系原则的具体应用。

4. 综合应用:中国关于合同准据法选择的立法与司法实践。

(三) 合同形式与缔约能力的法律适用

1. 识记:(1) 合同形式的法律规定;(2) 缔约能力的法律规定。

2. 领会:(1) 合同形式法律适用的趋势;(2) 缔约能力法律适用的趋势。

3. 简单应用:相关国家对于合同形式和缔约能力的法律规定。

4. 综合应用:(1) 中国关于合同形式的立法与司法实践;(2) 中国关于缔约能力的立法与司法实践。

四、本章重点、难点

本章重点:合同法律适用的不同理论;合同形式的法律适用;合同当事人缔约能力的法律适用。

本章难点:合同准据法的确定;我国有关合同法律适用的立法与实践。

第十二章 典型国际合同法律适用的具体制度

一、学习目的与要求

通过本章的学习,掌握国际货物买卖、国际货物运输、国际货物运输保险、国际贸易支付、国际技术转让、国际私人直接投资、国际电子商务等涉外民商事关系中法律选择的基本法律问题。

二、课程内容

第一节 国际货物买卖合同的法律适用

国际货物买卖合同及其主要内容;调整国际货物买卖合同的国际法律规范。

第二节 国际货物运输合同的法律适用

国际货物运输合同的内涵与外延；国际海上货物运输合同的准据法；国际铁路货物运输合同的准据法；国际航空货物运输合同的准据法；国际货物多式联运合同的准据法。

第三节 国际货物运输保险合同的法律适用

国际货物运输保险合同的含义；国际货物运输保险合同的准据法。

第四节 国际贸易支付的法律适用

各国关于票据关系的冲突法；关于票据的国际公约；关于支付方式的国际惯例。

第五节 国际技术转让合同的法律适用

国际技术转让合同的含义；国际技术转让合同法律适用基本规则。

第六节 国际私人直接投资合同的法律适用

国际私人直接投资合同的概念；国际私人直接投资合同法律适用基本规则。

第七节 国际劳务合同的法律适用

国际劳务合同的概念和主要内容；国际劳务合同法律适用的理论与实践模式。

第八节 国际消费合同的法律适用

国际消费合同的概念和主体资格；国际消费合同法律适用的具体规则。

第九节 国际电子商务合同的法律适用

国际电子商务合同的界定；国际电子商务合同的准据法；我国有关国际电子商务合同的立法与实践。

三、考核知识点与考核要求

（一）国际货物买卖合同的法律适用

1. 识记：(1) 国际货物买卖合同的主要内容；(2)《国际货物销售合同法律适用公约》。

2. 领会：(1)《联合国国际货物销售合同公约》；(2)《国际货物销售合同法律适用公约》；(3)《国际贸易术语解释通则》。

3. 简单应用：(1)《联合国国际货物销售合同公约》的适用范围；(2) 常用国际贸易术语的适用。

4. 综合应用：(1) 我国实施与执行《联合国国际货物销售合同公约》的法律问题；(2)《联合国国际货物销售合同公约》与《国际货物销售合同法律适用公约》的关系。

（二）国际货物运输合同的法律适用

1. 识记：(1) 国际海上货物运输合同；(2) 国际铁路货物运输合同；(3) 国际航空货物运输合同；(4) 国际货物多式联运合同。

2. 领会：(1) 调整提单的国际法律规则；(2) 1955 年《海牙议定书》的作用；(3)《国际

铁路货物运输公约》与《国际铁路货物联运协定》的异同;(4)《联合国国际货物多式联运公约》的未来走势。

3. 简单应用:(1)国际海上货物运输合同的法律适用规则;(2)国际铁路货物运输合同的法律适用规则;(3)国际航空货物运输合同的法律适用规则;(4)国际货物多式联运合同的法律适用规则。

4. 综合应用:(1)我国与相关国际货物运输公约的关系;(2)1929年《华沙公约》与1999年《蒙特利尔公约》的关系。

(三)国际货物运输保险合同的法律适用

1. 识记:(1)国际货物运输保险合同的定义;(2)国际货物运输保险合同的法律适用。

2. 领会:(1)国际货物运输保险合同的当事人的确定;(2)国际货物运输保险的险别与险种。

3. 简单应用:国际货物运输保险合同争议的解决方式。

(四)国际贸易支付的法律适用

1. 识记:(1)国际贸易支付方式;(2)本票、汇票和支票。

2. 领会:(1)关于票据的国际公约;(2)信用证的法律适用;(3)票据的法律关系。

3. 简单应用:(1)关于支付的国际惯例;(2)关于票据行为能力准据法的确定。

4. 综合应用:我国有关涉外票据法律适用的规定。

(五)国际技术转让合同的法律适用

1. 识记:(1)国际技术转让合同的概念;(2)国际许可协议。

2. 领会:(1)国际技术转让合同的法律适用;(2)国际技术转让方所属国法律。

3. 简单应用:我国有关国际技术转让合同法律适用的规定。

(六)国际私人直接投资合同的法律适用

1. 识记:(1)国际私人直接投资合同的定义;(2)国际私人直接投资合同的类型。

2. 领会:(1)国际私人直接投资合同的法律适用;(2)相关国家的法律规定。

3. 简单应用:我国关于国际私人直接投资的法律规定。

(七)国际劳务合同的法律适用

1. 识记:(1)国际劳务合同的概念;(2)国际劳务合同的种类。

2. 领会:(1)国际劳务合同的法律适用;(2)劳务派出地法律。

3. 简单应用:我国关于国际劳务合同法律适用的规定。

(八)国际消费合同的法律适用

1. 识记:(1)国际消费合同;(2)国际消费合同的类型。

2. 领会:(1)国际消费合同的法律适用;(2)消费者惯常居所地法律。

3. 综合应用:我国关于国际消费合同法律适用的立法与实践。

(九)国际电子商务合同的法律适用

1. 识记:(1)国际电子商务合同的界定;(2)国际电子商务合同的准据法。

2. 领会:(1)当事人意思自治原则在国际电子商务合同的法律适用中的定位;(2)最密切联系原则与国际电子商务合同的法律适用的关系。

3. 综合应用:我国关于国际电子商务合同法律适用的立法与实践。

四、本章重点、难点

本章重点:国际货物买卖合同的法律适用;国际货物运输合同的法律适用;国际货物运输保险合同的法律适用;国际贸易支付的法律适用;国际技术转让合同的法律适用;国际私人直接投资合同的法律适用;国际电子商务合同的法律适用。

本章难点:《联合国国际货物销售合同公约》《国际货物销售合同法律适用公约》《国际贸易术语解释通则》等相关国际公约或国际惯例与各国合同冲突法的关系。

第十三章 法 定 之 债

一、学习目的与要求

通过学习本章,掌握国际私法上一般侵权行为、不当得利、无因管理的法律适用的基本制度和基本理论,了解目前国际上常见的特殊侵权行为应适用的法律。

二、课程内容

第一节 侵权行为

侵权行为法律适用的一般理论;侵权行为法律适用的立法实践;中国有关涉外侵权行为法律适用的规定。

第二节 几种特殊的侵权行为

海上侵权行为;国际油污损害;空中侵权行为;涉外公路交通事故;涉外产品责任。

第三节 不当得利和无因管理

不当得利;无因管理;我国有关涉外不当得利与无因管理法律适用的规定。

三、考核知识点与考核要求

（一）侵权行为

1. 识记：(1) 侵权行为法律适用的一般理论；(2) 侵权行为法律适用的代表性立法实践；(3) 侵权行为自体法；(4) 涉外侵权行为。
2. 领会：(1) 行为地法说；(2) 侵权行为自体法说。
3. 综合应用：中国有关涉外侵权行为法律适用的立法与司法实践。

（二）几种特殊的侵权行为

1. 识记：(1) 海上侵权行为；(2) 空中侵权行为；(3) 涉外产品责任。
2. 领会：(1) 海上侵权行为法律适用；(2)《国际油污损害民事责任公约》的主要内容；(3) 1929 年《华沙公约》的主要内容；(4) 1999 年《蒙特利尔公约》在旅客运输方面对国际航空运输规则和承运人责任制度进行的重大修改；(5)《公路交通事故法律适用公约》的主要内容；(6)《产品责任法律适用公约》的主要内容。
3. 综合应用：中国加入海牙《公路交通事故法律适用公约》的可行性和必要性。

（三）不当得利和无因管理

1. 识记：(1) 不当得利；(2) 无因管理。
2. 领会：(1) 不当得利的法律适用；(2) 无因管理的法律适用。
3. 简单应用：中国有关不当得利与无因管理法律适用的立法规定。

四、本章重点、难点

本章重点：侵权行为法律适用的一般理论；中国有关侵权行为法律适用的立法与实践。

本章难点：特殊侵权行为的准据法选择及相关国际公约的规定。

第十四章 婚姻家庭

一、学习目的与要求

通过学习本章,了解涉外婚姻家庭问题随着中国开放政策的实施,会成为国际私法上一个越来越重要的问题;了解涉外婚姻家庭关系法律适用问题的主要理论和基本制度,掌握中国的有关立法和主要司法实践。

二、课程内容

第一节 结婚

结婚的实质要件与形式要件的法律适用;领事婚姻;中国处理涉外结婚的法律制度;涉外无效婚姻和可撤销婚姻的处理规则。

第二节 夫妻关系

夫妻人身关系的法律适用;夫妻财产关系的法律适用;我国有关涉外夫妻关系法律适用的规定。

第三节 父母子女关系

婚生子女;非婚生子女的准正;父母子女间权利义务关系的准据法。

第四节 离婚

离婚的法律适用;中国有关涉外离婚的规定。

第五节 收养

涉外收养的管辖权;涉外收养的法律适用;《跨国收养方面保护儿童及合作公约》;中国关于涉外收养法律适用的规定。

第六节 监护

涉外监护的管辖权;涉外监护的法律适用;关于监护的国际公约;中国关于涉外监护法律适用的规定。

第七节 扶养

涉外扶养的法律适用;中国关于涉外扶养法律适用的规定。

三、考核知识点与考核要求

（一）结婚
1. 识记：(1) 结婚实质要件的法律适用；(2) 结婚形式要件的法律适用；(3) 领事婚姻；(4) 涉外无效婚姻和可撤销婚姻。
2. 领会：(1) 结婚实质要件适用当事人属人法；(2) 结婚形式要件适用婚姻缔结地法。
3. 综合应用：中国处理涉外结婚的立法与实践。

（二）夫妻关系
1. 识记：(1) 涉外夫妻人身关系；(2) 涉外夫妻财产关系；(3) 丈夫的本国法。
2. 领会：(1) 夫妻人身关系法律适用的理论与实践；(2) 夫妻财产关系法律适用的理论与实践。
3. 简单应用：中国关于涉外夫妻关系法律适用的主要规定。
4. 综合应用：当事人意思自治原则引入涉外夫妻财产关系法律适用的利弊。

（三）父母子女关系
1. 识记：(1) 子女属人法；(2) 准正；(3) 认领。
2. 领会：(1) 婚生子女确定的准据法；(2) 非婚生子女准正的方式、条件和准据法；(3) 父母子女间权利义务关系的准据法。
3. 简单应用：中国关于涉外父母子女关系法律适用的主要规定。

（四）离婚
1. 识记：(1) 涉外协议离婚；(2) 涉外诉讼离婚。
2. 领会：离婚法律适用的几种不同主张与立法。
3. 简单应用：中国关于涉外离婚管辖权的主要规定。
4. 综合应用：中国有关涉外离婚法律适用的立法与实践。

（五）收养
1. 识记：(1) 涉外收养；(2) 跨国收养；(3) 被收养人属人法；(4) 收养人属人法。
2. 领会：(1) 收养案件的管辖权；(2) 涉外收养的法律适用；(3)《跨国收养方面保护儿童及合作公约》的主要内容。
3. 综合应用：中国关于涉外收养的立法与实践。

（六）监护
1. 识记：(1) 涉外监护；(2) 被监护人属人法；(3) 监护人属人法。
2. 领会：(1) 监护案件的管辖权；(2) 监护的准据法；(3) 1961年海牙《关于未成年人保护的管辖权和法律适用公约》的主要内容；(4) 1996年海牙《关于父母责任和保护儿童措施的管辖权、法律适用、承认、执行和合作公约》的主要内容；(5)《关于成年人国际保护公约》的主要内容。

3. 综合应用:中国关于涉外监护法律适用的立法与实践。

(七)扶养

1. 识记:(1)涉外扶养;(2)被扶养人属人法;(3)扶养人属人法。

2. 领会:涉外扶养关系的准据法。

3. 简单应用:中国关于涉外扶养关系法律适用的具体规定。

四、本章重点、难点

本章重点:涉外结婚的法律适用;夫妻关系法律适用的理论与实践;涉外离婚的法律适用;涉外收养的法律适用;涉外监护的法律适用。

本章难点:中国有关涉外结婚与离婚法律适用的立法规定及实践;涉外父母子女间权利义务关系的准据法选择;涉外扶养关系的准据法选择。

第十五章 遗嘱与继承

一、学习目的与要求

通过学习本章,了解处理涉外财产继承的各种主要冲突法制度,并掌握中国有关规定的基本内容。

二、课程内容

第一节 遗嘱继承
立嘱能力的准据法;遗嘱方式的准据法;遗嘱解释的准据法;遗嘱撤销的准据法。

第二节 法定继承
法定继承准据法选择的主要制度;法定继承准据法的适用范围;中国关于涉外法定继承法律适用的规定。

第三节 关于遗嘱和继承的海牙公约
1961年《遗嘱处分方式法律冲突公约》;1973年《遗产国际管理公约》;1989年《死者

遗产继承法律适用公约》。

三、考核知识点与考核要求

（一）遗嘱继承

1. 识记：(1) 立嘱能力的准据法；(2) 遗嘱解释的准据法；(3) 遗嘱撤销的准据法。
2. 领会：遗嘱实质有效性的准据法。
3. 简单应用：遗嘱方式的准据法。
4. 综合应用：中国关于涉外遗嘱继承法律适用的立法与司法实践。

（二）法定继承

1. 识记：(1) 继承单一制的概念；(2) 继承分割制的概念。
2. 领会：(1) 法定继承准据法的几种主要制度；(2) 法定继承准据法的适用范围。
3. 识记：中国关于涉外无人继承财产归属问题的规定。
4. 简单应用：中国关于涉外法定继承准据法的规定。

（三）关于遗嘱和继承的海牙公约

1. 识记：(1)《遗嘱处分方式法律冲突公约》的主要内容；(2)《遗产国际管理公约》的主要内容；(3)《死者遗产继承法律适用公约》的主要内容。
2. 领会：(1) 遗嘱处分方式法律冲突；(2) 死者遗产继承的准据法。
3. 综合应用：海牙国际私法会议有关遗嘱和继承三大公约之间的关系。

四、本章重点、难点

本章重点：中国有关涉外财产继承法律适用的基本理论与实践。

本章难点：遗嘱实质有效性的准据法；法定继承准据法的几种主要制度。

第十六章 国际民事诉讼

一、学习目的与要求

通过学习本章，了解外国人在国际民事诉讼中的法律地位，了解国家在民事诉讼中享有司法豁免权的重要意义和国际民事诉讼期间、诉讼时效和保全制度,掌握国际民事管辖权、国际司法协助、外国判决的承认和执行等重要制度的基本内容。

二、课程内容

第一节 国际民事诉讼法的概念和渊源

国际民事诉讼和国际民事诉讼法的概念;国际民事诉讼法的渊源。

第二节 外国人民事诉讼地位

外国人民事诉讼地位上的国民待遇原则;外国人的诉讼权利能力;外国人的诉讼行为能力;诉讼费用担保;司法救助和法律援助;诉讼代理制度。

第三节 国际民事管辖权

国际民事管辖权的概念和意义;国际民事管辖权的种类;平行诉讼;中国关于国际民事管辖权的规定。

第四节 管辖豁免

国家豁免与国家行为理论;外交豁免;国际组织的豁免。

第五节 国际民事诉讼中的时间要素与诉讼保全方式

国际民事诉讼中的期间与诉讼时效;国际民事诉讼中的诉讼保全方式。

第六节 国际司法协助的职能机关与运行机制

国际司法协助的概念和范围;国际司法协助机关的分类;国际司法协助的法律依据;国际司法协助的法律适用与公共秩序保留。

第七节 域外送达

域外送达的概念;域外送达的方式;中国的域外送达制度。

第八节 域外取证

域外取证的概念和范围;域外取证的方式;中国的域外取证制度。

第九节 外国法院判决的承认与执行

外国法院判决的概念;承认与执行外国法院判决的法律依据;承认外国法院判决与执行外国法院判决的关系;承认与执行外国法院判决的一般条件;外国法院判决的承认与执行程序;中国关于判决域外承认与执行的规定。

第十节 中国区际民商事判决的相互认可与执行

中国内地与香港地区民商事判决相互认可与执行;中国内地与澳门地区民商事判决相互认可与执行;祖国大陆与台湾地区民商事判决相互认可与执行。

三、考核知识点与考核要求

（一）国际民事诉讼法的概念和渊源

1. 识记：(1)国际民事诉讼法的概念；(2)国际民事诉讼法的渊源。

（二）外国人民事诉讼地位

1. 识记：(1)诉讼费用担保的概念；(2)领事代理的概念；(3)司法救助的概念。
2. 领会：(1)国民待遇原则是调整外国人民事诉讼地位的最普遍采用的一般原则；(2)外国人诉讼权利能力的法律适用；(3)外国人诉讼行为能力的法律适用。
3. 简单应用：(1)中国关于诉讼费用担保的规定；(2)中国关于国际民事诉讼中司法救助和法律援助的规定；(3)中国关于诉讼代理的规定。

（三）国际民事管辖权

1. 识记：(1)国际民事管辖权的概念和意义；(2)国际民事管辖权的种类。
2. 简单应用：(1)中国关于国际民事管辖权的规定；(2)平行诉讼的解决。

（四）管辖豁免

1. 识记：(1)国家豁免与国家行为理论；(2)外交豁免；(3)国际组织的豁免。
2. 领会：中国关于外交与领事豁免的规定。

（五）国际民事诉讼中的时间要素与诉讼保全方式

1. 识记：(1)国际民事诉讼中的期间；(2)国际民事诉讼中的诉讼时效；(3)诉讼保全的概念；(4)财产保全；(5)证据保全；(6)海事强制令的概念。
2. 领会：(1)国际民事诉讼中证据保全程序；(2)国际民事诉讼中财产保全规则；(3)中国关于国际民事诉讼期间的规定。
3. 简单应用：国际民事诉讼中的行为保全制度。
4. 综合应用：中国关于国际民事诉讼中的诉讼时效的立法与司法实践。

（六）国际司法协助的职能机关与运行机制

1. 识记：(1)国际司法协助的概念；(2)国际司法协助的中央机关；(3)国际司法协助的主管机关；(4)国际司法协助的外交机关。
2. 领会：(1)国际司法协助的范围；(2)国际司法协助的法律依据；(3)国际司法协助的法律适用。
3. 简单应用：国际司法协助与公共秩序保留。

（七）域外送达

1. 识记：(1)域外送达的概念；(2)直接送达；(3)间接送达；(4)邮寄送达；(5)公告送达。
2. 领会：(1)域外送达的方式；(2)海牙《关于向国外送达民事或商事司法文书和司法外文书公约》的主要内容；(3)域外送达请求的异议与拒绝。

3. 综合应用:中国有关域外送达的立法与司法实践。

(八)域外取证

1. 识记:(1)域外取证的概念;(2)领事取证;(3)特派员取证;(4)当事人自行取证;(5)诉讼代理人取证。

2. 领会:(1)域外取证的范围;(2)域外取证的方式;(3)海牙《关于从国外调取民事或商事证据的公约》的主要内容。

3. 综合应用:中国有关域外取证的立法与司法实践。

(九)外国法院判决的承认与执行

1. 识记:(1)外国法院判决的概念;(2)诉讼竞合。

2. 领会:(1)承认外国法院判决与执行外国法院判决的关系;(2)承认与执行外国法院判决的法律依据;(3)外国法院判决的承认与执行程序。

3. 简单应用:承认与执行外国法院判决的一般条件。

4. 综合应用:中国关于判决域外承认与执行的规定。

(十)中国区际民商事判决的相互认可与执行

1. 识记:(1)中国内地与香港特别行政区民商事判决相互认可与执行的规定;(2)中国内地与澳门特别行政区民商事判决相互认可与执行的规定;(3)祖国大陆与台湾地区民商事判决相互认可与执行的规定。

2. 简单应用:(1)中国内地与香港特别行政区民商事判决相互认可与执行的机制;(2)祖国大陆与台湾地区民商事判决相互认可与执行的机制。

四、本章重点、难点

本章重点:国际民事管辖权;国际司法协助;外国判决的承认与执行。
本章难点:国际民事诉讼中的法律地位;管辖豁免。

第十七章 国际商事仲裁

一、学习目的与要求

通过学习本章,了解国际商事仲裁的概念、性质和类别以及几个重要的国际商事仲裁机构,掌握仲裁协议和仲裁程序制度以及仲裁裁决的承认和执行制度,了解替代性争议解决方法。

二、课程内容

第一节 国际商事仲裁概述
国际商事仲裁的概念;国际商事仲裁的特性;国际商事仲裁的法律渊源。

第二节 国际商事仲裁的类型
国际商事仲裁方式的分类;国际商事仲裁机构的分类。

第三节 仲裁协议
仲裁协议的概念和种类;仲裁协议的内容;仲裁协议有效性的构成要件与认定机构;仲裁协议的法律效力;仲裁条款自治理论。

第四节 仲裁程序
仲裁申请和受理;答辩和反请求;仲裁员和仲裁庭;仲裁审理;仲裁中的财产保全;仲裁中的和解与调解;仲裁裁决;简易程序;仲裁中的语文和费用。

第五节 国际商事仲裁的法律适用
仲裁协议的法律适用;仲裁程序问题的法律适用;仲裁实体问题的法律适用。

第六节 国际商事仲裁裁决的承认与执行
国际商事仲裁裁决的国籍;内国仲裁裁决的承认与执行;外国仲裁裁决的承认与执行;中国关于国际商事仲裁裁决承认与执行的制度。

第七节 中国区际仲裁裁决的相互认可与执行
中国内地与香港地区仲裁裁决的相互认可与执行;中国内地与澳门地区仲裁裁决的相互认可与执行;祖国大陆与台湾地区仲裁裁决的相互认可与执行;关于不予认可与执行涉港澳台地区仲裁裁决的报核制度。

三、考核知识点与考核要求

(一)国际商事仲裁概述
1. 识记:(1)国际商事仲裁的概念;(2)国际商事仲裁的特点。
2. 领会:(1)国际商事仲裁的性质;(2)国际社会关于国际商事仲裁中的"国际"和"商事"的认定标准。

(二)国际商事仲裁的类型
1. 识记:(1)临时仲裁与机构仲裁的概念;(2)依法仲裁与友好仲裁的概念;(3)私人间仲裁与非私人间仲裁的概念;(4)瑞典斯德哥尔摩商会仲裁院;(5)瑞士商会仲裁院。
2. 领会:(1)解决投资争端国际中心的性质和受案范围;(2)国际商会国际仲裁院的性质和受案范围;(3)中国国际经济贸易仲裁委员会的组织结构;(4)中国海事仲裁委员

会的基本概况。

3. 简单应用：比较分析临时仲裁与机构仲裁的优劣。

（三）仲裁协议

1. 识记：(1)仲裁协议的概念；(2)仲裁地点；(3)仲裁规则。

2. 领会：(1)示范仲裁条款；(2)仲裁协议的种类；(3)仲裁协议的内容；(4)认定仲裁协议效力的机构；(5)未签字国际商事仲裁协议的法律效力。

3. 简单应用：(1)仲裁协议的有效要件；(2)仲裁协议的法律效力；(3)仲裁条款自治理论。

4. 综合应用：(1)国际商事仲裁协议与法院专属管辖的关系；(2)国际商事仲裁协议的法律效力。

（四）仲裁程序

1. 识记：(1)中国关于仲裁申请和受理的基本规定；(2)中国关于仲裁答辩和反请求的基本规定；(3)仲裁庭的概念；(4)仲裁裁决、最终裁决、部分裁决和中间裁决的概念；(5)仲裁中的和解；(6)仲裁中的调解。

2. 领会：(1)中国关于仲裁审理的基本规定；(2)仲裁中的财产保全；(3)中国关于仲裁裁决的基本规定；(4)中国关于仲裁的简易程序的基本规定；(5)中国关于仲裁中的语文的规定。

3. 简单应用：(1)中国关于仲裁员(选)指定的规定；(2)中国有关国际商事仲裁中的调解的规定。

（五）国际商事仲裁的法律适用

1. 识记：(1)仲裁协议订立地法；(2)仲裁地法。

2. 领会：(1)仲裁协议的准据法；(2)《国际商会仲裁规则》的主要内容。

3. 简单应用：国际商事仲裁程序问题的法律适用。

4. 综合应用：国际商事仲裁实体问题的法律适用。

（六）国际商事仲裁裁决的承认与执行

1. 识记：(1)国际商事仲裁裁决的国籍；(2)内国仲裁裁决；(3)外国仲裁裁决。

2. 领会：(1)承认与执行外国仲裁裁决的依据与程序；(2)内国仲裁裁决的承认与执行；(3)1958年《承认及执行外国仲裁裁决公约》(《纽约公约》)的主要内容。

3. 简单应用：拒绝承认与执行外国仲裁裁决的理由。

4. 综合应用：外国仲裁裁决在中国的承认与执行。

（七）中国区际仲裁裁决的相互认可与执行

1. 识记：(1)区际仲裁裁决；(2)《关于内地与香港特别行政区相互执行仲裁裁决的安排》；(3)《关于内地与澳门特别行政区相互认可和执行仲裁裁决的安排》；(4)《关于认可和执行台湾地区仲裁裁决的规定》。

2. 领会：(1)中国内地与澳门特别行政区仲裁裁决的相互认可与执行；(2)祖国大陆与台湾地区仲裁裁决的相互认可与执行；(3)关于不予执行涉港澳台地区仲裁裁决的报

核制度。

3. 综合应用:中国内地与香港特别行政区仲裁裁决的相互认可与执行。

四、本章重点、难点

本章重点:仲裁协议;国际商事仲裁程序;中国区际仲裁裁决的认可与执行。
本章难点:国际商事仲裁的法律适用;国际商事仲裁裁决的承认与执行制度。

Ⅳ 关于大纲的说明与考核实施要求

一、课程自学考试大纲的目的和作用

《国际私法自学考试大纲》是根据法律专业自学考试计划的要求,结合自学考试的特点而确定的。其目的是对个人自学、社会助学和《国际私法》课程考试命题进行指导和规定。

《国际私法自学考试大纲》明确了《国际私法》课程学习的内容以及深广度,规定了《国际私法》课程自学考试的范围和标准。因此,它是编写《国际私法》自学考试教材和辅导书的依据,是社会助学组织进行自学辅导的依据,是自学者学习《国际私法》教材、掌握《国际私法》课程内容知识范围和程度的依据,也是进行《国际私法》自学考试命题的依据。

二、课程自学考试大纲与教材的关系

《国际私法自学考试大纲》是进行学习和考核的依据,《国际私法》教材是学习掌握课程知识的基本内容与范围,《国际私法》教材的内容是大纲所规定的课程知识和内容的扩展与发挥。《国际私法》课程内容在教材中可以体现一定的深度或难度,但在大纲中对考核的要求一定要适当。

《国际私法自学考试大纲》与教材所体现的课程内容应基本一致;大纲里面的课程内容和考核知识点,教材里一般也要有。反过来教材里有的内容,大纲里就不一定体现。

三、关于自学教材

《国际私法》,全国高等教育自学考试指导委员会组编,蒋新苗主编,北京大学出版社,2018年版。

四、关于自学要求和自学方法的指导

《国际私法》课程基本要求是依据法律专业考试计划和法律专业培养目标而确定的。《国际私法》课程基本要求还明确了课程的基本内容,以及对基本内容掌握的程度。考核要求中的知识点构成了课程内容的主体部分。因此,《国际私法》课程基本内容掌握程度、课程考核知识点是高等教育自学考试考核的主要内容。

为有效地指导个人自学和社会助学,《国际私法自学考试大纲》已指明了课程的重点和难点,在章节的基本要求中一般也指明了章节内容的重点和难点。

《国际私法》课程共 4 学分。在自学过程中应重点注意以下四个方面的问题:

第一,在全面系统学习的基础上掌握国际私法学的基本知识、基本理论、基本方法和中国国际私法的基本规定,了解并比较分析其他主要国家国际私法的最主要规定。本课程是一门理论性和实践性都很强的法律专业课,其涉及面很广,教材各章内容之间既有联系又有区别。自学应考者首先要全面系统地学习各章,应当熟记有关识记的内容,深入理解基本理论;其次,要准确把握各章内容的联系,正确理解其不同之处和相同之处;再次,在全面学习的基础上掌握重点,有目的地深入学习重点章节,切忌在没有全面学习教材的情况下孤立地学习重点。

第二,学习本课程,必须高度重视对中国国际私法规定的理解和掌握。自学应考者必须全面掌握《中华人民共和国涉外民事关系法律适用法》《中华人民共和国民法总则》《中华人民共和国民法通则》第八章及其相关司法解释的内容,掌握《中华人民共和国民事诉讼法》第四编、《中华人民共和国仲裁法》第七章以及《中华人民共和国合同法》《中华人民共和国海商法》《中华人民共和国票据法》《中华人民共和国民用航空法》等法律中的冲突法规定和相关司法解释的内容。

第三,重视理论联系实际,训练并逐渐提高运用所学理论与知识分析和解决实际问题的能力。自学应考者应当注意在全面系统学习教材的基础上,尽可能多地了解和分析国际私法典型案例,以便更深刻地领会教材的内容,提高分析和解决实际问题的能力。

第四,调节情绪,提高应试能力。自学应考者必须在考前调整好情绪,正确处理对失败的惧怕,努力进行正面思考。如果可能,请教已经通过该科目考试的人,汲取经验教训,认真备战应考。多做深呼吸并放松,缓解紧张情绪,确保头脑清醒。考试前合理膳食,保持旺盛精力,保持冷静。在应考作答时,力求卷面整洁,书写工整,段落与间距合理,卷面赏心悦目有助于教师评分,教师只能为他能看懂的内容打分。要回答所问的问题,而不是回答你自己乐意回答的问题!避免超过问题的范围。

五、对社会助学的要求

(一)建议本课程的基本学时为 72 小时,在讲授的时候应当重点突出。

(二)社会助学者应根据本大纲规定的考试内容和考核目标,认真钻研指定教材,明确本课程与其他课程不同的特点和学习要求,对自学应考者进行切实有效的辅导,帮助他们端正学习态度,改进自学方法,掌握教材内容,提高分析问题、解决问题和应考的能力。要强调注意正确引导,把握好助学方向,正确处理学习知识和提高能力的关系。

(三)要正确处理重点和一般的关系。课程内容有重点和一般之分,但考试内容是全面的,而且重点与一般是相互联系的,不是截然分开的。因此,社会助学者应指导自学应考者全面系统地学习教材,了解每章的学习目的和要求,掌握全部考试内容和考核知识点,在此基础上再突出重点。要把教材中的重点、难点、疑点讲深讲透,要帮助自学应考者把学习重点章节同兼顾一般章节结合起来,避免产生猜题、押题的有害倾向。

六、对考核内容的说明

本课程要求考生学习和掌握的知识点内容都作为考核的内容。课程中各章的内容均由若干知识点组成,在自学考试中成为考核知识点。因此,课程自学考试大纲中所规定的考试内容是以分解为考核知识点的方式给出的。由于各知识点在课程中的地位、作用以及知识自身的特点不同,自学考试将对各知识点分别按四个认知(或叫能力)层次确定其考核要求。

在考试之日起 6 个月前,由全国人民代表大会和国务院颁布或修订的法律、法规都将列入相应课程的考试范围。凡大纲、教材内容与现行法律、法规不符的,应以现行法律法规为准。因此,本课程的考试内容包括《国际私法》教材和大纲出版后,考试之日 6 个月以前颁发的中国国际私法规定和最高司法机关作出的有关司法解释。社会助学者必须注意对新颁发的中国国际私法规定和最高司法机关作出的司法解释内容的辅导,以适应本课程考试命题的要求。

另外,法律专业自学考试的命题也会对我国经济建设和科技文化发展的重大方针政策的变化予以体现。个人自学者、社会助学组织在学习过程中应予以关注。

七、关于考试命题的若干规定

(一)本课程为闭卷笔试,考试时间为 150 分钟,满分 100 分。

(二)本大纲各章所规定的基本要求、知识点及知识点下的知识细目,都属于考核的内容。考试命题既要覆盖到章,又要避免面面俱到。要注意突出课程的重点、章节重点,加大重点内容的覆盖度。

(三)命题不应有超出大纲中考核知识点范围的题,考核目标不得高于大纲中所规定的相应的最高能力层次要求。命题应着重考核自学者对基本概念、基本知识和基本理论是否了解或掌握,对基本方法是否会用或熟练。不应出与基本要求不符的偏题或怪题。

(四)本课程在试卷中对不同能力层次要求的分数比例大致为:识记占 20%,领会占 30%,简单应用占 30%,综合应用占 20%。

(五)要合理安排试题的难易程度,试题的难度可分为:易、较易、较难和难四个等级。每份试卷中不同难度试题的分数比例一般为:2∶3∶3∶2。

必须注意试题的难易程度与能力层次有一定的联系,但二者不是等同的概念。在各个能力层次中对于不同的考生都存在着不同的难度,考生应当在全面掌握基本知识的基础上突出重点、难点。

(六)课程考试命题的主要题型一般有单项选择题、多项选择题、名词解释题、简答题、论述题、案例分析题等题型。请参见题型举例。在命题工作中必须按照本课程大纲中所规定的题型命制,考试试卷使用的题型可以略少,但不能超出本课程有关题型的规定。

附录　题型举例

一、单项选择题： 在每小题列出的备选项中只有一项是最符合题目要求的，请将其选出。

1. 意大利法则区别说的代表人物是
   A. 巴托鲁斯　　B. 杜摩兰　　C. 胡伯　　D. 萨维尼
2. 在反致制度中，最终导致第三国实体法得以适用的是
   A. 一级反致　　B. 转致　　C. 间接反致　　D. 双重反致
3. 依《中华人民共和国涉外民事关系法律适用法》关于收养法律适用的规定，以下说法正确的是
   A. 收养的条件和手续，适用收养人和被收养人经常居所地法律
   B. 收养的效力，适用收养人和被收养人经常居所地法律
   C. 收养关系的解除，适用收养人和被收养人经常居所地法律
   D. 当事人可以协议选择收养的准据法

二、多项选择题： 在每小题列出的备选项中至少有两项是符合题目要求的，请将其选出，错选、多选或少选均无分。

4. 在中国，国际私法的渊源有
   A. 国内立法　　B. 国际条约　　C. 一般法律原则　　D. 国际法院的判例
   E. 司法解释
5. 在双边冲突规范中，指定其"范围"中应适用的法律是要通过各种连结点从而构成的准据法表达公式来实现的。最常用的准据法表述公式(系属公式)有
   A. 国籍国法　　B. 住所地法　　C. 行为地法　　D. 法院地法
   E. 物之所在地法

三、名词解释题

6. 冲突规范
7. 反致

四、简答题

8. 简述法律冲突产生的原因。
9. 简述法律规避的构成要件。

五、论述题

10. 试述当事人意思自治原则在中国国际私法中的应用。
11. 试论法律选择的方法。

六、案例分析题

12. 一位曾侨居加拿大的华侨有三个子女,其中一子一女在加拿大定居,一女在中国广州定居。2015年该华侨在妻子亡故后回国同在广州的女儿住在一起。2017年,该华侨因病在广州去世,未留下遗嘱。该华侨的部分遗产(包括房产和部分存款及股票)在加拿大,共约价值80万加元;另在广州有100万加元的存款、现金以及价值300万元人民币的一套公寓住房。他的子女因继承问题发生纠纷,其在广州的女儿向我国人民法院提起诉讼。

提问:(1) 我国人民法院对该案是否有管辖权?为什么?

(2) 该案应如何适用法律?为什么?

大 纲 后 记

经全国高等教育自学考试指导委员会同意,由法学类专业委员会负责高等教育自学考试法律专业大纲的审定工作。2017年1月由全国高等教育自学考试指导委员会办公室召开了全国高等教育自学考试课程大纲、教材编前会,会上确定了《国际私法自学考试大纲》编写的指导思想、基本原则和要求。

《国际私法自学考试大纲》由湖南师范大学蒋新苗教授组织编写,参加编写的人员有浙江大学金彭年教授、武汉大学郭玉军教授、吉林大学田洪鋆教授、湖南师范大学欧福永教授、福州大学黄辉教授。

大纲完成后,北京大学法学院何其生教授、中国人民大学法学院杜焕芳教授和中国政法大学国际法学院杜新丽教授参加了本教材和大纲的审稿会并提出了宝贵意见,全国高等教育自学考试指导委员会法律类专业委员会最后审定。

对于编审人员付出的辛勤劳动,在此表示一并感谢!

全国高等教育自学考试指导委员会
法学类专业委员会
2018 年 9 月

全国高等教育自学考试指定教材
法律专业

国 际 私 法

全国高等教育自学考试指导委员会　组编

前　言

　　和平与发展不仅是当今世界的主题,而且也是国际潮流不可逆转的走势。不过,当前世界格局的多极化、文化的多元化、经济的全球化和社会的信息化趋势日益明显,不可预测性和不稳定性以及不确定性等变数增多,非传统安全威胁的风险增大、单边主义冒头和贸易保护主义逆全球化浪潮兴风作浪,全球化的发展、深刻变革与分化并存,全球治理体系面临严峻挑战,国际秩序特别是国际民商新秩序的重塑不断加剧。如此,一方面,以国家为中心的原有国际秩序被打破,以个人、跨国公司、专业团体、非政府组织等为主的非国家行为体发挥着越来越重要的作用,全球治理的主体日趋多元化,劳动力、资本和生产服务等世界经济要素的跨界流动与资源的全球配置以及国际移民的加速,都在客观上呼唤增强国际私法对涉外民商事关系的调整力度和广度;另一方面,新时代和新形势也促使国际社会以及各国国内的国际私法理论研究与实践不断拓展和深化,尤其是在我国颁布单行的国际私法立法即《中华人民共和国涉外民事关系法律适用法》以后,作为部门法的国际私法和作为独立学科的国际私法学的地位也在日益提升。无论是推进"一带一路"共建,还是推动构建新型国际关系和构建人类命运共同体,国际私法也正在发挥其解决国际民商事争端和维护国际民商新秩序的独特功能。此外,由于国际私法内容的扩张、范围的扩大以及复杂性的增加,其学习难度进一步增大,这就从客观上要求强化国际私法的教学与研究。

　　我国全面依法治国基本方略的确定和推行,对中国特色社会主义法治人才的培养、对法学教育和法学研究均提出了新的要求。在法学教育中有一项十分重要的工作,那就是必须根据司法实践中发现的新问题和法学理论研究的新发展,根据法律的立、改、废适时地修订、更新法学教材,使法学教材更好地为法学教育服务,为指导司法实践服务,为培养更多、更好的法治人才服务。对于全国高等教育法学专业的自学考试来说,尤为需要更为科学实用的《国际私法》高质量教材。

　　因为,高等教育自学考试是有中国特色的开放式高等教育形式,以个人自主学习为主导、以社会助学为辅,通过国家权威机构对学习者的学习成果进行认证,合格后取得学历证书或非学历证书。自学考试的这一特征,决定了教材在教育教学和考试实施过程中的基础性地位和作用。自学考试教材体现了国家意志,是学科知识内容传播的载体,是将学科专家教育教学思想和经验的书面化,是自学考试解决培养什么人、怎么样培养人这一根本问题的重要载体。它根据专业培养目标和要求、按照课程考试大纲规定的学习和考核范围编写而成,是考试命题的重要参考,更是学习者自主学习的主要学习材料,也是各类社会助学组织开展教学活动的重要参考。从一定意义上讲,自学考试人才培养质量取决于自考教材的质量。

根据全国高等教育自学考试指导委员会的基本要求,在坚持正确的政治方向和价值导向的基础上,依照思想性原则、科学性原则、规范性原则和适应性原则认真确立《国际私法》自学考试教材的编写标准,努力提高教材编写水平和质量,充分体现自学考试制度特色,尽力革新传统自考教材偏重理论性的编写模式,准确把握课程内容的深度和广度、培养的层次和要求,突出重点和难点知识的讲解,从提高自学者学习兴趣的角度出发,灵活设计教材的内容和体例。同时,教材还要努力反映司法实践中出现的新问题,反映法学研究中的新成果,反映最新的立法和最新的司法解释,并在理论体系和结构上力求有所创新。因此,在著名法学家李双元教授作育菁莪、提携后进的悉心关爱和全力推荐下,全国高等教育自学考试指导委员会精挑细选,汇聚国际私法领域一批具有丰富的教学经验和实操技巧的资深专家学者,修订并编撰了这本简明扼要、通俗易懂的《国际私法》自学考试教材。本教材由蒋新苗教授担任主编,金彭年教授和郭玉军教授担任副主编,各章节编写者的具体分工如下:

蒋新苗,湖南师范大学法学院教授,担任第六章、第七章、第八章第一节和第十四章的编写;

金彭年,浙江大学光华法学院教授,担任第四章和第十三章的编写;

郭玉军,武汉大学法学院教授,担任第三章的编写;

田洪鋆,吉林大学法学院教授,担任第十一章和第十二章的编写;

李先波,湖南警察学院教授,担任第九章、第十章和第十五章的编写;

欧福永,湖南师范大学法学院教授,担任第一章、第二章、第五章、第十六章和第十七章的编写;

黄辉,福州大学法学院教授,担任第八章第二节的编写。

在教材编写、修订过程中,各位作者本着求真务实的态度,严格遵守学术规范,广泛参考、借鉴国内外同类教材与优秀的精品课程的课件,博采众长。然而,由于时间和学术水平的局限性,未必尽如人意,教材中存在的错漏与编选不当之处,敬请读者谅解并批评指正!

这本教材在筹划、编写过程中得到了全国高等教育自学考试指导委员会、北京大学出版社和有关高校的高度重视和大力支持,参编的各位专家、学者为这本教材的出版付出了大量心血,特别是新中国国际私法学奠基人之一的李双元教授给予了诸多点拨和指教,在此谨致以衷心的感谢!

蒋新苗

2018 年 7 月 1 日

第一章 绪 论

学习目标：了解国际私法的调整对象，国际私法的名称和定义以及它应包括的几类规范、法律渊源和基本原则，明确其在贯彻对外开放政策、促进国际民商事关系方面的重要作用。

教师导读：国际私法是以涉外民事关系为调整对象的一个独立的法律部门。本章是全书的导论部分，学好本章内容是深入、全面把握国际私法各部分内容的前提，可为学习以后各章奠定坚实的基础。

建议学时：4学时。

随着人类社会的进步和国际关系的发展，在法律体系中逐渐形成了国际公法、国际私法和国际经济法三者相辅相成的局面。但民（商）事生活关系既然是人类社会最基本的生活关系，国际政治和国际经济关系的开展，其落脚点也是在于推动国际民商事关系能够在和平、稳定的秩序下，在平等、自由、互利的基础上进行。因而，国际政治新秩序和国际经济新秩序的建立，在很大程度上都是为构筑国际民商新秩序创造条件的。从这个根本的意义上看，国际私法在整个法律学科或在国际法学科体系中的基础性地位和作用，较之过去已大大地提升，此乃不证自明的事实。

在全球化背景和WTO机制的影响下，对外经济贸易关系的发展以及构建人类命运共同体和"一带一路"建设的推进，中国国际私法的立法和理论研究工作也相应地获得了更迅速更深入的发展，许多更为复杂的涉外民商事关系和许多新的涉外法律问题需要研究，许多传统的理论与制度也需要重新进行审视和检讨。加之中国还有一个处理好"一国两制"之下四个不同法律区域之间的民商法冲突的问题。因而，加强对中国国际私法的研究和学习，是十分迫切和非常重要的任务。

第一节 涉外民事关系与法律冲突

一、涉外民事关系

通说认为，划分法律部门的基本标准是法律规范所调整的社会关系和法律规范的调整方法。国际私法之所以成为一个独立的法律部门，也正是因为它是以涉外民事关系（或称国际民事关系）为调整对象的。

一般地说，涉外民事关系（civil relations involving foreign elements）是指在民事关系的主体、客体和权利义务据以发生的法律事实等因素中至少有一个含有外国因素的民事关系。显然，这里的"涉外"指的是"涉及外国的因素"。具体来说，就是指：第一，作为民事关系主体的一方或双方是外国自然人、外国法人或无国籍人。有时,外国国家和国际组织也可能成为这种民事关系的主体;或者作为民事关系主体的一方或者双方的住所、居所、经常居所或者营业所位于外国。例如,中国公民李某和英国公民乔治在中国登记结婚,法国公司在中国成立合资企业,中国公民拥有德国政府发行的债券,都属于这种情况。第二,作为民事关系的客体是位于外国的物、财产或需要在外国实施或完成的行为。例如,中国公民甲继承其父遗留在印度的遗产,中国某建筑公司承包沙特阿拉伯的一个体育馆的基建工程,中国一网络公司收购一美国网络公司,等等。第三,作为民事法律关系的内容即权利义务据以产生、变更或消灭的法律事实发生于外国。例如,婚姻或收养的成立在外国,引起损害赔偿责任的侵权行为发生在外国,合同的缔结或履行在外国,一个判决在外国取得;等等。

上述方面只要其中之一涉及外国或外国的法律,便属于涉外民事关系,便可以用国际私法规则来加以规范。更何况在实际生活中,一个民事关系中往往包含多项涉外因素,例如,中国某公司和一家美国公司在英国伦敦缔结一项标的在澳大利亚悉尼港的买卖合同。在这一涉外合同关系中,主体一方是美国公司,产生合同权利义务的法律事实即合同的缔结地在英国,而客体又涉及澳大利亚,便有三个因素涉及外国。对于法院或其他解决民事争议的机构来说,这种含有涉外因素的民事案件就是与国内民事案件相对应的国际私法案件。

2012年最高人民法院《关于适用〈中华人民共和国涉外民事关系法律适用法〉若干问题的解释(一)》第1条对何为涉外民事关系作了解释:"民事关系具有下列情形之一的,人民法院可以认定为涉外民事关系:(一)当事人一方或双方是外国公民、外国法人或者其他组织、无国籍人;(二)当事人一方或双方的经常居所地在中华人民共和国领域外;(三)标的物在中华人民共和国领域外;(四)产生、变更或者消灭民事关系的法律事实发生在中华人民共和国领域外;(五)可以认定为涉外民事关系的其他情形。"

在实践中,经常面临如何定性案件是否属于涉外案件的问题。例如,一中国上海女子在美国纽约与一印度孟买男子缔结婚姻,婚后定居孟买并生儿育女。该女子去世后,未留下任何遗嘱,但在上海和孟买均留下了价值可观的动产和不动产。其丈夫、子女及父母因析产不均发生争议,其父母诉诸上海市第一中级人民法院。对于这类案件,法院首先要确定这是一个国际私法案件还是国内民事案件。从该案的事实看,继承关系的主体、客体以及继承关系发生的事实含有印度因素,因而这是一个典型的涉外继承关系,该案也是一个典型的国际私法案件。另外,同该案有关的中国女子与印度男子的夫妻关系,因在美国成立婚姻关系,还含有美国因素。

在国际私法上所称的民事法律关系是从广义上来讲的,实际上是指民商事关系。它包括国际物权关系、国际破产关系、国际信托关系、发生于国际民商事领域的各种债权关系、国际知识产权关系、国际婚姻家庭关系、国际财产继承关系以及国际劳动关系等。

由于在一些国家,涉外法律关系还与国内不同地区之间的法律关系并存,所以,在国际私法上讲的涉外因素中的"外国",有时还要作广义的理解,即把一个国家中涉及不同法域(法域在这里是指一国内具有独立法律制度的地区)的法律关系也包括在内的。例如,英国的国际私法所称的"外国",就是把苏格兰也当作德国、法国等外国一样看待的。在中国的司法实践中,国际私法规范也常适用于涉及我国香港、澳门和台湾地区的民事法律关系。所以,国际私法所称的"含有外国因素",实际上也往往包括"含有其他法域的因素"的意思。

二、法律冲突

(一)法律冲突的定义及产生的原因

在国际私法上,法律冲突是指对同一涉外民事关系因所涉各国立法不同且都有可能对它进行管辖而产生的法律适用上的冲突。

法院在审理一个含有涉外因素的民事案件时,案件所涉的有关国家的民事法律制度往往不同,依据所涉一国的法律,有关民事法律关系已有效成立或已有效解除,而依据所涉另一国的法律,它却尚未有效成立或尚未有效解除,这时究竟应该依哪一国家的法律来作出判决呢?例如,在英国某大学就读的20岁的中国留学生王某和年仅18岁的英国姑娘琳达在伦敦登记结婚,婚后一年二人回到了中国定居并发生离婚诉讼,那么他们的婚姻关系已合法成立了吗?如果不考虑其他因素,只就婚龄而言,依据中国婚姻法和依据英国婚姻法就会得出两种截然相反的结果:即如果适用中国法,由于中国婚姻法规定的法定婚龄是男22周岁,女20周岁,男女双方都未到达法定婚龄,他们的婚姻应宣告无效;如果适用英国法,由于英国规定的法定婚龄男女都是18岁,王某与琳达结婚时双方均已达到法定婚龄,他们的婚姻已有效成立。那到底是适用中国法还是适用英国法来判定王某与琳达的婚姻关系是否已经成立呢?这就产生了国际私法要解决的法律冲突,并需要就相互冲突的法律作出选择适用。国际私法正是解决这类问题的唯一法律部门。正因如此,国际私法在许多国家又被称为"法律冲突法"或"冲突法"。

一般认为,在处理涉外民事关系时之所以会产生法律适用上的冲突,有以下四个方面的原因:一是在现实生活中大量出现含有涉外因素的民事关系;二是所涉各国民法上的规定不同;三是司法权的独立;四是国家为了发展对外民商事关系,必须承认内外国法律的平等,亦即有必要在一定范围内承认所涉外国法的域外效力。上述法律适用上的冲突,实质上就是"外国法律的域外效力与内国法律的域内效力,或内国法律的域外效力与外国法律的域内效力之间的冲突"。

(二)几种不同性质的法律冲突

国际私法上的法律冲突,主要是指不同国家法律之间的冲突问题。除此以外,国际私法有时还需要解决同一国家民事法律的区际冲突(interregional conflict of laws)、人际冲突(interpersonal conflict of laws)和时际冲突(intertemporal conflict of laws)等问题。

1. 区际法律冲突

区际法律冲突是一国内部不同地区的法律制度之间的冲突。解决区际法律冲突的法律制度为区际私法(private interregional law)。区际法律冲突多见于联邦制国家或复合法域的国家,如美国、加拿大和英国。这些国家,其内部有多个具有独立法律制度的行政区域,因而在其国内,常有不同法域之间的法律冲突需要解决。例如,美国是个联邦制国家,它的各州都保留有相对独立的私法立法权,因而在美国每个州都有自己的私法或民法,各州之间,法律冲突早就发生。所以,美国的国际私法正是在解决这种每时每刻都在发生的州际法律冲突的基础上发展完备起来的。

不仅是联邦制国家会发生区际法律冲突,凡存在着复合法域的单一制国家也会产生区际法律冲突。比如,中国虽是单一制国家,但根据中英、中葡两国政府关于香港、澳门问题的联合声明,中国已分别于1997年7月1日和1999年12月20日对香港和澳门恢复行使主权,并允许香港、澳门自中国政府恢复行使主权之日起50年内原有的法律基本不变。同时,大陆与台湾地区也必将统一。这就意味着,中国内地、香港地区、澳门地区和台湾地区各自构成独立的法域,施行不同的民法,区际法律冲突会随之而来,也需要区际私法来调整。

那么,国际私法和区际私法的关系如何呢？首先,国际私法是调整不同国家之间的民法冲突,而区际私法是调整一个国家内部不同地区之间的民法冲突,二者有着根本区别。但是,这二者又都是解决法律的地域或空间冲突的,在这一点上又是共同的。加之19世纪以前,国际私法主要是作为区际私法发展起来的,而且直到现在,两者在大多数原则与制度上都是相通的,因而有的学者主张称解决国际私法法律冲突的法律为"国际私法",而把解决区际法律冲突的称为"准国际私法"。不过直到现在,既有自己的国际私法和自己内部的区际私法的成文法的复合法域国家,只有波兰与南斯拉夫。而像美国这样的复合法域国家则只有自己的州际冲突法,并径自把它的州际冲突法直接适用于处理国际案件。它在这样做时,当然也还是有一些不同的。如《美国冲突法重述(第二次)》第10条便规定了"州际和国际冲突法",它规定:"本重述在此主题下的规则,既适用于涉及合众国某一个或多个州的案件,且一般地亦适用于含有一个或多个外国因素的案件。但无论如何,在特定的国际案件中,可能有些因素要求其结果不同于在州际案件中会得出的结果。"在美国处理州际法律冲突案件时,它要求遵守某些联邦宪法修正案提出的指导原则,而这些原则却并不适用于国际法律冲突案件。

就国际私法而言,它与区际私法的密切关系主要表现在,在解决国际的民法冲突时,如指定应适用其本国存在多个法域的当事人的本国法时,许多国家的国际私法立法常指定得依该国的区际私法的有关规定来确定该国哪一地区即哪一法域的法律可作为当事人的本国法来加以适用。在这个意义上讲,它们二者又是处于不同层面上的法律制度。

2. 人际法律冲突

人际法律冲突是指一国之内适用于不同宗教、种族、不同阶级的人的法律之间的冲突。解决人际法律冲突的法律制度叫人际私法(private interpersonal law)。因为在有些国家中,往往无统一适用于该国全体公民、不同种族、宗教或阶级的人的民法,譬如在印度,关于人的身份的法律、亲属法和继承法等方面,信仰印度教的人受印度教法支配,信仰波斯教的人受波斯教法支配。如果不同宗教信仰的人因继承关系发生诉讼,印度法院就要依据印度的人际私法来判案了。

人际私法与国际私法之间也存在着根本区别。国际私法是解决不同国家(地域)法律的管辖空间上的冲突问题,而人际私法所要解决的只是在一个国家内部哪一部分人应适用哪一种民法的问题。因而,在国际私法上,人际私法所要解决的问题与国际私法所要解决的问题也不是处于同一平面的,而是在首先确定了应适用特定国家的法律作准据法之后才提出来的。当然,人际私法和国际私法都采用间接调整方法,这又是两者的类似之处。

3. 时际法律冲突

时际法律冲突是指可能影响同一涉外民事关系的新旧、前后法律之间的冲突。解决时际法律冲突的法律制度叫时际私法(private intertemporal law)。例如,中国1950年颁布的《婚姻法》规定五代以内的旁系血亲之间婚姻从习惯,而1980年《婚姻法》则禁止三代以内的旁系血亲之间结婚,现有一对1979年在中国结婚的表兄妹于定居美国多年后,男方2003年在美国提出婚姻无效的诉讼,这时美国法院不但得首先确定究竟应适用中国法还是美国法的问题,而且如在确定应适用中国法后,还要进一步确定得适用中国1950年《婚姻法》(这时他们之间的婚姻将被认为有效)还是适用1980年《婚姻法》(这时他们之间的婚姻将被认为无效)。这就是典型的时际法律冲突现象。

在时际法律冲突中,还有一种被称为"动态冲突"(conflicts mobiles)。例如,对于某种文物,在其原所在国是禁止上市交易的,而在被其所有人带到的第二国所在地,却并无这种限制,在确定以该文物为买卖标的的合同的合法性时,究竟是适用其现在的所在地法,还是应该适用其原来的所在地法,这就是时际法律冲突中的"动态冲突"。此种动态冲突也是时际私法常需解决的一个问题。以上情况也表明,时际私法所要解决的问题跟国际私法所要解决的问题,也不是处于同一平面的。

由于时际因素在法律适用中具有重要的意义,许多国家的不少冲突规范往往在确定适用的法律时,同时指出应适用"什么时候"的"什么地方"的法律(如死者遗产继承,动产适用被继承人死亡时的住所地法即属此例)。

(三)法律冲突解决的历史发展阶段

(1)依本国的冲突规范解决法律冲突。自中世纪意大利"法则区别说"时代起的几百年历史中,国际私法基本上是依靠国内法中的冲突规范来解决法律冲突。但由于各国冲突规范存在的差异,完全通过各自国家的冲突法来指引应适用的法律,往往会导致适用不同的实体法,从而不能取得判决的一致,而判决的一致本是国际民商事交往的安全所需要的,因而在19世纪末以后,出现了国际冲突法条约。

(2)依统一冲突规范解决法律冲突。18世纪中叶,由于孟西尼(Mancini)的倡导,开始出现了统一各国冲突法的尝试。追求冲突规范的国际统一是想通过彼此适用同一冲突规范指定同一国家的实体法作为同一国际民事关系的准据法,这样不论案件在哪一国提起,均能得到同一的判决结果。

但是,不管是通过国内法中的冲突规范指引的准据法,还是通过国际统一冲突规范求得的统一适用的实体法,到底都只是某一国家的实体法,它并不一定完全符合解决国际民事案件的需要,也不一定符合其他国家的法律观念,因而不一定为其他国家所接受,从而进一步导致统一实体法的产生与适用。

(3)依统一实体法解决法律冲突。这种新的解决法律冲突的途径,即是有关国家通过国际公约制定一些统一的实体规范(uniform substantive rules),以消除彼此在民、商法上的歧义,并供缔约国的当事人直接适用于有关民事关系,从而也就可避免再从不同国家的国内法之间作出选择。

在严格的意义上讲,如果采取统一实体法途径,既能起到消除与避免法律冲突的作用,又不会导致发生法律适用上的冲突后如何解决法律选择的问题。正因为如此,国内外部分国际私法学者,从传统的冲突法观点出发,并不承认它也属于国际私法的范围。但是,如果从广义的角度看,统一实体法既然也是涉外民事生活中大量出现法律冲突及现实生活提出了解决这种冲突的任务后产生的,所以越来越多的学者已认为国际私法可以包括以上三个方面的内容。我国国际私法学界,大都认同这种观点。但本书限于篇幅,只在少数章节中,涉及统一实体规范。

第二节 国际私法的名称、范围和定义

一、国际私法的名称

各国的国际私法著作中,有称这个法律部门为"国际私法"的,有称其为"冲突法"的,还有两个称谓同时使用或替换使用的(本书在此亦是如此),因此有人曾指出,国际私法可以说是"从书名页起就有争论的一个法学部门或法律学科"。直到现在,不同学者、不同国家和地区,对国际私法仍然保留着不同的称谓。不过,一般来说,大陆法系各国比较多地称为"国际私法"(private international law),而英、美等国则更多地称为"冲突法"(conflict of laws)。而立法上,更有直接称之为"涉外民事法律适用法"的。

由于国际私法在很长的历史时期内,都以学说的形态存在和发展(有人称那时的国际私法为"学说法"),故又曾依学说的不同被称为"法则区别说"(Traite de Statuts,theory of statutes)、"外国法适用论"(application of foreign laws)、"法律的场所效力论"或"法律的域外效力论"等。除上述较普遍使用的名称以外,还有称国际私法为"私国际法""涉外私法"的等等。

我们现在之所以采用"国际私法"这个称谓,不但是因为这个名称已约定俗成,较之其他各种名称更被普遍接受,而且至少可以表明它是调整含有"国际"因素(或"涉外"因素)同时又主要调整(民商)私法关系的一个法律部门。

就国际私法的立法名称来说,德国最早称之为"民法施行法"(1896年),日本以前称为"法例"(1898年),旧中国称为"法律适用条例"(1918年),泰国称"国际私法"(1939年),中国台湾称为"涉外民事法律适用法"(1953年)。中国1986年《民法通则》第八章则

冠以"涉外民事关系的法律适用"的名称,2010年全国人大常委会通过的法律称"涉外民事关系法律适用法"。从20世纪70年代起亦有直称为"冲突法"的,如1982年南斯拉夫国际私法即称为"法律冲突法",更多的则称之为"国际私法"。

二、国际私法的范围

所谓国际私法的范围,指的是国际私法所应包括的规范的范围或种类。关于这个问题,同样极有分歧。但是有一点必须首先明确,即使把"国际私法"看作"冲突法"的同义语的英美等国家,他们的国际私法学者也都认为除了冲突规范以外,国际私法还包括与解决法律冲突有密切联系的其他一些规范。所以,在国际私法的范围问题上,不宜采取绝对化的观点,误认为各国学说乃至立法在国际私法范围的认识上是完全一致的。

例如,普通法系国家的国际私法学家多认为国际私法就是冲突法,但实际上也把关于涉外民事案件管辖权的规范和外国民商事判决的承认与执行的规范及其他一些程序规则都包括在国际私法之中。不过,他们反对把国籍问题和外国人民事法律地位规范归入国际私法(但住所问题却是它们国际私法的重要组成内容)。而大陆法系一些国家尤其是法国,却对国际私法作广义的理解,认为它除了冲突规范外,还应该包括适用于国际关系中私法主体的所有规范(如有关国籍与住所的规范)。关于管辖权的规范,他们认为也应归入国际私法的范围。近年来,也有些法国国际私法学家主张国际私法还应包括统一实体私法。德国的学说一直认为国际私法只解决法律冲突问题,而把国籍问题归入宪法,外国人民事法律地位规范归入外国人法,把国际民事诉讼程序规范归入民事诉讼法。原苏联、东欧国家和中国学者比较一致的观点,是认为国际私法至少应包括冲突规范、外国人民事法律地位规范、调整涉外民商关系的统一实体规范和国际民事诉讼程序规范。

在讨论国际私法的范围问题时,还必须坚持第二个重要的观点,即发展的观点。本来,在早先,国际私法只是以某些国家的国内冲突法的形态存在。但后来,继统一冲突规范出现之后,又出现了通过国际公约缔结统一实体私法的要求和趋势,这就使国际私法的范围又跨进了一个新的阶段,增加了一个新的内容。自20世纪末起,另一种主张把各国在国际民商关系中要求"直接适用的法"也包括在国际私法范围中的理论,也开始张扬起来。

本书认为,国际私法包括以下几类规范:(1)外国人民事法律地位规范,即规定在内国的外国自然人和法人在什么范围内享有民事权利、承担民事义务的法律规范。这种规范的效力是产生涉外民事关系的法律冲突的前提条件。(2)冲突规范,即在调整涉外民事关系时,指定应该适用哪一国家的法律作为准据法的各种规范的总称。在今天,各国的国际私法仍以冲突规范为最基本、最主要的组成部分。(3)统一实体规范,也称统一私法规范,即指国际条约和国际商事惯例中直接调整涉外民事关系的实体规范。(4)国际民事诉讼与国际商事仲裁程序规范。国际民事诉讼程序规范即指规范司法机关在审理涉外民事案件时专门适用的程序的规范,国际商事仲裁程序规范即规范国际商事仲裁机构的仲裁程序的规范。

当然,在中国也有一种观点,认为国际私法除包括上述四类规范外,还应包括国内民法中那些直接为调整涉外民事关系而制定的实体规范(或称"直接适用的法")。本书以论析前述四类规范为主,但在有的章节,也将适当介绍我国有关直接适用于涉外民事关系的法律法规,即"直接适用的法"。

三、国际私法的定义

由于各国的国际私法学者对国际私法的对象、调整方法以及范围理解的不同,从而从不同侧面对国际私法下了种种定义。[①] 中国目前大多数学者对国际私法的范围的看法是很不同于传统的国际私法的。根据这种对国际私法范围的较为普遍的看法,可以对国际私法作如下定义:"国际私法是以涉外民事关系为调整对象,以解决法律冲突为中心任务,以冲突规范为最基本的规范,同时包括规定外国人民事法律地位的规范、避免或消除法律冲突的统一实体规范以及国际民事诉讼与仲裁程序规范在内的一个独立的法律部门。"

这个定义,一是强调了国际私法调整对象的特殊性;二是突出了国际私法的本质特性,即它的中心任务是解决因各国民、商法规定不同而产生的法律冲突;三是反映了冲突规范及与之相联系的各种制度是国际私法最基本的规范和制度。四是指出了为实现调整涉外民事关系的任务,国际私法还应包括其他三类规范。

第三节 国际私法的渊源

本节所讲的国际私法的渊源,是指国际私法规范的表现形式。

由于国际私法的调整对象是超出一国领域的含有外国因素的民事关系,在其发展的进程中,逐渐产生了国际统一规范,这就决定了国际私法渊源具有双重性,即除了国内立法和判例这两个主要渊源外,国际条约和国际惯例也可能成为国际私法的渊源。此外,学说在国际私法的审判实践中也起着重要的作用。

一、国内立法

国际私法规范最早是在国内立法中出现的,而且直到今天,国内立法仍是国际私法最主要的渊源。国际私法所包括的规定外国人民事法律地位规范、冲突规范和国际民商事程序规范,都可见于国内立法之中。

(一)外国人民事法律地位规范

在一些国家,这些规范集中表现在"外国人法"中,而多数国家,则分别在宪法、民法、经济法、劳动法、民事诉讼法等部门法中加以规定。中国采取后一种方式,如1982年《宪法》、1986年《民法通则》,以及1979年《中外合资经营企业法》、1986年《外资企业法》、1984年《专利法》、1982年《商标法》、1993年《公司法》等都是这方面的重要立法。

---

① 参见李双元、欧福永主编:《国际私法》(第四版),北京大学出版社2015年版,第13页。

(二) 冲突规范

冲突规范是国际私法的本体部分最基本的规范,如中国 1985 年《继承法》第 36 条、1986 年《民法通则》第 8 章、1999 年《合同法》第 126 条、1992 年《海商法》第 14 章、1995 年《民用航空法》第 14 章、1995 年《票据法》第 5 章等规定和 2010 年《涉外民事关系法律适用法》,都是中国冲突法的重要国内渊源。

(三) 国际民商事程序规范

有关国际民事诉讼的国内立法,在许多国家,都是在民事诉讼法中加以规定的,中国也是如此,如 1991 年颁布的《民事诉讼法》第 4 编。此外,1986 年《外交特权与豁免条例》、1990 年《领事特权与豁免条例》、1999 年《海事诉讼特别程序法》也是中国国际民事诉讼法的重要渊源。

在国际商事仲裁制度方面,许多国家均有自己的仲裁法或仲裁规则,例如中国 1994 年《仲裁法》。

二、国内判例

所谓判例,是指法院先前的某一判决具有法律的效力,从而成为以后审判同类案件的依据(故又有称为"先例"的)。一国法院的判例是否可以成为该国国际私法的渊源,在国际私法实践中是有分歧的。大陆法系国家早先一般不承认判例可成为法律渊源,而英、美等普通法系国家却是一直以判例法为主的国家,在这些国家,国际私法规范也主要以判例形式而存在。但是,由于判例繁多,且十分零乱,抑或互有抵触,因而这些国家的国际私法学者就承担了编纂判例的任务。英国学者戴西于 1896 年编著出版的《冲突法论》便是这方面的名著,该书从 1949 年起由莫里斯(Morris)等人相继予以修订,到 2012 年已出至第 15 版。目前,英国处理国际私法问题,除已有单行成文法规定外,其他仍以该书为依据。[①] 在美国,非官方的学术团体美国法学会承担了美国国际私法的编纂任务。1934 年由哈佛大学法学院教授比尔(Beale)任报告员出版了《美国冲突法重述》。1971 年又由哥伦比亚大学法学院教授里斯(Reese)任报告员出版了《美国冲突法重述(第二次)》(Restatement, Second, Conflict of laws, 1971),1986 年美国法学会进行了相关修订。2015 年美国法学会(ALI)启动了《美国冲突法重述(第三次)》的编纂工作。[②]

中国不承认判例可以作为法的渊源。然而在国际私法领域,我们不能不高度重视判例的重要性,并恰当地运用判例。这首先是因为在国际私法领域,情况错综复杂,只靠成文法不足以应付审判实践的需要,在必要时,应该允许法院通过判例来弥补成文法的缺漏。其次,在民事案件涉及英美等国家的法律时,我们还需要直接援用他们的判例作为判决的法律根据。最后,国际私法的原则和制度也需要通过判例来加以界定和发展。

---

① 中国大百科全书出版社于 1998 年分上、中、下三册出版了由李双元等翻译的该书第 10 版的中译本,书名为《戴西和莫里斯论冲突法》,计 140 万字。

② 参见王承志:《美国第三次冲突法重述之萌动》,载《时代法学》2004 年第 1 期。

三、国际条约

从19世纪起,国际社会便已开始从事统一冲突法、统一程序法和统一实体法的工作。目前,国际公约越来越成为国际私法规范赖以存在的基本形式之一。世界上包含有国际私法规范的国际公约有很多,大致可归纳为以下几大类:关于外国人法律地位的公约;关于财产权的公约;关于知识产权国际保护的公约;关于国际投资和贸易的公约;关于国际运输的公约;关于国际支付的公约;关于海事的公约;关于婚姻、家庭和继承方面的公约;关于民事诉讼程序的公约;关于国际商事仲裁的公约,等等。①

自从中华人民共和国成立以来,中国已经缔结或参加了包含有国际私法内容的许多双边条约和多边条约,具体归纳如下:

(1) 在外国人民事法律地位方面,缔结或参加的公约有1925年《本国工人与外国工人关于事故赔偿的同等待遇公约》、1951年《关于难民地位的公约》、1967年《关于难民地位的议定书》、1979年《关于消除对妇女一切形式歧视的公约》及1966年《经济、社会与文化权利国际公约》等。

(2) 在冲突法方面,中国加入了1993年《跨国收养方面保护儿童及合作公约》,同时在参加的有关国际条约中也有涉及冲突法条款的,如1951年《关于难民地位的公约》第12条。

(3) 在统一实体法方面,中国参加的国际条约较多,有1980年《联合国国际货物销售合同公约》、1929年《关于统一国际航空运输某些规则的公约》、1883年《保护工业产权巴黎公约》、1886年《保护文学艺术作品伯尔尼公约》、1891年《商标国际注册马德里协定》及其《议定书》、1952年《世界版权公约》、1994年《与贸易有关的知识产权协定》等。此外,中国还同许多国家签订了双边投资保护协定、贸易协定等,其中也包含了大量的调整涉外民商事关系的实体法规范。

(4) 在国际民商事程序法方面,有1958年《承认及执行外国仲裁裁决公约》、1965年《关于向国外送达民事或商事司法文书和司法外文书公约》、1970年《关于从国外调取民事或商事证据的公约》。在多边国际公约方面,我国2017年9月12日还签署了海牙国际私法会议的《选择法院协议公约》(尚未批准实施)。此外,截至2018年6月30日,已同法国、波兰、蒙古、比利时、罗马尼亚、意大利、西班牙、俄罗斯、土耳其、古巴、泰国、埃及、保加利亚、白俄罗斯、哈萨克斯坦、乌克兰、匈牙利、希腊、塞浦路斯、摩洛哥、吉尔吉斯斯坦、塔吉克斯坦、新加坡、乌兹别克斯坦、越南、老挝、突尼斯、立陶宛、阿根廷、韩国、阿联酋、朝鲜、科威特、秘鲁、巴西、阿尔及利亚、波斯尼亚、黑塞哥维那、伊朗、埃塞俄比亚等国家签订了40份民(商)事或者民(商)刑事司法协助协定,除与比利时、伊朗、埃塞俄比亚签订的民

---

① 相关国际条约的中文译文,除个别外,均可参见李双元等编:《国际私法教学参考资料选编》(上、中、下册),北京大学出版社2002年版。

商事协定尚未生效以外,其他均已生效。①

2012年我国最高人民法院《关于适用〈中华人民共和国涉外民事关系法律适用法〉若干问题的解释(一)》第4条规定:涉外民事关系的法律适用涉及适用国际条约的,人民法院应当根据我国《民法通则》第142条第2款以及《票据法》第95条第1款、《海商法》第268条第1款、《民用航空法》第184条第1款等法律规定予以适用,但知识产权领域的国际条约已经转化或者需要转化为国内法律的除外。

2012年我国最高人民法院《关于适用〈中华人民共和国涉外民事关系法律适用法〉若干问题的解释(一)》第9条规定:当事人在合同中援引尚未对中华人民共和国生效的国际条约的,人民法院可以根据该国际条约的内容确定当事人之间的权利义务,但违反中华人民共和国社会公共利益或中华人民共和国法律、行政法规强制性规定的除外。

四、国际惯例

国际私法中的国际惯例是由两部分组成的。其中一部分是如《国际法院规约》第38条所称的"作为通则"(general practice)并"经接受为法律"的那些国际习惯。要构成这类国际惯例必须具备两个条件:一是经长期普遍的实践而形成为通则,即所谓的"物质的因素";二是必须经国家或当事人接受为法律,即所谓的"心理的因素"。这类惯例属于国际强行法范畴。另一部分则是国际贸易惯例。国际贸易惯例只具有任意法的性质,而且严格地说,即使经国家认可采用,也只有经当事人接受于合同中,才对当事人具有法律上的约束力。

就前一种国际惯例来看,在国际私法中,主要是包括如对未放弃其豁免权的国家和国家财产,不得行使诉讼或执行管辖权;对外国公民应赋予国民待遇而不得加以歧视以及不得要求其他国家放弃其公共秩序或公共政策的主张,而无条件地承认一切外国法的域外效力与执行一切外国的判决或裁决,等等。但是,一些对国际私法持"普遍主义"或"国际主义"观点的学者②认为,像"不动产的法律的属地原则""个人身份的法律的域外效力原则""场所支配行为原则""国家公共秩序原则""适用于契约关系中的意思自治原则"等已形成了一些"具有普遍约束力的惯例法",但是这并不为更多的学者所认同。这是因为,任何国家的法官在处理上述几个方面的问题时,如不受条约的约束,尽管也常会考虑到这些较为普遍的做法,但主要还是根据他的国内法指示是否得适用或如何适用这类"原则"或"共同规则"行事的。

国际私法的后一种国际惯例,是在长期商业实践的基础上产生的,后来又经过统一编纂和解释而变得更为准确,从而在国际上起着统一实体私法的重要作用。它们中设定国

---

① http://www.fmprc.gov.cn/web/ziliao_674904/tytj_674911/wgdwdjdsfhzty_674917/t1215630.shtml, 2018年7月1日访问。

② 普遍主义—国际主义学派认为国际私法是国际法,这一学派的各位学者从不同角度论证了国际私法的国际法性质。而与之相对的特殊主义—国家主义学派则认为每个国家都可以制定本国的国际私法,各国国际私法只是本国国内法的一个分支,断然否认有一种凌驾于一切国家之上的"超国家的国际私法"存在。

际"贸易条件"的有1953年《国际贸易术语解释通则》(现已有2010年文本),调整共同海损理算的有1974年、1994年、2004年和2016年《约克—安特卫普规则》,调整国际贸易支付的有1967年《商业单据托收统一规则》(现为1995年修订本)以及1953年《跟单信用证统一惯例》(现为2007年版本)等。这类国际惯例,目前已多为中国实践所接受。

2012年我国最高人民法院《关于适用〈中华人民共和国涉外民事关系法律适用法〉若干问题的解释(一)》第5条规定:涉外民事关系的法律适用涉及适用国际惯例的,人民法院应当根据《民法通则》第142条第3款以及《票据法》第95条第2款、《海商法》第268条第2款、《民用航空法》第184条第2款等法律规定予以适用。我国《民法通则》第142条第3款规定:"中华人民共和国法律和中华人民共和国缔结或者参加的国际条约没有规定的,可以适用国际惯例。"这就表明,国际惯例在我国可以作为涉外民事关系的准据法。

五、国际私法之原则和一般法理及学说

早在1939年《泰国国际私法》第1条就规定:在法无规定时,允许适用国际私法的一般原理。而在仲裁中,允许友好仲裁和依公平原则仲裁从实质上讲,也可以说就是根据一般法理来裁断争议了。至于学说则是通过著作表现出来的法学家的个人主张,依《国际法院规约》第38条,它只能"作为法律原则之补助资料",但在国际私法方面,由于很多制度和规则尚处于形成、发展的阶段,司法机关需要借助学说上的理论作为解决实际问题的指导和根据乃常见的现象,在以判例为主的普通法各国更为突出。《戴西和莫里斯论冲突法》和哥伦比亚大学法学院里斯教授主持编纂的《美国冲突法重述(第二次)》,都为英美两国法院在处理国际私法问题时所注重和援用。有的阿拉伯国家国际私法中也允许适用它所指定的特定学派的学说。[①] 可见,国际私法的一般原则、一般法理(或一般法律原则)、公平与善良原则及特定学者(或学派)的学说,亦可成为国际私法的渊源,只看有关国家的法律或国际条约是否有这样的明确授权。

尽管中国不把抽象的一般法理和学说作为国际私法的渊源,但既然普通法国家常引用学者的学说或著作作为判案的根据,我们就应该高度重视并加强对外国国际私法学者著作和学说的研究工作。其次,在我国国际商事仲裁中,也常适用它们来裁决案件。

第四节 国际私法的基本原则

西方国际私法学者很少专门讨论国际私法的基本原则,因为在他们那里,适用外国法的理论或指导法律选择的原则,已经起了国际私法基本原则的作用。但在现代国际私法中,由于它的范围已超出传统冲突法的范围,而同时涉及的还有外国人的民事法律地位问题、统一实体法的适用问题、国际民事诉讼和国际商事仲裁程序问题,要解决的已非仅只

[①] 参见《阿拉伯联合酋长国民事关系法典》第1条,载李双元等编:《国际私法教学参考资料选编》(上册),北京大学出版社2002年版,第157页。

适用外国法或进行法律选择了,因而需要有更全面的考虑,抽象出可用以指导解决上述等等问题的基本原则,供立法机关或司法(仲裁)机关遵循。

在进入全球化的时代,国际私法的基本原则主要应是主权原则、平等互利原则、国际协调与合作原则和保护弱方当事人合法权益的原则。使国际私法在调整国际民事活动中,既能维护自己国家和人民利益,又能促进国家间平等互利交往和保障全人类共同的可持续的发展。

一、主权原则

主权原则是国际公法上的最基本原则,早在荷兰"法则区别说"形成之时,它便被引入国际私法。主权原则要求我们必经承认和尊重每个国家在处理涉外经济、民事关系时的法律适用和行使国际民事管辖权的独立自主的权利。在人类进入全球化时代的今天仍必须坚持这一原则。

根据这一原则,任何主权国家都有权通过国内立法或参与国际立法,规定自己的国际私法制度,当然各国亦应遵守国际法的一些基本限制。国际私法本是在坚持国家主权独立的基础上发展起来的。国际私法的发展史表明,只有在所涉国家之间具有主权上完全平等的地位,并彼此具有独立的立法和司法管辖权的情况下,才会发生法律适用上的冲突,才有进行法律选择的必要。国际私法许多冲突原则与制度的产生和确立,也都直接受主权原则的制约。例如,物之所在地法用来解决物权关系、行为地法用来解决行为方式问题、属人法用来解决人的身份与能力方面的问题、公共秩序保留问题以及法院地法大都用来解决程序方面的问题等等,无一不是来源于国家主权原则或与国家主权原则存在着密切的关系。

当前,随着第三世界国家的兴起和全球化进程的加快,国家主权概念有了新的发展,因而国际私法中也相应出现了一些新的原则与理论,如第三世界国家在时际法问题上的观点,以及对引进外资和技术的法律关系多主张适用东道国的法律等,便都是这种新发展的表现。

当然,强调必须把主权原则作为国际私法的首要的基本原则,并不意味着国家在处理涉外民商事关系时不受任何限制或约束,冲突规范的适用和承认外国法的域外效力便是对主权的自我限制。在当今世界,主权国家为了大力推行国际合作,发展彼此间的平等互利关系,共同构建人类命运共同体,更应提升国际民商新秩序和国际社会本位的理念的地位,从而导引出以下三项基本原则。

二、平等互利原则

国际私法中这项原则在两个层面上发挥着重要作用:一是它要求各个国家在处理涉外民事关系时,应从有利于发展国家平等互利的经济交往关系出发,平等地对待各国民商法,在可以而且需要适用外国法时就应予以适用,要求承认外国当事人平等的地位,他们的合法权益应受到同等保护;二是要求不同国家当事人之间进行民事活动时,亦应建立平等互利的关系。中国通过宪法及其他法律,明文规定保护外国人、外国企业与经济组织在中国的合法权益,并对他们实行合理待遇。

随着国际经济交往的不断扩大和科技合作的全面发展,国际私法关系将越来越成为国际社会中的一种重要法律关系。在处理这种法律关系时,贯彻平等互利原则也将日益显得突出和重要。

在历史上,对平等互利原则的漠视或违背曾表现在多个方面,如单边主义者大量采用只指定适用内国法的单边冲突规范,不适当地扩大对涉及内国公民的案件的专属管辖,以及让公共秩序制度的适用受意识形态或政治制度的支配,等等。

三、国际协调与合作原则

根据国际协调与合作原则处理涉外民商事关系时,应兼顾中国国情和民商法的基本制度及国际上的普遍实践或习惯做法。这一点,在进入全球化的时代,在中国加入WTO以后,是尤其重要的。沃尔夫曾指出:虽然既没有一个国际法规则,也没有一个假定的礼让原则禁止国家采用它认为适宜的任何国际私法规则,但是公道要求每个国家在制定这些规则时,都要考虑到它们将怎样影响任何人与人(不论是本国人还是外国人)之间的社会和经济往来。国际私法的立法者必须记住一个社会的利益,而那个社会既不是他本国人的社会,也不是每个国家或每个民族的社会,而是全体人和整个人类的社会(这可说是"国际社会本位"理念的明确表述)。因此,尽管在当时沃尔夫认为:"国际私法本身并不是国际的,但是,毫无疑问,它不应该脱离国际思想而拟定。"他还在多处提出了国际私法应追求"法律的协调"的观点。[①]

在全球化时代,更难设想,任何一个国家可以根本不考虑他国当事人的权益,任何一个国家的立法机关和法院可以恣意扩大立法权和司法管辖权的范围。因此,在21世纪的国际私法关系中,国际协调与合作原则和国际社会本位理念,必然会大大提升其地位。

四、保护弱方当事人合法权益原则

人类社会虽已进入知识经济时代,但发达国家和发展中国家贫富的差距,资本和技术输出国与输入国经济实力的差距,每个国家的人口中富人和穷人的差距,雇主与劳动者的差距,以及企业与消费者、男人与妇女、父母与子女之间的利益上的各种矛盾都还存在。如果只满足于形式上的平等互利,而不从国际私法制度上保障实质上的平等互利,也将不能推进国际民商事关系的发展,不能推进国际民商新秩序的建立。因此,在国际私法处理上述种种跨国性的私法问题时,需要强调保护弱方当事人合法权益原则。

事实上,许多新近的国际私法国内和国际立法,都力求在有关制度中贯彻这一原则,它们很多都把适用"有利于弱方当事人的法律"作为"内容导向"附之于"管辖权选择规则"之后。而"内容导向"从目前的实例证明来看,基本上与"导向保护弱方当事人合法权益"

---

① 参见〔德〕沃尔夫:《国际私法》,李浩培等译,法律出版社1988年版,第21、25—26页等。

几成同义语。还值得注意的是,《也门人民民主共和国民法典》第 27 条关于人的"能力"的规定中,甚至纳入了保护人权的原则。其第 3 款规定:"若外国法的适用会明显损害人权,则应适用也门人民民主共和国的法律。"与此类似,因有关的涉外司法程序或判决明显违反人权而被其他国家以违反公共秩序为由而拒绝承认与执行的例证也日益增多起来。

思考题
1. 举例说明什么是涉外民事关系?
2. 国际私法调整对象是什么?为什么?
3. 如何正确理解国际私法的范围?
4. 国际私法有哪些法律渊源?
5. 试述国际私法的基本原则。

第二章 国际私法的历史

学习目标：了解国际私法的国内立法史和国际立法史；国际私法的学说史；当代国际私法的新发展。

教师导读：国际私法肇始于 13 世纪的意大利。除中国唐朝《永徽律》中仅偶尔出现过国际私法规范萌芽外，在 18 世纪上半叶以前，国际私法表现为一种"学说的"或"学理的"形态，尚无典型的成文法。中国现代国际私法理论研究和立法始于清末，经过漫长的发展历程，目前已形成较完备的理论体系并初具立法规模。本章涉及的人物、学说、法典名称较多，应尽力避免混淆，更不可张冠李戴。

建议学时：4 学时

第一节 国际私法的立法史

一、国际私法的国内立法史

为了节省篇幅和便于讨论，这一节讲到国际私法的国内立法史时，只涉及冲突法的立法史。从国际私法的历史看，大体上在 18 世纪上半叶以前，除了在中国唐朝《永徽律》中有"诸化外人同类自相犯者，各依本俗法；异类相犯者，以法律论"[①]这样的冲突规范的萌芽外，在西方还仅处在"法理学与科学的国际私法"的阶段，亦即只表现为一种"学说的"或"学理的"形态。到了 18 世纪下半叶以后，才开始进入"立法的国际私法"阶段。

通过国内立法来系统地制定成文的冲突法，在欧洲，曾受到 18 世纪荷兰学派"国际礼让说"和萨维尼"法律关系本座说"的重大影响。而最早在国内法中规定冲突规则的，在欧洲可数 1756 年的《巴伐利亚法典》和 1794 年的《普鲁士法典》。[②] 不过，对以后的国际私法立法发生更大影响的还是 1804 年《法国民法典》。只是当时《法国民法典》分散式设立冲突规范的立法模式仍是国际私法不发达、不完善的表现。因而，后来出现了在民法典或其他法典中列入专篇或专章，比较集中地规定国际私法规范的方式。如 1946 年《希腊民法典》第 4 条到第 33 条、1966 年《葡萄牙民法典》第 14 条到第 65 条、1986 年中国《民法通则》(第 8 章)、1991 年《加拿大魁北克民法典》(第 10 卷)、1995 年《越南民法典》(第 7 编)、

[①] 这就是说，具有同一国籍的外国人在中国境内发生相互侵犯的案件，适用当事人的本国法；不同国籍的外国人之间在中国发生相互侵犯的案件，按照唐朝的法律处理。

[②] 关于这两个法典的主要内容可详见〔德〕沃尔夫：《国际私法》，李浩培等译，法律出版社 1988 年版，第 55—56 页。

2001年制定并于2013年修订的《俄罗斯联邦民法典》(第66—68章)、2009年《罗马尼亚民法典》(第7卷)等均采用这种做法。中国的《海商法》和《民用航空法》等民商事单行法中也有冲突规范的条款。

19世纪末,出现了以单行法规来专门规定冲突法的立法方式。具有代表性的有1898年《日本法例》。其后,以单行法规出现的有1918年旧中国的《法律适用条例》、中国台湾1953年《涉外民事法律适用法》、1939年《泰国国际私法》等。目前,通过单行法规形式来规定冲突法更成了普遍的发展趋势。如在欧洲,波兰于1965年制定了新的国际私法,奥地利与匈牙利都于1979年公布了新的国际私法,1989年瑞士新的国际私法也开始生效。此外,还有1993年《斯洛伐克国际私法和国际民事诉讼法》(已有2007年修订本)、1995年《意大利国际私法制度改革法》、1991年美国路易斯安那州新的国际私法立法、1998年《委内瑞拉国际私法》、1998年《突尼斯国际私法》、1998年《格鲁吉亚国际私法》、中国2010年《涉外民事关系法律适用法》、2011年《波兰国际私法》等也采用此种形式。

这些最新的冲突法典明显地表现出国际私法的国内立法有了新的更大的发展,主要表现在:

(1) 国际私法的调整范围扩大了,而规定却愈趋详明了。这当然是国际经济关系日益发展,涉外民事关系的领域日益扩大和国家加强了对涉外经济、民事生活的关注的结果。以1896年《德国民法施行法》为例,其关于法律适用的规定原本只有20多条,而且把物权和债权排除在外,未作规定,仅涉及人的能力、禁治产的宣告、侵权责任、夫妻关系、继承等10余种民事关系,而1986年《德国民法施行法》增加了姓名、对合同当事人的保护、扶养、遗嘱继承、债法等方面的大量内容。此外,为弥补该法的不足,德国又于1999年制定了《关于非合同债权关系和物权的国际私法立法》。1987年《瑞士联邦国际私法法规》更多达200条,增加了有关劳动合同、消费合同、知识产权合同、产品责任、不正当竞争、公司、破产与环境污染的求偿权以及商事仲裁等新的规定。

(2) 法律选择的灵活性增加了。这是上述各国新法典所代表的又一重要走势。例如:其一,它们大都采用双边冲突规范的形式。1896年《德国民法施行法》曾大量采用单边冲突规范,而现在的国际私法却一反此种做法,主要采用双边冲突规范。其二,大量采用选择适用准据法的冲突规范形式。如《日本法例》原来规定遗嘱方式适用行为地法,而由于日本已加入1961年海牙《遗嘱处分方式法律冲突公约》,它的1964年《关于遗嘱方式准据法的法令》,已允许在行为地法、遗嘱人立遗嘱时或死亡时的本国法、立遗嘱时或死亡时的住所地法、立遗嘱时或死亡时的经常居住地法等七种法律中任选一种。其三,更为重要的是一些新的法典更把最密切联系原则作为法律选择的总的指导思想或最重要的冲突原则大加强调(如1971年《美国冲突法重述(第二次)》、1978年《奥地利国际私法》、1987年《瑞士联邦国际私法法规》等等)。依据最密切联系原则,许多国家的国际私法都允许法院可根据案件的具体情况,选择那个连结因素最为集中的国家的法律作为有关法律关系的准据法,在许多情况下,都不再受机械的、呆板的传统冲突规范的约束。

（3）在法典的结构上，一些新的法典已经像民法典、刑法典一样，有总则、分则部分，而且大都分别就案件的管辖权、法律适用及外国法院判决的承认及执行三个方面作出规定，从而大大扩大了传统冲突法的内容，提高了冲突法作为独立部门法的地位。

二、国际私法的国际立法史

（一）国际私法统一化的概念

由于对国际私法这一概念的含义理解不同，对"国际私法的统一化"的含义的理解也有所不同。第一种观点认为国际私法的国际统一只涉及冲突法领域，但经过这种统一的国际私法仍包括冲突规范、法院管辖权规范和关于法院判决的承认与执行的规范。海牙国际私法会议即采取这种立场。反之，第二种观点如罗马国际统一私法学会以及联合国国际贸易法委员会等则致力于"实体私法"的国际统一。第三种观点则认为，统一国际私法应作广义的理解，它既包括对传统国际私法（即冲突法和某些国际民事诉讼程序法）的统一，也包括对实体民商法的国际统一。本书采取第三种观点。

（二）统一国际私法的国际组织及其成就

从19世纪末叶起，便开始出现了一些从事统一国际私法工作的有影响的国际组织。其中，就统一冲突法与程序法而言，最有成效、最有影响的当首推海牙国际私法会议（Hague Conference on Private International Law）。[①] 海牙国际私法会议的发展大致经历了两个主要阶段。第一个阶段是从1893年第一届海牙国际私法会议召开到1951年第七届海牙国际私法会议通过《海牙国际私法会议章程》，从而正式确立它作为一个常设的国际组织为止，它刚开始实际上只是一种临时性的国际会议，而非国际组织。此后，所谓海牙国际私法会议已经是指设立在荷兰海牙并有世界数十个国家或地区参加的政府间国际组织，而非临时性的国际会议了。在早先，荷兰政府发起召开海牙国际私法会议，参加者主要为欧洲国家，但到1951年后，已致力于国际范围内国际私法的统一。中国于1987年7月3日向荷兰政府交存了对该会议章程的接受书，从而成为它的正式成员国。截至2018年6月30日，海牙国际私法会议共有成员83个。从1951年第七届会议至2018年6月底，海牙国际私法会议已通过了40个公约[②]，其中大部分已生效。

与海牙国际私法会议相并行的还有泛美会议（the Pan-American Conference）和美洲国家组织国际私法会议（Inter-American Specialized Conferences on Private International Law）。以古巴法学家布斯塔曼特的名字命名的《布斯塔曼特法典》（Bustamante Code）就是1928年在哈瓦那召开的第六届泛美会议上通过的。美洲国家组织国际私法会议也从1975年起先后通过了20个国际私法公约及其3个议定书、1个示范法和2个统一文件。

较之海牙国际私法会议和美洲国家组织国际私法会议更具有世界规模的，是国际联

[①] 网址：http://www.hcch.net，accessed to June 30, 2018。

[②] 这40个公约中的前35个及第一阶段通过的其中5个公约的中文译文可参见李双元等编：《国际私法教学参考资料选编》（上册），北京大学出版社2002年版；公约的英文本或法文本及各公约的签署、批准、生效和保留情况及海牙国际私法会议的成员国，可参见海牙国际私法会议网站。

盟和联合国。① 在国际联盟主持下,主要通过了1923年《关于承认仲裁条款的议定书》、1927年《关于执行外国仲裁裁决的议定书》、1930年《关于本票、汇票的日内瓦公约》和1931年《关于支票的日内瓦公约》以及相应于它们的两个冲突法公约。联合国中致力于国际私法统一工作的除"国际法委员会"外,还有联合国贸易和发展会议、联合国国际贸易法委员会等。联合国通过的涉及国际私法的国际公约主要有1950年《关于宣告失踪者的公约》、1951年《关于难民地位的公约》、1956年《关于收取在外国的抚养金的公约》、1965年《关于解决国家与他国国民之间投资争端公约》等。而联合国国际贸易法委员会(United Nations Commission on International Trade Law)②,成立于1966年,中国是其成员国之一。国际贸易法委员会的主要活动是在国际贸易法、国际商事仲裁法、国际海运法等领域,通过的最具影响的成就主要有1980年《联合国国际货物销售合同公约》、1988年《联合国国际汇票和国际本票公约》和1996年《电子商务示范法》等。同时,作为联合国专门机构的国际劳工组织、国际民航组织、国际海事组织、世界知识产权组织与知识产权保护联合国际局等也开展了一些统一私法的工作。

通过国际努力,在有关条约中制定的统一实体私法可称为"统一私法"或"统一实体法",也有称为"现代万民法"(jus gentium moderne)的。国际上从事统一私法工作的国际组织或国际会议也是很多的,其中专门从事这项工作的如罗马"国际统一私法学会"(International Institute for the Unification of Private Law)当具显要地位。它成立于1926年,宗旨在于统一和协调不同国家和国际区域之间的私法规则,并促进这些私法规则的逐渐采用。目前该协会已有63个会员国,中国从1986年1月1日起正式成为其成员国。罗马统一私法学会富有成效的活动涉及国际货物买卖法、国际运输法、国际仲裁法及国际民事责任等十分广泛的领域。它曾于1964年在海牙的外交会议上通过了《国际货物买卖统一法公约》和《国际货物买卖合同成立统一法公约》,1983年在日内瓦外交会议上通过了《国际货物销售代理公约》,1988年在渥太华外交会议上通过了《国际保理公约》,1994年通过了《国际商事合同通则》(目前已有2016年版本),2004年通过了《跨国民事诉讼程序公约》等统一实体法或程序法公约。

通过条约实现私法的统一,还大量见于国家间的双边通商、航海条约或贸易协定。

(三) 当代冲突法统一工作的特点

从当今各重要国际组织通过的国际私法条约来看,较之早期的国际私法统一化运动,明显表现出以下几个方面的特点:

(1) 从内容来看,自第二次世界大战后,统一国际私法的努力,在冲突法和实体法方面,已经越来越明显地表现出工作的重点已经从亲属法、继承法等领域,逐渐扩大及于整个国际经济、贸易关系、侵权责任和电子商务等新的领域。在程序法方面,则已覆盖了国际民事诉讼、商事仲裁的各个重要方面及ADR(替代性争议解决方法)。

---

① 网址:http://www.un.org,accessed to June 30,2018。
② 网址:http://www.uncitral.org,accessed to June 30,2018。

（2）通过国际努力，国际私法统一化运动正从区域性向全球性方向发展。这一现象反映在联合国有关机构已越来越积极地参加到统一化运动中来；海牙国际私法会议与其他从事统一化工作的国际组织的协调与联系进一步加强；签署、批准或加入海牙国际私法会议通过的公约的国家日益增加。

（3）在统一冲突法的进程中，法系之间传统的对立与差异不断得到协调与缓解。这首先表现在大陆法系国家与普通法系国家之间在属人法方面的本国法主义和住所地法主义的尖锐对立得到一定程度的调和。例如，1955年《关于解决本国法与住所地法冲突的公约》便规定："第1条：当事人住所国规定适用他的国籍国法，而他的国籍国规定应适用他的住所地法时，各缔约国应适用他的住所地国的内国法[①]"；"第2条：当事人住所地国和国籍国都规定适用他的住所地法时，各缔约国应适用他的住所地国的内国法"；"第3条：当事人住所地国与他的国籍国都规定应适用他的本国法时，各缔约国应适用他的国籍国的内国法。"其次，在死者遗产继承的法律适用上，1989年海牙《死者遗产继承法律适用公约》在协调"同一制"和"分割制"的对立上，也取得了颇引人注目的成就。再次，过去仅在某一法系国家存在的制度，在冲突法公约中，在一定条件下也为其他法系国家所接受（如遗产的国际管理、信托制度、隐名代理等等）。在程序法上，参加统一化工作的国家之间也大都采取求同存异的态度。这些都表明国际私法的趋同化走势在日益加强。

第二节　国际私法的学说史

14世纪以来，国际私法的基本理论曾以"法则区别说""国际礼让说""法律关系本座说""既得权说""本地法说"等多种学说形式出现。

一、意大利的法则区别说

早在11世纪，意大利各城市间的法律冲突现象便已出现，当时处于东西方贸易通道的意大利北部诸城邦，国际贸易已很发达，在法律方面，被视为"普通法"的罗马法虽仍在各地普遍适用，但各城邦也已根据流行于各自领域内的习惯制定了作为特别法的"法则"（statute），因而法律冲突时常发生。一般地说，这种冲突如发生在罗马法与城邦的法则之间，根据"特别法优于普通法"的罗马法原则，可适用城邦的法则，但是冲突发生在不同城邦的法则之间，如何解决法律适用问题，在罗马法中就找不到答案了。这显然对各城邦之间的商业贸易是十分不利的，因而迫切需要解决这种法则之间的冲突问题。这就是意大利法则区别说（亦称"法则说"，statute theory）产生的时代背景。

意大利法则区别说的代表人物是巴托鲁斯（Bartolus，1314—1357年）。在他以前的12—13世纪，意大利和法国的一些法学家虽已相继从法则性质区别的角度出发，提出过

[①] 在国际私法中，"内国法"这一概念是有特定含义的，它同"国内法"这一概念并不完全相同。在国际私法上所说的"内国法"只是除去冲突法以外的那些"国内法"。在英文中，常称"国内法"为 national law，而称"内国法"为 domestic law。

一些早期的冲突规则或原则一类的东西,但人们公认,真正集法则区别说早期理论之大成并创立法则区别说的当推巴托鲁斯。其所以如此,很重要的一点就是他首先抓住了法律的域内域外效力这个法律冲突的根本点,并且把解决法律冲突的问题分为两个主要的相互联系的方面来进行探讨:(1) 城邦的法则能否适用于在域内的一切人(包括非居民);(2) 城邦的法则能否适用于城邦以外的自己的居民。

对于这两个问题的探讨,一直是国际私法学研究的中心。尽管他解决这两个问题的方法仍然是完全借助他的先行者们把法则区分为物法、人法的学说,但他认为,凡是物法必须且只能在制定者管辖领域内适用;凡是人法(只要不是那种"令人厌恶"的亦即对人不利的禁止性法则),则是可以随人之所至而适用于域外的。但是,在现实生活中,并无这种纯粹是关于物和纯粹是关于人的法则,他便求助于法则的词语结构的不同来实现这种区分了。巴托鲁斯认为,如果要处理一个英国死者遗留在意大利领域内的土地,全看英国该项规定的词语结构如何:如果英国法的规定为"死者的财产归其长子继承",由于这个规则的主词是"财产",所以,这一规定是物的,它只能严格地适用于死者在英国的财产,因而在意大利的土地就应采诸子平分制;如果英国法的规定为"长子继承死者的财产",由于这个规则的主词是"长子",所以,这一规定是人的,那么他的长子就可以依英国法的这项规定取得位于意大利的土地(但由于他们当时主张不动产要受所在地法支配,故仍会依意大利法实行诸子平分)。

巴托鲁斯的方法虽悖谬可笑,他的理论与方法也未完全摆脱注释学派的影响,但他已经把新兴资产阶级的文艺复兴运动所鼓吹的人文主义带入了国际私法领域。这主要表现在他反对过去封建主义那种在法律适用上的绝对属地主义,提出了一条属人主义路线。而属地主义路线和属人主义路线之间的斗争,一直持续到现在,尽管在形式与内容上都发生了重大的变化。更何况他还提出了许多重要的冲突原则,有些至今仍为立法和实践所采用。

二、法国的法则区别说

到了 16 世纪,意大利资本主义工商业已有相当的发展,为了呼应新兴商人阶级建立一个比较自由的市场的愿望,杜摩兰(Charles Dumoulin,1500—1566 年)提出在契约关系中应适用当事人自主选择的那一习惯的主张,影响绵延至今且适用对象日愈拓展。后来,人们把这种思想理论并称为"意思自治"原则。杜摩兰不但主张契约应适用当事人自己选择的习惯,而且认为,即令在当事人的契约中未作这种明示的选择,法院也应推定当事人意欲适用什么习惯于契约的实质要件。他虽然也是赞成把法律作"物法""人法"区分的,不过他极力主张扩大"人法"的适用范围,而缩小"物法"的适用范围。杜摩兰的"意思自治"原则,现在已成为选择契约准据法的一项普遍接受的原则。

与杜摩兰同时代的另一法国法学家达让特莱(D'Argentre,1519—1590 年),则站在杜摩兰的对立面,主张把领域内一切人、物、行为都置于当地习惯的控制之下。他认为只要有可能,一个法则就应该认为是"物"的,只有在极其例外的场合,才应赋予它们以"人法"

的效力(如那些纯粹是关于个人的权利、身份及行为能力的习惯)。为了限制"人法"的适用范围,他还发展了法则区别说早已提出的"混合法"这个概念,并认为"混合法"更接近于"物法"。例如,关于未成年人无处理不动产的行为能力,这一习惯便属于"混合法"。此外,他还主张,在一个习惯是"物"的还是"人"的发生疑问时,便应把它看作是物法。达让特莱在法律适用方面的构想几乎又回归到了绝对属地主义的立场。

三、荷兰的国际礼让说

本来,意大利法则区别说是一种把国际私法建立在自然法和普遍主义基础上的学说。但是到17世纪,法国博丹(Bodin,1540—1596年)发表了《论共和》和荷兰的格老秀斯(Grotius,1583—1645年)发表了《战争与和平法》,奠定了国际公法的基础,提出了"国家主权"这个现代国际法上的基本概念。根据这种主权观念,荷兰法则区别说的代表人物优利克·胡伯(U. Huber,1636—1694年)把荷兰礼让学派的这种思想加以系统化,从而提出了其国际礼让说(comitas gentium)的著名三原则:(1) 任何主权者的法律必须在其境内行使,并且约束其臣民,而在境外则无效;(2) 凡居住在其境内的,包括常住的与临时居住的人,都可视为该主权者的臣民;(3) 如果每一国家的法律已在其本国的领域内实施,根据礼让,行使主权权力者也应让它们在内国境内保持其效力,只有这样做才不致损害后者及其臣民的权力或利益。

这三项原则的提出,实际上把普遍主义的观点完全推翻了,并把国际私法纳入了特殊主义——国家主义的轨道。但是荷兰学派已经把适用外国法的问题放在国家主权关系和国家利益的基础上来加以考虑了,这又是它的一项重大贡献。胡伯的第三原则,还强调了一个后来对英美学派发生重大影响的观点,那就是既得权的观点。

四、萨维尼的法律关系本座说

由巴托鲁斯集总成的法则区别说一直在国际私法领域居统治地位,但到19世纪,由于萨维尼(Savigny,1779—1861年)法律关系本座说(Sitz des Rechtsverhältnisses)的提出,终于把国际私法推进到一个新阶段,从而使萨氏被喻为"近代国际私法之父"。

萨维尼在他发表的《现代罗马法体系(第8卷)》(亦名《法律冲突与法律规则的地域和时间范围》)一书中,尤为突出地提出:为了便于国际交往和减少其法律上的障碍,必须承认内外国人法律地位的平等和内外国法律的平等。他还极力反对从自然法的观点出发,以法律规则自身的性质来决定其是否可适用于各种特定的涉外民事关系,而主张从法律关系本身的性质来探讨其"本座"(seat)所在地,并且适用该"本座"地法,而不应拘泥于其是否为外国的法律。另外,他还分别就身份、物权、债权、继承、家庭等法律关系讨论了它们的"本座"或"本座法"("地域法")之所在,如身份关系的本座法应是当事人的住所地法、物权关系的本座法应是物之所在地法(且一反法则区别说的主张,认为这一本座法同样适用于动产)、债的本座法在一般情况下应是履行地法、继承的本座法应是死者死亡时的住所地法(也不主张动产与不动产分别适用不同的法律)、家庭关系的本座法则当以丈夫与父亲的住所地法为主,等等。

萨维尼的伟大的历史功绩主要表现在以下三个方面:首先,他在分析与探寻各种法律关系的本座所在时,主要是从法律关系的"重心"以及与法律关系存在最密切、最重要的联系出发的。他终结了存在数百年的法则区别说,并且开创了一条法律选择的新路子。他的学说对推动欧洲冲突法的法典化和冲突法的趋同化的发展有重大影响。其次,他使国际私法从荷兰学派开创的特殊主义—国家主义的影响下解放出来,重新恢复到普遍主义—国际主义的轨道上。不过,19世纪末的《德国民法施行法》却完全排斥了萨氏的主张,而大量采用了只指定适用德国法的单边冲突规范。

许多学者曾指出,萨维尼的本座说理论是与自由贸易的需要相匹配的。因为国际关系上法律适用的统一将促进自由贸易的发展。[①]

五、英国的既得权说

由于种种原因,英国国际私法发展得较迟,英国法院长期对外国法采取排斥的态度。直到18世纪,它的这种排斥外国法的态度终于有了转变,各种学说也开始出现。但对英国国际私法作出最大贡献的还是提出既得权说(doctrine of vested rights)的牛津大学法学教授戴西(Dicey,1835—1922年)。他在1896年出版的《冲突法论》中,把他的国际私法思想概括为六项原则,其中有关法律适用的有:凡依他国法律有效取得的任何权利,一般都应为英国法院所承认和执行,而非有效取得的权利,英国法院则不应承认和执行(第一原则)。但如承认和执行这种依外国法取得的权利与英国成文法的规定、英国的公共政策和道德原则以及国家主权相抵触,则可作为例外,而不予承认和执行(第二原则)。为了判定某种既得权利的性质,只应该依据产生此种权利的该外国的法律(第五原则)。依照意思自治原则,当事人协议选择的法律具有决定他们之间的法律关系的效力(第六原则)。戴西的"既得权"理论本是建立在法律的严格属地性基础上的,依这种理论,法官只负有适用内国法的任务,既不能直接承认或适用外国法,也不能直接执行外国判决,但为了维护国际民事关系的稳定与安全,法官又不能不承认与执行依外国法产生的既得权利。

戴西的这一学说显然是为了调和适用外国法和国家主权原则之间的矛盾而设想出来的,但结果使他自己陷入了更大的矛盾。许多学者曾一针见血地指出,一国政府既然负有通过它的法院承认并执行外国法律创设的既得权的义务,实际上也就负有适用外国法的义务,因为保护某一依外国法已取得的权利,无异就是承认并赋予该外国法域外效力。

六、库克的"本地法"说

本地法说(local law theory)由美国法学教授库克(Cook)1942年在一本题名为《冲突法的逻辑学与法律基础》(The Logical and Legal Bases of Conflict of Laws)的书中所提

[①] 可参见李双元、吕国民:《萨维尼法学实践中一个矛盾现象之透视》,载《浙江社会科学》2000年第2期;许章润主编:《萨维尼与历史法学派》,广西师范大学出版社2004年版。

出。该学说比戴西的"既得权说"走得更远,认为内国法院适用或承认与执行的,不但不是外国的法律,也不是外国法创设的权利,而只是一个由它自己的法律所创设的权利,亦即一个内国的权利,一个本地的权利。因为这样的外国法规则已经被法院并入自己的法律并当作自己的法律加以适用了。库克的理论是在发现"既得权说"的不可解脱的矛盾后,试图克服这一矛盾而提出的。

早在库克提出"本地法说"之前,美国的另一法学教授凯弗斯(Cavers)已于1933年便在《哈佛法学评论》上发表的一篇题为《法律选择过程批判》的文章中,指责传统的冲突法制度由于只采用"管辖权选择"方法[①],而不问所选择法律的具体内容是否符合案件的实际情况与公正合理的解决,因而是很难找到更好的法律的。他主张应改变这种只作"管辖权选择"的传统制度,而代之以"规则选择"或"结果选择"的方法,即法官只应考虑有关的外国法律规范是否适合本案情况,是否能得到公正合理的"结果"(故又称为"结果选择方法"),这就揭开了当代美国国际私法学说向传统的理论和制度宣战的序幕。但是,被称为美国国际私法的"革命"真正进入高潮则是在20世纪60年代以后,即美国国际私法领域出现"学派林立"的局面,其矛头所向全是针对传统的冲突法制度和理论。

国际私法学中关于适用外国法的理论,似乎到库克的本地法说为止,已无新的发展。新近提出的理论几乎都可以说只涉及选择法律的方法了。这表明,在一定条件下应该适用外国法已为全世界所公认。

七、当代国际私法的新发展

第二次世界大战以后,随着国际民商事流转关系的规模不断扩大,以国际民商事关系为调整对象的国际私法在世界范围内发生了很大变化,出现了许多新的发展。

(一) 国际私法范围的扩大与内容的不断丰富

早期的国际私法所涉及的领域是极其有限的,冲突规则也不过寥寥几条至几十条而已。这种状况一直延续到第二次世界大战以后才迅速发生重大的突破。这时,不但国际商事活动如公司、票据、信托、海商、保险、破产、劳务、投资、技术转让和知识产权等领域,相继有了国际私法上的国内法和国际法的规定,而且国际民事诉讼法、国际商事仲裁制度也大都规定在国际私法中。

在国际立法方面,如海牙国际私法会议在第二次世界大战前召开的六届会议中所制定的公约,仅限于婚姻、家庭及民事诉讼程序方面的有限的几个问题,而在第七届会议以后,除不断关注妇女、儿童、劳动者、消费者等弱势群体的利益保护外,还同时将工作重点转移到解决国际民商事方面广泛领域的法律适用和程序问题。目前,国际私法涉及的领域仍在不断扩大,内容仍在不断丰富。

(二) 国际私法各个分支学科逐渐形成

随着国际民商事关系的不断发展,与国际私法调整范围不断扩大和涉及领域越来越

---

① 这里的"管辖权选择"乃指"立法管辖权的选择",亦可理解为把争议的问题分配给不同国家的立法"管辖"之下。

广泛相适应,国际私法的各个分支学科也应运而生并得到相对独立的发展。在早些时候,一本国际私法著作可以把所有的国际私法问题都包罗进去,而现在,即使仍有这类书籍,也只能起到"概论"性质的作用了。今日的国际私法学已经逐渐成为一个由诸多分支学科组成的内容不断增加的学科群了。在国际私法学中以下领域正在形成相对独立性的分支学科:(1)国际私法史(含立法史、学说史,立法史中又可分各国国内立法史和国际立法或统一化运动史);(2)比较国际私法;(3)外国人法和外国人待遇制度;(4)国际私法上的国籍和住所(含居所、惯常居所以及法人的营业所等);(5)冲突法的基本理论和基本制度;(6)国际私法上的自然人和法人;(7)国家及其财产在国际私法上的地位;(8)国际私法上的法律行为和代理;(9)国际私法上的物权法;(10)国际私法上的知识产权法;(11)国际私法的合同制度;(12)国际私法上的侵权行为;(13)国际私法上的赔偿之债(不当得利和无因管理);(14)国际私法上的婚姻家庭制度;(15)国际私法上的遗产继承制度;(16)国际私法统一化运动;(17)国际民事诉讼法;(18)国际商事仲裁和 ADR 制度;(19)航空国际私法;(20)海事国际私法;(21)商事国际私法;(22)区际私法;等等。

(三)国际私法趋同化倾向不断加强,比较国际私法迅速发展

国际私法的作用在于协调不同的法律体系以及它们所体现的不同政策,找到解决或消除它们之间的冲突和矛盾的方法,因此,国际私法的统一化工作和各国的立法,都十分注意吸收和采用国际社会的普遍实践,据以改善自己的法律制度,积极创造能促进国际民商交往的法制环境,从而使当代国际私法趋同化倾向不断加强,大陆法系和英美法系国家的国际私法出现了前所未有的相互融合、相互吸收和共同发展的态势。

为了推进国际私法的趋同化或统一化进程,第二次世界大战以后,比较国际私法学派也有了迅速的发展。这个学派从肯定各国不同的冲突规则的事实出发,采取比较方法进行研究,以期发现其共同的地方并予以协调。1998年在英国布里斯托尔(Bristol)召开的20世纪最后一次比较法国际大会结集出版的《20世纪末的国际私法:进步抑或倒退?》一书,更充分地反映了比较国际私法学在推进国际私法趋同化进程中的重要作用。

(四)对传统冲突法及其学说改造的深化

传统的冲突法基本上是一种立法管辖权分配的选择方法,常通过一个僵固的空间连结点把有关涉外民事关系或争议交由某一指定国家的法律管辖,而这样被指引的法律多不为法院所了解,也不一定适合案件的合理解决,带有相当的盲目性,可能导致对当事人不公正的后果。因此,许多国家的学者主张对传统冲突法加以改进。各国改进冲突法的方法主要有:(1)用灵活的开放性的冲突规范代替僵硬的封闭性冲突规范,逐渐把过去只在合同关系中适用的意思自治原则和最密切联系原则,扩大适用于其他领域的法律选择;(2)增加连结点的数量从而大量增加选择性冲突规范的数量,或采用多元连结点,以协调采用单一连结点的国家之间的立场;(3)对同类法律关系进行适当的区分(如在合同领域,许多国家都把合同划分为不同的种类并规定了相应的法律选择原则,如2007年中国最高人民法院《关于审理涉外民事或商事合同纠纷案件法律适用若干问题的规定》规定了17种合同应适用的法律),依其不同性质规定不同的连结点;(4)对一个法律关系的不同

方面进行分割(如把合同关系至少分割为缔约能力、合同形式和合同的成立与效力三大方面),给不同部分或不同环节规定不同的连结点;(5)为了在冲突法中更好地追求实质正义的目的,采用"利益导向"或"结果导向"的冲突规范大量出现于各种国内、国际立法中;(6)统一冲突法和统一实体法得到了重大的发展;等等。

（五）国际私法的国内法典日渐增多

从18世纪末开始,国际私法进入了立法时期。但是20世纪70年代以前,除《布斯塔曼特法典》的14个参加国外,只有14个国家制定了国际私法典,而现在至少有40多个国家制定了国际私法典,而且遍及欧洲、亚洲、非洲、美洲及大洋洲;且既有发达国家,也有发展中国家。其中欧洲大陆法系许多国家以及拉丁美洲一些传统上属大陆法系的国家已陆续颁布了几个规模颇为宏大的新国际私法典。由于判例法制度固有的弊端,英美法系国家也开始了国际私法的成文化立法工作,而由其权威学者编纂的"重述"或"汇编",也不断完善。因此,国际私法的法典化已成为世界范围内的普遍趋势。

综上所述,正如美国威拉姆特(Willamette)大学塞缪尼德斯(Symeon C. Symeonides)教授在全球第十五次比较法国际大会上所作的总结那样,20世纪国际私法的发展走势主要体现在五大方面,即:(1)出现了多边的、单边的和实体法的协调并存的局面;(2)解决法律的确定性与灵活性之间以及法律选择规则与法律选择方法之间的矛盾有了新的进展;(3)通过"管辖权选择规则"和"内容导向"(content oriented)规则或方法之间的结合来克服传统的硬性冲突规范的方法已被大量采用;(4)"冲突公正"(conflicts justice)和"实质公正"(material justice)之间的两难问题的解决更加受到关注;(5)国际统一的目标和保护国家权益的需要之间的冲突日益受到了重视。①

第三节 中国国际私法的历史

一、中国国际私法立法史

唐朝(公元618年至公元907年)是中国封建社会的鼎盛时期,经济文化繁荣,对外交往密切频繁。为调整各种具有涉外因素的法律关系,唐统治者在《永徽律·名例章》中作了如前所述的原则性规定,即:"诸化外人同类自相犯者,各依本俗法;异类相犯者,以法律论"。而在欧洲,直至1756年的《巴伐利亚法典》中才第一次有了成文的冲突法规范。

但是,长期的封建专制统治窒息了对外经济、文化交往的发展,使得中国国际私法立法与理论自唐后一直落伍于世界先进国家。宋、元、明各朝,国际私法领域一般都沿用唐代旧制,没有多少发展。直至北洋军阀统治时期,迫于人民的反帝斗争和爱国人士的呼吁,北洋军阀政府曾于1918年颁布了中国历史上第一部国际私法立法——《法律适用条

---

① 详见 Symeon C. Symeonides, Private International Law at the End of the 20th Century: Progress or Regress? 2000。参见李双元:《国际私法正在发生质的飞跃——试评〈20世纪末的国际私法:进步抑或倒退?〉一书的总报告》,载李双元主编:《国际法与比较法论丛》第5辑,中国方正出版社2003年版,第369—456页。

例》。该条例分总则、关于人之法律、关于亲族之法律、关于继承之法律、关于财产之法律、关于法律行为方式之法律和附则,共 7 章 27 条,与同期资本主义国家的国际私法单行法规相比,是条文最多、内容最详尽的立法之一。

中华人民共和国成立后,人民政府废除了包括《法律适用条例》在内的国民政府的全部法律,开始建立社会主义的法律体系。但是,由于"极左"思想和"法律虚无主义"的冲击,新中国的国际私法更不被重视。只是到了中国共产党十一届三中全会确定改革开放政策以后的 20 世纪 80 年代才开始着手国际私法的立法工作。

如前所述,中国在外国人民事法律地位方面、冲突法方面和国际民事诉讼方面以及国际商事仲裁制度方面,已有相当数量的法律规定,其中不少制度,甚至在国际上亦颇为先进。特别是 2010 年全国人大常委会通过的《民事关系法律适用法》结束了我国缺乏单行国际私法典的历史。

二、中国国际私法学说史

中国虽然早在唐朝就已有了冲突规范的雏形,但随后却停滞不前,国际私法的立法与学说均落伍于世界先进国家。从古代直至清咸丰年间,中国没有真正的国际私法著作。对唐朝中有关冲突法规范,《唐朝疏义》中虽有解释,但远非系统的理论研究。宋朝的汪大犹对涉外法律关系的法律适用曾发表过自己的主张,认为"既入吾境,当依吾俗,安用岛夷俗哉"[①],则是一种绝对的属地主义观点。

根据现有史料,直至清末光绪年间中国才出现国际私法书籍,如出版于光绪二十九年(1903 年)的李叔同、范吉迪各自翻译的《国际私法》。到民国时期,中国出版的国际私法书籍才逐渐增加。

新中国国际私法学在 20 世纪 80 年代以前完全取法于苏联的学者与著作,直到实行改革开放政策后,国际私法学才受到了国家的高度重视。这时,对外开放中发生的种种国际私法问题迫切需要研究解决,国际私法理论研究也逐渐步入了初步繁荣阶段,成就主要表现在以下方面:

(1) 在 1985 年召开的第一次全国性国际私法研讨会上和同年年底由全国人大常委会召开的《民法通则》草案的最后一次专家学者讨论会上,与会的国际私法学者们均积极投入到《民法通则》第八章"涉外民事关系的法律适用"的立法指导思想、基本原则、应包括的内容和相应的具体规定的研究与讨论中(不足的是后来通过的立法基本摒弃了学界的观点)。

(2) 20 世纪 80 年代初以来,国际私法学界一些学者专家还就国家的几个重大的涉外民事争议案件或向国家有关主管部门提供了极有价值的法律咨询意见,或发表了一些重要学术论文,阐述了中国政府应取的立场,很好地发挥了法学理论研究为国家现代化建设服务的作用。

---

① 参见《宋史·汪大犹传》。

(3) 在新中国国际私法学者韩德培、李双元等先生的带领下，不少具有较高水平的国际私法学术专著、高等学校教材及译著和参考资料集相继问世，公开发表的具有创见的学术论文也日益增多。这一时期，不同的学术观点和理论体系通过磋商和讨论，形成了中国的国际私法学理论的不同学派。同时陆续出现了具有原创性的理论和学术观点，表明中国国际私法学已从着重介绍外国的学说跨进了学科创新的阶段，以对国际社会国际私法的发展作出自己独立的贡献，其中，国际私法趋同化走势正在不断加强和全球化时代国际私法应以构建国际民商新秩序为己任的理论的提出，当是重要的标志。① 上述理论的提出，应该说是中国国际私法理论研究工作对全世界国际私法未来走向所作的重要贡献。

(4) 中国国际私法学会的成立和发展加快了我国国际私法理论与实践全面拓展的步伐。1985 年 8 月，由武汉大学国际法研究所发起并以贵州大学法律系为依托在贵阳主持召开了首届全国国际私法学术讨论会，成立了"中国国际私法研究会筹备组"。1987 年 10 月，在当时的国家教委和司法部的支持下，全国国际私法教学研讨会和国际经济法教学研讨会同时在武汉大学召开，会上正式成立了中国国际私法研究会（而后改名为学会）。中国国际私法学会在组织国际私法学术研究、培养国际私法人才和参与立法与司法实践活动等方面发挥了重要作用。②

(5) 我国《涉外民事关系法律适用法》的制订和实施不断呼唤国际私法学说的创新。在立法机关 2002 年起草的《民法（草案）》第九编"涉外民事关系的法律适用法"和《涉外民事关系法律适用法》于 2008 年被列入第十一届全国人大常委会立法规划的前后，中国国际私法学会、武汉大学法学院、中国政法大学、湖南师范大学法学院等学术团体和机构分别草拟立法建议稿提供给立法机关参考，贡献了大量智慧和理论支持。中国国际私法学会还在数次年会与专门会议上研讨"涉外民事关系法律适用法"的起草和条文设计问题。2010 年《涉外民事关系法律适用法》颁布后又进一步推动了中国国际私法学说的创新。

思考题

1. 简述从事统一国际私法的国际组织及其成就。
2. 当代冲突法统一工作的特点有哪些？
3. 法则区别说的主要内容和特征有哪些？
4. 萨维尼何以被称为"近代国际私法之父"？
5. 试述中国国际私法的立法发展趋势。

---

① 参见李双元主编：《市场经济与当代国际私法趋同化问题研究》，武汉大学出版社 2016 年版；李双元、徐国建主编：《国际民商新秩序的理论建构》，武汉大学出版社 2016 年版；李双元主编：《中国与国际私法统一化进程》，武汉大学出版社 2016 年修订版。

② 2000 年中国国际私法学会拟定并公开出版《中华人民共和国国际私法示范法》，表明中国对国际私法立法的探讨跨出了重要的一步。该《示范法》分为五章，共 166 条，包括总则、管辖权、法律适用、司法协助和附则，其中每个条款都附有带学理说明的"立法"理由。《中华人民共和国国际私法示范法》是学术性的建议条文，仅供立法、司法机关及科研机构等参考使用。

第三章 冲突规范与法律选择

学习目标：全面了解冲突规范的定义、性质、结构和类型；深入领会准据法的概念、特点；掌握连结点的含义、作用、种类以及连结点软化处理的方法；熟悉常见的准据法表述公式及其运用；理解法律选择方法以及确定准据法的方式；熟知识别的概念、对象和依据以及识别冲突的解决方法。

教师导读：本章不仅是全书的核心章，而且内容较多，是学习和掌握整个国际私法的前提和基础部分。这一章集中介绍了冲突规范的一般原理、基本理论和基本规则，主要阐释了冲突规范的适用和如何根据冲突规范确定准据法以及在确定准据法时必须解决的识别问题等，有的概念和术语难以理解，应引起特别重视。

建议学时：6学时

第一节 冲突规范概述

一、冲突规范和准据法的概念与特点

冲突规范（conflict rules）是指定某一涉外民事关系应适用哪一国家或地区的法律的规范。例如，我国《涉外民事关系法律适用法》第11条"自然人的民事权利能力，适用经常居所地法律"就是一条冲突规范。

经冲突规范指定，被用来具体确定涉外民事关系当事人的权利与义务关系的特定实体法，称为调整该涉外民事关系的准据法（lex causae 或 applicable law）。准据法的特点是：它是按照冲突规范的指定所援用的法律；它是能确定当事人权利与义务的实体法。

冲突规范只具有选择某一国家或地区的法律适用于某一涉外民事关系的功能，所以它又被称为法律选择规范（choice of law rules）或法律适用规范（rules of application of law）。由于统一实体法规范产生以前，冲突规范不仅是国际私法的特有规范，而且也是它的唯一规范形式，所以有些国家的立法或国际条约，又称冲突规范为国际私法规则或国际私法规范（rules of private international law）。

冲突规范具有如下特点：

(1) 冲突规范不同于一般实体法规范。一般的实体规范直接规定当事人的权利义务，而冲突规范却是间接规范，只选择某种涉外民事关系应适用何国（或地区）法律，故必须与被其指定的那一国家的实体法律规范结合起来，才能最终确定当事人的权利义务关系，完成解决涉外民商事争议的任务。

(2) 冲突规范不同于一般程序法规范。虽然它往往在诉讼中起到帮助法官确定适用何国法律的作用,但它又不同于以诉讼关系为调整对象的一般程序法规范。

(3) 冲突规范具有不同于一般的法律规范的结构。它不包括一般法律规范逻辑结构中的"制裁"或"法律后果"部分。例如"自然人的民事权利能力,适用经常居所地法律"这条冲突规范就没有包括通常法律规范结构中的"制裁"或"法律后果"。冲突规范这种特殊逻辑结构,并不意味着其结构上有何缺陷,而是由其仅起间接调整作用的特性所决定的。

二、冲突规范的结构

冲突规范在结构上只包括两个部分,即"范围"(category)和"准据法"。以"侵权行为的损害赔偿适用侵权行为地法"这条冲突规范为例,其中"侵权行为的损害赔偿"是该冲突规范的"范围","侵权行为地法"是"准据法"(或"应适用的法律")。

冲突规范中的"范围"又称"指定原因""连结对象"或"问题的归类",它是指该冲突规范所要调整的民事关系或所要解决的法律问题。而"准据法"则是对"范围"中所指的涉外民事关系(或法律问题)规定的应适用的法律。"准据法"主要是通过连结点来指定的,所以连结点在冲突规范的构成中起着关键的作用。连结点又称为"连结因素",是它把要解决的问题"分配给"或"系属于"不同的国家的立法管辖权之下。正因为如此,在解析冲突规范的结构时,也有称它由"范围"和"系属"两部分构成的。而"系属"是指"范围"中所列法律问题应系属于何地(国)之法律来加以裁断的意思。

三、冲突规范的类型

冲突规范因指定准据法的方式不同(或系属的方式不同)可分为四种类型:

(一) 单边冲突规范(unilateral conflict rules)

单边冲突规范是直接规定某种涉外民事关系只适用内国法或只适用外国法的冲突规范。例如 1896 年《德国民法施行法》规定"德国人的继承,虽于外国有住所,仍依德国法",就是一条规定了只适用内国法的冲突规范。我国最高人民法院《关于贯彻执行〈中华人民共和国民法通则〉若干问题的意见(试行)》第 179 条规定的"定居国外的我国公民在该国所为的民事行为,其行为能力可以适用其定居国法律",便是一条仅指定适用外国法的单边冲突规范。

由于单边冲突规范明确规定了只适用内国法或只适用某一外国法,所以其适用具有简便明了或直截了当的优点,但其明显的缺陷是会给法院在适用法律上留下空缺。

(二) 双边冲突规范(bilateral conflict rules, all sided conflict rules)

双边冲突规范并不直接规定某种涉外民事关系适用内国法还是外国法,而只抽象地规定一个指引确定准据法的连结点,表明什么问题应适用何地法律,至于准据法是内国法还是外国法,取决于连结点在内国还是某外国。如根据"侵权行为的损害赔偿适用侵权行为地法"这条双边冲突规范,当侵权行为地在内国时,就适用内国法,当侵权行为地在外国时,就适用外国法。我国《涉外民事关系法律适用法》第 11 条"自然人的民事权利能力,适用经常居所地法律"就是一条双边冲突规范。

单边冲突规范与双边冲突规范既有区别又有联系。其区别是,双边冲突规范解决的是普遍性的问题,而单边冲突规范只规定特殊问题应以什么法律为准据法。例如,"继承适用死者死亡时的本国法"这条双边冲突规范就明确回答了涉外继承关系应以什么作准据法这样一个带有普遍性的问题,而"德国人的继承,虽于外国有住所,仍依德国法"则只规定了德国人的继承应适用什么法律,而对于在德国有住所的外国人或其他外国人的继承问题应适用什么法律未作规定,从而留下了法律适用上的空缺。单边和双边冲突规范的联系表现在:任何一个双边冲突规范在适用的过程中都可以分解为两条相对应的独立的单边冲突规范,而单边冲突规范通过有关机关的解释,也可以推导出与之相对应的另一个单边冲突规范,并可将两者结合成一个双边冲突规范。

在双边冲突规范中,还有一种不完全的双边冲突规范。例如,我国《民法通则》第147条规定的"中华人民共和国公民和外国人结婚适用婚姻缔结地法律,离婚适用受理案件的法院所在地法律"便是。因为它只适用于中外公民之间的结婚和离婚关系,而并不适用于所有含有涉外因素的结婚和离婚关系。这种不完全的双边冲突规范也会产生法律适用上的空缺。

另外,还有一种附条件或有限制的双边冲突规范。例如,1989年海牙《死者遗产继承法律适用公约》第3条规定:继承受死者死亡时的惯常居所地国家的法律支配,只要他那时也是该国的公民;或他在该国的惯常居所至其死亡时至少已有5年;在其他情况下,继承受死者死亡时的国籍法支配;但如那时死者与另一国有最密切联系,则应适用该另一国法律。这种附条件或有限制的双边冲突规范与上述不完全的双边冲突规范是不同的,它并没有留下法律适用上的空缺,附加上条件或限制,目的是为了保证被指定的准据法与继承更具有实质和密切的联系。

(三) 重叠适用准据法的冲突规范(double rules for regulating the conflict of laws)

重叠适用准据法的冲突规范是指对"范围"所指的法律关系或法律问题必须同时适用两个或两个以上连结点所指各国家的法律的冲突规范。例如,1902年海牙《离婚及别居法律冲突与管辖权冲突公约》第2条规定:"离婚之请求,非依夫妇之本国法及法院地法均有离婚之原因者,不得为之"。显然这类冲突规范反映了立法者对相关问题的解决,要求在准据法的适用上从严掌握。这种重叠适用准据法的规范与上述附条件或附限制的双边冲突规范也是不同的。因为前者要求同时适用两个乃至两个以上连结点指向的不同国家的法律,而后者却只要求适用一个连结点指向的国家的法律,只是这个连结点要受所附条件的限制。

(四) 选择适用准据法的冲突规范(choice rules for regulating the conflict of laws)

选择适用准据法的冲突规范也包含两个或两个以上的连结点,但只需选择适用其中一个连结点所指定的国家的法律来处理某一涉外民事关系。选择适用准据法的冲突规范又可以分为两类:

(1) 无条件地选择适用准据法的冲突规范。这种冲突规范中两个或两个以上的连结点所指向的国家的法律无适用上的主次或先后顺序之分,可以从中任选其一来处理某一涉外民事关系。我国《涉外民事关系法律适用法》第 22 条规定的"结婚手续,符合婚姻缔结地法律、一方当事人经常居所地法律或者国籍国法律的,均为有效"就是这种性质的冲突规范。

(2) 有条件地选择适用准据法的冲突规范。这种冲突规范中的两个或两个以上的连结点所指向的法律有主次或先后顺序之分,只允许依顺序或有条件地选择其中之一来处理某一涉外民事关系。我国《涉外民事关系法律适用法》第 29 条规定的"扶养,适用一方当事人经常居所地法律、国籍国法律或者主要财产所在地法律中有利于保护被扶养人权益的法律"就是这种性质的冲突规范。该规定视其中哪一法律有利于被扶养人来确定准据法,以产生对被扶养人有利的结果作为选择准据法的条件,体现了法律选择方法中的"利益分析"或"结果选择"的方法。

在实践中,之所以发展出多种类型的冲突规范,完全是由于国家处理不同涉外民事关系需要采取不同的政策。在国际私法立法中,如果立法者要对某些涉外民事关系从严掌握,便通常采用单边冲突规范的形式直接规定某些涉外民事关系适用自己国家的法律;如果认为对某些涉外民事关系需要从宽掌握,就会采用双边冲突规范,或采用选择适用准据法的冲突规范。在当前的国际私法立法中,采用双边冲突规范尤其是选择适用准据法的冲突规范的比例明显升高,我国国际私法立法明显体现了这一趋势①,这主要还是由于经济全球化趋势使国际社会共同体中的成员国的联系更加紧密,需要国际私法提供更为便捷的解决纠纷的法律选择方法。当然,在上述四种类型中,双边冲突规范是最基本的、最能反映国际私法本质的类型。

以上只是就冲突法中几种最基本的冲突规范作了种类上的划分,并且表明它们在冲突法中具有独立指引准据法的作用。但随着冲突法制度的发展,为了保障这些占主要地位的独立性冲突规范能充分或恰当地发挥其指引准据法的作用,逐渐产生了各种辅助性的规范或制度,无疑它们也应包括在整个冲突法制度中,构成整个冲突法不可缺少的一部分。例如,当独立性冲突规范指定某种法律关系应适用当事人的本国法或住所地法或营业所所在地法而又存在多重国籍、住所或营业所的情况时,哪些规定应适用其中哪一国籍国法、住所地法或营业所所在地法的规范;在独立性冲突规范指定适用侵权行为地法时,帮助确定究竟是侵权行为发生地还是损害结果发生地的规范;在独立性冲突规范指定适用外国法时,是否仅因该外国法具有公法性质而可排除其适用的规范。由于任何一个国家的冲突法均与其他许多国内法一样,往往不可能就任何问题均有明确的规定,而必会有法律的缺漏,因而如 1978 年《奥地利国际私法》第 1 条第 1 款便在总体上规定了弥补这种缺陷的一项原则,即"与外国有连结的事实,在私法上,应依与该事实最强联系的法律裁判",也是一条辅助性冲突规范。

---

① 参见郭玉军:《中国国际私法的立法反思及完善》,载《清华法学》2011 年第 5 期。

四、正确认识冲突规范在国际私法中的地位与作用

正确认识冲突规范在国际私法中的地位与作用应从以下方面来看。一方面,冲突规范在解决各国民商法律的冲突方面具有特殊的地位和作用,在民族国家存在的时代,即使统一实体法会不断得到发展,仍然是不可能取代冲突法的。但同时,冲突规范又具有其难以克服的局限性。

如前所述,冲突规范是间接调整涉外民事关系的法律规范,因而缺乏确定性和可预见性。为了避免其缺陷,国际私法中又相应地产生了一整套与之相联系的制度,如反致、转致、法律规避、外国法的查明和公共秩序保留等制度,从而增加了法律选择的难度和复杂性。为此,20世纪50、60年代,有些激进的美国学者以自己的学说和理论掀起了一场"冲突法革命",猛烈批判传统的冲突法制度,主张对有关国家的实体法律直接进行比较分析,选择适用有利于使案件得到公正合理解决的那个法律。但实践表明,试图借冲突规范的局限性来否定冲突法制度,在不同国家、不同民商法制度还存在的情况下是不可能的。因而国际私法学界占主导地位的观点只是主张通过各种途径来进一步克服其缺陷,不断完善这种制度。

之所以认为统一实体法的直接的调整方法在国际私法中的重要性虽正日益增长,但仍不能取代冲突规范,主要是因为:

(1)这种方法适用的领域比较有限,主要在国际经贸领域采用。而且即便是在这一领域,统一实体法的数量与其涵盖的内容也比较有限,即使如1980年《联合国国际货物销售合同公约》,它既不适用于所有类型销售合同,也不适用于货物销售合同关系的所有方面(详见本书有关章节)。更何况在婚姻和继承领域,由于各国法律深受本国风俗习惯、道德观念和历史传统的影响,要消除彼此间根深蒂固的差异,绝非一朝一夕之事。所以在那些很难达成和尚未达成共识的领域,必然仍需要冲突规范发挥作用。

(2)即使是已制定了一些统一实体法公约的那些领域,也并不是国际社会共同体的所有成员国均是缔约国或参加国,所以冲突规范仍将起作用。加之有些统一实体法公约本身具有任意性,并不一概禁止有关当事人另行选择法律的权利,所以冲突规范仍是不可替代的。

第二节 准据法表述公式和连结点

一、准据法表述公式

准据法表述公式是指在内外国法律的选择上,由各种具有双边意义的连结点来指引应适用的准据法的公式。但准据法表述公式本身并不是冲突规范,仅是冲突规范的准据法部分,只有与冲突规范的范围部分结合起来,才构成完整的冲突规范。常见的准据法表述公式有:

(一) 属人法(lex personalis)

传统上属人法是以当事人的国籍和住所为连结点的一种准据法表述公式。属人法一般用于解决人的身份、能力、婚姻、亲属和继承等领域的法律冲突。大陆法国家多以当事人的本国法(lex patriae)为当事人的属人法,英美法国家多以当事人的住所地法(lex domicilii)为当事人的属人法。近年来,一些国家的立法尤其是国际公约已开始采用"惯常居所地法"作为当事人的属人法,从而使属人法方面长期存在的本国法和住所地法两大派别的对立已在一定程度上得到了缓和。而法人的属人法则主要为法人的国籍国法。我国《涉外民事关系法律适用法》则采用了"经常居所地"这一连结点来指引属人法。

(二) 物之所在地法(lex rei sitae, lex situs)

物之所在地法是民事法律关系的客体的物所在的地方的法律。它常用于解决物权方面,特别是不动产物权方面的法律冲突。例如,我国《涉外民事关系法律适用法》第36条规定:"不动产物权,适用不动产所在地法律。"

(三) 行为地法(lex loci actus)

行为地法是指法律行为发生地(或行为的损害结果发生地)所属法域的法律。它来源于法则区别说时代即已产生的"场所支配行为"(locus regit actum)这一古老的法谚。

行为地法又可以分为:(1)合同缔结地法(lex loci contractus),通常用于解决合同方式、合同内容的有效性等方面的法律冲突问题。(2)合同履行地法(lex loci solutionis),通常用于解决合同履行方面的法律冲突问题。(3)侵权行为地法(lex loci delicti),通常用于解决侵权行为之债的法律冲突问题。(4)婚姻缔结地法(lex loci celebrationis),通常用于解决婚姻关系方面的法律冲突,特别是婚姻形式要件方面的法律冲突问题。(5)立遗嘱地法。通常用于解决遗嘱方式方面的法律冲突问题;等等。

(四) 法院地法(lex fori)

法院地法是指审理涉外民商事案件的法院所在地的法律。过去它多用于解决涉外诉讼程序方面的法律冲突问题,但现在对一些实体问题适用法院地法,在各国的立法和司法实践中也不少见。

(五) 旗国法(lex bandi)

旗国法是指船舶所悬挂的旗帜所属国家的法律。它常用于解决船舶在运输过程中发生涉外民商事纠纷时的法律冲突问题。现在航空器所属国的法律也称作航空器的旗国法,并用于解决航空运输中发生的涉外民商事纠纷的法律冲突问题。

(六) 当事人合意选择的法律(lex voluntatis)

当事人合意选择的法律是指当事人双方合意选择的那个国家的法律。"当事人的合意选择"与前几种客观性连结点的不同点在于它是一种"主观性连结点"。这种准据法表述公式又称为"意思自治原则",是当今大多数国家确定涉外合同准据法的首要原则。现在,有些国家在合同以外的领域,如侵权、婚姻和继承领域也开始有限制地采用该原则。

(七) 最密切联系的法律(the law with which the action or the party has its closest connection)

最密切联系的法律是把各种客观因素经由法官的主观判断加以认定的一种"准据法

表述公式"。它有时作为一项总的指导原则在有些国家的国际私法立法中发挥着重要的作用(如奥地利);有时又作为一项对各种既定的冲突规范起校正作用的准据法表述公式(如瑞士)。所以,这一准据法表述公式既可在制定有关冲突规范时预先由立法机关加以确定,亦可作为授权性规范在立法中交由法院在审判活动中去自主认定。

在一定的意义上,冲突法一诞生,在法律的选择上就一直寻求各种最密切联系的法律,而上述各种纯空间意义的连结点在各该具体法律关系中被当作指定准据法的"系属"来对待,可以说,在一定程度上也体现了最密切或最强或最重要的联系,只是未作如此表述而已。

二、连结点

(一) 连结点的法律意义

连结点(point of contact)又称为连结根据(connecting ground)或连结因素(connecting factor),是指冲突规范中就范围所指法律关系或法律问题指定应适用何种法律所依据的一种事实因素。在准据法表述公式中,连结点起着决定性的作用。其法律意义表现在:(1) 从形式上看,连结点是冲突规范中将范围中所指法律关系与某一法律联系起来的一种纽带或媒介。所以,每一条冲突规范中都必须至少有一个连结点,这样冲突规范才能发挥其特有的指定准据法的作用。(2) 从实质上看,这种纽带或媒介又反映了该法律关系与某一法律之间存在着内在的、实质的或合理的联系或隶属关系。

(二) 连结点的选择

连结点的上述法律意义表明,连结点的选择是国际私法立法中的一个中心任务。而一个连结点的形成、发展和变化均有其客观的依据,它与一国的政治、经济,特别是国际民商事关系的发展有密切关系。以属人法中的连结点为例,在1804年《法国民法典》颁布以前,欧洲国家一直是采用住所地确定属人法的,因为当时的欧洲国家尚处于封建割据状态,内部各地法律不统一,不得不用"住所地"来确定属人法。而19世纪初以后,欧洲许多国家如法国、德国、意大利等国的内部实现了政治和法律的统一,从而为以本国法为属人法提供了可能;同时,由于出现了本国国民大量向海外移民的情况,十分有必要从法律上继续控制和保护这些海外移民。于是,1804年《法国民法典》率先改用国籍作为确定属人法的连结点。但随着资本主义经济在全球的扩张,资产阶级追逐利润的活动遍及全世界,如果无论一个人在何地为何种法律行为都要由其本国法加以调整,显然是既不现实也不利于商业交往的,于是对本国法主义的批判便应运而生,而且第二次世界大战后,在欧洲又呈现出了恢复住所地为属人法连结点的趋势。而为了调和"本国法主义"和"住所地法主义"之间长期存在的矛盾,在许多国家的国际私法立法和国际公约中又越来越多地出现了采用"惯常居所地"作属人法连结点的做法。

传统的冲突规范往往相当简单,对某一类法律关系只规定一个连结点。虽然这具有简单明确便于适用的优点,但却愈来愈暴露出其不足。因而出现了对连结点进行软化处理的趋势。所谓连结点的软化处理就是通过在冲突规范中规定多个可供选择的连结点或规定具有弹性或灵活性的连结点等,来克服传统冲突规范的僵化和呆板的缺点。

目前互联网的应用对连结点确定提出了新挑战。随着现代社会对互联网的依赖不断加深,通过互联网而产生的涉外民事法律关系也不断增多(包括合同、侵权,知识产权关系等)。因网络而产生的涉外民事法律关系如何确定连结点以及进而确定准据法问题面临严峻挑战。传统连结点一般分为属人连结点与属地连结点,其中属人连结点强调国籍、住所或经常居所地与当事人之间的关系,而属地连结点则与空间位置相关。通过互联网而产生的涉外民事法律关系在网络空间中进行,地域因素和空间场所在网络空间中并无太大的实际意义。同时,在涉及互联网的案件中,基于地缘因素的连结点也往往难以确定。以网络侵权案件为例,由于互联网的特殊性,侵权行为所产生的影响可能扩展至全世界,因而使许多地方都可能成为侵权行为地。因此,运用属地连结点确定网络空间纠纷的法律适用可能并不恰当。相对而言,属人连结点直接通过当事人的国籍、住所地或经常居所地确定准据法的方式在有关网络案件中具有便捷合理性,因此得到了一定的适用。如我国《涉外民事关系法律适用法》第 46 条规定:"通过网络或者采用其他方式侵害姓名权、肖像权、名誉权、隐私权等人格权的,适用被侵权人经常居所地法律",即在确定网络侵权的准据法时,采用属人连结点。

第三节　法律选择的方法

冲突法的作用就在于通过法律选择,并且运用连结点或准据法表述公式(或系属公式)对不同的法律关系或法律问题,确定应适用的准据法,以解决有关的法律冲突问题,因此,运用什么样的法律选择方法或以什么方法作为指导法律选择的原则,从意大利法则区别说诞生起,便一直是学说研究的出发点,以后的国际私法的立法与司法实践也一直围绕这个中心问题不断进步和发展着。应该说,任何一种法律选择方法都不是任意的,而是有一定的依据和标准的。[①]

一、依法律的性质决定法律的选择

这种法律选择的方法,实际上来源于巴托鲁斯的法则区别说。如前所述,早在 13、14 世纪,巴托鲁斯就提出了应区别法律的"人法"和"物法"的性质分别决定其领域内或域外适用的效力。"人法"是属人的,它不仅适用于制定者管辖领域内的属民,而且在它的属民到了别的主权者管辖范围内时,仍应适用于它的属民,即"人法"具有域外效力;"物法"是属地性质的,它只能且必须适用于制定者管辖领域内的物,即"物法"只具有域内效力。目前虽不再作"人法"和"物法"的划分,但各国在解决法律选择问题时,仍坚持公法和私法、强行法和任意法、属人法和属地法等等的区分,以决定应适用的法律,所以仍是一个很重要和很实用的方法。

---

① 参见李双元:《国际私法(冲突法篇)》,武汉大学出版社 2001 年修订版,第 305—329 页。

二、依法律关系的性质决定法律的选择

这种法律选择的方法来源于萨维尼首创的理论。现在尽管不再去找寻法律关系的"本座",但各国在制定国际私法时,仍基本上是遵循他的方法,从分析法律关系的性质入手,为每种法律关系确定应适用的法律,并在制定冲突规范时大量采用双边冲突规范。所以,许多学者认为当今法律关系重心说、最密切联系说等学说都是萨维尼"本座"说的新发展。

三、依最密切联系原则决定法律的选择

依最密切联系原则决定法律的选择是指对涉外民事法律关系应综合多方面的因素,适用与之有最密切联系的那个地方的法律。这种方法应该说是吸收了萨维尼理论中的精华,克服了其理论中的不合理成分。依最密切联系原则指导法律选择的方法,在晚近国际私法的立法与实践中得到了越来越多的肯定和越来越广泛的运用。但为了减少法官在运用最密切联系原则时的主观任意性,目前许多国家的立法,一方面在制定冲突规范时,尽可能地选取与法律关系有最密切联系的连结点;同时又规定,在法律规定的连结点不存在时或适用该连结点指引的法律明显不合理时,法官即可以依最密切联系原则选择准据法,以适当地限制或适当地扩大法官的自由裁量权。

我国《涉外民事关系法律适用法》第2条将"最密切联系原则"提升为国际私法的一般原则,适用于多法域法律冲突、国籍冲突、有价证券、涉外合同等领域。

四、依"利益分析"或"利益导向"决定法律的选择

依"利益分析"或"利益导向"决定法律的选择方法又可称为"政府利益分析说",最早由美国学者柯里(Currie)教授在1963年出版的《冲突法论文集》中提出。他极力反对通过冲突规范来选择法律,认为应抛弃传统的冲突法规则,而代之以"利益分析"的方法,即对所涉各州的实体法所体现的"政府利益"进行直接的分析而决定究竟应适用其中哪一实体法。这样一来,他便把整个作为间接调整手段的冲突法制度全部推翻了,故未能为实践所接受。但是,在冲突法的立法与司法中,着眼于一定实体利益的保护,以求得更合理、更公正的判决结果,确有必要。在20世纪末许多新制定的国际私法中,追求一定实体法利益的(利益导向)法律选择方法和法律选择规范开始发展起来。

五、依案件应取得的结果决定法律的选择

依案件应取得的结果决定法律的选择也是一种主张结合冲突规范就有关国家的实体法规则直接进行选择的方法,由美国学者凯弗斯(Cavers)教授在1933年发表的《法律选择过程批判》一文中提出。他指责传统的法律选择方法只作"管辖权选择",而不问所选法律的具体内容是否符合案件的实际情况与公正合理解决。但凯弗斯并不像柯里那样主张完全废弃冲突规范,而是主张法院在选择应适用的法律时,应考虑法律适用的结果。而适

用法律的结果应达到两个标准:一是要对当事人公正;二是要符合一定的社会目的。因此,在进行法律选择的过程中,首先是要审查诉讼案件和当事人之间的法律关系;其次要仔细比较适用不同法律可能导致的结果;最后是衡量这种结果对当事人是否公正以及是否符合社会公共政策。

这种法律选择的方法也可称为"结果导向",它与上述"利益导向"冲突规则并无实质上的差别。

六、依有利于判决在外国得到承认与执行和有利于求得判决一致决定法律的选择

国际私法的一个重要目的在于求得涉外民事法律关系的稳定性。如果一个判决需要到外国去承认与执行,则在法律选择时就不得不考虑执行地国有关的实体法和冲突法规则,以利于判决的承认与执行。其实,即使在没有上述限制的国家,如果外国作出的判决与内国公共秩序相抵触时,该外国判决也不能得到承认与执行。所以,如果一个判决需要到外国承认与执行,法院地国的法官在法律选择过程中,也就不得不考虑相关国家将会对判决作出的反应。

七、依当事人的自主意思决定法律的选择

依当事人的自主意思,即"意思自治原则"决定法律的选择也是一个很重要的法律选择方法。它是16世纪法国学者杜摩兰率先提倡的,目前已为大多数国家的立法和司法实践所普遍接受,是主要适用于合同领域的一个法律选择方法。但近来,一些国家的立法或司法实践以及国际公约已开始在侵权、婚姻家庭(如离婚)和继承领域有限制地采用意思自治原则。我国《涉外民事关系法律适用法》在第3条首先对意思自治原则作宣示性规定,其次扩大意思自治原则的适用领域,除合同领域外,其适用范围扩大至有关委托代理、信托、仲裁协议准据法、夫妻财产制、协议离婚、动产物权、侵权和知识产权转让及许可使用等领域。

首先从理论上分析,很难穷尽法律选择的方法。因为国际私法学上关于法律选择的方法,还有其他一些主张。[①] 不过,上述七种方法应该说是最基本、最常用的而且可操作性也很强的方法。其次,在立法与司法实践中要解决好法律选择的问题,往往还得综合考虑这些法律选择的方法,才能更好地实现国际私法的功能。

第四节 识 别

在学习冲突法时,还要明确一个观点,就是冲突法虽然主要是解决不同国家或不同法域的实体法规范之间的冲突的,但不同国家的冲突规范之间,也多有冲突存在,冲突规范之间的冲突也是冲突法研究的任务。

---

① 参见黄进主编:《国际私法》,法律出版社1999年版,第228—229页。

冲突规范之间的冲突,大体表现为以下三种情况:(1)两国的冲突规范的"范围"所使用的概念虽然相同,但指引准据法的连结点却不相同。如对动产继承,一国使用"死者死亡时的住所地"作连结点,而另一国则使用"死者死亡时的国籍"作连结点,这时如其中一国法院受理有关在一国有住所而具有另一国国籍的死者的动产继承案件,就发生冲突规范的冲突了(对这种冲突,学说上称之为冲突规范之间的"公开冲突",并常导致下一章要涉及的"反致"的发生)。(2)两国的冲突规范,不但"范围"所指相同,而且用以指定准据法的连结点也相同,但是该两国对连结点的认定或解释却不相同。两国都规定"动产继承适用死者死亡时的住所地法",就该死者的动产继承争议在其中一国法院涉讼,依该国关于"住所"的实体法规定,死者死亡时的住所应在对方国家,但依对方国家的实体法上的规定,死者的住所却在法院国,从而也产生了冲突规范之间的冲突(对于这种冲突,有的学者认为也导致"反致"的发生,但有的学者认为这仅属连结点的解释冲突,而不是识别冲突)。(3)与第二例相同,甲乙两国的冲突规范的"范围"和"连结点"完全相同,而且对连结点的解释也完全相同,可是对"范围"所涉及的事实情况的法律上的"定性"或"归类"不同。这种情况,被称为冲突规范的"隐存冲突"。本节所讲的识别主要仅指最后一种情况。

一、识别的概念

识别(qualification,characterization,classification)或定性是指依据一定的法律观点或法律概念,对有关事实的性质作出"定性"或"分类",把它归入特定的法律范畴,从而确定应援引哪一冲突规范的法律认识过程。它包括密切相关的两个方面:一是依据一定的法律正确地解释某一法律概念;一是依据该法律概念正确地判定特定事实的法律性质。我国《涉外民事关系法律适用法》采纳了定性这一概念。

识别本不是国际私法中的特有概念,但由于各国对同一法律概念或同一事实性质的理解可能不同,将其归入了不同的法律概念,从而可能会导致援引不同性质的冲突规范,并作出不同的判决结果。因而法官不能像在国内案件中那样只考虑法院地国的法律概念。例如1908年英国著名的奥格登一案就是明显的例证。该案的事实为,一名住所在法国的19岁法国男子,未经父母同意,去英国与一住所在英国的英国女子结婚,后来该法国男子以自己结婚未经父母同意,因而不具备结婚能力为由,在法国一法院起诉并获得一宣告婚姻无效的判决,其依据是根据法国的规定"未满25岁的子女未经父母同意不得结婚"。而后该英国女子在英国与一个住所在英国的英国男子结婚。在本案中,后与该女子结婚的英国男子(原告)却以他与该英国女子结婚时她还存在合法婚姻为由,请求英国法院宣告他们的婚姻无效。结果英国法院根据英国法的观点将法国法中"须经父母同意的要件"识别为"婚姻形式要件",从而援引"婚姻形式依婚姻举行地法"这一冲突规范,确定英国法为准据法来解决是否需要父母同意的问题,而英国法中并没有法国法中的上述限制性规定,因此该英国女子与法国男子的婚姻是有效的。于是,英国法院否定了法国法院所宣告的婚姻无效的判决,并且满足了英国男子的请求。假设英国法院依法国法将须经父母同意的要件识别为婚姻能力问题,就要适用英国法中另一条冲突规范——"婚姻能力适用当事人住所地法",即法国法,这样就应承认法国法院的宣告婚姻无效的判决,并驳回英国原告的请求。这个案例典型地说明了在国际私法中识别是一个非常重要的问题。

二、识别冲突及其产生的原因

所谓的识别冲突,是指依据不同国家的法律观点或法律概念对有关事实进行定性或归类所产生的抵触或差异。国际私法中的识别问题最早是由德国法学家卡恩(Franz Kahn)和法国法学家巴丁(Bartin)相继于1891年和1897年提出的。卡恩和巴丁都认为,即使两个国家规定了相同的冲突规范,但由于两国对冲突规范中的法律概念有不同解释,也会对同一事实的法律性质作出不同的分类,从而导致适用不同的冲突规范。卡恩将这种冲突称为"隐存的冲突",巴丁称其为"识别的冲突"。

一般认为,识别冲突的产生,主要有以下几种原因:(1)不同国家的法律对同一事实赋予不同的法律性质,从而可能会导致适用不同的冲突规范。如前所述英国奥格登案。(2)不同国家对同一冲突规范中包含的概念的内涵理解不同。也就是说,即使各国冲突规范表面上相同,但由于对冲突规范中的"范围"的理解不一致,也会导致适用不同的法律。例如,各国一般都规定,"不动产适用不动产所在地法",但对于什么是不动产各国理解不尽一致。(3)不同国家的法律往往将具有相同内容的法律问题分配到不同的法律部门。例如,关于时效问题,一些国家将其归入实体法部门,并对有关时效的冲突适用有关实体法律关系的准据法;另一些国家却将其归入到程序法部门,并根据程序问题一般适用法院地法的原则,要求对时效的冲突适用法院地法加以解决。例如英国法认为防止诈欺法、消灭时效、抵销、举证责任、诉权、决定原被告的规则、优先受偿次序的规则、损害的计算、共同债务人的分担等,都应归入程序法部门。(4)由于社会制度或历史文化传统的不同,不同的国家有时具有不同的法律概念或一个国家所使用的法律概念是另一个国家所没有的情况。目前如许多国家有占有时效制度,但中国目前仅有诉讼时效制度而没有占有时效制度,因而在识别上也可能产生冲突。

三、识别的对象

在运用冲突规范的过程中,对哪些问题的定性或解释才归入识别的对象,对此也有不同认识。传统的观点认为只有冲突规范"范围"所涉及的问题,才是识别的对象。但也有观点认为,举凡在适用冲突规范的过程中所遇到的事实和由该事实引起的法律问题,均得要求法院加以识别。这中间尤其是对连结点的解释更是如此。不过,严格意义上的识别,既然是作为援引一冲突规范的前提来认识的话,应该认为前一种观点是正确的。

四、识别的依据

识别依据什么标准进行,非常重要。但由于识别问题本身的复杂性,立法中明文规定识别依据的国家较少,识别的依据主要由法官自由裁量。但为了不至于让法官进行"不诚实的识别",许多学者提出了种种不同的主张。

(一) 法院地法说

法院地法说认为应依据法院地国家的实体法进行识别。它由德国学者卡恩和法国学者巴丁首倡,为许多国际私法学者所赞同,并为多数国家的实践所采纳。我国在立法上明确采用该主张。我国《涉外民事关系法律适用法》第8条明确规定涉外民事关系的定性,适用法院地法律。主张依法院地法进行识别的理由主要有:(1) 法院国所制定的冲突规范是它的国内法,因而其冲突规范中所使用的名词或概念的含义,均只能依照受理案件的法院所属国家的国内法的同一概念或观点进行识别。否则便有损法院国的立法和司法主权。(2) 法官依据自己最熟悉的本国法进行识别,简便易行。(3) 识别既然是援引适用冲突规范的前提,在未进行识别前,外国法尚未获得适用的机会,因而除适用法院地法外,并没有其他的法律可供适用。1928年《布斯塔曼特法典》、1971年《美国冲突法重述(第二次)》第7条、1991年《加拿大魁北克民法典》第3078条、1999年《白俄罗斯民法典》第1094条、1979年《匈牙利国际私法》第3条,1998年《突尼斯国际私法》第23条等,均主张以法院地法为主进行识别。

对法院地法说持反对意见的理由主要是:如果一概依法院地法进行识别,有时会导致有关的法律关系本应适用外国法却得不到适用,而本不应适用外国法却适用了外国法的结果。而且如果法院地法中不存在有关被识别对象的法律制度时,也根本无法用法院地法进行识别。

法院地法说在今天仍居主要地位,并出现了"新法院地法说"。"新法院地法说"与早先的法院地法说的区别是,后者主张只能根据法院地法的实体法中的法律概念或观点进行识别,而前者则主张在识别时,法院地法也应包括法院地的国际私法,因为对含有涉外因素的事实情况的识别与纯国内案件毕竟有所不同,识别时不应仅局限于内国法上的概念或范畴。更何况在国内法无对应概念时,法官不借助国际私法上的概念便会束手无策。这种新法院地法说已得到了很多学者的支持。

(二) 准据法说

准据法说为法国的德帕涅(Despagnet)和德国的沃尔夫(Wolff)所主张。他们认为,用来解决争议问题的准据法,也是对争议中的事实问题的性质进行定性和分类的依据。因为准据法是支配法律关系的法律,如果不依照准据法去进行识别,尽管内国冲突规范指定应适用外国法,结果也等于没有适用。但是识别既然是决定适用哪一冲突规范以确定准据法的前提,因而在决定援用哪一冲突规范以前,准据法又何从谈起?因而依准据法进行识别就难免陷入逻辑上的错误,所以支持这一主张的学者不多。但对已经被指定为准据法的外国法的解释,目前大都主张应依该外国法进行。

(三) 分析法学与比较法说

分析法学与比较法说为德国的拉贝尔(Rapel)和英国的贝克特(Beckett)等所主张。他们认为,对于要识别的事实的性质应该依据在分析法学的原则和在比较法学的基础上形成的一般法律原则或"共同认识"来进行。但反对者认为,这种主张过于理想化,是不现实的。因为识别冲突之所以产生正是因为各国对同一事实的性质的认定有不同的理解,如果能形成所谓的"一般法律原则"或"共同认识"的话,就不会有什么识别冲突的问题产生了。但此说并非全无道理。前面讲到的"新法院地法说"或识别亦得兼顾国际私法的概念,便包含有这种意思。

(四)个案识别说

上述三种学说是识别应依据的法律的主要主张。但它们均各有优劣,而司法实践中遇到的问题不免千差万别,坚持其中任何一种而完全否定其他两种,都不能解决所有识别上的困难,于是如原苏联学者隆茨和德国学者克格尔(Kegel)等人便提出了"个案识别"的主张(又被称为"个案定性说")。此说认为,解决识别问题不应有什么统一的规则或统一解决的方法,而应具体问题具体分析。在适用冲突规范时,应根据冲突规范的目的及当事人的利益、一般的利益以及公共秩序上的利益来决定。但反对者如匈牙利学者萨瑟指出,这种主张过于灵活,使识别的标准处于不稳定之中,陷入了不可知论。

(五)功能识别说

此外,反对概依上述前三种学说中的任何一种所指的法律为识别依据的,还有德国学者纽豪斯(Neuhaus),他认为早先提出的三种学说都从"法律结构上"来解决识别问题(即"结构识别"),很难超脱各个具体法律规则的界限,从而导致本可有效的婚姻成为无效,本可取得死亡人遗产的生存遗孀失去取得其遗产或更多的遗产的权利。故提出了"功能识别说",即按各个制度在法律生活中的功能来定性,方可避免上述不应有或不公平的现象发生。[①] 但正如纽豪斯批评克格尔等的"个案识别说"为"利益法学"一样,他的这种主张也是一种"利益法学",而且同样会使识别标准处于不稳定之中。

我们认为随着国际社会本位观念在国际私法中的导入[②],"不诚实的识别"理应得到抑制。法官在进行识别时,其根本思维方式理应革新。但在实际操作中,在大多数情况下,识别多得首先依法院地法进行。但不能只考虑法院地法,而应从国际私法公平合理解决纠纷的角度,考虑将有关问题或事实情况归入哪一法律范畴更符合其自身性质和特征,更能兼顾"冲突正义"与"实质正义"。

思考问题

1. 简述冲突规范的概念、结构、类型和作用。
2. 连结点"软化处理"的方法有哪些?
3. 简述准据法与系属公式的联系和区别。
4. 试论法律选择方法。
5. 解决"不诚实识别"的主要措施有哪些?

[①] 上引"个案识别说""功能识别说",均参见施启扬:《国际私法上"定性问题"的历史发展及其解决方法》,载马汉宝主编:《国际私法论文选辑》(上),台湾五南图书出版公司1984年版,第363—392页。

[②] 参见李双元、徐国建主编:《国际民商新秩序的理论建构》,武汉大学出版社1998年版,第11—19、113页等。

第四章 冲突规范运用中的一般性问题

学习目标：通过学习本章，掌握反致、先决问题、区际法律冲突和人际法律冲突以及时际法律冲突的解决办法、法律规避、外国法的查明和适用、公共秩序保留等制度的基本内容以及它们在国际私法上的意义和作用。

教师导读：本章讨论的先决问题、法律规避、外国法的查明和适用、公共秩序，是冲突规范基本制度，体现了对适用外国法的限制与排除。学好本章有助于深入理解国际私法的规则和各项具体制度。

建议学时：6 学时

上一章讨论了冲突规范的结构、性质、种类和连结点以及各种进行法律选择的方式，并研究了识别在援用冲突规范中的重要作用，就冲突规范自身来说，已大体有了一个完整的轮廓。但在实际运用冲突规范的过程中还得进一步讨论本章所涉及的几个一般性问题以及解决这些问题的各种有关的理论和制度。

第一节 反　　致

从国际私法的角度看，往往把一个国家的国内法（national law）分为"内国法"（domestic law，local law，internal law，substantive law）和"冲突法"两大部分。当冲突规范指定外国法作准据法时，究竟是仅仅指该外国的除冲突法以外的那部分法律（即该外国的内国法），还是指包括该外国的冲突法在内的全部外国法（即该外国的国内法），这一问题在国际私法的理论与实践中素来存在争议，且有两种截然不同的主张：一种主张是，本国冲突规范指定的外国法应仅限于外国除冲突法以外的那部分法律，这称为"单纯指定"或"实体法指定"；另一主张是本国冲突法指定的外国法，应是包括该外国冲突法在内的全部外国法，这称为"总括指定"或"全体法指定"。如果采用后一种主张就可能产生国际私法上的反致问题。广义的反致包括反致、转致、间接反致。

一、反致的概念及种类

（一）反致（renvoi，remission）

这里只指狭义的反致。这种反致是指对于某一涉外民事关系，甲国（法院国）根据本国的冲突规范指引乙国的法律作准据法时，认为应包括乙国的冲突法，而依乙国冲突规范的规定却应适用甲国的实体法作准据法，结果甲国法院根据本国的实体法判决案件的制度。例如，一在日本有住所的中国公民，未留遗嘱而死亡，在中国遗留有动产，为此动产的继承,其亲属在日本国法院起诉。根据日本的冲突规范,继承本应适用被继承人的本国法,即中国法,但中国的冲突规则却规定动产继承适用继承人死亡时的住所地法,即日本法。这时日本法院如采用了中国的这一冲突法的指引而适用了自己的继承法判决了案件,就构成了反致。法国学者称这种反致为"一级反致"(renvoi au premier degré)。许多国家只接受这种反致。

(二)转致(transmission)

反致的另一种形态叫转致。它是指:对于某一涉外民事关系,依甲国(法院国)的冲突规范本应适用乙国法,但它认为指定的乙国法应包括乙国的冲突法,而乙国的冲突规范又规定此种民事关系应适用丙国实体法,最后甲国法院适用丙国实体法作出了判决,这称为转致。例如,一中国公民,在德国有住所,未留遗嘱死亡,在英国遗留有动产,其亲属为此项动产的继承而在英国法院起诉。依英国的冲突规范,动产的继承应适用死者的住所地法即德国法,但依德国冲突规范,继承应适用死者死亡时的本国法,即中国法,如果英国法院最终适用了中国继承法判案,就构成了转致。法国学者称此种反致为"二级反致"(renvoi au second degré)。若干国家除接受前述反致外,亦接受这种转致。

(三)间接反致(indirect remission)

反致的第三种形态叫间接反致。它是指:对于某一涉外民事关系,甲国(法院国)冲突规范指定适用乙国法,但乙国冲突规范又指定适用(包括冲突法在内的)丙国法,丙国冲突规范却指定适用甲国实体法作准据法,最后甲国法院适用本国的实体法来判决案件的情况。例如,一住所在中国的秘鲁人,死于中国,在日本留有不动产,其亲属就该不动产的继承在日本法院提起诉讼。依日本冲突规范的规定,应适用死者的本国法即秘鲁法,但秘鲁冲突规范规定适用死者最后的住所地法即中国法,而中国的冲突规范却规定不动产继承适用不动产所在地法即日本法,如果日本法院最后适用了日本的继承法,就构成了间接反致。接受间接反致的国家很少。

二、反致产生的原因

导致反致产生的原因或条件主要有两个:一是因各国对本国冲突规范指引的外国法的范围理解不同,一些国家认为被指定的外国法包括该外国的冲突法;二是由于对同一涉外民事关系规定了不同的连结点。但光有这两个条件还不够,还得在具体案件中有相互指定的致送关系发生。此外也有学者认为,有时即使有关国家对于同一法律关系规定了相同的连结点,但如果对连结点的解释不同,且发生相互指定的情况,也可能产生反致。例如,依法国冲突法规定,"不动产继承适用不动产所在地法",而德国冲突法规定,"继承(包括动产和不动产)适用被继承人的本国法",并且两国都认为自己冲突规范指定的外国法包括外国的冲突法。现一德国公民死于法国并在法国留有不动产,其亲属因该项不动产的继承发生争议,如在法国法院提起诉讼,法国法院只会适用法国法;如在德国法院提起诉讼,德国法院也只会适用德国法。因而无论在法国还是德国起诉都不会发生反致。这是因为彼此均不发生致送关系。亦即不发生相互指定的情况。但是如果将案件的事实稍作更改,假设一法国公民死于德国并在德国留有不动产,则无论是在德国还是在法国起诉,都可能发生反致的问题,因为都有相互指定的情况即相互致送的情况存在。

三、反致在理论与立法上的分歧

(一) 理论上的分歧

对于在国际私法中是否应采用反致制度,理论上颇有争论。持反对意见者主要有以下理由：

(1) 采用反致显然违背了本国冲突法的宗旨,反致与国际私法的真正性质相抵触。因为既然本国冲突法已指定某一涉外民事关系应由外国法调整,就表明该法律关系与该外国有更密切的联系,如果接受反致有违本国冲突法的初衷。

(2) 采用反致有损内国的立法权。因为承认反致就是将法律冲突的解决交由外国冲突法决定,等于是放弃了本国对涉外民事关系加以调整的立法权。

(3) 采用反致于实际不便。因为反致会大大增加法官和当事人证明或调查外国法的任务。

(4) 采用反致会导致恶性循环。如果所有国家都接受反致,会出现相互指定法律而循环不已的"乒乓球游戏",使准据法无法得到确定,法律适用的可预见性和稳定性得不到保证。

而赞成反致的学者则认为：

(1) 采用反致可以维护外国法律的完整性。外国冲突法与实体法是一个不可分割的整体,在根据本国的冲突规范应适用外国法时,如果只考虑适用其实体法的规定,忽视其相关的冲突法规定,有时会产生曲解该外国法宗旨的结果。

(2) 接受反致无损于本国主权,反而可扩大内国法的适用。因为除转致外,反致和间接反致最后都将导致本国实体法的适用。

(3) 采用反致在一定程度上有利于实现国际私法所追求的判决结果一致的目标。

(4) 采用反致可得到更合理的判决结果。反致可增加法律选择的灵活性,达到适用"较好的法律"的目的。

(二) 国际条约、国内立法和司法实践中的反致制度

目前,采纳反致制度的国家仍然不多。① 国际条约中也有一些采纳了反致制度的,如1902年海牙《婚姻法律冲突公约》允许反致(第1条)和1989年海牙《死者遗产继承法律适用公约》接受转致(第4条)。但也有排除反致的,如1996年海牙《关于父母责任和保护儿童措施的管辖权、法律适用、承认、执行和合作公约》(第20条)和2000年海牙《关于成年人国际保护公约》(第19条)等。

---

① 采用反致的国家和地区主要有：法国、英国、德国、日本、奥地利、波兰、匈牙利等。在立法上对反致抱否定态度的国家和地区主要有：巴西、埃及、伊拉克、秘鲁和加拿大魁北克省等。另外,在采用反致的国家和地区中,有的仅采用反致,有的除采用反致外,还采用转致。

四、中国有关反致的规定

我国《涉外民事关系法律适用法》第 9 条规定:"涉外民事关系适用的外国法律,不包括该国的法律适用法。"这说明我国立法是排除反致的。

第二节 先决问题

在运用冲突规则的时候,解决当事人诉讼中争议的问题时,还得以解决另一个相关的问题为先决条件,而该先决问题同样有自己的冲突规则,这时该如何处理? 此外,在运用冲突规则时还会遇上应适用有关国家区际私法和人际私法的问题,在指定应适用的法律时,还可能遇到在争议的法律关系或法律事实发生的时候和提起诉讼的时候,法院国的冲突规则或被指定的外国实体法发生了改变的时际私法问题,而这些问题的处理会影响到判决的结果,这时又当如何解决? 这些便是本节要论析的几个问题。

一、先决问题的概念

一般地说,先决问题(preliminary question)又称附带问题(incidental question),是指法院在解决当事人之间的争讼问题时,得以首先解决另一个问题为条件,这时,便可把该争讼的问题称为"本问题"或"主要问题"(principal question),而把这需要首先予以解决的问题称为"先决问题"。但构成国际私法上需要专门研究其应适用的准据法的先决问题最早由德国学者梅希奥(Melchior)和汪格尔(Wengler)在 1932 年至 1934 年间提出。德国学者沃尔夫曾举了一个例子来说明先决问题:一个住所在希腊的希腊公民未留遗嘱而死亡,在英国留有动产。他的"妻子"W 主张继承该项动产。本来,对于该动产的继承问题,按英国的冲突规则(动产继承依死者住所地法)应适用希腊的继承法,其妻子有权继承该动产。但现在首先要确定 W 是否是死者的合法妻子。由于死者与 W 是在英国按民事方式而非按希腊法所要求的宗教仪式结婚,对于他们之间是否存在合法婚姻关系的问题,如果依法院地法的英国冲突规则(婚姻方式依婚姻举行地法)所指定的准据法即英国法,他们的婚姻是有效的,W 就可以取得这部分遗产;但如果依"主要问题"准据法所属国的冲突规则(婚姻方式依当事人的本国法)所指定的希腊法,他们的婚姻是无效的,W 就不能继承该项动产。W 与死者之间是否存在合法的婚姻关系的问题便是继承问题的"先决问题"。

二、先决问题的构成

一个问题是否能构成国际私法中的先决问题必须满足三个条件:
(1) 主要问题依法院地国的冲突规则,应适用外国法作为准据法;
(2) 该问题本身具有相对的独立性,可以作为一个单独的问题向法院提出,并有自己

的冲突规则可以适用;

(3) 依主要问题准据法所属国适用于该问题的冲突规则和依法院地国适用于该问题的冲突规则,会选择出不同国家的法律作准据法,得出完全相反的结论,并使主要问题的判决结果不同。

以上三个条件缺一不可。因此并不是任何需要先行解决的问题都会构成"先决问题"。

三、先决问题的准据法

先决问题的准据法应如何确定,目前在各国实践中并无一致的做法,在学说上也有不同主张[①]:

(1) 一派以梅希奥、汪格尔、罗伯逊、沃尔夫、安东(Anton)等为代表,主张依主要问题准据法所属国冲突规范来选择先决问题的准据法,并认为只有这样才可求得与主要问题协调一致的判决结果。在司法实践中,英国、意大利、澳大利亚和美国的法院对先决问题大多数采用此种做法。

(2) 另一派以拉贝尔(Rapel)、莫利(Maury)、努斯鲍姆、科马克(Cormack)等为代表,主张以法院地国家的冲突规范作为解决先决问题的准据法。其理由主要是:求得先决问题的解决与主要问题解决之间的协调如必须以国内法的不协调为代价,有时这种代价似乎太高。

(3) 此外,也有学者主张对先决问题的准据法的确定,不应拘泥于一个机械的或统一的方法,而是应采用个案分析的方法,即考察先决问题究竟是与法院地法还是与主要问题准据法所属国法律的关系更为密切,然后再来决定是适用法院地国还是主要问题准据法所属国的冲突规则指定的法律。

四、中国有关先决问题的规定

对于先决问题的准据法,我国最高人民法院《关于适用〈中华人民共和国涉外民事关系法律适用法〉若干问题的解释(一)》第12条规定:"涉外民事争议的解决须以另一涉外民事关系的确认为前提时,人民法院应当根据该先决问题自身的性质确定其应当适用的法律。"第13条还规定:"案件涉及两个或者两个以上的涉外民事关系时,人民法院应当分别确定应当适用的法律。"可见,我国采取了上述第二种观点,即以法院地国家的冲突规范来确定先决问题的准据法。

[①] 实际上,在实践中法院较少讨论先决问题。在英格兰、英联邦或美国的判例中,涉及先决问题的判决或哪怕是法官的意见都是十分罕见的。参见〔英〕莫里斯主编:《戴西和莫里斯论冲突法》(上),李双元等译,中国大百科全书出版社1998年版,第63页。

第三节 区际、人际及时际法律冲突的解决

一、区际法律冲突的解决

区际法律冲突虽然是指一国内部不同地区的法律制度之间的冲突,但它包含两个不同的内容:(1)一国内部跨法域的民商事交往中产生的法律适用上的冲突如何解决;(2)在国际法律冲突中,经冲突规范指引当事人本国法后,而该当事人的本国却是一个多法域国家,这时应以其中哪一法域的法律作为他的本国法而加以适用。

(一)一国内部跨法域的民商法律冲突的解决

对这种区际法律冲突,历史上也产生了通过冲突法来解决和通过统一实体法来解决这两类不同实践。

(1)用区际冲突法来解决。包括制定全国统一的区际冲突法,或者各法域分别制定各自的区际冲突法,或参照适用国际私法解决区际法律冲突。最高人民法院《关于适用〈中华人民共和国涉外民事关系法律适用法〉若干问题的解释(一)》第19条规定:"涉及香港特别行政区、澳门特别行政区的民事关系的法律适用问题,参照适用本规定。"

(2)用统一实体法来解决,包括制定全国统一的实体法,或制定特定领域的统一实体法的示范法供各法域采用。例如美国的全国统一州法委员会和美国法学会拟定的《统一商法典》。

(二)多法域国家当事人本国法的确定

(1)在应适用当事人的本国法而其本国各地法律不同时,以当事人所属地法为其本国法,亦即以当事人的住所地或居所地法为其本国法而加以适用。

(2)依当事人本国的"区际私法"的规定来解决。但如果当事人本国无此类指定规则时,晚近国际私法立法的趋势是,适用与当事人或与案件有最密切联系的那一法域的法律。我国《涉外民事关系法律适用法》第6条规定:"涉外民事关系适用外国法律,该国不同区域实施不同法律的,适用与该涉外民事关系有最密切联系区域的法律。"这条规定也适用于多法域国家当事人本国法的确定。

二、人际法律冲突的解决

1. 人际法律冲突与国际法律冲突的关系

当国际私法在运用冲突规范解决国际民商事法律冲突时指定适用某一外国法律,若该外国的法律制度统一(即在地域上形成单一法律秩序),但其内部存在两个或两个以上的适用不同法律制度的人员集团(如不同的宗教信仰),就会出现究竟应以对该外国的哪一类人适用哪一类的法律为准据法的问题。这时就会面临人际法律冲突的解决问题,需要人际私法加以调整。

2. 人际法律冲突的解决办法

对于国际私法中人际法律冲突的解决,在理论与实践中多主张由该外国的人际私法

来解决。例如,1999年《白俄罗斯民法典》第1101条也规定,如果应适用的是一个具有多法域或在其他方面有各不相同的法律制度的国家的法律时,其应适用的法律,依该国法律确定。其中所称"在其他方面有各不相同的法律制度"即应理解为适用于不同人的法律。再如,1966年《葡萄牙民法典》第20条第3款规定:"如准据法在地域上形成单一法律秩序,而在该法律秩序内有适用于不同类别的人的不同法制,则必须遵守该法就该法律冲突而作的规定"。一旦所适用的该外国法律制度中缺乏人际私法规则,也可适用与案件或当事人最密切联系的法律。这在德国法中可见相关规定。

三、时际法律冲突的解决

时际法律冲突是指可能影响同一涉外民事关系的新旧、前后法律之间的冲突。时际法律冲突一般在以下三种情况下发生:

(1) 法院地国的冲突规则发生了改变。冲突规则的改变又可分为三种情况:一是冲突规则中采用的连结点发生了改变,如以前采用国籍,现在改为采用住所;二是冲突规则中采用的时间因素发生了改变,如以前采用"立遗嘱时的住所地法",现在改为采用"死亡时的住所地法";三是冲突规则中采用的连结点和时间因素均发生了变化,如原来采用"立遗嘱时的本国法",现在改为采用"死亡时的住所地法"。

(2) 法院地国的冲突规则未变,但事实上的连结点发生了改变。例如,动产适用所有人住所地法,当事人原来的住所在甲国,现在的住所在乙国,依据前一住所地法,当事人无权买卖和拥有文物,而后一住所地法却并无这种限制。又如,人的能力依其本国法,可在为某种行为时,原来的国籍国的法律认为当事人是具备为这种行为的能力的,而依争诉发生时所取得的新国籍国法,当事人当时还缺乏行为能力。这种因事实上的连结点发生改变而导致前后两个准据法之间的冲突,又叫"动态冲突"。

(3) 前两者均未改变,但被指定的准据法本身发生了改变。

为了解决时际法律冲突,一般而言,最好在制定冲突规范时就明确应适用何时的法律(如规定"动产继承适用死者死亡时的住所地法"即是),但有些冲突规范并没有这样的规定,因而如果在冲突规则或冲突规则所采用的连结点以及被冲突规则指引的准据法三者之中,任何一个于法律关系或法律事实发生后至争讼发生时发生了改变,便需要确定以下三类问题:一是是否仍应适用原来的冲突规则?二是是适用该连结点原来所在地还是后来的所在地?三是是否允许适用改变过的准据法?

对于上述第一种情况下的时际法律冲突问题,一般说来,依"法律不溯及既往"和"既得权保护"的原则,应在修改冲突规则时,明确规定新的冲突规则是否有溯及力、溯及力的条件和范围如何。

对于上述第二种情况下的时际法律冲突问题,在理论与实践中并未形成一致的原则。各国一般根据法律关系的不同性质,从有利于案件的公正合理解决出发,视情况采取可变主义和不可变主义两种相反的态度。所谓可变主义就是允许采用变更后的新连结点指定的准据法。所谓不可变主义是指准据法的指定不应因连结点的改变而改变,以防止当事人间的权利义务关系发生不合理的改变,并防止当事人通过改变连结点达到改变准据法而规避法律的目的。如1978年《奥地利国际私法》第7条便规定:对选择法律有决定意义的必要条件,后来发生变化,对已完成的事实不发生影响。

对于上述第三种情况下的时际法律冲突问题,可因国家政策的改变经过立法程序对有关的实体法作了修改,还可因政权的更替而发生新实体法对旧实体法的取代,也可因该准据法所属法域的领土主权隶属发生改变而发生(如某一领土原属甲国,施行甲国法,后来改属乙国,施行乙国法)。国家在制定新法或修改旧法时,根据前述"法律不溯及既往"和"既得权保护"的一般原则,也会在新法中宣告它是否具有溯及力,如有溯及力,应规定其溯及的范围和条件。

第四节 法律规避

不同国家的法律作为一种行为规范,其价值取向是受制定它的立法机构对此认知的影响的,且在抽象上讲是与本国全体公民的利益相一致的,但在现实生活中,却并非如此。加之法律自身又有强行法和任意法之分,在任意法中,公民自由选择的幅度是比较大的,而在强行法管辖的事项中,则不免有故意规避的行为发生。冲突规范既然是一种间接规范,是由连结点的所在来决定应适用的法律的,这就更容易发生当事人为了规避应适用的国家的强行法的现象,从而使法律规避成了国际私法中一个必须专门研究和解决的问题。

一、法律规避的概念和构成要件

法律规避(evasion of law)又称法律欺诈(fraude a la loi)等,是指涉外民事关系的当事人为了利用某一冲突规范,故意制造出一种连结点,以避开本应适用的准据法,并使得对自己有利的法律得以适用的一种逃法或脱法行为。1878年法国最高法院对鲍富莱蒙诉比贝斯柯一案的判决是关于法律规避问题的一个著名判决。在该案中,法国王子鲍富莱蒙的王妃原系比利时人,因与王子结婚而取得法国国籍,后因夫妻关系不和而别居。由于1884年以前的法国法禁止离婚,王妃为了达到与法国王子离婚而与罗马尼亚王子结婚的目的,只身前往允许离婚的德国并归化为德国人后,即在德国法院提出与法国王子离婚的诉讼请求并获得离婚判决。随后在德国与罗马尼亚王子结婚。婚后她以德国人的身份回到法国。鲍富莱蒙王子在法国法院提起诉讼,要求法国法院判决上述离婚无效。法国法认为,虽然离婚应适用当事人的本国法,但王妃取得德国国籍的目的显然是为了逃避法国法中禁止离婚的规定,所以离婚判决是借法律规避行为取得的,应属无效,其后的再婚也当然无效。

一般认为,法律规避行为有四个构成要件:(1)从主观上讲,当事人规避某种法律是有目的、有故意的;(2)从规避的对象上讲,当事人规避的法律是本应适用的强行法或禁止性的规定;(3)从行为方式上讲,当事人规避法律是通过有意改变连结点或制造某种连结点来实现的,如改变国籍、住所或物之所在地等;(4)从客观结果上讲,当事人已经因该规避行为达到了对自己适用有利的法律的目的。

二、法律规避的性质

法律规避的性质主要是指法律规避究竟是一个独立的问题还是公共秩序问题的一个部分？对此有两种不同的观点。以努斯鲍姆和巴丁福为代表的一派学者认为，它是一个独立的问题，不应与公共秩序问题相混淆。理由是：虽然两者在结果上都是对本应适用的外国法不予适用，但它们的性质却大不相同，因公共秩序排除外国法适用，虽然也在于维护自己的强行法，而因法律规避不适用外国法，则主要着眼于当事人的虚假行为。以梅希奥、巴丁等为代表的另一派学者则认为，法律规避属于公共秩序问题，是后者的一部分。两者的目的都是为了维护内国强行法的权威。法律规避只是公共秩序的一种特殊情况，其特殊性在于适用外国法可能导致的"社会混乱"是由当事人通过欺诈行为引起的。

中国学者多认为法律规避是一个独立的问题，主要在于法律规避问题和公共秩序问题产生的原因不同，前者是当事人故意通过改变连结点的行为造成的，后者则是由于冲突规范所指定的外国法的内容及其适用的结果与冲突规范所属国的公共秩序相抵触而引起的。

三、法律规避的效力

在国际私法领域内，法律规避现象时有发生，对各国的法律尊严造成冲击。但对于法律规避的效力问题，各国在立法、理论和实践方面却存在分歧，主要有两种情况：

1. 法律规避行为有效

早期的一些学者，如华赫特、魏斯等并不认为国际私法上的法律规避是一种无效的行为。他们指出，既然双边冲突规范承认可以适用外国法，也可以适用内国法，那么内国人为使依内国实体法不能成立的法律行为或法律关系得以成立或解除，前往某一允许为此种法律行为或成立此种法律关系的外国，设置一个连结点，以达到适用对自己有利的法律的目的，并未超越冲突法所允许的范围，也并不与冲突法相抵触。

2. 法律规避行为无效

主张法律规避行为是无效行为的学者则认为，法律规避行为的目的是逃避内国实体法的强制性规定或禁止性规定，且是通过欺诈行为来实现的，是一种违反公共秩序的行为；另外，根据"欺诈使一切归于无效"原则，故应否定法律规避行为的效力。目前各国出于对法律正义价值的追求和对本国法律尊严的维护，都通过立法或司法实践对法律规避加以禁止或限制。但在对法律规避行为加以禁止的国家中又可分为两类：

（1）只规定禁止规避本国（法院国）的强行法。如1982年南斯拉夫《国际冲突法》第5条规定：如适用依本法或其他联邦法的规定应适用的外国法，是为了规避南斯拉夫法的适用，则该外国法不得适用。法国法院早期的判决也持此种观点，并没有认为规避外国法律的离婚判决是无效的。

(2) 规定禁止规避本国强行法和外国强行法。如 1979 年美洲国家组织第二次国际私法会议通过的《关于国际私法一般规定的公约》第 6 条规定,成员国的法律不得在另一成员国的法律基本原则被欺诈规避时作为外国法而适用。这表明它也采取了保护其他国家强行法的立场。

另一个值得注意的问题是,有一些国家只认为借该规避行为(如改变国籍或住所)而成立或解除的法律关系无效,至于被改变的连结点是否同样无效(如前述鲍富莱蒙王妃的德国国籍是否有效),则应由改变后的连结点所在国家的法院决定。

四、中国有关法律规避的规定

我国《涉外民事关系法律适用法》对法律规避未作明文规定,但最高人民法院《关于适用〈中华人民共和国涉外民事关系法律适用法〉若干问题的解释(一)》第 11 条规定:"一方当事人故意制造涉外民事关系的连结点,规避中华人民共和国法律、行政法规的强制性规定的,人民法院应认定为不发生适用外国法律的效力。"可见,我国司法实践采取大多数学者通行的观点,对当事人故意规避我国强行法,一律当作无效法律行为认定。

第五节　外国法的查明和适用

一、外国法的查明

外国法的查明,在英美法系国家称为外国法的证明(proof of foreign law),是指一国法院根据本国的冲突规范指定应适用外国法时,如何查明该外国法的存在和确定其内容。由于各国法律纷繁复杂,任何法官都不可能通晓世界各国的法律,因此当一国法官在根据本国冲突规范的指引本应适用外国法时,就必须通过一定的方法来确定外国法的内容。但在国际私法上,它却成为一种重要的制度。

(一) 外国法的查明方法

按照一些国家的诉讼法,了解"法律"和查明"事实"是截然不同的。凡属法律,根据法官应当知法的原则,自当由法官依职权查明;至于事实则应由当事人自己举证。即使不作这种区分的国家,也可能认为查明外国法的任务,或应由主张适用该外国法的当事人负责提供或证明,或应由法官依职权查明。所以各国查明外国法的方法不但有所不同,其后果也会有所不同。

(1) 由当事人举证证明。英国、美国等普通法系国家及部分拉丁美洲国家采取这种方法。这类国家不是将外国法看成法律,而是视为当事人用来主张自己权利的事实,因此应适用的外国法的内容,就须由当事人举证证明,法官没有依职权查明外国法内容的义务。在英国,证明外国法的方式主要是专家证据,即外国法一般应由专家证据证实。但证实外国法不仅仅是将外国的立法条文提交法院,也不仅仅是引用外国的判决或判例集。

专家要发挥协助法院对上述证据资料进行评价或解释的作用。[①]

(2) 法官依职权查明,无须当事人举证。欧洲大陆一些国家如意大利、荷兰等国采取这种做法。这类国家将外国法视为和内国法一样的法律,并认为法官应该知道法律,所以应由法官负责查明外国法的内容。

(3) 法官依职权查明,但当事人亦负有协助的义务。德国、瑞士、土耳其和秘鲁等国家采取这种方法。这类国家主张对外国法内容的查明既不同于查明内国法的程序,也不同于查明事实的程序,原则上应由法官调查认定,但当事人也负有协助查明外国法的义务。在这种做法中,更重视法官的调查。

(二) 外国法不能查明时的法律适用

当经过一切可能的方法或途径,仍不能查明外国法的内容时,应如何解决法律适用的问题呢？主要有以下几种不同的主张:

(1) 直接适用内国法。这是大多数国家采取的做法。

(2) 推定外国法与内国法相同,故而适用内国法的规定。英国和美国的法院采用这种做法。但美国只在不能证明的外国法为普通法系国家(如英国、加拿大和澳大利亚等)的法律时才作这种推定。

(3) 驳回当事人的诉讼请求或抗辩。有学者主张当外国法不能查明时,就应驳回当事人的诉讼请求或抗辩。理由是:既然内国冲突规范指定应适用外国法,就意味着不允许用其他法律来代替。当外国法不能查明时,就应像对待当事人不能证明其诉讼请求或抗辩一样,法院得以当事人的诉讼请求或抗辩无根据为由,驳回其诉讼请求或抗辩。美国法在不能查明的外国法为非普通法系国家的法律时,采取这种做法。

(4) 适用与本应适用的外国法相似的法律。德国和日本曾有采取此种做法的判例。例如,在第一次世界大战后,德国法院无法得到本应适用的《厄瓜多尔民法典》,但德国法院知道《厄瓜多尔民法典》是以《智利民法典》为蓝本制定的。德国法院认为,适用与《厄瓜多尔民法典》相近似的《智利民法典》比适用法院地法更合适。

(三) 中国有关外国法查明的规定

中国法院在审理案件时一贯实行"以事实为根据,以法律为准绳"的原则,当依据中国冲突规范的指定,应当适用的法律为外国法时,人民法院有责任查明外国法的内容,当事人也有举证的责任。为此,我国《涉外民事关系法律适用法》第 10 条规定:"涉外民事关系适用的外国法律,由人民法院、仲裁机构或者行政机关查明。当事人选择适用外国法律的,应当提供该国法律。不能查明外国法律或者该国法律没有规定的,适用中华人民共和国法律"。最高人民法院《关于适用〈中华人民共和国涉外民事关系法律适用法〉若干问题的解释(一)》第 17 条规定:"人民法院通过由当事人提供、已对中华人民共和国生效的国际条约规定的途径、中外法律专家提供等合理途径仍不能获得外国法律的,可以认定为不

[①] 〔英〕J 莫里斯主编:《戴西和莫里斯论冲突法》(下),李双元等译,中国大百科全书出版社 1998 年版,第 1752—1754 页。

能查明外国法律。根据涉外民事关系法律适用法第10条第1款的规定,当事人应当提供外国法律,其在人民法院指定的合理期限内无正当理由未提供该外国法律的,可以认定为不能查明外国法律。"该司法解释第18条规定:"人民法院应当听取各方当事人对应当适用的外国法律的内容及其理解与适用的意见,当事人对该外国法律的内容及其理解与适用均无异议的,人民法院可以予以确认;当事人有异议的,由人民法院审查认定。"

二、外国法的适用

(一)外国法适用上的一般原则

既然一国的冲突规则指定对某些涉外民事关系应当适用被它指定的有关外国的实体法,则不论把这种情况下的外国法看作是"法律"还只是一种"事实",依国际社会国际私法学界的观点,都认为应该"按本国法院适用时的认识和解释"加以适用。在解释外国法律时,也应遵循该外国法院解释其法律时所应遵守的解释原则。在不采用判例法的国家的法院适用判例法国家的法律时,它的法院判例亦必须予以考虑。这又称为适用外国法的"同一性原则"。例如在诉讼中如对该国法律是否违反它自己的宪法而无效发生争执时,只要该外国的一般法院享有这种审查权,则受诉国法院也有权作这种审查。沃尔夫在其《国际私法》一书中曾举例说,英格兰的法院就可以审查受理的涉外案件所涉及的应适用的美国法律是否违反有关州的宪法问题,因为美国普通法院是具有这种审查权的。但如争议涉及法国的某一法律是否因违反宪法而无效时,英格兰法院就没有这种权力,因为在法国法律的适用并不以与宪法一致为前提。这同样适用于涉及该外国法律是否与其国家所参加的国际条约相违背的问题。意大利、葡萄牙和奥地利等国的国际私法就明确规定了这类原则。

(二)外国法的错误适用

外国法的错误适用有两类:一是适用冲突规范的错误,即根据冲突规范本应适用某一外国法,却错误地适用了另一国的法律。如本应适用外国法却适用了内国法或另一外国的法律。二是适用外国法本身的错误,即虽然依内国冲突规范正确地选择了某一外国法为准据法,但对该外国法内容的解释发生错误,并据此作出了错误的判决。

对于适用冲突规范的错误,各国一般认为,它直接违反了内国的冲突规范,具有错误适用内国法的性质。与错误适用内国其他法律规范的性质一样,可以由当事人依法上诉,以纠正这种错误。

至于对外国法内容的错误解释,是否允许当事人上诉予以纠正,各国的做法不一致,主要有两种不同的做法:

(1)不允许当事人上诉。这种做法与这些国家的诉讼制度有关。这些国家一方面把这种外国法只看作事实,另一方面上诉审又只是"法律审",并不负审查与纠正下级法院认定事实的错误的责任,因而它们都是不允许上诉的。另外,即使一些国家将外国法看成是法律,也不允许当事人上诉。其理由主要是:内国最高法院是为了使本国法律得到正确统一的解释而设置的,外国法解释正确与否的问题应由外国最高法院解决;如果内国最高法院对外国法的解释也有错误,会影响自己的声誉。不允许当事人上诉的国家主要有:法国、德国、瑞士、西班牙、希腊、比利时和荷兰等。

(2) 允许当事人上诉。如奥地利、葡萄牙、芬兰、波兰、意大利、美洲国家和原苏联和东欧国家等。这些国家认为,对外国法内容解释的错误,就是对规定适用外国法的内国冲突规范的错误适用;当外国法被指定为准据法时,它与内国法并无区别,应平等对待两者;上级法院比下级法院更容易查明外国法。因此应允许当事人对外国法本身的适用错误进行上诉。另外,虽然英国和美国等国将外国法看成是事实,但它们也允许当事人上诉,这也与其诉讼制度有关。它们的上诉审法院对下级法院关于事实的认定和法律的适用均有权进行审查,所以对外国法适用的错误是允许当事人上诉的。

中国对适用外国法本身的错误是否允许当事人上诉无明确规定。但从中国的诉讼制度来看,中国对民事案件实行两审终审制,且无法律审和事实审之分,因此,对外国法的适用无论发生什么错误,似应以允许当事人依法上诉并加以纠正为宜。

第六节 公共秩序

经过对以上一种或多种问题的处理,最后便进入了外国实体法的适用阶段。这时却可能遇上该外国法适用的结果会与法院国的公共秩序发生严重的抵触,或外国法院根据应适用的有关国家的实体法作出的判决要求在内国承认其效力甚至进而要求协助执行时,执行该判决的结果也可能与被要求承认与执行国的公共秩序发生严重抵触。这时又该如何处理,这就是本节所要讨论的问题。

一、公共秩序的概念与作用

国际私法上的公共秩序(public order),主要是指法院在依自己的冲突规范本应适用某一外国法作准据法时,因其适用的结果与法院国的重大利益、基本政策、基本道德观念或法律的基本原则相抵触,以及在应请求承认与执行外国判决或仲裁裁决时如予以承认和执行的结果也会出现这种抵触,从而可以拒绝或排除适用该外国法和拒绝加以承认和执行的一种保留制度。故又称为"公共秩序保留"(reservation of public order)。"公共秩序"是一种普遍采用的称谓,但在英美法中亦或称作"公共政策"(public policy)。

公共秩序制度是目前国际私法上得到各国立法和司法实践以及国际条约普遍肯定的一项制度。它具有两方面的作用:一是当外国法的适用与本国公共秩序相抵触时,排除或否定适用外国法的作用;二是由于涉及国家或社会的重大利益、道德和法律的基本原则,对特定的问题必须直接适用内国法的某些强制性规定,从而排除了外国法的适用,即肯定适用内国法的作用。总之,国际私法中的公共秩序是限制外国法适用的一种制度。有学者将其形象地称为保护本国公共秩序不受侵犯的"安全阀"。早在1804年《法国民法典》中便明确规定了"个人的约定不得违反关于公共秩序的法律"。在巴托鲁斯的理论中所指的那种"令人厌恶的法则"已是公共秩序观念的萌芽;到荷兰法则区别说时,已将它列为一项"礼让"的原则了。

二、有关公共秩序保留制度的理论

尽管国际私法发展到今天,平等对待内外国法律的原则已得到公认,但这并不等于说,即使是那些适用的结果会导致法院国法律与道德的基本原则及社会与国家的重大利益招致明显乃至严重损害的外国法律规定亦得加以适用。这就是各国国际私法都一致规定了公共秩序保留制度的原因。但关于什么是公共秩序以及公共秩序保留制度在何种情况下才可以适用,学者们的观点和立法及司法实践则并非完全一致。

(一)大陆法国家学者的理论

人们公认德国学者萨维尼在国际私法上是持普遍主义立场的,而且认为,"世界各国和整个人类共同利益决定了各国在处理案件时最好采取互惠原则"[①],并坚持内外国人平等和内外国法律平等的原则,因而在他看来,对于涉外民事关系应适用其"本座"所在的地方的法律,如该法律关系的"本座"在外国,就应该适用该外国法。但他同时也指出,被指定的外国法的适用不是绝对的、无限制的,也有少数例外情况。他认为这些情况可归为两类,即一类属于国家的强行法,一类属于法院国不承认的外国法律制度(如当时在俄国与法国存在的"民事死亡"制度)。而在第一类强行法中,他又将其分为两种:一种是纯粹为保护个人利益而制定的,如那些根据年龄或性别限制当事人行为能力的规定;另一种则不仅是为了保护个人利益,而且是为了保护社会道德或公共利益或公共幸福而制定的,如有关禁止一夫多妻的规定。对于前一种规定,虽不能因当事人的约定而放弃,但当冲突规范指向外国法时,得让位于外国法;对于后一种规定,则在制定该法律的国家内具有绝对适用的效力,故具有排除外国法在内国适用的作用。显然这是从公共秩序的肯定的作用方面来讲的。对于不被法院国承认的外国法制度也应在被排除适用之范围内,则是从公共秩序的否定作用方面来说的。但他始终认为运用公共秩序排除外国法的适用只能限制在少数例外的范围之内。但是萨维尼认为,"随着各国法律的发展,这种例外情况会逐渐减少"。所以他是把公共秩序的运用当作一种冲突法的例外情况来对待的。

意大利政治学家及法学家孟西尼则认为国际私法有三个基本原则,即国籍原则、公共秩序原则和意思自治原则,他便与萨维尼完全不同地将限制外国法适用的公共秩序原则提升到了国际私法基本原则的高度。但与萨维尼一样,他也是从分析法律的性质入手来阐释什么是公共秩序的,也将法律分为两类:一类是为个人利益而制定的,应以国籍为标准适用于其所有公民,不管他们出现在哪个国家;另一类则是为保护公共秩序而制定的,这类法律是必须依属地原则适用于其所属国家领域内的一切人,包括内国人和外国人的,即属于这类法律范畴的事项根本不适用外国法。孟西尼及其学派认为下列法律为公共秩序法律:宪法、财政法、行政法、刑法、警察和安全法、物权法、强制执行法、道德法和秩序

---

① 〔德〕萨维尼:《法律冲突与法律规则的地域和时间范围——现代罗马法体系(第八卷)》,李双元等译,法律出版社 1999 年版,第 14 页。

法等。

瑞士法学家布鲁歇从萨维尼的理论出发,明确提出了国内公共秩序法和国际公共秩序法的概念。他认为,当内国冲突规范指定应适用外国法时,国内公共秩序法便应让位于外国法;而关于国际公共秩序的法律则绝对要求在国际私法领域内适用,即使内国冲突规范指定适用外国法亦然。他举例认为一国关于婚龄的规定虽属于强行法,但它只是国内公共秩序法;而婚姻领域中关于禁止重婚、禁止一夫多妻和直系亲属间结婚的规定即属国际公共秩序法。

(二) 英美法国家学者的理论

与大陆法国家学者从分析法律性质、对法律进行分类的理论不同,英美法国家学者主要从探讨在什么场合应适用公共秩序出发,来回答什么是公共秩序。如《戴西和莫里斯论冲突法》一书指出,英格兰法院将不执行或承认一项依据一个外国法产生的权利、权利能力或无行为能力或法律关系,如果这种权利、权利能力、无行为能力或法律关系的执行或承认,会与英格兰法的基本公共政策不一致。公共政策学说仅应在那些对于社会造成了实质性的确凿的损害的案件中援引,而不依赖于几个司法者的特殊推断。在冲突法案件中保留公共政策是必要的,但应保留在适当的限度内。至于适当的范围如何界定,该书援引了英国另一学者韦斯特莱克的一句话,即"界定这种保留的范围的尝试从未成功过",以说明界定公共政策范围的难度。该书总结英国拒绝承认与执行外国法的具体案例后认为,公共政策说主要在两类案例中得到实行:一类是合同案件,英国法院已拒绝执行帮诉合同、限制贸易的合同、在胁迫和强制下签订的合同、涉及有欺诈和败坏道德因素的离婚合同、与敌人贸易的合同或者违反友好国家法律的合同,尽管这类合同依其准据法是有效的。另一类是有关身份的案件,即因刑罚性法律而产生的身份关系的案件,如因宗教或宗教使命、敌国国籍、种族、离婚或浪费而被强加的无行为能力。但其重要观点是"公共政策不是绝对的而是相对的"[①]。

英国另一学者戚希尔提出了"特殊政策"的概念,并认为只有英国的特殊政策才是必须优先于外国法的。他认为,违背英国的特殊政策包括下列几种情况:(1) 与英国基本的公平正义观念不相容;(2) 与英国的道德观念相抵触;(3) 损害了英联邦及其友好国家的利益;(4) 某一外国法违背了英国关于人的行动自由的观念。

美国学者库恩认为应在以下四种场合适用公共政策:(1) 外国法的适用违背文明国家的道德;(2) 外国法的适用违反法院地的禁止性规定;(3) 外国法的适用违反法院地的重要政策;(4) 外国法中的禁止性规定未获得法院地的确认。

(三) 适用公共秩序保留中的主观说和客观说

(1) 主观说。主观说认为,只要外国法本身之规定与法院地国的公共秩序相悖,即可排除外国法的适用。它不管外国法适用的结果是否会对法院地国的公共秩序造成实质性

[①] 参见〔英〕莫里斯主编:《戴西和莫里斯论冲突法》(上),李双元等译,中国大百科全书出版社1998年版,第116—119页。

损害,只强调外国法本身的有害性或邪恶性。

(2) 客观说。客观说则认为,不应仅凭外国法本身规定的内容与法院地国公共秩序相悖就排除该外国法的适用,而应视外国法适用的实际结果是否违反法院地国的公共秩序,因为外国法的内容与法院地国公共秩序相抵触并不一定导致适用该外国法的结果也与内国的公共秩序相抵触。例如,某一外国法承认一夫多妻制,现案件涉及一个丈夫的数个妻子的子女继承父亲位于法院国的财产的问题,尽管外国法中的一夫多妻制与内国的公共秩序相抵触,但在该案中,重婚并非诉争的问题,适用该外国法承认死者与其妻子婚姻为有效婚姻,反而是有利于该子女继承财产和保护无辜子女的利益的,并不会产生损害内国公共秩序的结果。客观说又可称为结果说。较之主观说,其合理性是显而易见的。它既可以维护法院地国的公共秩序,又有利于个案的合理公正解决。

目前各国立法与国际公约普遍采用客观说。

三、公共秩序的立法方式

各国有关公共秩序立法的方式主要有三种:

(1) 间接限制的立法方式。这种立法明确规定内国某些法律具有绝对强行性或必须直接适用于有关涉外民事关系,从而表明它具有当然排除外国法适用的效力。

(2) 直接限制的立法方式。这种方式是在国际私法中明确规定,外国法的适用不得违背内国公共秩序,如有违背即不得适用。

(3) 合并限制的立法方式。这种立法方式就是在国内立法中兼采间接限制和直接限制两种立法方式。如1995年《意大利国际私法制度改革法》第16条第1款规定:"违反公共政策(公共秩序)的外国法不予适用"(直接限制),同时又在该法第17条中规定:"尽管已指定外国法,但并不排斥由于其目的和宗旨应予适用的意大利法律的强制性规定"(间接限制)。这种合并限制的立法方式几乎为各国通用。

四、排除适用外国法后的法律适用

过去一般是主张在作为准据法的外国法被排除后,就应依法院地法(内国法)来处理有关案件。许多国家的国际私法立法也明确采用了这种做法。其中又可分为两种做法:一是直接规定适用内国法,而未作什么限制;另一种虽然也规定了适用内国法,但对适用内国法附加了一定的限制。1995年《意大利国际私法制度改革法》第16条规定:在违反公共秩序的外国法不予适用的情况下,准据法应根据就同一问题可能提供的其他连结因素来确定。如没有其他连结因素,才适用意大利的法律。这种立法反映了在外国法被排除后,不能一概以内国法取而代之的主张。持这种主张的学者认为,如果在外国法被排除后,不分具体情况如何而一概以内国法取而代之的话,会助长滥用公共秩序的错误倾向,而且也违背了本国冲突法的本意。因为既然本国冲突法规定了应适用外国法,就表明该法律关系与外国法有更密切的联系,适用外国法会更为合理。

五、运用公共秩序保留制度时应注意的问题

(一)公共秩序是一个弹性条款

在判断外国法的适用结果是否违反本国公共秩序时,普遍的看法是目前国际私法上并无所有或多数国家所承认的国际统一的公共秩序标准,虽然如前所述,一些学者及一些国家的司法实践主张应区分国内公共秩序与国际公共秩序,但各国均按自己的标准来阐释公共秩序的内涵,因而公共秩序保留制度具有相当的灵活性,既有从严掌握恰当援用的,但历史与现实生活中,也不乏滥用的例证。这种各行其是的状况常常会损害当事人的利益、破坏国际民商事关系的正常进行。有鉴于此,目前中国有学者提倡应在国际私法中导入国际社会本位的观念,主张对是否违反公共秩序的衡量标准注入更多国际公认的因素,并逐步产生一些国际社会必须一致遵守的国际标准,从而建立起真正意义上的国际公共秩序。同时倡导国际社会本位观念还将使国际私法在保障人类总体利益和构建人类命运共同体上也发挥其积极作用。

(二)必须注意区分国内公共秩序和国际公共秩序

瑞士学者布鲁歇明确提出了国内公共秩序法和国际公共秩序法的概念,并认为国际私法中的公共秩序仅指属于前面已作介绍的"国际公共秩序法"的第二类强行法。在运用国际私法中的公共秩序制度时,作这种区分是合理的。因为尽管国内民法上的公共秩序是包括前述两类强行法的,但涉外民事关系毕竟不同于纯国内民商事关系,如果将国内公共秩序和国际公共秩序完全等同起来,就可能否定许多依外国法已成立的涉外民商事法律关系,从而妨碍国际民商事交往的发展。因此,在国际私法中运用公共秩序制度排除外国法的适用时,应严格限制适用的条件和范围,以利于国际民商事关系的发展。第二次世界大战以后,特别是近年来,随着国际民商事活动的大规模发展,在国内和国际立法中,强调只有外国法适用或承认外国判决的"结果"将"明显"或"严重"损害内国的公共秩序或公共政策时方可援用这一保留制度。

(三)援引公共秩序制度不应与他国主权行为相抵触,也不应与外国公法的适用相混淆

过去,西方国家的法院常常援引公共秩序来否认外国国有化法令的域外效力。应该说,一国实行国有化是一国的主权行为,只要不违反国际法,他国就应予以尊重。《戴西和莫里斯论冲突法》一书也认为,承认外国没收私人财产的国有化法令并不违反公共政策。但它同时还指出,如果该法令是"惩罚性"的,即如果该法令是针对特定的种族,或特定的外国国籍的人的财产,承认这种没收就会违反公共政策。[①]

一般认为,一国法院不适用外国刑法、行政法和税法等公法几乎是各国一致的立场。理由是公法具有严格的属地性,本身不具有域外效力。根据属地原则,一国有权在其境内实施刑法、行政法和财政法等公法,但同时也仅限于在其境内实施。一国法院没有直接实

---

① 〔英〕J. H. C. 莫里斯主编:《戴西和莫里斯论冲突法》(上),李双元等译,中国大百科全书出版社1998年版,第119页。

施外国公法的义务。由此可见排除外国公法和用公共秩序排除外国法的适用是两个不同的问题，排除外国公法的适用没有必要借助公共秩序这一工具，一国法院可以基于某一法律具有公法的性质而直接排除适用它。因此，不能混淆两者之间的区别。

但是，从晚近国际私法立法和司法实践来看，外国公法也并非一概不具有域外效力。如 1987 年《瑞士联邦国际私法法规》第 13 条便明确规定："外国法并不因为其具有公法性质而排除其适用。"也就是说不能仅仅以外国法具有外国公法的性质而拒绝适用它。

《戴西和莫里斯论冲突法》一书还认为，承认外国的外汇管制法不违反英国的公共政策，但如果该项立法最初被通过时的真正目的是保护该国的经济，而后却变成压制和歧视的工具，承认其就会违反英国的公共政策。①

（四）是否可以援引公共秩序制度来限制条约中的统一冲突规范的效力

对于早先一些没有明确订立有公共秩序保留条款的国际私法公约，缔约国是否也可以援引公共秩序保留来排除公约中的规定的适用呢？对此有两种不同的意见：一种观点认为除非条约缔约国在缔结或参加公约时作出了保留，否则不能在公约生效后援引公共秩序保留来限制公约中的规定的适用；另一种观点认为，公共秩序保留制度可以说是国际私法方面的一个公认的普遍的原则，如果国际公约没有明确的相反规定，应认为它本身并不排除公共秩序的运用。本书认为，后一种观点更为合理，因为公共秩序制度的基础是国家主权，国家主权是国家固有的权力，未经其明示同意，就不得认为它放弃了自己的权力。

目前几乎所有的统一冲突法公约都规定有公共秩序保留条款。这显然不应理解为援用公共秩序的条件已被放宽，而是为了更好地尊重和保护缔约国各自的重大社会公共利益和法律与道德的基本原则。但应该指出的是，缔结统一冲突法的目的既在于减少缔约国间法律选择的不一致，因而即使在公约中规定有公共秩序保留条款，仍应严格控制其适用，否则便会损害缔结统一冲突法的宗旨，故多以"明显地违反法院地公共秩序"作为限制。

（五）如何对待外国的公共秩序

公共秩序制度旨在保证内国公共秩序不因外国法的适用而受到损害，一般说来，一国法官通常不会考虑有关外国的公共秩序是否会因某一外国法的适用而受到损害的问题。但在接受转致的国家，的确会遇到是否要援引公共秩序保留制度来保护有关外国的公共秩序的问题。例如，一个接受转致国家的法院在处理某一涉外民事案件时，依本国的冲突规范的指定应适用乙国法，而依乙国冲突规范的指定却应适用丙国法，但适用丙国法会与乙国公共秩序相抵触，这时甲国法院该如何对待乙国的公共秩序？是否也要援引公共秩序制度排除丙国法的适用？尽管这种情况很少会发生，但从理论上讲还是可能发生的。应该说，如果发生这种情况，不仅应考虑丙国法的适用是否同甲国（法院国）公共秩序相矛盾的问题，而且也应考虑丙国法的适用是否同乙国法相矛盾的问题，以及保护乙国公共秩

---

① 〔英〕J. H. C. 莫里斯主编：《戴西和莫里斯论冲突法》（上），李双元等译，中国大百科全书出版社 1998 年版，第 119 页。

序是否有损甲国(法院国)公共秩序的问题,同时也只有在不损害甲国(法院国)公共秩序的情况下才能考虑维护乙国公共秩序的问题。目前,如 1987 年《瑞士联邦国际私法法规》第 19 条,亦表明它在一定条件下要尊重外国的公共秩序立法。

六、中国有关公共秩序的规定

公共秩序制度作为维护内国公共秩序,限制外国法适用的工具,在中国立法中也得到了肯定。我国《涉外民事关系法律适用法》第 5 条规定:"外国法律的适用将损害中华人民共和国社会公共利益的,适用中华人民共和国法律。"

首先,我国立法把公共秩序表述为"社会公共利益"。这里的"社会公共利益"既是一个弹性条款,也是一个抽象的概念,这跟国际上大多数国家的普遍做法是一致的。

其次,就立法模式而言,我国《涉外民事关系法律适用法》第 5 条的规定是采用直接限制外国法适用的立法方式。此种直接限制外国法适用的立法方式,决定了《涉外民事关系法律适用法》规定的公共秩序只具有消极的功能,是一个消极的公共秩序条款,它只起到对某些外国法的防范或否定的作用,也即一种安全阀的作用。应该说,我国《涉外民事关系法律适用法》的立法模式,跟国际社会在公共秩序的立法模式上的多数做法是相吻合的。但这并不意味说,中国只有直接限制外国法适用的消极功能的公共秩序制度,而无积极功能的公共秩序条款。实际上,对外国法起到间接限制作用的积极功能的公共秩序条款也是存在的,即我国《涉外民事关系法律适用法》第 4 条"中华人民共和国法律对涉外民事关系有强制性规定的,直接适用该强制性规定"之规定、我国《合同法》第 126 条第 2 款"在中华人民共和国境内履行的中外合资经营企业合同、中外合作经营企业合同、中外合作勘探开发自然资源合同,适用中华人民共和国法律"之规定,就是积极功能的公共秩序保留条款,对外国法也起到间接限制的作用。我国最高人民法院《关于适用〈中华人民共和国涉外民事关系法律适用法〉若干问题的解释(一)》第 10 条还作了进一步的解释:"有下列情形之一,涉及中华人民共和国社会公共利益、当事人不能通过约定排除适用、无需通过冲突规范指引而直接适用于涉外民事关系的法律、行政法规的规定,人民法院应当认定为涉外民事关系法律适用法第 4 条规定的强制性规定:(一)涉及劳动者权益保护的;(二)涉及食品或公共卫生安全的;(三)涉及环境安全的;(四)涉及外汇管制等金融安全的;(五)涉及反垄断、反倾销的;(六)应当认定为强制性规定的其他情形。"

再次,运用公共秩序排除应适用的外国法后,最终须适用中国法。不过,援用我国《涉外民事关系法律适用法》第 5 条规定的公共秩序以排除经中国冲突规范指引的外国法的适用,应视为一种例外情况。

最后,此种例外情况就是指外国法的适用结果会违背中国的公共秩序。在公共秩序适用标准问题上采用"结果说"已是多数国家国际私法的理论与实践,因此,我国《涉外民事关系法律适用法》第 5 条的适用标准当然应该而且是只能采用"结果说",唯如此,既跟国际社会潮流相顺应,又合情合理,可以切实维护有关当事人的正当权益。

思考题

1. 简述反致产生的原因。
2. 简述先决问题的构成要件。
3. 简述时际法律冲突的解决办法。
4. 简述我国对待外国法不能查明与外国法错误适用的态度。
5. 试析法律规避与公共秩序制度的联系与区别。

第五章　外国人的民事法律地位

学习目标：通过本章学习,了解外国人民事法律地位的概念,几种主要的外国人待遇制度的内容,当前外国人在中国的民事法律地位。

教师导读：赋予外国人一定的民事法律地位,是国际经济关系的发展所要求的,也是产生国际私法的前提条件之一。这一章主要解决外国人能否作为国际私法主体参与涉外民商事活动的首要问题。目前国际上主要采用国民待遇、最惠国待遇、非歧视待遇和互惠待遇。当前外国人在中国享有广泛的民事权利。

建议学时：2学时。

第一节　外国人民事法律地位的概念

一、外国人民事法律地位的含义

外国人民事法律地位是指外国自然人或法人在内国享有民事权利和承担民事义务的法律状况。

承认或赋予外国人与内国人平等的法律地位,是国际私法得以产生的一个重要前提。外国人在内国的民事法律地位,一般是通过国内立法和国际条约直接加以规定的。因此,凡外国人进入内国,他们能否成为民事法律关系及民事诉讼关系的主体,必须依据所在国法律或国际条约解决,并不发生适用外国法的问题。但是,当外国人取得在内国的某种民事法律地位之后,究竟应以哪一国家的法律作为他们行使权利和承担义务的准据法,却常因他们的属人法与所在国法作了不同的规定而发生冲突。因此,虽然一国关于外国人民事法律地位的规范属于实体法范围,但它是国际私法的重要内容之一。

二、外国人民事法律地位的历史变迁

赋予在内国的外国人一定的民事法律地位,并不是从来就有的,而是国际交往发展到一定程度的必然要求。在历史上,外国人的民事法律地位曾几经变迁,由在奴隶制时期对外国人采取敌视待遇,经封建时期采取差别待遇,到资本主义时期才采取相互待遇和平等待遇。[1]

---

[1] 详见李双元等：《中国国际私法通论》,法律出版社2007年版,第192—193页。

第二节　外国人民事法律地位的主要待遇制度

目前,在外国人的民事法律地位方面,主要有国民待遇、最惠国待遇、歧视待遇和非歧视待遇、互惠待遇等几种待遇制度。

一、国民待遇

国民待遇(national treatment),又称平等待遇,是指所在国应给予外国人以内国公民享有的同等的民事权利地位。

目前,各国还将国民待遇制度通过缔结条约的方法相互赋予对方的法人、商船及产品等。在国际私法上规定国民待遇的意义在于保证一国领域内的内外国人之间的民事权利地位的平等,从而排除对外国公民和法人在民事法律地位方面采取低于内国公民和法人的待遇。国民待遇原则最早是资本主义国家为追逐全球商业利润而提出来的。自从1804年《法国民法典》率先在国内法中作出规定,加以确认后,很多国家相继从法律上规定或实际上采用了国民待遇原则。它也是WTO法律的一项基本原则。

当今的国民待遇原则主要有以下三个特点:(1)虽仍以互惠为基础,但并不一定以条约和法律上的规定为条件,即被认为是一种不言而喻的制度。因此,为了防止内国公民在外国受到歧视待遇,多同时采取对等原则。(2)根据国民待遇原则,在内国的外国人享有跟内国人同等的权利,而不是同样的权利。事实上,各国一般规定了某些限制,例如,不少国家规定外国人不得拥有内国土地所有权,不得担任内国商船船长,等等。(3)当今各国还常通过双边条约或多边条约,把国民待遇原则适用于船舶遇难施救、专利申请、商标注册、版权以及民事诉讼方面。例如,中国参加的《保护工业产权巴黎公约》第2条就规定:"本联盟任何国家的国民,在保护工业产权方面,在本联盟所有其他国家内应享有各该法律现在授予或今后可能授予各该国国民的各种利益。"

中国在处理外国人的民事法律地位问题时,历来对国民待遇原则持肯定态度。如《民法通则》第8条第2款就指出,本法关于公民的规定,除法律另有规定的外,同样适用于在中国领域内的外国人。《民事诉讼法》第5条也规定,外国人、无国籍人、外国企业和组织在人民法院起诉、应诉,同中华人民共和国公民、法人和其他组织有同等的诉讼权利义务。在中国缔结或参加的双边条约和多边条约中,也常有类似规定。

二、最惠国待遇

(一)最惠国待遇的概念和特点

最惠国待遇(most-favoured-nation treatment,MFN)是指给惠国承担条约义务,将它已经给予或将来给予第三国(最惠国)的公民或法人的优惠同样给予缔约他方(受惠国)的自然人或法人。给惠国也称优惠授予国,是指承担给予最惠国待遇的国家,它是优惠的给予者;受惠国是已经或将来要以任一第三国所享有的最优惠待遇为标准而享受优惠待遇的国家。条约中规定此种待遇的有关条款,称为最惠国条款。

最惠国待遇制度的作用,在于保证在内国的各外国公民和法人之间的民事权利地位的平等,从而排除或防止对某一国公民赋予的权利低于内国赋予第三国公民的权利。最惠国待遇与国民待遇最显著的不同点在于,前者是保证在内国的外国人之间的民事权利地位平等,而后者是保证在内国的外国人和内国人之间的民事权利地位平等。

第二次世界大战后,最惠国待遇制度更被各国广泛采用,也成为关贸总协定(GATT)和世界贸易组织(WTO)法的一项基本原则。为了促进这一法律制度的发展,1964 年由联合国国际法委员会主持制定了《关于最惠国条款的条文草案》,并建议各国就此草案缔结一项国际公约。该公约草案共 30 条,对最惠国条款与最惠国待遇的概念,最惠国待遇的分类,最惠国待遇的法律依据、来源和范围,优惠权利的取得、终止和中断以及有关限制或不适用最惠国待遇的例外等方面,均作了详细规定。

根据上述公约草案,并结合各国缔结的最惠国条款与实践,最惠国待遇制度可归纳出以下几个特点:(1) 它是根据某一项双边条约或多边条约的规定,授予国给予受惠国约定范围的优惠待遇。(2) 当授予国给予任何第三国最优惠待遇时,受惠国即可根据最惠国待遇条款的规定,自动取得与该第三国相同的待遇,而无需向授予国履行任何申请手续。(3) 它是通过一国的自然人、法人、商船、产品等所得到的待遇表现出来的。(4) 在最惠国条款中,一般都对最惠国待遇的适用范围作了规定。

(二) 最惠国待遇的分类和适用范围

最惠国待遇可作不同的分类,其中最主要的可分为互惠的最惠国待遇和不互惠的最惠国待遇、有条件的最惠国待遇和无条件的最惠国待遇。

从受惠的边数来看,最惠国待遇可分为互惠(双边受惠)最惠国待遇和不互惠(单边受惠)最惠国待遇两种。互惠的最惠国待遇是指缔约国之间相互给予最惠国待遇;不互惠的最惠国待遇是指缔约一方根据条约义务单独给予缔约另一方以最惠国待遇。不互惠的最惠国待遇大多出现在往昔的不平等条约中。现今,各国均采用互惠的最惠国待遇。

从受惠的条件而言,可把最惠国待遇分为有条件的最惠国待遇和无条件的最惠国待遇两种。有条件的最惠国待遇是指在最惠国条款中规定,只有缔约对方能像第三国那样,向它提供同等的报偿,才把给予第三国的优惠提供给缔约对方。而无条件的最惠国待遇则是指凡缔约一方将新的优惠给予第三国时,也自动而且无报偿地给予缔约他方。目前,各国普遍采用的是无条件的最惠国待遇。WTO 所强调的最惠国待遇制度即属此类。

依最惠国条款,受惠国只能就该条款所规定的或该条款的主题所包括的人或事,为了自身或为了与之有确定关系的人或事的利益,取得该条款规定的或主题范围内的权利。最惠国待遇适用范围一般根据两国之间的关系程度和经济状况加以确定。通常可在以下几个方面适用这一制度:(1) 国家之间的商品、支付和服务往来;(2) 国家之间交通工具的通过;(3) 彼此的公民和法人在对方定居、个人的法律地位和营业上的活动;(4) 彼此的外交代表团、领事代表团、商务代表团的特权和豁免权;(5) 著作权、专利权和商标权的保护;(6) 判决和裁决的相互承认和执行。

(三) 最惠国待遇的例外

最惠国待遇的例外,是指在某些情况下给惠国可以不把给第三国的优惠提供给缔约对方。国家之间在缔结最惠国条款时,一般都规定了例外条款。这些例外事项一般包括:(1) 一国给予邻国的特权与优惠;(2) 边境贸易和运输方面的特权与优惠;(3) 有特殊的历史、政治、经济关系的国家间形成的特定地区的特权与优惠,如欧洲的比利时、荷兰、卢森堡集团各成员国之间有一些特权和优惠,便在最惠国待遇的例外之列;(4) 经济集团内部各成员国互相给予对方的特权与优惠,如欧盟成员国之间互相享有的特权和优惠。

中国是在1955年和埃及签订的贸易协定中开始采用最惠国待遇制度的(适用于发给输出、输入许可证和征收关税方面)。随着对外开放政策的进一步实施,目前在与许多国家缔结的投资保护和贸易协定中广泛采用了这一制度。例如,1984年中国和法国《关于相互鼓励和保护投资的协定》第3条就规定:"(1) 缔约各方承诺在其领土和海域内给予缔约另一方的投资者的投资以公正和公平的待遇;(2) 缔约各方对于在其领土和海域内的缔约另一方投资者的投资,应给予不低于第三国投资者的待遇;(3) 上述待遇不涉及缔约一方因加入自由贸易区、关税同盟、共同市场或其他任何形式的地区经济组织而给予第三国投资者的优惠待遇。"

三、歧视待遇和非歧视待遇

歧视待遇(discrimination treatment)亦称差别待遇,是指一国把不给予本国或其他外国自然人或法人的限制性规定专门适用于特定国家的自然人和法人,或者把给予本国或其他外国自然人或法人的某些优惠或权利,不给予特定国家的自然人或法人。实行歧视待遇的结果,会使在内国的特定国家的自然人、法人处于较内国自然人、法人,或较其他外国自然人、法人为低的民事权利地位,这样会阻碍两国间发展国际经济贸易和友好往来。

非歧视待遇(non-discrimination treatment)亦称无差别待遇,是指国家之间通过缔结条约,规定缔约国一方不把低于内国或其他外国自然人和法人的权利地位适用于缔约国另一方的自然人和法人。例如,1984年中国和英国政府签订的《关于对所得和财产收益相互避免双重征税和防止偷漏税的协定》第24条就明确规定了无差别待遇,即缔约一方不应把高于内国国民、企业在相同情况下负担的税收加于缔约另一方的国民或企业。非歧视待遇制度也是WTO的一个最基本制度。

四、互惠待遇

所谓互惠待遇(reciprocal treatment),是指一国赋予外国人某种优惠待遇时,要求它的公民能在外国人所属的那个国家享受同样的优惠。互惠既可通过国内法加以规定,也可以通过国际条约加以规定。WTO也坚持这一原则。

互惠分形式上的互惠和实质上的互惠两种。在通常情况下,国家之间在民商事领域签订互惠条款时,仅限于形式上的互惠,即并不要求在缔约对方国境内赋予其公民的具体权利范围与这些国家赋予缔约对方国家的公民的权利范围相等。但如果在互惠条款中专门规定的权利范围上要求完全相等,那就是实质上的互惠了。

如在国内法中有互惠的规定,当这种规定适用于外国人时,便应首先查明该外国人的所属国家是否也有类似规定或也采取此类措施。如对方未履行条约义务或其国内法上的这类规定,而对自己的公民实现歧视,便可采取对等措施。

五、普遍优惠待遇

普遍优惠待遇(generalized system of preference,GSP)是发达国家给予发展中国家出口制成品和半制成品(包括某些初级产品)一种普遍的、非歧视的和非互惠的关税优惠制度,又被称为"关税普惠制"或"普惠制"。普遍优惠待遇具有如下三个特点:(1)普遍的,即所有发达国家对所有发展中国家的出口制成品和半制成品给予普遍的优惠待遇;(2)非歧视的,即应使所有发展中国家都无歧视、无例外地享受到普惠制待遇;(3)非互惠的,即由发达国家单方面给予发展中国家以特别的关税减让,而不要求对等。

普遍优惠待遇是发展中国家为建立国际经济新秩序而斗争的结果。值得指出的是,在当前的国际实践中,一般是由各给惠国(发达国家)根据本国的立法程序,分别制订给予受惠国(发展中国家)关税普惠待遇的具体方案。

第三节 外国人在中国的民事法律地位

一、外国人在中国的民事法律地位的演变

外国人在中国的民事法律地位的变迁是与中国在世界上的历史地位和对外政策的变化密切相关的。在中国历史上,从封建社会起,可以把外国人在中国的民事法律地位划分为几个不同的时期:(1)合理待遇时期。这个时期从西汉延续到明末(前 206 年—1518 年)。(2)闭关锁国时期。这个时期从明末倭寇及葡萄牙、荷兰的入侵至鸦片战争爆发为止(1518—1840 年)。在这个时期,对外国人不区分侵略者还是善良商民,都限制他们正常的民事活动。如清初广州曾订过《防患夷人章程》,规定外国人只能居住在指定的"商馆"中,并于指定的商行进行贸易。(3)特权时期。这个时期,从鸦片战争直至中华人民共和国成立(1840—1949 年)。(4)平等待遇时期。新中国废除了帝国主义列强强迫签订的各种不平等条约,中国人民开始和外国人在平等互利的基础上进行国际经济、民事交往,真正进入了平等待遇时期。

二、外国人在中国的民事法律地位

中华人民共和国成立后,在起着临时宪法作用的《中国人民政治协商会议共同纲领》中明确宣告:"中华人民共和国政府保护守法的外国侨民。""中华人民共和国可在平等和互利的基础上,与各外国的政府和人民恢复并发展通商贸易关系"。此后,中国政府曾陆续颁布了各种法律、法令、条例等,在许多领域赋予外国人以平等的民事权利地位。但是,

由于中华人民共和国成立一度遭到美国的封锁和禁运,后来又因中苏关系恶化和进行"文化大革命",在相当长的时间内又回复到闭关锁国的状态。直到1978年中国共产党十一届三中全会把对外开放作为基本国策确定下来以后,中外民事交往才真正得到正常的大规模的发展。1982年中国《宪法》第32条明确规定:"中华人民共和国保护在中国境内的外国人的合法权利和利益……"

目前,外国人在中国能够进行民事活动的范围是十分广泛的,他们依法享有多方面的人身权和财产权。主要有:(1)人身受保护权;(2)亲属权:外国人与中国公民以及外国人之间都可以在中国登记结婚或解除婚姻关系,外国人符合收养条件的可以收养中国儿童;(3)继承权;(4)劳动权,中国除少数种类的工作不允许外国人从事外(如国防、机要部门,外国人不得任职),外国人可以在中国从事各种社会劳动;(5)智力成果权;(6)经营工商企业、开发自然资源和从事服务贸易的权利,中国加入WTO后外国人在中国从事商事活动的领域扩大了;(7)外国人还可以取得土地的长期租赁使用权,1990年中国《城镇国有土地使用权出让和转让暂行条例》对此作了规定;(8)司法保护权,根据中国法律的规定,外国人在人民法院或仲裁机构参与诉讼或仲裁活动,同中华人民共和国公民有同等的权利和义务。

思考题

1. 外国人民事法律地位制度在国际私法上的重要意义是什么?
2. 什么是普遍优惠待遇?
3. 简述国民待遇与最惠国待遇的联系和区别。
4. 最惠国待遇的例外情形有哪些?
5. 简述外国人在中国的民事法律地位。

第六章 自 然 人

学习目标:全面把握自然人作为国际私法主体之一的价值和作用,弄清自然人国籍积极冲突和消极冲突的解决办法,了解确定住所与解决住所冲突的基本原则和办法,明确自然人权利能力和行为能力的法律适用规则。

教师导读:本章首先阐明了自然人国籍、住所冲突的基本概念以及各种冲突的解决办法与途径,分析了我国有关解决国籍、住所冲突的立法与司法实践,随后探讨了自然人权利能力和行为能力法律适用的方案,结合各国的理论与实践,着重剖析了涉外失踪和死亡宣告以及涉外禁治产宣告的管辖权与法律适用问题。注意比较自然人作为国际私法、国际公法、国际经济法主体的异同。

建议学时:3学时。

第一节 自然人的国籍冲突

一、自然人国籍与国籍冲突的概念

国籍(nationality)是指自然人属于某一国家的国民或公民的法律资格。在国际公法上,国籍是一个人对国家承担效忠义务的根据,同时也是国家对他实行外交保护的根据。而国籍在国际私法上的意义,首先,表现在当事人是否具有外国国籍是判断某一民事关系是否是涉外民事关系的根据之一。其次,国籍是指引涉外民事关系准据法的一个重要因素。最后,国籍又是国家对于在外国的侨民的民事权益受到侵犯时,回到祖国来作为原告进行诉讼时行使管辖权的一种根据。因为,尽管原告随被告是诉讼中一条公认的管辖权原则,但是在涉外民事领域,要求概依此原则来起诉,有时又不可能或不合理,加上个别国家更关注对本国公民权益的保护,因而一些欧洲国家允许自己的侨民回到本国起诉(如1987年《瑞士联邦国际私法法规》第3条,1995年《意大利国际私法制度改革法》第9条,1804年《法国民法典》第14、15条等)。

由于各国国籍法上的差异,虽然国际社会致力于消除一人同时有两个以上的国籍或同时无一国国籍的现象,但仍常有此类情况发生,从而给国际私法上当事人本国法的适用及管辖权的行使造成困难。在国际法上,将一个人同时具有两个或两个以上国籍的情况称为国籍的积极冲突;将一个人同时无任何国籍的情况称为国籍的消极冲突。

二、自然人国籍冲突的解决

在解决自然人国籍的积极冲突和消极冲突时,必须首先明确的是,一个人是否具有某一国家的国籍,只能依该国国籍法来判定。这是因为,根据国家主权原则,关于居民的法律资格的确定,属于国家主权权力范围内的事情,应由各国国内立法加以规定,这已成为国际法在国籍问题方面的一项公认的基本原则。其次,解决自然人的国籍冲突,在国际公法和国际私法上有着不同目的:在国际公法上解决国籍冲突,旨在消除多重国籍和无国籍现象;而在国际私法上解决国籍冲突,其目的仅在于确定应适用的当事人的本国法,至于当事人实际上存在的多重国籍或无国籍现象如何避免或消除,则非其所问。因此,并不能认为在国际公法上解决国籍冲突所适用的"国籍唯一原则"也是解决国际私法上所称国籍冲突的"一个出发点"。

(一) 国籍积极冲突的解决

对于自然人国籍的积极冲突,各国国际私法在实践中分别不同情况采取如下方法加以解决:

(1) 一个人同时具有外国国籍和内国国籍时,大都不问同时取得还是异时取得,国际上通行的做法是主张以内国国籍优先,以内国法为该人的本国法。例如1986年《德国民法施行法》第5条规定:"当事人同时具有德国国籍和外国国籍的,则以德国法作为其本国法。"其他如1898年《日本法例》第28条、1939年《泰国国际私法》第6条、1948年《埃及民法典》第25条、1979年《匈牙利国际私法》第11条、1982年《土耳其国际私法和国际诉讼程序法》第4条以及1987年《瑞士联邦国际私法法规》第23条等也作了类似规定。

(2) 在当事人具有的两个或两个以上的国籍均为外国国籍时,如何确定其本国法,各国的实践不一,归纳起来主要有三种做法:

第一,以最后取得的国籍优先。例如1939年《泰国国际私法》第6条第1款规定:"在应适用当事人本国法时,如当事人非同时取得两个以上外国国籍,则适用最后取得的国籍所属国家的法律。"但由于在实际生活中,有时一个人有两个以上国籍并非先后取得,而是同时取得的,针对这种情况,该法同条第2款又规定:"在应适用其本国法时,如当事人同时取得两个以上国籍,则应以住所所在地法为其本国法。"

第二,以当事人住所或惯常居所所在地国国籍优先。例如1982年南斯拉夫《国际冲突法》第11条第2款规定:"对于非南斯拉夫公民并具有两个或两个以上外国国籍的人在适用本法时,视其具有他作为其公民并在其境内设有住所的那个国家的国籍。"1979年《匈牙利国际私法》第11条第3款也作了类似规定。

第三,以与当事人有最密切联系的国籍优先。在国籍发生积极冲突时,依最密切联系原则作出判断,既为许多学者所倡导,也为许多国家的立法和实践所采纳。例如1978年《奥地利国际私法》第9条第1款就规定,一个人同时具有几个外国国籍的,应以与之有最密切联系的国家的国籍为准。1982年《土耳其国际私法和国际诉讼程序法》第4条第3款也有类似规定。

(二) 国籍消极冲突的解决

国籍的消极冲突,可分为三种情况:生来便无国籍;原来有国籍后来因身份变更或政治上的原因而变得无国籍;属于何国国籍无法查明。在国籍消极冲突的情况下,本国法的确定,一般主张以当事人住所所在地国家的法律为其本国法;如当事人无住所或住所不能确定的,则以其居住地法为其本国法。采用这种立法的有1954年《关于无国籍人地位的公约》第12条以及1939年《泰国国际私法》第6条第4款、2001年《韩国国际私法》第3条第2款、2006年《日本法律适用通则法》第38条第2款、1966年《波兰国际私法》第3条、1986年《德国民法施行法》第5条第2款等。1982年《土耳其国际私法和国际诉讼程序法》第4条第1款也作了类似规定,并且进一步明确,如居所无法确定或没有居所,则适用法院地法。

(三) 中国解决国籍冲突的有关规定

我国国际私法理论与实践对于国籍积极冲突即有双重或多重国籍的外国人主张以其经常居所地国家的法律为其本国法,若该人在其所有的国籍国均无经常居所,则以其有最密切联系的国籍国法律为其本国法;对于国籍消极冲突即无国籍或国籍不明的人一般适用其经常居所地法律。① 不过,我国现行立法与司法解释对无经常居所者并无明文规定,只是早先的司法解释曾对无国籍且未定居者主张适用其住所地国法律。②

第二节 自然人的住所冲突

一、住所的概念

住所(domicile)是指一人以久住的意思而居住的某一处所。从各国的立法与学说来看,一般都认为住所包含主客观两个构成因素,即一是在一定的地方有居住的事实,二是在一定的地方有设立其"家"(home)的意思。不过,由于判定一个人是否有在某地设定其家的意思比较困难,近年来已有一种更重视客观因素的趋势,例如《加拿大魁北克民法典》即取消了传统的意思因素,以"惯常居所地"为住所。③

英美两国内部法律不统一,一直以住所地法为属人法,故对住所的研究比较细致详尽。它们的判例对住所确立了以下几个原则:第一,任何人必须有一住所;第二,一个人同时不能有两个住所;第三,住所一经取得,则永远存在,不得废弃,除非已取得了新的选择住所;第四,只有具有行为能力的人,才享有设立选择住所的能力。

二、住所在国际私法中的地位

住所在国际私法中占有重要的地位,对管辖权和属人法的确定起着重要作用。自巴

---

① 我国《涉外民事关系法律适用法》第19条规定:"依照本法适用国籍国法律,自然人具有两个以上国籍的,适用有经常居所的国籍国法律;在所有国籍国均无经常居所的,适用与其有最密切联系的国籍国法律。自然人无国籍或者国籍不明的,适用其经常居所地法律。"

② 1988年最高人民法院《关于贯彻执行〈中华人民共和国民法通则〉若干问题的意见(试行)》第182条规定:"有双重或多重国籍的外国人,以其有住所或者与其有最密切联系的国家的法律为其本国法。"对于国籍消极冲突下如何确定本国法的问题,该《意见》第181条仅规定:"无国籍人的民事行为能力,一般适用其居住国法律,如未定居,适用其住所地国法律。"

③ 《中国大百科全书·法学卷》,中国大百科全书出版社1984年版,第815页。

托鲁斯以后,直至1804年《法国民法典》颁布的数百年间,国际私法上的属人法本只指当事人的住所地法。即使当今,英美法系国家仍采住所地法作为当事人的属人法。在采本国法主义的大陆法系国家里,住所也不失其重要性。因为在当事人国籍消极冲突的情况下,这些国家一般转而适用当事人在该国的住所地法;在一个复合法域的国家里,适用当事人的本国法最终也常转而适用当事人在该国的住所地法。有的国家甚至还把住所作为指定某些财产关系的准据法的连结点。在国际私法上,住所的重要功能除上述之外,还表现在它是行使管辖权的重要依据。

三、住所与国籍、居所、惯常居所和经常居所在法律上的区别

住所属于私法上的概念,它是自然人进行民事活动的中心地,反映了居民与特定地域的联系。在理论上讲自然人可自由地更换自己的住所。国籍则是个公法上的概念,它确定自然人的政治身份,反映了居民与特定国家的联系,非经法定程序不得随意变更国籍。至于居所,也是私法上的概念,它是指居民暂时居住的某一处所,设定居所的条件没有住所严格,不要求居民有久住的意思,只要有一定居住时间的事实即可。而惯常居所(habitual residence)又称"习惯居所"。正如《戴西和莫里斯论冲突法》一书所指出的:惯常居所意味着"必须持续某段时间的一种经常的身体出现"[①]。我国的国际私法立法独树一帜地采用了"经常居所地"作为连结点,其法律含义在一定程度上类似于"惯常居所地"。

在国际私法上,住所、国籍和居所及惯常居所的联系表现为它们都是指引准据法的连结点。很多国家的立法都规定,在适用当事人本国法而国籍存在冲突时,以住所为指引准据法的替代连结因素,而在适用住所地法的场合,如果当事人的住所不明或没有住所的则转而适用其居所地或惯常居所地法。

四、自然人住所的法律冲突

因各国法律对住所的具体规定以及对事实认定不尽一致,自然人的住所也与自然人的国籍一样存在法律冲突,并有积极冲突和消极冲突之分。住所的积极冲突是指一个人同时具有两个或两个以上的住所;而住所的消极冲突就是指一个人同时无任何法律意义上的住所。

住所冲突产生的原因,一方面主要是由于各国有关住所的法律规定不同而产生的。例如大陆法系国家认为,某人是否在某国取得住所,主要看他是否在某地建立了生活根据地或业务中心。1942年《意大利民法典》第12条规定,民事上的住所系个人业务及利益中心地;1804年《法国民法典》第102条规定,一切法国人,就行使其民事权利而言,其定居之地即为其住所。而英国则强调任何人于出生时即取得"原始住所",且此原始住所在该人未于其他地方取得"选择住所"时始终存在,而该人在放弃其选择住所时又立即恢复其原始住所。而选择住所取得的要件,主要在当事人是否有于某地久住亦即安一个唯一

---

① 〔英〕莫里斯主编:《戴西和莫里斯论冲突法》(上),李双元等译,中国大百科全书出版社1998年版,第187页。

的永久的家(sole permanent home)的意思,至于是否得长时间居住于此非所要求,哪怕此人仅在此居住几天甚至一天,便足够了。美国也有原始住所与选择住所的制度,其确定选择住所也需要同时具备在该地实际出现以及于该地建立一个永久的家的意愿。但学说认为,在该地出现并不一定是指在该地居住。许多国家不允许一个人可以同时于数地设立住所。德国法还允许无住所,而英国法则认为人必有一住所。另一方面,由于事实认定的不同也可能导致住所的法律冲突。如一弃婴发现于甲乙两国交界处,两国均可认为该弃婴的住所在(或不在)自己国内。可见,在各国之间人员往来频繁的情况下,住所的冲突常常是不可避免的。

五、自然人住所的识别依据

对于国际私法上的住所究竟如何认定,曾有各种不同主张,但大多数学者及法院的实践是采用法院地法说,即主张依照法院地的住所概念去认定当事人的住所究竟在何处。例如,1971年《美国冲突法重述(第二次)》第13条规定,在适用冲突规范时,法院依自己(州)的标准确定住所,只有在争议涉及外州的法院或机关的管辖权,以及它们的这种管辖权正是根据当事人有住所在该州(或国)才行使的时候,才适用外州的住所标准。英国国际私法也认为,一个人的住所的确定,只能依据英国法中的住所概念,而不能按外国法的概念来决定。只有涉及外国作出的离婚或别居的判决需要在英国承认时,英国法院才会去适用该外国法的住所概念。但在"反致"一节中已经讲到,有时因运用不同国家的"住所"概念对案件中当事人的"住所"作出相反的认定时,也会发生"反致"的现象。

依法院国的住所概念去认定当事人的住所,在一般的情况下显然更合理。

六、自然人住所冲突的解决

对于住所的积极冲突,其解决原则大体与解决国籍的积极冲突相似:(1)发生内国住所与外国住所间的冲突时,以内国住所优先,而不管它们取得的先后;(2)发生外国住所之间的冲突时,如果它们是异时取得的,一般以最后取得的住所优先,如果是同时取得的,一般以设有居所或与当事人有最密切联系的那个国家的住所为住所。对于住所的消极冲突的解决办法,一般以当事人的居所代替住所;如果无居所或居所不明时,一般把当事人的现在所在地视为住所。

七、中国有关住所冲突的解决原则

对于住所的积极冲突,我国2017年颁行的《民法总则》第25条规定:"自然人以户籍登记或者其他有效身份登记记载的居所为住所;经常居所与住所不一致的,经常居所视为住所。"[①]2014年12月18日最高人民法院《关于适用〈中华人民共和国民事诉讼法〉的解

---

① 我国《民法通则》第15条规定:"公民以他的户籍所在地的居住地为住所;经常居住地与住所不一致的,经常居住地视为住所";而我国最高人民法院在1988年《关于贯彻执行〈中华人民共和国民法通则〉若干问题的意见(试行)》第183条规定:"当事人有几个住所的,以与产生纠纷的民商事关系有最密切联系的住所为住所"。

释》第 3 条也同样明确规定:"公民的住所地是指公民的户籍所在地"。该司法解释第 4 条还继续沿袭了 1992 年 7 月 14 日颁行的最高人民法院《关于适用〈中华人民共和国民事诉讼法〉若干问题的意见》第 5 条的规定:"公民的经常居住地是指公民离开住所地至起诉时已连续居住一年以上的地方,但公民住院就医的地方除外。"

对于住所的消极冲突,我国《涉外民事关系法律适用法》第 20 条明文规定:"依照本法适用经常居所地法律,自然人经常居所地不明的,适用其现在居所地法律。"2012 年最高人民法院《关于适用〈中华人民共和国涉外民事关系法律适用法〉若干问题的解释(一)》第 15 条明确规定:"自然人在涉外民事关系产生或者变更、终止时已经连续居住一年以上且作为其生活中心的地方,人民法院可以认定为涉外民事关系法律适用法规定的自然人的经常居所地,但就医、劳务派遣、公务等情形除外。"

此外,我国台湾地区的"涉外民事法律适用法"第 27 条也对解决住所的法律冲突作了具体规定,当事人有多处住所时,依其关系最密切之住所地法,但在台湾地区有住所者,依台湾地区的相关规定;当事人有多处居所时,准用前项之规定,居所不明者,依现在地法。

八、《解决本国法和住所地法冲突公约》

国际私法上的法律的域内效力与域外效力的矛盾斗争,在属人法的适用上,是以本国法主义与住所地法主义的对立形式表现出来的。自巴托鲁斯法则区别说以来直到 1804 年《法国民法典》颁布以前,在欧洲,属人法只是指当事人的住所地法。后来,随着《法国民法典》的颁布,特别是经过意大利著名政治学家兼法学家孟西尼的大力鼓吹,大陆法系各国广泛采用本国法作为属人法,而英美法系国家仍坚持住所地法原则。这样,便形成了在属人法方面本国法主义与住所地法主义之间的对立格局。为了解决本国法和住所地法之间的冲突,海牙国际私法会议在 1955 年 6 月 15 日订立了《解决本国法和住所地法冲突公约》。

该《公约》第 1 条开宗明义地规定:"如果当事人的住所地国规定适用当事人本国法,而其本国规定适用住所地法时,凡缔约国均应适用住所地国的内国法。"从而表现出大陆法系国家与英美法系国家之间在属人法方面本国法主义与住所地法主义由过去的尖锐对立正渐渐趋向当今的调和妥协,而且出现了一定程度的住所地法优先的倾向。这反映出大陆法系对英美法系在属人法连结点上的重大让步。当然,作为大陆法系国家让步的条件,英美法系国家同意对"住所"作扩大解释而包括"惯常居所"。应该说,由于在属人法的连结点上提高了住所和惯常居所的地位,对于国际贸易与商业行为显然是有利的。正因如此,欧洲新近颁布的一些国际私法立法,也抛弃了在属人法上的绝对僵硬的做法,在本国法与住所地法之间作选择适用。目前,该《公约》只有比利时、荷兰、法国、卢森堡、西班牙五国签署(其中前两国已批准了《公约》),尚未生效。但在国际私法统一化运动中,该《公约》的意义却是很重大的,体现了寻求国际协调与合作的强烈愿望。

第三节 自然人的权利能力和行为能力

一、自然人的权利能力

(一) 自然人权利能力的法律冲突

权利能力是指自然人享有民事权利和承担民事义务的资格。

由于现代国家都承认人的权利能力"始于出生,终于死亡"[1],因而,就总体而言,似乎不大可能发生法律冲突,但是对于什么状态下属于"出生"和"死亡",各国民法的规定并不尽相同,仍会引起自然人权利能力的冲突。有的国家的民法规定,胎儿露头即为出生,有的规定脱离母体为出生,有的更规定脱离母体后还得具有生命力,甚至得生活多少小时方为出生。这些便将导致权利能力开始上的法律冲突。关于权利能力终于死亡也会有冲突存在。如在自然死亡情况下,有主张以心脏停止跳动时为死亡时间的,也有主张以脑死亡时间为生命终结时间的。在宣告死亡上更有冲突发生的可能。如因失踪经过一段时间可宣告失踪人死亡,而这"一段时间"有规定 2 年的,有规定 3 年的,有规定为 4 年的。而且死亡的时间,有主张判决确定的时间为死亡时间,也有主张判决宣告日为死亡时间的。在民法上还有一种"推定存活"制度[2],各国规定亦往往相异。如《法国民法典》规定,同时死亡者均不足 15 岁时,推定其中最长者后死;均在 60 岁以上时,推定年龄最低者后死;既有 15 岁以下又有 60 岁以上的,亦推定最年少者后死。而我国则规定,相互有继承关系的人同时死亡而不能确定死亡先后时,应推定无(其他)继承人的先死;如他们均有(其他)继承人,则如辈分不同,推定长辈先死;如辈分相同,则推定他们同时死亡,彼此不发生继承关系,他们的遗产归各自的继承人继承。

(二) 自然人权利能力法律冲突的解决

关于如何解决自然人权利能力法律冲突问题,各国的理论与实践并不一致,归纳起来,主要有以下三种解决办法:

第一,依该法律关系的准据法所属国法律解决。

在自然人权利能力发生法律冲突时,有主张应适用各该法律关系的准据法所属国法律作为准据法来予以解决的。这一主张的理由是,所谓权利能力,是特定的人在特定的涉外民事法律关系中能否享有权利和承担义务的能力问题,因此最妥当做法就是:权利能力涉及合同关系,则应适用合同准据法所属国的法律制度;权利能力涉及物权关系,则应适用物权关系准据法所属国的法律判定;权利能力涉及继承关系,则应适用继承关系准据法所属国法律判定;等等。

---

[1] 我国《民法总则》第 13 条规定:"自然人从出生时起到死亡时止,具有民事权利能力,依法享有民事权利,承担民事义务。"该法第 16 条规定:"涉及遗产继承、接受赠与等胎儿利益保护的,胎儿视为具有民事权利能力。但是胎儿娩出时为死体的,其民事权利能力自始不存在。"

[2] "推定存活"制度通常是指,相互有继承权的人于同一事故中死亡而无事实足以证明谁死于最后,得依法律上的推定为准的一种制度。

第二,依法院地法解决。主张应适用法院地法解决自然人权利能力法律冲突的理由是,因自然人的权利能力关系到法院国法律的基本原则,关系到法院国的重要公益,故应专依其人所在地法,即法院地法决定。

第三,依当事人属人法解决。更为普遍的是主张依当事人的属人法来解决自然人的权利能力问题。因为权利能力是人的基本属性,特定的人的这种属性是由一国社会、经济、政治、历史、伦理等方面的因素综合决定的。因而只应适用他的属人法尤其是本国法来判定。意大利的孟西尼更据此主张个人的权利能力是只能受到他所由出生的那个社会的法律判定的。

在各国国际私法的立法实践中,多主张在判定自然人的权利能力时,原则上必须肯定应适用当事人属人法。因为只有这样,才有利于自然人权利能力的稳定和国际民事交往的安全。但在特定情况下,也并不能排除法院地法和有关法律关系的准据法的适用。

因此,我国《涉外民事关系法律适用法》第11条明确规定:"自然人的民事权利能力,适用经常居所地法律。"该法第15条则进一步规定:"人格权的内容,适用权利人经常居所地法律。"

二、涉外失踪或死亡宣告

由于宣告失踪或死亡能够引起一定的民事法律后果甚至能终止自然人的权利能力,因此在讨论自然人权利能力的法律冲突时,对于失踪和死亡宣告的管辖权和法律适用的解决,也是国际私法上的一个重要问题。

(一)涉外失踪或死亡宣告的管辖权

对于涉外失踪或死亡宣告案件应由何国法院管辖的问题,有主张当由其国籍国管辖。因为个人的权利能力的开始与终止,只能由他的国籍国法律来决定。但是人们也指出,如果该人已远离祖国,已在外国设立了住所并发生了许多法律关系,而该外国竟无权宣告,就会使在那里的许多法律关系处于不确定状态。所以还有主张可由他的住所地国管辖的。但如当时其人实际上仍生存于他的国籍国或第三国,也会给这些国家带来诸多不便,还可能带来管辖上的冲突。所以,目前普遍接受的是原则上由失踪者本国法院对涉外失踪或死亡宣告行使管辖权,但在一定条件和一定范围内,也可由其住所或居所国管辖(尤其在涉及住所地国的各种法律关系上)。如德国1939年《关于失踪、死亡宣告及确定死亡时间法》第12条便规定,失踪者于最后消息时为德国人时,应由德国作死亡宣告。但同时也规定,如该失踪人已具有外国国籍时,则德国法院仅对依德国法所设立的法律关系以及在德国的财产,有作死亡宣告的管辖权。1995年《意大利国际私法制度改革法》第22条第2款,1987年《瑞士联邦国际私法法规》第41—42条均有此类规定。

在第二次世界大战中,因战乱和种族歧视及政治迫害,曾造成大批人失踪,为在法律上妥善处理这些人的死亡宣告问题,在联合国参与下,1950年通过了《关于失踪人死亡宣告的公约》。该《公约》主张,凡失踪人的最后住所或居住地、本国、财产所在地、死亡地,以及一定的亲属申请人的住所或居所地,都可以行使对这些人的死亡宣告管辖权。而且一经宣告,则有关死亡及死亡日期等,在各缔约国间均应被承认具有法律效力。

(二) 涉外失踪或死亡宣告的法律适用

宣告失踪或死亡的原因和条件,一般是依属人法(尤其是其中的国籍国法),但对涉及法院国境内的财产及法律关系的死亡宣告则依法院地法解决,乃为许多国家所接受。

我国立法与司法实践在对待涉外失踪或死亡宣告的管辖权与法律适用问题方面颇为慎重。2012年8月31日修订的《民事诉讼法》第十五章第三节(第183—186条)规定了关于宣告失踪、宣告死亡案件的特别程序。但是,我国法律并没有关于涉外失踪或死亡宣告案件管辖权的具体规定。① 对于涉外失踪或死亡宣告的法律适用问题,我国《涉外民事关系法律适用法》第13条明确规定:"宣告失踪或者宣告死亡,适用自然人经常居所地法律。"

三、自然人的行为能力

自然人的行为能力是指自然人以自己的行为取得权利和承担义务的能力,亦即能独立为有效法律行为的能力。由于行为能力是实现其权利能力的一种资格,所以,在国际私法关系中遇有行为能力的冲突,一般多主张依解决自然人权利能力冲突的同一原则,即依当事人属人法来解决自然人行为能力的法律冲突。此规则也是国际私法中为各国采用的少有的几个共同规则中的一个。只是对属人法的理解有所不同,如大陆法系国家是指当事人的本国法,而英美法系国家则是指当事人的住所地法。

按照自然人的行为能力依属人法的原则,在一般情况下,自然人只要依属人法有行为能力,无论到哪一个国家都应该被承认有行为能力;反之,如果依其属人法无行为能力,则无论到哪一个国家都应该被视为无行为能力。但是为了保护相对人或第三人不致因不明他的属人法的规定而蒙受损失,保护商业活动的稳定与安全,各国在适用人之行为能力依其属人法这一冲突规则时,仍有以下例外或限制:(1) 处理不动产的行为能力和适用于侵权行为的责任能力,一般都不适用当事人属人法而是分别适用物之所在地法和侵权行为地法;(2) 有关商务活动的当事人的行为能力也得以商业行为地法为代替的适用,即如商业行为当事人如依其属人法无行为能力,而依行为地法有行为能力,则应认为有行为能力。

我国立法对自然人行为能力的法律适用早就有较为明确、具体的规定,如我国《民法通则》第143条规定:"中华人民共和国公民定居国外的,他的民事行为能力可以适用定居

---

① 根据一般实践,在处理此类案件时,就失踪和死亡宣告的管辖权来看,也应原则上属于当事人的本国法院,住所国只能就被宣告者在当地的法律关系和财产有权为宣告,且只应在其本国不愿过问的情况下才能行使此种权利。我国涉外失踪或死亡宣告适用的法律,主要也应是被宣告人的本国法,只是涉及我国境内的财产及法律关系的,则可适用我国法律。

国法律"①；我国《票据法》第96条则规定："票据债务人的民事行为能力，适用其本国法律。票据债务人的民事行为能力，依照其本国法律为无民事行为能力或者为限制民事行为能力而依照行为地法律为完全民事行为能力的，适用行为地法律。"而我国《涉外民事关系法律适用法》对自然人行为能力的法律适用则采取属人法为主行为地法为辅的原则，该法第12条明确规定："自然人的民事行为能力，适用经常居所地法律。自然人从事民事活动，依照经常居所地法律为无民事行为能力，依照行为地法律为有民事行为能力的，适用行为地法律，但涉及婚姻家庭、继承的除外。"

四、涉外禁治产宣告

禁治产（interdiction）是指禁止为财产方面的法律行为，而禁治产者即指被依法宣告禁止其为财产上的法律行为的人。这一制度主要是为保护已成年而因精神缺陷、心智不健全的自然人的利益而设立的。② 目前各国大都采用这一制度。只是中国现在不使用这一称谓，而称为"宣告无行为能力或限制行为能力人"。

在国际私法上宣告对成年人得采取保护措施时，其保护措施依2000年海牙《关于成年人国际保护公约》得支配以下事项：谁为无行为能力者及执行保护的机构；司法或行政当局行使保护职责时对该成年人的安置；监护、保护及类似的制度；看管成年人的人身及财产；代表或协助该成年人的任何人或团体的指定及职责；将该成年人安置于一个已建立的或其他能提供保护的地方；经营、保护、处分该成年人的财产；为保护该成年人人身及财产的特别干预的授权。

在国际私法上，解决好涉外禁治产宣告，也要分别讨论管辖权和法律适用两方面的问题。对于在内国的外国人的禁治产宣告，应由其本国法院管辖还是亦可由其居住地法院管辖，也有两种主张：其一，主张只应由被宣告禁治产者的本国法院依本国法管辖；其二，主张也可由被宣告禁治产者居住地国家的法院依其法律进行管辖。不过，为了被宣告人个人利益和社会交易的安全，对成年人为此种禁治产宣告，目前一般的实践与学说是主张原则上由本国法院管辖并适用自己的法律。但为了兼顾住所地或行为地的交易安全，也允许其居住地国法院在认为依该人的本国法已具有宣告某人为禁治产人的条件时采取临时措施，以保护其身体和财产，并通知当事人的本国。而此种临时措施，于得知其本国已采取临时措施，或已正式宣告其为禁治产人时立即终止。例如1905年订于海牙并于1912年生效的《关于禁治产及类似保护处分公约》就是这样规定的。1978年《奥地利国际私法》第15条强调"无行为能力宣告的要件、效力及终止"，均得"依被监护人属人法"。

---

① 最高人民法院《关于贯彻执行〈中华人民共和国民法通则〉若干问题的意见（试行）》又作了进一步的补充，其规定：（1）定居国外的我国公民的民事行为能力，如其行为是在我国境内所为，适用我国法律；在定居国所为，可以适用其定居国法律；（2）外国人在我国领域内进行民事活动，如依其本国法律为无民事行为能力，而依我国法律为有民事行为能力，应当认定为有民事行为能力；（3）无国籍人的民事行为能力，一般适用其定居国法律，如未定居，适用其住所地国法律。

② 2000年海牙《关于成年人国际保护公约》明确规定成年人是指已满18岁的人。但《公约》也适用于对下述成年人采取的保护措施，他们在采取保护措施时年龄未满18岁。

1995年《意大利国际私法制度改革法》关于管辖权和法律适用的规定均与前述公约的规定基本一致,但在采取临时或紧急措施时,意大利法院亦可以意大利法的规定作为判断的依据。

五、实际连结点的改变对自然人行为能力的影响

实际的连结点的改变导致自然人行为能力的冲突乃是时际法律冲突中的"动态冲突",大致有以下两种情况:

第一种情况是,一个依其原属人法为未成年的人,后来在一个成年年龄较其原属人法规定为低的国家取得了住所或国籍,依后一属人法他已达成年。在这种情况下,一般都主张应承认他已取得成年人资格而且有完全行为能力。

第二种情况是,一个在成年年龄较低的国家已达成年的人,因实际连结点的改变,依其新属人法规定还未成年,依原属人法他已取得的完全行为能力能否得到保留,对于这种情况,有三种不同主张:(1)根据保护既得权说,主张其新住所国或新国籍国应承认其已取得的完全行为能力,但反对者认为如果这样,就会使该当事人处于比内国同等情况的人更为优越的地位;(2)主张其成年资格不能在连结点改变后仍保留;(3)应根据个案的具体情况分别解决,总的原则是既不宜使此种权利无条件地得到保留,也不宜使过去已成立的法律关系遭到否定(如当事人在过去取得成年资格后已成立的遗嘱、已缔结的婚姻、已承担的责任等)。应该说,第三种观点是可取的。

但1982年《土耳其国际私法和国际诉讼程序法》第3条规定:除法律另有规定外,当需要依据国籍、住所或居所来决定应适用的法律时,则以审理案件时的国籍、住所或居所为准。

思考题

1. 简述解决自然人国籍冲突的基本原则和办法。
2. 简述解决自然人住所冲突的基本原则和办法。
3. 简述自然人权利能力与行为能力的法律适用。
4. 连结点的改变对自然人的行为能力有哪些影响?
5. 《解决本国法和住所地法冲突公约》主要内容是什么?

第七章 法　　人

学习目标：全面把握法人国籍与住所的确定依据和方法特别是中国在实践中确定法人国籍的做法，了解法人的居所和经常居所与营业所、法人法律能力的法律冲突、法人行为能力的法律适用，关注中国关于法人行为能力法律适用的具体规定，着重弄清外国法人认许的概念与方式以及外国法人在中国的认许程序和制度。

教师导读：目前，国际贸易交往，一般是由组成为法人的企业或公司进行的。法人作为国际私法的主体参加国际民商事活动，已成为一种普遍现象。因此，在学习国际私法时，应弄清楚有关法人的问题，特别是法人的国籍、外国法人的认许、法人属人法的适用范围等问题。此外，学习时还应注意结合新颁布的有关法律法规深入理解，正确处理实践中的外国法人认许问题。

建议学时：3学时。

第一节　法人的国籍和住所

一般认为，法人是指依法定程序成立，具有自己的名称、组织机构、住所、财产或者经费，能够以自己的名义享有民事权利和承担民事义务，并能在法院起诉、应诉的组织体。但实践中对法人的认定并不完全一致，如"合伙"这类组织，一些国家认为是法人，而另一些国家则并不认为它们也是法人。如1987年《瑞士联邦国际私法法规》第150条就规定，对尚不具备一个组织的"合伙"，将只受该法关于合同法律适用规则的调整。我国《民法总则》第57条与《民法通则》有关法人定义的规定一样，即"法人是具有民事权利能力和民事行为能力，依法独立享有民事权利和承担民事义务的组织"。对于法人，我国《民法总则》区分为营利法人、非营利法人和特别法人，而将"合伙"归入"非法人组织"。因而，法人作为国际私法主体之一，各国立法与司法对其法律地位的规定仍有差异，尤其是有关法人国籍和住所的确定也存在法律冲突，需要从理论上弄清并加以解决。

一、法人国籍的概念

国籍本是属于自然人身份上的一种制度，但通说主张法人同样具有国籍。法人的国籍，是指法人与其所属国的一种永久、稳固的内在联系，是区分内国法人与外国法人的重要标志。

首先，法人国籍是区分内国法人与外国法人的标准，是决定外国法人具体待遇的依据之一。内国赋予外国法人何种待遇，直接与法人的国籍相关。事实上，对外国法人在许多问题上要适用内国的外国人法以及依条约所承担的各种待遇制度。

其次,法人国籍是确定法人属人法的依据,是法人认许的先决条件。因为,法人作为一种组织体,其经济或社会活动能力远较作为个体的自然人为强大,在一些海上贸易大国相继兴起之时,其海外公司就成了各自国家掠夺海外资源,拓展海外市场的工具,故后来对外国公司(或法人)来内国活动,一般均需得到"认许"。这就离不开确定法人的国籍。

再次,法人属人法上冲突的解决也依赖于法人国籍的确定。学界大多主张把法人冲突法方面的问题与外国人法方面的问题区分开来。因为,法人冲突法方面的问题主要涉及法人的权利能力的准据法的确定与适用,这属于法人属人法范畴;而法人属人法上的冲突则与法人的国籍有关。例如,某种组织体是否具有独立的法律人格即法人的资格,以及如果具有法律上的人格(能成为法人),它能享有何种权利能力,乃至法人之内部组织之设立与权责、对外之关系及其行为能力与它的重组解散或消灭当依何种程序,一般认为都应由法人的属人法决定,而这个法人的属人法显然也应当是法人所属国法。

最后,确定法人的国籍也是内国决定对法人行使外交保护权和确定涉外民商事管辖权的依据。

二、确定法人国籍的标准

对确定法人国籍的标准,众说纷纭:有主张依法人组成成员的国籍定法人国籍的(此说显然未顾及许多法人可能由不同国家的人出资组成的事实);有主张以成立地(组成地)定法人国籍的(但组成行为可能连续在多国发生);有主张依法人实际上为何国人控制或操纵定法人国籍的(此说在战时确定敌性法人时常被采用)。但采用最多的还是根据法人依何国法律成立(即准据法说)或根据法人住所、管理中心或主要营业所所在国定法人国籍。其中更有兼采准据法和住所重叠标准的,我国定外资在中国境内设立的公司为中国内国公司即是如此。1968年布鲁塞尔《关于相互承认公司和法人团体的公约》也取此重叠标准。日本一般采准据法说,但要取得日本内国法人资格,除其得依日本法设立外,尚须在日本设有住所,同我国一样,亦采重叠标准。1970年,国际法院在审理巴塞罗那公司案时,认为对于公司的外交保护,也只能赋予该公司依其法律设立并在其领土内有注册的事务所的国家行使。

不过,因实际情况复杂多变,各国在认定法人国籍时并不只是采用一个标准,而是根据具体情况,结合本国的利益,灵活加以运用。如中国历史上确定法人国籍的实践即是如此:

(1) 中华人民共和国成立初期,在清理外国人在华企业时,为了肃清帝国主义在华特权,主要采法人资本实际控制说,以法人资本实际控制于何国人手中的情况来确定法人的国籍。例如,上海永安公司(中华人民共和国成立后定名为上海第十百货商店)原来成立时登记为美商,太平洋战争爆发后,又改为华商,抗战胜利后复登记为美商,但该公司实际上是中国人投资且一直为中国人所经营掌握,因此,中华人民共和国成立后中国政府将该公司定为中国私营企业,而未作外国法人对待。

(2) 目前对外国法人国籍国法的确定,采注册登记国说。最高人民法院《关于贯彻执行〈中华人民共和国民法通则〉若干问题的意见(试行)》第 184 条规定:外国法人以其注册登记地国家的法律为其本国法。法人的民事行为能力依其本国法确定。外国法人在我国领域内进行的民事活动,必须符合我国的法律规定。同时对于在外国已根据它的法律取得了该外国国籍的法人,中国也都承认其已取得的国籍,而不问该外国适用何种确定法人国籍的标准。

(3) 对中国内国法人国籍的确定,则采法人成立地和准据法复合标准,故只有依照中国法律组成并且在中国境内设立的法人才能取得中国内国法人的资格。例如,中外合资经营企业和中国境内的外资企业便是分别依照《中外合资经营企业法》和《外资企业法》,经中国主管部门批准并在中国工商行政管理机关登记注册而在中国境内设立的,故中国法律确定这两种企业是中国法人。

至于对目前越来越多的跨国公司(或称多国公司、国际公司)及其分布于其他国家的子公司或分支机构的国籍的确定,多主张依具体情况区别对待,然后依确定内国法人国籍的标准加以认定。如 1979 年《匈牙利国际私法》认为法人应以其登记国法为属人法,而法人个别登记的分支机构或工厂的属人法亦乃它们各自的登记国法。如 1907 年《瑞士民法典》第 56 条规定,法人的住所,依法人章程的规定(而在章程无规定时,则以执行其事务之处所为法人住所)。1896 年《日本民法典》第 50 条规定,法人以其主事务所所在地为住所。我国《民法通则》第 39 条规定,法人以它的主要办事机构所在地为其住所。

三、法人的住所

在国际私法上,法人的属人法虽多为法人的国籍国法,但前面已讲到,在定法人国籍时,一些国家采用法人的住所在何国作为依据,更何况亦有国家直接以法人住所所在国法为其属人法。此外,法人得设住所对确定司法管辖权及税收管辖权等也有必要。

在确定法人国籍时,许多国家采住所地说,主张以法人的住所地法作为法人的属人法。因此,对于法人住所的确定,在国际私法上也有其重要意义。只是对于何处为法人的住所,又有不同主张:第一,法人的住所应该是它的管理中心或主事务所所在地;第二,法人的住所应是法人实际上从事经营活动的所在地;第三,法人住所依其章程的规定为准;第四,法人的住所在其成立地。

此外,法人居所也是影响法人属人法的一个重要连结因素,在英国甚至被认为是"最重要的连结因素"[①]。一般而言,法人居所与决定法人纳税义务或诉讼责任、诉讼费用担保、在战时敌对外国法人身份等有关。

我国对于法人住所的确定主要采取管理中心或主事务所所在地标准,《民法通则》第

---

① Ronald Harry Graveson, *Conflict of Laws: Private International Law*, 7th ed., Sweet & Maxwell Ltd., 1974, p.181.

39条和《公司法》第10条均有具体规定,《民法总则》第63条也有类似规定。[①]

第二节 外国法人的认许

一、外国法人认许的概念

所谓外国法人的认许,是指对外国法人以法律人格者在内国从事民商事活动的认可,这是外国法人进入内国从事民商事活动的前提。

对外国法人是否可以获得在内国活动的权利,应分别从两个方面加以解决:一是该组织是否已依外国法成立为法人;二是依外国法已有效成立的外国法人,内国法律是否也承认它作为法人而允许其在内国存在和活动。前者涉及外国法人是否存在的事实,这当然只能依有关外国法人的属人法判定;后者涉及内国的法律和利益问题,即内国是否也在法律上承认其法人资格并允许其活动的问题。

所以,国际私法上认许外国法人在内国活动,必须同时适用两个法律:一个是外国法人的属人法,另一个是内国的外国人法(它解决外国法人能否在内国活动,其活动的范围和权利的限制,以及对外国法人的监督等方面的问题)。一般主张对外国法人的认许没有创设性质,而只有确认或宣示的性质。未经内国认许的法人不得在内国以法人名义进行活动,否则,该法人将与行为人负连带责任。

二、外国法人认许的程序

对外国法人认许的程序,各国法律的规定并不一致,归纳起来,大致有特别认许、概括认许、一般认许、分别认许四类不同程序:

特别认许程序,即内国对外国法人通过特别登记或批准程序加以认许。

概括认许程序(又称相互认许程序),即内国对属于某一特定外国国家的法人概括地加以认可。例如,1857年法国曾颁布一个法律,概括地承认凡经比利时政府许可成立的法人,均可在法国行使其权利;对其他各国法人,也于同一法律中规定,只要是在有互惠关系的国家成立的法人,也应承认。概括认许也可通过国际立法进行,即有关国家缔结国际条约相互认许其他缔约国的法人。再如1956年海牙《承认外国公司、社团和财团法律人格的公约》以及1968年欧洲经济共同体《关于相互承认公司和法人团体的公约》,都是有关国家通过条约规定了相互或概括认许程序的。

一般认许程序,即凡依外国法已有效成立的法人,不问其属于何国,只需根据内国法规定,办理必要的登记或注册手续,即可取得在内国活动的权利。

分别认许程序,即对外国法人分门别类,或采特别认许,或相互认许,或一般认许。例如,法国对有条约关系的采取相互认许程序,对无互惠关系的采取特别认许程序;德国对

[①] 我国《民法总则》第63条规定:"法人以其主要办事机构所在地为住所。依法需要办理法人登记的,应当将主要办事机构所在地登记为住所。"

商业法人采取一般认许程序,而对非商业法人必须经特别认许程序。

三、中国有关外国法人认许的规定

1978年我国改革开放以后,外国公司、企业、个人来中国进行商贸、投资活动的越来越多。外商的活动主要有三种方式:(1)临时来华进行经贸活动;(2)在中国直接投资,主要形式有中外合资经营企业、中外合作经营企业、外资企业等;(3)在中国进行连续的生产经营活动,以外国公司名义在中国设立分公司等分支机构。

对于采取第一种方式的外国法人,中国立法采取自动承认其在本国的主体资格的政策,在程序上属于一般认许。在第二种方式下,因为外商投资企业均为中国法人,故不存在认许问题。对于第三种方式,以前,中国法律规定不甚详尽,散见于行政法规、政策之中,其中主要有:国务院1980年《关于管理外国企业常驻代表机构的暂行规定》、国务院2006年《外资银行管理条例》、国务院2010年《外国企业常驻代表机构登记管理条例》、国务院2013年《外资保险公司管理条例》、中国人民银行1991年《关于外资金融机构在中国设立常驻代表机构的管理办法》(2002年修订),等等。1993年《公司法》颁行后,中国对外国法人认许的立法有所发展。

我国《公司法》设专章规定了外国公司的分支机构问题(第十一章第191条至第197条)。根据《公司法》第192条规定的"设立程序",外国公司在中国境内设立分支机构,必须向中国主管机关提出申请,并提交其公司章程、所属国的公司登记证书等有关文件,经批准后,向公司登记机关依法办理登记,领取营业执照。外国公司分支机构的审批办法由国务院另行规定。中国政府主管机关受理审查外国公司在中国设立分支机构的申请时,应当遵循三项基本原则:第一,该外国公司必须是在中国境外的某个国家或地区依法正式登记注册并开展营业活动,其到中国申请设立分支机构必须提交公司章程和由登记国政府登记机关签发的公司登记证书及有关证明文件;第二,该外国公司设置的分支机构,应当有明确的经营目的和业务范围,并不得违反中国的法律、法规和损害社会公共利益;第三,分支机构的经营活动应当符合中国的产业政策。

我国《公司法》第193条至第194条还规定了外国公司在中国申请设立分支机构时必须具备的条件,主要有:(1)外国公司分支机构必须有标明其外国公司国籍和责任形式的名称;(2)外国公司必须指定在中国境内负责该分支机构的代表人或代理人,作为其公司总机构在中国境内的代表,代理其参加在中国境内发生的诉讼或非诉讼活动;(3)外国公司必须按照规定向其在中国境内的分支机构拨付经营活动或业务活动所需资金,国务院规定了营运资金最低限额的,必须达到最低限额标准;(4)外国公司分支机构必须在本机构中置备所属的外国公司的章程。

关于外国公司分支机构的法律地位,我国《公司法》第195条作出了明确规定:"外国公司在中国境内设立的分支机构不具有中国法人资格。外国公司对其分支机构在中国境内进行经营活动承担民事责任"。

可见,中国对外国法人在中国设立常驻代表机构,采取的是特别认许程序,即必须先经批准,再行登记,而后才能以外国法人驻中国常驻代表机构的名义在中国境内进行活动。

第三节 法人属人法和内国的外国人法的适用

一、法人属人法的确定

法人属人法(personal law of corporation),一般主张是指决定法人权利能力和行为能力的准据法,即确定法人身份、构成和法律地位的法律。法人属人法主要采法人国籍国法说。例如,《戴西和莫里斯论冲突法》指出:"按照外国法成立或解散的公司,其成立或解散在英格兰有效",也就是说英格兰法是以成立地准据法作为确定法人国籍的标准的。1971年《美国冲突法重述(第二次)》亦采此标准。1979年《匈牙利国际私法》第18条则规定:"法人属人法为法人登记国法。"1992年《罗马尼亚国际私法》第40条规定:"法人根据其成立证书在某地建立起营业所则具有该地所属国国籍。"1999年《白俄罗斯民法典》第1111条也认为:"法人成立地国法为其属人法。"

我国目前对外国法人采注册登记地为定其国籍的标准,并以该国法律为其属人法。由于对涉及法人的许多问题有时还需要适用其营业所所在地国家的法律,为此,最高人民法院《关于贯彻执行〈中华人民共和国民法通则〉若干问题的意见(试行)》第185条规定,当事人有两个以上营业所的,应以与产生纠纷的民事关系有最密切联系的营业所为准;当事人没有营业所的,以其住所或者经常居住地为准。

我国《涉外民事关系法律适用法》第14条明文规定:"法人及其分支机构的民事权利能力、民事行为能力、组织机构、股东权利义务等事项,适用登记地法律。法人的主营业地与登记地不一致的,可以适用主营业地法律。法人的经常居所地,为其主营业地。"而最高人民法院《关于适用〈中华人民共和国涉外民事关系法律适用法〉若干问题的解释(一)》第16条进一步具体规定:"人民法院应当将法人的设立登记地认定为涉外民事关系法律适用法规定的法人的登记地。"

二、法人属人法与内国的外国人法的适用范围

(一)法人属人法的适用范围

法人属人法适用范围广泛,一般而言,主要应适用于以下事项:(1)法人的成立和法人的性质。这与适用属人法来解决自然人是否已取得权利能力的原理相似。因此,凡依其属人法已取得法人资格的组织,便也可在外国被认为是法人;反之,依其属人法不具有法律上人格的组织,在其他任何国家也不会被认为是法人。(2)法人的权利能力。这包括法人能从事何种活动,能取得何种财产权利,法人能否为"权限外的行为"(即超出法人章程范围以外的行为),法人有无侵权行为责任能力,法人有无诉讼能力等问题。(3)法人的内部体制和对外关系。(4)法人的解散。(5)法人的合并或分立对前法人债务的继

承问题,等等。例如,1992年《罗马尼亚国际私法》规定适用于法人成立章程的法律(即其属人法)同样适用于以下事项:法人的权利能力和行为能力;组成成员资格的取得与丧失;根据上述资格而产生的权利和义务;法人领导机关的产生方式,管理权限及运作方式;通过其自身机构进行的代理;法人及其机关对第三人的责任;设立文件的改变;法人的解散与清算。1995年《意大利国际私法制度改革法》规定支配该法人或非法人社团的法律(主要是其成立地国法,但如其总部或主要工作机构设在意大利,则应适用意大利法)支配以下事项:该法人或非法人团体的法律性质;商业或社团名称;成立、转让与解散;能力;组织的编制、权力及运作方式;机构、成员资格的取得与丧失及由此而发生的权利和义务;企业负债的法律责任;违反法律或公司章程的后果。

(二) 内国的外国人法的适用范围

至于是否允许外国法人在内国活动及其活动的范围、对外国法人的监督以及外国法人在内国享有权利与承担义务的限制等问题,则是必须适用内国的外国人法的。例如,一外国法人依其属人法有购买和占有土地的权利,但内国法律禁止外国法人买卖和占有土地,则该法人就不能在内国取得土地。由于外国法人在内国活动,首先必须符合内国的法律,因此,在具体的权利能力和行为能力问题上,除适用法人属人法外,还得同时受内国的外国人法的约束。

三、有关承认外国法人资格的国际公约

目前,承认外国法人资格的国际公约主要有1956年海牙《承认外国公司、社团和财团法律人格的公约》、1968年欧洲经济共同体订于布鲁塞尔的《关于相互承认公司和法人团体的公约》、1979年美洲国家间订立的《关于商业公司的冲突法公约》等。其中尤以1956年海牙《承认外国公司、社团和财团法律人格的公约》的开创性规定引人注目,该《公约》在承认外国法人资格方面主张采取概括认许程序,并对实际所在地决定法人法律人格的取得问题、合并问题、诉讼能力问题等作了具体规定。该《公约》在其实质性规定上,仍允许缔约国借公共秩序保留加以排除。《公约》目前尚未生效,截至2018年6月30日,只有5个国家签署(其中只有法国、荷兰和比利时3个国家已批准)该《公约》。

思考题

1. 简述跨国公司国籍确定的标准。
2. 简述我国确定法人国籍的实践。
3. 简述外国法人的认许程序。
4. 简述我国有关外国法人认许的具体规定。
5. 简述法人属人法与内国的外国人法的适用范围。

第八章 法律行为与代理

学习目标：通过学习本章，了解涉外法律行为法律适用分为实质要件问题和形式要件问题的法律适用。同时，把握好涉外代理的准据法选择问题。

教师导读：对于法律行为的法律适用问题，应该掌握法律行为法律冲突的解决方法及中国的有关规定。此外，还应了解国外或域外有关涉外不当得利和无因管理法律适用的基本原则，掌握我国有关规定和实践。而由于代理的法律适用分为代理内部关系的法律适用和代理外部关系的法律适用，其中代理外部关系的法律适用比较复杂，应该重点掌握。海牙国际私法会议制定的《代理法律适用公约》是一个很有特色的关于代理法律适用的国际公约，应该有所了解。

建议学时：3学时。

第一节 法律行为

一、法律行为的概念及法律行为的成立

法律行为是在有关当事人之间通过意思表示，设定、变更或消灭特定权利义务关系的重要法律事实。[①] 故意思表示是其必备要素，但反过来并非任何意思表示都可构成产生上述效果的法律行为，都可发生预期的法律效果。这就牵涉到法律行为得以成立的实质要件与形式要件，欠缺这两方面的要件，往往构成无效的法律行为或可撤销的法律行为。正因如此，在讨论国际私法上的法律行为时，也得解决其实质要件与形式要件的法律适用或准据法的问题。

法律行为的实质要件一般包括相关意思表示是否真实或有无瑕疵，内容或标的是否合法与确定，是否允许附期限或附条件，该行为是否可由他人代理以及该法律行为应发生的效力，等等。

法律行为成立的实质要件因其种类的不同而常有不同，如身份上的行为、财产上的行为、单方行为和双方行为便各有不同，因而普遍认为应由各该法律行为本身（或称决定行为实质效力）的准据法判定，这将在以下各章讨论有关问题时分别论析。而有关法律行为成立的形式要件也因各国的规定不同而难以统一。法律行为的方式，主要分为要式和非要式两类。如意思表示可否以口头或书面作出，是否得以明示或默示方式作出，是否得经

[①] 我国《民法总则》第133条规定："民事法律行为是民事主体通过意思表示设立、变更、终止民事法律关系的行为。"

公证或登记等均属之。我国《民法总则》第 135 条就明文规定:"民事法律行为可以采用书面形式、口头形式或者其他形式;法律、行政法规规定或者当事人约定采用特定形式的,应当采用特定形式。"

二、法律行为方式的准据法

综观各国的国际私法立法与实践,在法律行为形式要件的准据法中,自古流传下来的就是根据"场所支配行为"原则,适用行为地法。该原则的基本含义就是行为在何国作出,其方式亦当由该国关于法律行为方式的法律支配。而有关这一原则的支撑理由大致有两种:(1) 主权说。此说认为,国家主权表明其法律可以管辖在其境内的人、物和发生的行为。故持此说者将这一法律适用原则视为绝对的、强制的。但在实际生活中,通过法律行为来行使属于个人的私权时,强求一律适用行为地法,常有不便。(2) 任意法说。"场所支配行为"原则发展到商业活动十分发达的时候,特别是在"私权自由""私法自治"的阶段,其强行法的绝对性质被否定后便被认为只具有任意法性质,从而得由当事人自愿服从时才得适用。

目前多倾向于第二种理由。但对不动产物权的转移、设定、负担等行为,一般只允许适用物之所在地法;行使或保全票据上的权利的行为,以及行为地法律规定了其必需遵守的方式的行为,则是应当适用行为地法的。如《中华人民共和国涉外民事关系法律适用法》第 36 条规定:"不动产物权,适用不动产所在地法。"我国《票据法》第 97 条规定:"汇票、本票出票时的记载事项,适用出票地法。"我国的相关立法大多强调法律行为遵循"场所支配行为的原则"。

此外,在当代国际私法中,法律行为方式的法律适用已放得很宽,如有选择适用法律行为本身的准据法和行为地法的。1978 年《奥地利国际私法》第 8 条规定:"法律行为的方式,依支配该法律行为本身的同一法律,但符合该法律行为发生地国对行为方式的要求亦可。"1982 年《土耳其国际私法和国际诉讼程序法》第 6 条规定:"法律行为的方式适用行为完成地法,也可适用调整行为效力的法律。"为使法院能依个案具体情况选择法律行为形式要件的准据法,自 20 世纪 30 年代以来,出现了对连结点进行软化处理或规定复数连结点以增加可选性的立法趋势。此类冲突规范允许选择的准据法可以包括法律行为成立和效力的准据法、行为地法、属人法、法院地法等。1946 年《希腊民法典》第 11 条就规定:"法律行为的方式如果符合决定行为内容的法律,或者符合行为地法,或者符合全体当事人的本国法,皆认为有效。"1961 年海牙《遗嘱处分方式法律冲突公约》也允许在几种不同的法律中进行选择(详见第十五章第三节)。

第二节 代 理

代理是指代理人在代理权限内,以被代理人(又称"本人"或"委托人")名义实施的民事法律行为,对被代理人发生效力。① 涉外代理,就是有外国因素的代理,具体是指:代理人和被代理人具有不同的国籍或者住所在不同的国家;或代理人和第三人具有不同的国籍或者住所在不同的国家;或代理人根据被代理人的委托,在外国实施代理行为。涉外代理也可分为法定代理、指定代理、委托代理(又称"意定代理")。本节着重分析委托代理的相关问题。

在代理关系的范围方面,英美法系和大陆法系有着很大的歧异。在英美法,代理的范围相当大,根据《美国代理法重述》第1条,它包括:(1)雇主与雇员之间的雇佣关系;(2)非受雇人的代理人即独立缔约人(independent contractor)与被代理人之间的代理关系。同时,由于英美法的家庭法律制度及信托制度在很大程度上代替了大陆法中法定代理的职能,所以,英美法中的代理,主要是委托代理。而大陆法的代理,则包括法定代理和委托代理,雇佣关系则不属代理法的调整范畴。

由于各国代理法间的不同,在涉外代理中,必然发生法律适用问题。因为代理存在三方面法律关系,即被代理人与代理人的关系、被代理人与第三人的关系,以及代理人与第三人的关系。代理的法律适用就是确定以哪国法律来决定这三方面关系当事人间的权利义务。所以,在国际私法上,一般应就上述三方面关系,分别确定其准据法。

一、被代理人与代理人关系的准据法

被代理人与代理人的关系,也即代理权关系,其准据法应依产生代理权的原因分别确定。如在法定代理中,代理人因与被代理人具有身份关系(如监护)而被法律赋予代理权,这时,代理权关系的法律适用,自然应依身份关系的准据法。在意定代理中,如果仅从代理权源于合同这一角度来分析,一般来源于被代理人与代理人间的委托合同,即属合同关系,故应依照合同冲突法原则来决定代理权关系的准据法。

代理权关系准据法的适用范围,包括:(1)代理人的权限;(2)代理人得请求报酬的数额;(3)本人或代理人得终止代理关系的条件;(4)代理关系是否因本人死亡或受禁治产宣告而消灭;(5)狭义无权代理人应负的责任;等等。

关于合同的法律适用,现今多采用当事人意思自治原则,因而支配本人与代理人间权利义务关系的准据法,也当首先由当事人约定。当然,对当事人意思自治原则的限制,在此也应适用。在当事人未选择委托合同的准据法时,关于如何确定应适用的法律,各国立法颇不一致,判例与学说分歧很大。归纳起来,主要有以下几种做法和主张:

(1)适用代理关系成立地法。英国判例对于支配本人与代理人权利义务关系的法律,原则上是适用代理合同成立地法,《戴西和莫里斯论冲突法》一书称为代理合同自体法。② 美国的部分判例也采此做法。

(2)适用代理人为代理行为地法。1978年《奥地利国际私法》第49条规定:"如适用

---

① 参见我国《民法总则》第162条规定,该法第163条第1款规定:"代理包括委托代理和法定代理。"
② 〔英〕莫里斯主编:《戴西和莫里斯论冲突法》(下),李双元等译,中国大百科全书出版社1998年版,第1270—1271页。

的法律(当事人)未予指定,则依代理人按委托人为第三者明显可见的意旨而在其中行事的国家的法律;如果代理人受委托为几种行为,则依代理人在通常情况下按委托人为第三者明显可见的意旨而在其中行事的国家的法律;如果依上款规定仍不能作出法律选择,依代理人在其中为代理行为的国家的法律。"1987年《瑞士联邦国际私法法规》第12条和第117条也有类似规定。美国一些州的判例也采纳代理人为代理行为地法。在英国,如本人与代理人居住于不同的国家时,有时也适用代理行为地法。

(3) 适用代理人营业地法或住所地法。在法国,当事人未选择应适用的法律时,法院一般适用代理人营业地法。1966年《波兰国际私法》第27条第1款规定,如果双方当事人住所不在同一国内,又未选择法律时,则本人与代理人的代理合同适用缔结该代理合同时的代理人的住所地法。1979年《匈牙利国际私法》第25条也有与波兰法类似的规定。

(4) 适用代理合同的重心地法或最密切联系地法。在德国,如果当事人没有作出法律选择,则适用当事人假设意思所指定的法律,即代理合同的重心地法。该重心地,既可能是代理人营业地,也可能不是。德国最高法院曾在一个案件中指出,重心通常存在于代理人营业地,尤其是代理人在该地为代理行为时;代理人的营业地有时仅为考虑重心地的一个因素,且非主要因素。1971年《美国冲突法重述(第二次)》主张适用最密切联系地法。重心地和最密切联系地都是弹性连结点,采纳弹性连结点,对传统冲突规则进行软化改良,有助于克服单纯适用代理关系成立地或代理人为代理行为地或其营业地、住所地法而产生的僵硬和不公。

二、本人与第三人关系的准据法

本人与第三人的关系,即效果关系,实际上就是代理人与第三人所为的法律行为是否拘束本人的问题。

一般而言,若本人就代理人与第三人所缔结的契约应负责,必须满足两个前提条件:一是代理人有权拘束本人(即能证明代理权存在);二是代理人与第三人订立的合同(以下称为主要合同)有效。在国际私法上,主要合同的准据法,一般根据各国有关合同法律适用的原则加以确定,在此不作讨论。这里仅讨论适用什么法律来判定代理人是否有权拘束本人,需要指出的是,它与主要合同的准据法不一定一致。

确定代理权是否存在的准据法的适用范围,通常包括:(1) 代理人是否享有代理权或表见代理权;(2) 代理权能否撤回;(3) 代理权若能撤回,是否已有效撤回等问题。

关于代理人是否有权拘束本人所应适用的法律,各国常采不同的法律适用原则:

(1) 适用本人住所地法或调整本人与代理人内部关系的法律。代理人是否有权拘束本人问题的准据法,最古老的做法是采用本人的住所地法,其理由在于认为这样对本人最为有利。这种立法主义显然是着眼于保护本人的利益,在19世纪末期为各国普遍采用。此外,一些学者也认为,代理与人的能力密切相关,代理制度的作用是扩张和补充人的行为能力。行为能力既然适用当事人的属人法,那么,代理关系也应适用本人的属人法,尤其是本人的住所地法。这种观点从另外一个角度对适用本人住所地法作出了阐释。也有学者主张,本人与第三人间的关系,应适用调整本人与代理人间的关系,即代理的内部关系的准据法。这种主张是构建在代理自治性基础上的。此种见解在实践上为卢森堡最高法院采用。

(2) 适用主要合同准据法。英国、法国采用这一做法。对采纳这一原则的原因,存在着多种解释。有的认为,由于代理人与第三人所缔结的主要合同的准据法,或为代理人与第三人明示选择的法律,或者符合当事人的期望,因此,以此为本人与第三人关系的准据法,对第三人最有利。有些学者主张代理人是否有权拘束本人应视作主要问题(代理人与第三人缔结的合同)的附随问题,二者应受同一法律调整。法国巴迪福(Batiffol)将代理人权限与代理内部关系联系起来,认为代理内部关系附属于主要合同,从而主张,代理人权限、代理的内部关系以及主要合同,均应受同一法律支配,这一准据法,就是主要合同的履行地法。1940年订立于蒙得维的亚的《国际民法公约》第41条规定,主要合同的准据法是规范代理整个外部关系的准据法,代理人是否有权拘束本人附属于主要合同,所以,其准据法是主要合同的准据法。

(3) 适用代理人为代理行为地法。这也是一种着眼于保护第三人利益的法律适用原则。在美国,如果本人曾授权代理人在某地为代理行为,或导致第三人合理地相信代理人有此代理权,则一般应适用代理行为地法来判定本人是否应对代理人的代理行为负责。瑞士联邦法院也主张适用代理行为地法。有些国际条约,如《荷兰、比利时、卢森堡关于国际私法统一法的公约》第18条,也采纳了这种做法。

鉴于代理关系的复杂性,对于某些特殊类型的代理中本人与第三人的关系,常单独考虑它们的法律适用问题。如船长的行为是否拘束船东,通常由船旗国法来决定。根据1971年《美国冲突法重述(第二次)》第232条的规定,有关代理人移转土地或设定负担的权利,适用物之所在地法。

三、代理人与第三人关系的准据法

在代理关系中,代理人在代理权限内以本人的名义所为的法律行为,其效果直接由本人承担。在通常情况下,就代理人与第三人的关系而言,代理人在代理行为完成后,即退居合同之外,与第三人并不存在权利义务关系。但是,如果代理人的行为构成对第三人的侵权时,则应依照侵权行为准据法的规定,来确定代理人的责任。另外,对于无权代理或越权代理行为,如果依据支配本人与第三人关系的准据法,本人对第三人不负任何责任时,那么,就产生适用哪国法来调整无权代理人或越权代理人与第三人的关系问题。对此,学者见解颇为分歧。有的赞成适用代理人行为地法,有的主张适用主要合同的准据法,也有的倾向于适用支配本人与第三人关系的法律,还有的认为应适用代理人的属人法。

四、关于代理法律适用的海牙公约

为了解决代理的法律冲突问题,第十三届海牙国际私法会议于1978年3月14日通过了《代理法律适用公约》,这是一部很有特色的关于代理法律适用的统一冲突法公约。该《公约》于1992年5月1日生效,截至2018年6月30日,已有阿根廷、法国、荷兰和葡萄牙4个缔约方。该《公约》共5章28条,主要内容包括:

1. 《公约》的适用范围

由于各国关于代理的概念、范围规定不同,为了避免解释方面的分歧,《公约》通过给代理关系下定义的方式规定了其适用范围。根据《公约》第1条的规定,《公约》适用于"一个人即代理人有权代表另一个人亦即本人的利益与第三人进行交易或打算进行交易"(包括代理人负责以他人名义接收和传送意思表示,或与相对人进行谈判等场合)所产生的具有国际性的关系的准据法的确定。只要是这样的代理关系,不管代理人是否是以自己的名义或以被代理人名义进行代理活动,都属于《公约》的适用范围。《公约》这样规定实际上既包括了普通法上的隐名代理(undisclosed agency),也包括了大陆法上的间接代理(indirect agency);既适用于商业代理(commercial agency),也适用于非商业代理(non-commercial agency)。故是一个范围相当广泛的定义。

但《公约》规定它不适用于当事人的能力、代理的形式要件以及家庭法、夫妻财产制或继承法上的法定代理、由司法或准司法机关决定的代理、与司法性质的程序有关的代理和船长执行其职务上的代理。而且法人实体内部人员所谓的职务性"代理"也不属于《公约》的适用范围(《公约》第3条第1款)。此外,《公约》也不适用于信托关系(《公约》第3条第2款)。

2. 代理人与本人内部关系的法律适用

在代理人与被代理人的内部关系的法律适用上,《公约》第5条第1款赋予代理人与被代理人选择准据法的权利。但这种选择必须是明示的,或者是从当事人之间的协议以及案件的事实中可以合理而必然地推定的。如果当事人未选择准据法,《公约》规定应以建立这一代理关系时代理人营业地法律为准据法;若无该种营业地,则以其惯常居所地法作为准据法(第6条第1款);但是,如果代理人的主要活动地国家又是本人的主营业地或其惯常居所地所在国,则应以该国法律作为准据法(第6条第2款)。而且,如果代理人或本人有一个以上的营业地,则一律以他们与代理关系联系最为紧密的营业地为准(第6条第3款)。

《公约》第8条规定了依《公约》确定的准据法的适用范围:代理权的存在和范围、变更与终止,代理人的越权或滥用代理权的后果;代理人指定复代理、分代理或增设代理人的权利;在代理人和本人之间有潜在利益冲突时,代理人以本人名义订立合同的权利;非竞争性营业的条款和信用担保条款;代理人在顾客中树立的信誉的补偿;可以获得损害赔偿的损害的种类。

3. 本人或代理人与第三人关系的法律适用

确定代理的外部关系法律适用的关键问题,在于协调各方当事人的利益。《公约》第11条规定:在本人与第三人之间,有关代理人的代理权存续及范围,代理人进行代理活动的效力等均适用代理人进行代理活动时其营业地的法律。但如果存有下述情况,本人与第三人间的关系不适用代理人营业地法而适用代理人的代理行为地法:(1) 如果本人在代理人的行为地国家有营业所或惯常居所,而且,代理人以本人的名义进行代理活动;(2) 第三人在代理人的行为地国家有营业所或惯常居所;(3) 代理人在交易所或拍卖行进行活动;(4) 代理人并无营业所。如果当事人(任何一方当事人)具有一个以上营业所则以其中与代理人的有关活动联系最密切的一个为准。

如代理人根据与本人间的雇佣合同进行代理活动,且代理人没有自己的营业所,则以代理人所附属的本人的营业所所在地为其营业所所在地。

《公约》第 13 条规定,如果代理人与第三人在不同的国家并通过电报、电话等长途通讯媒介进行交易活动,则以代理人的营业所所在地为其行为地,或者,如果在他没有营业所时,以其惯常居所地为其行为地。

《公约》第 15 条规定,支配本人与第三人关系的准据法同样适用于代理人与第三人间由于代理人行使其代理权、超越代理权或进行无权代理活动所产生的关系。

《公约》第 14 条规定,对于代理外部关系的法律适用是允许按照意思自治原则,经当事人合意选择的。

4. 其他问题

《公约》第四章(第 16 条至第 22 条)规定了与其适用有关的一些基本问题,如公共秩序保留、公约的保留、内国法强制性规定的优先适用等。其中应特别注意第 16 条规定:法院应该给予任何一个与特定的代理关系有重要联系的国家的强制性法律规范以必须适用的效力。这一规定实际上排除了当事人依《公约》规定进行法律选择时,规避有关国家强制性法律规定的可能性。

五、中国有关涉外代理法律适用的规定

我国代理立法与实践主要承袭了大陆法系的代理制度,如《民法总则》第七章和《合同法》都以专节专章的形式规定了代理制度。尽管我国《合同法》也吸收英美法中的隐名代理制度和未披露本人的代理制度,但这并没有改变我国代理制度的大陆法特征,代理权的独立性原则仍然是我国代理制度的核心。在此基础上,我国《涉外民事关系法律适用法》首次对代理的法律适用进行了明确规定。该法 16 条规定:"代理适用代理行为地法律,但被代理人与代理人的民事关系,适用代理关系发生地法律。当事人可以协议选择委托代理适用的法律。"可见,被代理人(本人)与第三人以及代理人与第三人之间的关系适用代理行为地法律,但是被代理人(本人)与代理人之间适用代理关系发生地法律。不过,我国法律还同时规定,在委托代理中代理关系的当事人可以自由选择代理关系的准据法。这就意味着我国《涉外民事关系法律适用法》第 16 条第 1 款有关代理的法律适用不仅适用于委托代理,而且也适用于法定代理或指定代理。鉴于我国《涉外民事关系法律适用法》第 16 条并没有对其适用范围予以明确,因此该条规定不仅适用被代理人与代理人之间的民事关系,而且也适用于代理所涉及的种种其他问题,如代理权、代理行为、代理人或被代理人与第三人的关系等。

思考题

1. 简述法律行为实质要件的准据法选择。
2. 简述法律行为形式要件的准据法选择。
3. 简述我国有关代理人与被代理人关系的法律适用的规定。
4. 简述代理人与第三人关系的准据法。
5. 简述海牙国际私法会议《代理法律适用公约》的主要内容。

第九章 物 权

学习目标：通过学习本章，了解物权法律适用的一般制度，明确"物之所在地法"是解决各种物权关系适用最为普遍的冲突法原则，同时了解涉外破产关系和信托关系中的一些基本的法律适用制度。

教师导读："物之所在地法"是解决各种物权关系法律适用的最为普遍的冲突法原则。通过学习，要求学生领会物之所在地法原则的产生、发展和适用范围，领会信托的法律冲突及其解决办法，掌握并能综合运用我国关于涉外物权的法律适用的原则和规定，剖析和解决涉外物权的法律冲突问题。

建议学时：3学时

第一节 物之所在地法原则

一、物之所在地法原则的产生与发展

关于物权法律适用问题，有主张采分别制的，即对不动产主张适用物之所在地法，对动产主张适用所有权人的属人法（主要是住所地法）；也有主张采同一制（或统一制）的，即不问动产不动产，均适用其所在地法。目前同一制占主导地位。

物之所在地法原则最先是14世纪意大利的巴托鲁斯在法则区别说中提出来的，仅适用于不动产物权关系。动产物权则根据18世纪末19世纪初大陆法系国家提出的"动产随人""动产附骨"的理论或18世纪英美法系国家提出的"动产无固定场所"的理论，适用当事人的住所地法。

到了19世纪，"动产随人法则"遭到许多学者的非议。他们认为在国际商事交往中，物的所有人的住所时常变化，购买人或债权人很难知道所有人住所在什么地方，即使知道其住所，也难以了解其住所地物权法的具体内容，倒不如适用物之所在地法易为当事人所掌握。况且，倘若对物权发生争议的双方当事人的住所地不同，究竟应适用其中哪一方的住所地法，不好确定。还有些学者指出，由于物与法律之间，除了空间位置的联系，不存在其他更强的联系，因而国家对位于其领域内的物的支配权应得到各国的承认。显而易见，物权虽是一种对世权，但只有其所在地法提供的保护，才是最有力的保护，而且适用物之所在地也符合尊重物之所在地国领土主权的国际法原则。国际私法比较学派巨子拉沛尔认为，物之所在地法不仅应为所有国家所尊重，而且还应适用于所有的财产。此外，物权需要登记或注册，也只有在物之所在地才能进行。还有学者认为，在国际经济迅速发

展、国际买卖十分发达的时代，一个人的动产往往遍及数国，仍固守动产随人原则会妨碍国际商事交往的发展。因此，在现代国际私法中，规定动产和不动产物权置于物之所在地法支配之下的国家居多数。

二、物之所在地的确定及难以确定所在地时的变通处理

（一）物之所在地的确定是适用物之所在地法时必须首先解决的问题

确定物之所在地，对于不动产和有体动产以及无体动产而言，主要有如下方法：

(1) 对于不动产而言，物之所在地应为它们物理上的所在地。

(2) 对于无体动产（包括债权、流通票据与证券、商誉、工业产权等）而言，总的原则是以该项财产能被有效追索或执行的地方为其所在地。

(3) 对于有体动产而言，物之所在地一般为它们物理上的所在地。而对于车辆、船舶、民用飞机等常处于运动过程中的有体动产以及装载于上述各类运输工具中的货物所在地的确定，大体有以下不同做法：

对于处在运动或运输过程之中的有体动产，如车辆、商船或民用飞机等，以其注册地（港）作为物之所在地。但亦有以企业的主营业所所在地为物之所在地的。如1978年《奥地利国际私法》第33条规定："经备案或登记于一注册处的水上或空中运输工具的物权，依注册国的法律；铁路车辆依在营业中使用该车辆的铁路企业有其主营业所的国家的法律。"1982年南斯拉夫《国际冲突法》则规定在它的法律无另外规定的情况下，也适用该运输工具的国籍国法。

对于由车辆、商船及民用飞机装载的货物，因其不断变换实际所在地而引发动态冲突，故有些国家便在冲突规范中对此类动产物权的内容常分别规定应适用受时间因素限制的所在地法。如1987年《瑞士联邦国际私法法规》第100条规定："动产物权的取得或丧失，由这种取得或丧失所由产生的事实发生时的动产所在地法支配；而动产物权的内容及行使由动产所在地法支配。"而1982年《土耳其国际私法和国际诉讼程序法》则规定，对处于场所变化中的动产的物权，适用其最后的所在地法。1982年南斯拉夫《国际冲突法》第18条规定适用到达地法，1995年《意大利国际私法制度改革法》亦是如此。但1987年《瑞士联邦国际私法法规》第101条、1992年《罗马尼亚国际私法》第53条则规定原则上应适用发送地法。此外，《戴西和莫里斯论冲突法》（第15版）一书主张这种货物可能已通过契约转让过了，故英国判例法要求适用转让契约的准据法（第119条规则之例外）。在商业发达的今天，对这种运送中货物的处分往往是通过提单或其他形式的权利证书的转移来实现的，因而，此种运送状态中的物的物权问题应受提单或其他权利证书转让的准据法的支配也是很有道理的。但对于这种提单的准据法的确定，各国亦非一致，有的主张对其适用提单运输契约的准据法，有的主张适用提单背书转让时的所在地法，也有认为应适用提单被背书转让时的货物所在地法的。

不过，运送中的物品也不是绝对不可以适用物之所在地法的。在有些情况下，如运送中物品的所有人的债权人申请扣押了运送中的物品，导致运送暂时停止，运送中的物品因

其他原因长期滞留于某地,此种情况下的货物或物品的买卖和抵押也可适用该物品的现实所在地法。

(二) 几种特殊情况下的物或财产的法律适用

外国法人在自行终止或被法人国籍国解散时,其财产所有权的归属问题不应适用物之所在地法,而应依其属人法解决。但外国法人在所在国因侵害当地国家利益而被内国取缔时,其财产的处理通常适用内国法。

在涉外遗产继承问题上,有的国家对遗产不分动产与不动产,概依被继承人的属人法处理,而排斥物之所在地法的适用。如2007年《日本法律适用通则法》第36条规定:"继承依被继承人的本国法"。1928年《布斯塔曼特法典》第144条也作了与此类似的规定。但有的国家将遗产区分为动产和不动产,主张动产适用被继承人死亡时的住所地法,不动产适用遗产所在地法。我国的规定即如此。夫妻财产制中的动产、亲子关系中产生的抚养费等动产物权,各国规定一般只适用其属人法。

无主土地上的物的物权。当某物处在不受任何国家的法律管辖的场所,诸如地球的南极、公海或月球等外层空间等,无物之所在地法可言。对此类物权问题,一般主张依占有者属人法处理。

国家财产。国家及其财产在国际交往中享有豁免权,具有特殊的法律地位,已成为国际公认的一条原则。因而涉及国家财产所有权问题时,适用该财产所属国家的法律,而排除物之所在地法的适用。

最后,值得注意的还有与物之所在地法原则十分相近而又存在差别的是《美国冲突法重述(第二次)》中大量运用的"物之所在地州法院将适用的法律",它也是上述原则的一种变通处理,具有较大的灵活性。

(三) 我国关于物权法律适用的规定

我国《民法通则》第144条及最高人民法院《关于贯彻执行〈中华人民共和国民法通则〉若干问题的意见(试行)》第186条只规定了对不动产的所有权、买卖、租赁、抵押、使用等民事关系,应适用物之所在地法。此外,它还规定,土地、附着于土地的建筑物及其他定着物、建筑物的固定附属设备,均为不动产。

我国《涉外民事关系法律适用法》第5章第36—40条对涉外物权的法律适用作了如下规定:不动产物权,适用不动产所在地法律。当事人可以协议选择动产物权适用的法律。当事人没有选择的,适用法律事实发生时动产所在地法律。当事人可以协议选择运输中动产物权发生变更适用的法律。当事人没有选择的,适用运输目的地法律。有价证券,适用有价证券权利实现地法律或者其他与该有价证券有最密切联系的法律。权利质权,适用质权设立地法律。

对于我国《涉外民事关系法律适用法》第39条规定的有价证券的法律适用,要注意以下几点:(1) 这里的有价证券应该是指广义的有价证券,包括资本证券(如股票、债券)、货币证券(如票据①)和商品证券(如提单、仓单)。(2)有价证券权利人享有两种不同的权利:一种是对有价证券本身的物质权利,即证券所有权,它是一种物权;另一种是构成证券内容的权利,即有价证券上所记载的权利(通常称证券权利)。证券中的权利属于无形财产权,其中大部分是债权,例如请求支付金钱的债权请求权(如票据)、请求交付货物的请求权(如提单),另一些有价证券体现的是一种社员权或资格权(如股票)。由于第39条出现在该法标题为"物权"的第五章中,因此,它的适用范围应该是证券所涉及的物权。而条文中所称"有价证券权利"应当是指证券上所记载的权利。权利实现地可能是证券所在地、证券发行机构的登记注册地等。至于有价证券权利的准据法,应该按照权利的不同性质,适用与该权利有关的法律关系的准据法。例如,甲在美国购买某美国公司股票,后甲将该批股票带回中国并转让给乙。该股票所有权的转让应依据中国的法律(《涉外民事关系法律适用法》第37条),而乙获得股票后能否享有该美国公司的股东权利则应依据公司准据法:美国法(《涉外民事关系法律适用法》第14条)。

对于我国《涉外民事关系法律适用法》第40条提及的质权设立地,根据设质的权利不同,质权设立地也可能不同,例如,在不同的情况下,合同订立地、设质的权利证书交付地、出质登记地等,都可能成为质权设立地。

此外,我国《海商法》第270条规定:"船舶所有权的取得、转让和消灭,适用船旗国法律。"该法第271条规定:"船舶抵押权适用船旗国法律。船舶在光船租赁以前或者光船租赁期间,设立船舶抵押权的,适用原船舶登记国的法律。"我国《民用航空法》第185条规定:"民用航空器所有权的取得、转让和消灭,适用民用航空器国籍登记国法律。"第186条规定:"民用航空器抵押权适用民用航空器国籍登记国法律。"

三、物之所在地法的适用范围

物权关系适用物之所在地法虽然是各国通行的做法,但物之所在地法并非绝对地支配所有的物权关系。一般来说,物之所在地法通常适用于下列事项:

(1)物为动产或不动产的识别。在许多国家的法律制度中,动产所有权的转移时间或方式以及就动产设定的抵押,均与不动产不同。特别是在继承制度中,许多国家采分割制,对动产与不动产继承适用不同的准据法。在物权法律关系中,如果不依物之所在地法的观点进行识别,从而导致适用非物之所在地的法律,其判决是很难得到物之所在地法院的承认与执行的。

(2)物权的客体范围。对外国人在本国境内取得的所有权的客体的范围予以法律上的限制。在一国境内,诸如土地、矿藏、水流、森林、厂房等等,哪些财产可以成为外国自然人、法人或外国国家所有权的客体,只能由物之所在地法决定。

(3)物权的种类和内容。在处理涉外物权关系时,一国境内的外国人对在该国境内的物是否享有占有、使用、收益、处分的权利,对他人占有的财产能否设置地上权、地役权、

---

① 但是对于涉外票据的法律适用,依据我国《票据法》的规定。

抵押权、留置权等,上述权利的内容如何,此类权利能否转让给第三人,能否继承等,也只能由物之所在地法来决定。

(4) 物权的取得、变更和消灭的条件。不动产的登记、动产的交付和动产的善意取得,以及由法律行为以外的事实状态(如取得时效、消灭时效)或事实行为(如无主物的占有、遗失物的拾得、埋藏物的发现等)而产生的物权的取得、变更与消灭等,绝大多数国家都规定一般应由物之所在地法决定。

(5) 物权的保护方法。如所有权人对无权占有或侵占其财物者能否请求返还;所有权行使遭到妨碍时能否请求排除障碍;对被侵占之物上的孳息,能否请求取得;排除他人所有权侵害的请求权如何行使,所有权如何确认,损害赔偿如何进行等问题,亦应依物之所在地法。

第二节 国际破产

国际破产(international bankruptcy),也称"跨国破产"(cross-border insolvency),是指包含有国际因素或涉外因素的破产。在国际私法中,国际破产问题素来被认为是一个十分复杂的问题,它既涉及各国法院的管辖权,也涉及各国的物权法及债权法。但国际破产问题主要集中在单一破产制(unity bankruptcies)和复合破产制(plurality bankruptcies)的分歧上,即在一国的破产宣告,究竟是具有普遍的效力(universality),还是只具有域内的效力(territoriality)问题上。

一、单一破产制和复合破产制

单一破产制是指某一债务人在一国被宣告破产后无需在另一国再被宣告破产,原破产宣告可影响债务人位于各地的财产,在破产程序中发布的命令以及作出的处分在各地均为有效。单一破产制是较为理想的方式,它为债权人和债务人提供了较为方便快捷的破产模式。但一国宣告的破产是否能得到其他有关国家的承认和执行却是难题。

复合破产制是指一国法院已对某一债务人在一国宣告破产的事实并不能排除另一国法院再对同一债务人宣告破产。它主张一国的破产宣告的效力只能及于宣告国域内,对位于其他国家的财产应当由当事人在有关国家分别提出破产申请。复合破产制的优点是如原外国破产程序中有重大错误,采用复合破产制不但可以使内国法院有更正的可能;而且作为一项保护措施,当内国的债权人在外国的破产申请和破产程序中受到不公平待遇时,内国法院可重新开始破产程序。

二、破产宣告地域效力上的三种不同理论与实践

在破产制度中,围绕上述两种截然对立的制度,产生了三种不同的理论和实践:
(一) 普及破产主义
采用单一破产制的国家主张普及破产主义。普及破产主义渊源于法国学者所主张的

"破产之上再无破产"或"一人一破产"的法律格言。它认为一国的破产宣告具有完全的国际效力,即债务人一旦在某国被宣告破产,则其财产不管在国内或国外,均应归入破产财团,其他国家或地区亦应帮助破产管理人收集当地的财产,制止个别债权人的自行扣押。从理论上看,普及破产主义,将破产人在国内外的财产集中于"破产财团",可以防止财产的个别扣押或欺诈性转让,也可避免巨额破产费用的开支,各国债权人也可享受平等待遇,从而实现国际破产的合作。但从实际情况来看,债权人不得不远离本国,到债务人住所地国去参与破产程序,而不能通过扣押或通过当地破产程序从债务人位于当地的财产中得到清偿,也有失公正。1928年《布斯塔曼特法典》即采此说,只是加有条件:"确定破产人能力的宣告在各缔约国内有域外效力,但以事先遵行各国立法所要求的登记或公告手续为条件"。《美国冲突法重述(第二次)》第十四章的"破产程序"和1987年《瑞士联邦国际私法法规》第十一编"破产与清偿协议"均采这种观点。

(二)地域破产主义

采用复合破产制的国家主张地域破产主义。即认为一国法院所作的破产宣告,其效力仅及于破产人在该国领域内的财产,对破产人在其他国家的财产不发生影响。地域破产主义认为破产实际上属一般的强制执行程序,执行措施属公法上的行为,不可避免地要受地域限制,况且各国破产法存在重大差别,而一国的破产法也不会去关心别国的安宁和秩序,因而它否认一国破产宣告的任何域外效力。例如,韩国和日本破产法均采取了地域破产主义立场。地域破产主义有利于实现破产程序的简单化、有效与稳定,但它会带来破产程序重复和不同国家的债权人受偿不公平等后果。《戴西和莫里斯论冲突法》(第10版)一书第125条规则即明确采复合破产制,其规定为"英格兰法院根据债权人或债务人的请求宣告债务人破产的管辖权,不因该债务人已在外国法院被宣告破产而消灭"。

(三)折中主义

当今的司法实践多采用折中主义,即兼采普及破产主义和地域破产主义。此说大都主张内国宣告的破产具有普及的效力,而外国宣告的破产则视情况的不同,或承认其域外效力,或拒绝承认其在内国的效力。但也有主张视财产的性质而区别对待,如属于债务人的财产为动产,无论其位于国内或国外,均归属破产财团,亦即具普及效力;而对债务人的不动产,破产宣告仅具有地域效力,以法院国不动产为限,对债务人在内国的不动产不具有域外效力。

三、国际破产的管辖权

在确定国际破产案件管辖权方面,一般考虑以下几种连结因素:

(1)主营业所所在地。现代各国多以债务人的主营业所所在地作为确定国际破产管辖权的首要考虑因素。这主要是因为:第一,债务人的债权债务多发生于其主营业所;第二,债务人的财产、账册、文件等多在其主营业所保存;第三,债务人业务活动往往对其主营业所所在地的社会、经济关系有重要影响。

(2)住所地或惯常居所地。对于无营业所的债务人,各国一般依住所地原则来确定对破产案件的管辖权。然而,一些国家倾向于以居所或惯常居所代替住所,例如1987年《瑞士联邦国际私法法规》第166条规定:"由债务人住所地国家的法院作出的破产宣告",在符合该法规定的条件下,瑞士予以承认。

(3) 财产所在地。破产程序的进行,其最后目的在于从债务人财产中获得债权的满足,因此,债务人或破产人的主要财产所在地,即成为次于营业地和住所地的重要连结因素。如上述瑞士国际私法规定,请求承认与执行(外国)破产宣告的申请,应由财产所在地的法院管辖。

(4) 国籍国。以法国为代表的一些国家主张由当事人的国籍国法院对国际破产案件行使管辖权。

(5) 进行营业活动(carried on business)地。澳大利亚和加拿大等国坚持由公司进行营业活动地的法院对国际破产案件行使管辖权。

(6) 债务人的出现地。英国和澳大利亚还依据债务人的出现来对国际破产案件行使管辖权。

(7) 债务人主要利益(main interests)中心所在地。联合国国际贸易法委员会《跨国破产示范法》和欧盟《破产程序条例》持此主张。

值得注意的是,国际破产案件各国一般由法律直接规定管辖(即法定管辖),排除当事人的协议管辖。

四、国际破产的法律适用

破产涉及多方面的问题,这里只介绍破产程序、破产管理、破产财团、破产债权等的法律适用。

(1) 国际破产程序的法律适用。整个破产程序大致可分为三个阶段,即破产申请、破产宣告和破产清算。在国际私法中,程序问题一般依法院地法,故破产程序的法律适用也依法院地法,即破产宣告国法。

(2) 国际破产管理的法律适用。破产管理主要包括对破产管理人的任命,申报债权的方式,债权人会议的权力、投票方式,对破产财产的估价、清查、变卖和分配等。破产管理中既有程序问题,又有实体问题。其法律适用,一般主张适用管理地法,亦即法院地法或破产宣告国法,如加蓬和秘鲁等国采用此种方式。

(3) 国际破产财团的法律适用。国际破产财团即在国际破产程序中,依破产法的规定,在宣告破产时,为了清偿破产债权人的需要而组织管理起来的破产人的全部财产。破产财团范围的法律适用,一般认为应适用破产宣告国法,亦即法院地法。而对破产财产是动产还是不动产的定性或识别,则应依物之所在地法。至于有关债权人对破产财团的物权,如取回权、别除权等,依物之所在地法;而债务人对抗债权人的抵销权和否认权,一般依破产宣告国法。

(4) 国际破产债权的法律适用。国际破产债权是指基于破产宣告前的原因成立,依破产程序申请并被确认,且可以从破产财团中受到清偿的无财产担保的债权和放弃优先受偿的有财产担保债权及其他债权。在国际破产案件中,关于破产债权的范围以及清偿顺序的法律适用问题,主要有两种主张:一是主张适用破产宣告国法,另一种观点是主张适用破产宣告时的财产所在地法。

五、中国关于国际破产的立法与实践

我国有关国际破产的法律适用制度还不够完备。在我国《企业破产法》生效前的司法实践中,我国法院倾向于采用地域破产主义原则,例如,1992年深圳市中级人民法院受理的"国际商业信贷银行深圳分行破产案"和"广州市荔湾区建设公司诉香港欧美中国屋宇有限公司案"。但是,在另外一些案例中,法院则承认了境外破产程序及破产判决在我国的效力,如1983年南洋纺织品商行宣告破产案。而2001年广东省佛山市中级人民法院作出的一份民事裁定则根据中国和意大利之间的司法协助协定直接承认了意大利法院作出的破产判决的法律效力。

为了完善我国的破产法与国际破产法律适用制度,我国2006年制定了《企业破产法》。对于破产案件的管辖权,该法第3条规定,破产案件由债务人住所地人民法院管辖;对于破产的效力问题,该法第5条规定,依照本法开始的破产程序,对债务人在中华人民共和国领域外的财产发生效力。对外国法院作出的发生法律效力的破产案件的判决、裁定,涉及债务人在中华人民共和国领域内的财产,申请或者请求人民法院承认和执行的,人民法院依照中华人民共和国缔结或者参加的国际条约,或者按照互惠原则进行审查,认为不违反中华人民共和国法律的基本原则,不损害国家主权、安全和社会公共利益,不损害中华人民共和国领域内债权人的合法权益的,裁定承认和执行。可见,该法是采取单一破产制和普及破产主义的,可以说这种做法比较符合国际上的趋势,也与我国近年来的司法实践相一致。

第三节 信　　托

一、信托的法律适用

信托是指将自己的财产委托给信赖的第三者,使其按照自己的希望和要求对该财产进行管理和运用的法律制度。信托早先主要是英美普通法上的一项制度,后来一些大陆法系国家也加以采用(如我国2001年颁布了《信托法》),但各国相关法律规定往往不同,从而产生了有关法律适用上的冲突,并相互承认对方信托的问题。信托的冲突规则经历了一个由单一到灵活的演进过程。由于早期的信托大多是有关土地财产的,因此,信托适用物之所在地法(英国和加拿大的法院在20世纪上半期之前即是如此)。但第二次世界大战以后各国有关信托的法律选择规则发生了显著的变化。法院开始采用多种连结点来选择法律,准据法的系属公式也因此变得复杂起来。

信托可分为遗嘱信托和设定信托(即通过合同设定的信托)。在准据法的选择上,与代理不同,信托作为一个整体来对待,如遗嘱信托,通常适用遗嘱成立和效力的准据法。而设定信托则通常适用合同准据法的确定方法,即首先适用财产授予人指定的法律为准据法;在财产授予人未指定适用的法律时,则适用与该信托有最密切联系的法律。但《戴西和莫里斯论冲突法》一书,对遗嘱信托准据法的确定又细分为:(1)动产遗嘱信托的内容与实质有效性,一般应由遗嘱人死亡时的住所地法支配;(2)不动产遗嘱信托要由不动产所在地法支配。

信托准据法的适用范围主要包括:信托的效力、信托的管理、信托的解释等等。

我国《涉外民事法律关系法律适用法》第17条规定,当事人可以协议选择信托适用的法律。当事人没有选择的,适用信托财产所在地法律或者信托关系发生地法律。

二、《关于信托的法律适用及其承认的公约》

1985年7月1日海牙国际私法会议订立了《关于信托的法律适用及其承认的公约》。公约已于1992年1月1日生效,截至2018年6月30日,签署该公约的已有15个国家,其中澳大利亚等13个国家已批准或接受公约,同时从1997年7月1日起公约扩展适用于中国香港。

该公约试图解决在一些国家存在信托的效力和受托人的权利方面的法律冲突问题。

(一)关于公约的适用范围

公约规定,本公约适用于信托准据法的确定及其信托的承认。

公约中的"信托"乃指财产授予人设定的在其生前或身后发生效力的法律关系。信托的成立必须符合以下三个条件:(1)该项财产为独立的资产,而不是受托人自己的财产的一部分;(2)以受托人的名义拥有该信托财产(故必有财富的转移);(3)受托人有依该信托的条件或法定的特殊职责管理、使用或处分该财产的义务。

公约还规定它仅适用于当事人自愿设立并有书面文件为证的信托,而不适用于遗嘱信托。

(二)信托的准据法及其适用范围

对于信托,公约规定应首先适用财产授予人明示或默示指定的法律。但如当事人指定的法律中不存在信托制度,那么这种指定无效。如当事人未指定信托准据法时,应适用与信托有最密切联系的国家的法律。如信托管理地、信托财产所在地、受托人居所或营业所所在地、信托的目的及其实现地等均为确定最密切联系地法可考虑的连结点。

信托的准据法同样支配信托的有效性、解释、效力及其管理。不过公约允许对信托的某一可分割事项,特别是管理事项,可以适用别的法律。

(三)信托的承认

信托既非各国普遍采用的法律制度,因此,公约各成员国之间,成员国与非成员国之间便会发生信托的承认问题。公约规定了承认信托的基本原则,即根据公约第二章"信托的准据法"确定的法律所产生的信托,得被承认为信托。该项承认至少意味着信托财产为独立的资金,受托人能以受托人的身份起诉或应诉,而且可以以这种能力在公证人和任何代表官方的人面前出现或行事。

根据公约的规定,信托承认的内容为:受托人个人的债权人不得请求以受托财产清偿债务;受托财产不构成受托人无力还债或破产时的清算财产,等等。公约同时还规定,如果与信托有最密切联系的国家没有信托制度,对这种信托可不予承认。

（四）其他有关规定

公约规定了一些特殊事项,如尊重各国强行法、公共秩序保留、排除反致等等。

思考题

1. 简述物之所在地法原则的产生与发展历程。
2. 物之所在地法的适用范围是什么？物之所在地法适用的例外有哪些情形？
3. 简述国际破产管辖权和法律适用规则。
4. 简述《关于信托的法律适用及其承认的公约》的主要内容。
5. 简述我国关于物权法律适用的一般规定。

第十章 知识产权

学习目标:通过学习本章,掌握知识产权法律适用的基本制度、知识产权国际保护方面的主要制度,了解中国有关知识产权国际保护的立法。

教师导读:知识产权的国际保护既需要国际条约,也需要各国立法的保障,在实践中,需要解决知识产权的法律冲突。通过学习专利权、著作权和商标权的法律冲突和法律适用规则,了解在专利权、著作权和商标权领域的主要公约及其规定,掌握我国涉外知识产权制度的具体内容。

建议学时:3学时

第一节 知识产权的法律适用规则

知识产权(intellectual property)是指人们对通过脑力劳动创造出来的智力成果依法享有的专有权利。根据1967年《成立世界知识产权组织公约》第2条的规定,知识产权包括:关于文学、艺术和科学作品的权利;关于表演艺术者的演出、录音和广播的权利;关于人们在一切领域中的发明的权利;关于科学发现的权利;关于制止不正当竞争的权利;关于在工业、科学、文学和艺术领域里一切其他来自知识活动的权利。

关于知识产权的法律适用,因为在过去很长时期内,只注意到知识产权的地域性,其结果便如著名国际私法学者马丁·沃尔夫所指出,在这一类权利最早出现时,流行的旧理论认为它仅具有君主或者国家所授予的个人特权或独占权的性质,后来这种理论虽遭抛弃,但其后果之一却被保留下来,即任何国家只保护它自己通过特别法或一般法所赋予的那些专利权、商标权和著作权。任何国家都不适用外国的法律,也不承认根据外国法律所产生的这一类权利。一个在甲国取得的专利权,只能在甲国受到保护。如果权利享有人想要在乙国求得保护,他必须到乙国并根据乙国法律去申请第二个专利权。而且在不同的国家申请几个专利权都只能在它取得的国家的领域内有效,从而其准据法当然只能是各该专利权授予国家的法律。这也就是知识产权法律适用上的严格的"属地主义"观点。这导致了冲突法制度在这一领域的发展,到目前为止十分有限,大多数国家均无这方面的专门规定,有关知识产权的国际条约也多为实体法公约。但目前已发生了一些重大的变化,规定知识产权法律适用的国内立法已迅速发展起来。

一、专利权法律适用理论与实践

在专利权的法律适用上,主要有以下几种不同的理论与实践:

(1) 专利授予国法说。法国国际私法学者巴迪福指出，由于各国都认为专利权的承认一概得有国家的干预，如法国及多数拉丁语国家，均以专利权的国家授予为权利请求的必要条件，所以，专利权所适用的法律，理所当然应该是权利授予国的法律。1979年《匈牙利国际私法》第20条规定："对发明者或其利益继承人的保护，适用专利证发出国或专利申请地国法。"适用专利授予国的法律是国际上解决专利权法律冲突最普遍的做法。

(2) 行为地法说。以奥地利、意大利和列支敦士登等少数国家为代表采取行为地法说。如1978年《奥地利国际私法》第34条规定："无形财产权（当然包括知识产权）的创立、内容和消灭，依使用行为或侵权行为发生地国家法律。"

(3) 综合适用法律说。秘鲁和法国等国采此说。1984年《秘鲁民法典》第2093条规定："凡有关知识产权的存在和效力，如不能适用国际条约或特别法的规定时，应适用权利登记地法律"；但"承认和实施这些权利的条件，由当地法确定"。这里的"当地法"既可能是被请求保护国的法律，也可能是使用行为或侵权行为地的法律。

二、商标权法律适用理论与实践

在商标权的法律适用上，主要有以下几种不同的理论与实践：

(1) 适用商标注册地法律。这是大多数国家尤其是对商标实行注册在先原则的国家采取的法律适用原则。1928年《布斯塔曼特法典》第108条规定："工业产权、著作权以及法律所授予并准许进行某种活动的一切其他经济性的类似权利，均以其正式登记地为其所在地。"该《法典》第115条规定："著作权和工业产权应受现行有效的或将来缔结的特别国际公约的规定支配。如无上述国际公约，则此项权利的取得、登记和享有均应依授予此项权利的当地法。"可见对于商标权，该法典是主张适用其注册地法的。1967年法国修改和补充的《法国民法典国际私法法规草案》第2305条也试图规定："……工业产权由注册或登记地法规定。"

(2) 被请求保护国法说。该说认为，商标权的准据法是被请求保护国的法律。如1987年《瑞士联邦国际私法法规》第110条第1款规定："知识产权由在那里请求保护知识产权的国家的法律支配。"

(3) 行为地法说。此说多在有关商标权的侵权诉讼中采用，其行为地主要指商标使用行为地和商标侵权行为地。1978年《奥地利国际私法》即采此说。1967年以前的法国也是以商标使用行为地国的法律支配商标权的。实行使用在先原则的国家大多采用此说。不过此说与上述"被请求保护国法说"在实际生活中往往重叠，尤其在知识产权侵权案件中会如此。

三、著作权法律适用理论与实践

对知识产权的法律适用，许多国家均作统一规定，而未对专利权、商标权和著作权分别作出规定。即令如此，一些国家除有统一立法外，也对著作权的法律适用作出了例外的补充规定。对著作权的法律适用，国际上主要有如下几种不同立法例：

(1)适用被请求保护国法律。不少国家的立法以及《保护文学艺术作品伯尔尼公约》和《世界版权公约》均采用或倾向采用这一原则,如上述1987年《瑞士联邦国际私法法规》第110条的规定。《保护文学艺术作品伯尔尼公约》及《世界版权公约》采用"国民待遇"原则亦体现了对适用被请求保护国法律的倾向。这一原则的优点是,由于著作权的取得在许多国家均采取"无手续主义",即不在取得程序上作出繁琐的规定,因而适用被请求保护国的法律比较可行,而且有利于被保护国国家和社会的利益。但它不宜适用于解决诸如作者身份、权利能力和行为能力等与国籍联系较密切的问题。

(2)适用作品首次发表地国法。即适用首次出版或发表作品、产生著作权国家的法律。如1974年《阿根廷国际私法草案》第21条规定:"文学和艺术作品受作品首次发表国的法律支配。外国文学艺术作品的保护期依照其原始国的规定,但不得超过阿根廷准许的期限。"1928年《布斯塔曼特法典》第105条规定:"一切财产,不论其种类如何,均从其所在地法";上引该法典第108条的规定亦是如此。

(3)综合适用两个或两个以上的法律。如对著作权的产生和存续问题适用作品首次发表并获得著作权国法,而对权利的行使问题则适用作品被请求保护国法。如1984年《秘鲁民法典》第十编第2039条规定,便是对知识产权的存在和效力,若不能适用国际条约或特别法的规定时,应适用权利登记地法律;对承认和实施这些权利的条件,由当地法确定。而"当地法"既可能是被请求保护国的法律,也可能是使用行为或侵权行为地的法律。在国际立法方面,1939年于蒙得维的亚签订的《关于知识产权的条约》则规定,为了保护著作权目的而成立的实体,经利害关系人授权,可在其他成员国分别为其提起诉讼,但起诉应遵守当地的法律;任何国家赋予著作权的保护期限如超过内国所规定的期限,无必须服从的义务,但若原始国规定的期限更短,则得以原始国规定的期限为准;对著作权的侵权应负责任,应由不法行为发生地国法院依其法律定之,但如侵权行为在成员国内发生,则依在其领土内将受此行为后果之影响的国家的法院依其法律判定。

还应指出的是,上述专利权、商标权和著作权的法律适用,主要是针对知识产权的创立或变更、内容和效力与侵权而言的,至于知识产权的转让,则因其系通过合同来实现的,它除了要受到有关国家强行性法律的制约外,一般应适用合同准据法的选择规则,按意思自治原则或最密切联系原则来解决。而有关知识产权争议的管辖权通常为专属管辖。

四、中国有关知识产权法律适用的立法与实践

我国《涉外民事关系法律适用法》第48条至第50条规定,知识产权的归属和内容,适用被请求保护地法律。当事人可以协议选择知识产权转让和许可使用适用的法律。当事人没有选择的,适用本法对合同的有关规定。知识产权的侵权责任,适用被请求保护地法律,当事人也可以在侵权行为发生后协议选择适用法院地法律。

上述"知识产权的归属"是指知识产权归谁所有。"知识产权的内容"是指知识产权的权利内容和效力、权利限制和保护期限等。"被请求保护地"是指被请求对知识产权提供保护的国家。值得注意的是,被请求保护地不一定是法院地,而可能是侵权行为地、权利登记地或注册地,特别是在一国法院保护的不是法院地国的知识产权的时候,例如如果来源于日本的知识产权在中国遭到未经授权的使用,但权利人在被告住所地美国提起诉讼,美国法院如果适用被请求保护国法律,则只能适用中国法律来确定侵权是否成立,而中国既不是权利来源国,也不是法院地国,而是被请求保护地国。

第二节 知识产权国际保护规则统一化进程

一、知识产权国际保护规则统一化公约

知识产权的国际保护,目前主要是通过缔结各种知识产权的国际保护实体法公约的途径来实现的。迄今为止,已缔结的全球性保护知识产权的多边国际公约有:1883年《保护工业产权巴黎公约》、1886年《保护文学艺术作品伯尔尼公约》、1891年《商标国际注册马德里协定》及其《议定书》、1952年《世界版权公约》、1970年《专利合作条约》、1994年《商标法条约》、1994年《与贸易有关的知识产权协定》、1996年《世界知识产权组织版权条约》、1996年《世界知识产权组织表演与录音制品条约》和2000年《专利法条约》等。[1] 已缔结的区域性保护知识产权的多边国际公约主要有1973年《欧洲专利公约》、1975年《欧洲共同体专利公约》、1977年非洲国家签订的《班吉协定》等。

(一)主要工业产权条约

1.《保护工业产权巴黎公约》

《保护工业产权巴黎公约》(简称《巴黎公约》),是各种工业产权公约中缔结最早、成员国最广泛的一个综合性公约,也是当今国际社会保护工业产权的最基本、最重要的一个全球性多边国际公约。该公约1883年3月20日由法国等11个国家在巴黎缔结,于1884年7月7日开始生效。后经6次修订,目前大多数国家采用的是公约的最新文本(即1967年在瑞典斯德哥尔摩修订的文本,该文本又经1979年修改(amended))。《巴黎公约》是一个开放性的国际条约,截至2018年6月30日,所有签约方为195个。[2] 中国1984年11月14日决定加入《巴黎公约》,公约自1985年3月19日起对中国生效,适用1967年斯德哥尔摩文本。应注意的是中国在参加《巴黎公约》时作了保留声明,即如果中国在《巴黎公约》的解释问题或适用问题上与其他国家发生争议,中国将不按照《国际法院规约》将争议提交国际法院解决。

《巴黎公约》并没有给缔约国制定统一适用的专利法和商标法,仅仅规定了"国民待遇"等基本原则和一些对成员国国内立法的最低要求。《巴黎公约》的主要内容如下:

(1)工业产权的保护范围。《巴黎公约》第1条第2款规定,工业产权的保护范围包括:发明、实用新型、外观设计、商标、服务标志、厂商名称、产地标记或原产地名称以及制

---

[1] 除《世界版权公约》以外,上述条约的英文本可参见 http://www.wipo.int/treaties/en/index.html,2018年6月30日。

[2] http://www.wipo.int/treaties/zh/ShowResults.jsp?lang=zh&treaty_id=2,2018.

止不正当竞争。公约所指的工业产权是广义的,即不仅适用于工商业本身,而且也同样适用于农业、采掘业以及工业制成品或天然产品;专利权则包括各成员国法律上承认的各种工业专利权,如输入专利权、改进专利权、补充专利权和补充证书等。

(2) 国民待遇原则。《巴黎公约》第 2 条规定,在保护工业产权方面,公约成员国的国民在其他成员国境内应享有各该国法律现在或将来给予各该国国民的各种利益,而不管他们在该国是否有住所或营业所。这表明在保护工业产权方面,各成员国必须在法律上给予其他成员国的国民以本国国民能够享受到的同样待遇。而且根据《巴黎公约》第 3 条的规定,即令是非公约成员国的公民,只要他在公约任一成员国境内有住所或有真实、有效的工商业营业所,也可享有与公约成员国国民同样的待遇。根据公约规定,在提供国民待遇时,以各国自己的国内法为依据。但凡涉及保护工业产权的有关司法及行政程序、司法管辖权、文件送达地址、代理人资格等问题的法律,都可以明确地予以保留。

(3) 优先权原则。《巴黎公约》第 4 条规定,对发明、实用新型、外观设计和商标的申请人给予优先权。优先权是指申请人自首次向任一公约成员国提出申请之日起,可以在一定的期限内(发明和实用新型为 12 个月,外观设计和商标为 6 个月)以同一发明或商标向其他成员国提出申请,而以第一次申请日为以后提出的申请的日期。但应注意的是,公约的优先权原则,对于商号、商誉、产地名称等是不适用的。

(4) 强制许可原则。为了防止专利权人可能对专利权加以滥用(如在法定时间内无正当理由不使用并且不允许他人使用该专利技术),《巴黎公约》第 5 条规定,各成员国可以采取立法措施,规定在一定条件下可以核准强制许可。这种强制许可当然也受一定条件的限制,即只能在专利权人自提出申请日起满 4 年或自批准专利日起满 3 年未实施专利且又提不出正当的理由时方可以采取。不过这种强制许可不具有独占性,除了强制许可的第三人外,专利人仍可自己使用、制造、销售专利发明,仍有权发放专利实施许可证。另外,取得强制许可证的第三人仍须向专利权人给付合理的报酬。强制许可证不可转让。在颁发第一个强制许可证届满 2 年后,如果专利权人仍无正当理由而不实施或不充分实施专利,主管部门则可撤销该项专利。

(5) 专利、商标独立原则。《巴黎公约》第 4 条第 2 款规定,不同成员国对同一发明创造批准给予的专利权和商标权是彼此独立、互不影响的。也就是说,同一发明创造和商标在某一个成员国被授予了专利权和商标权后,并不能决定其他成员国是否授予其专利权和商标权;某一成员国驳回了某项专利或商标申请,并不妨碍其他成员国批准该项专利申请或注册商标申请;某一个成员国撤销了某项专利申请或注册商标申请,或者作了专利权、商标权的无效宣告,并不影响其他成员国承认该项专利权、商标权继续有效。

(6) 临时性保护。《巴黎公约》第 11 条规定:公约各成员国必须依本国法律,对于在任何一个成员国内举办的、经官方承认的国际展览会上展出的商品中可以申请专利的发明、实用新型或外观设计,可以申请注册的商标,给予临时性保护。保护期限与优先权期限相同。

2.《专利合作条约》

为了减少专利申请人和各成员国专利机构的重复劳动,简化专利申请和审批手续,加快国际间科技情报的交流,在美国的倡议下,于1970年6月19日在华盛顿召开的一次会议上签订了《专利合作条约》。该条约于1978年生效,后经1979年修正(amended)、1984年和2001年修改(modified)。截至2018年6月30日,所有签约方为152个。[①] 但《专利合作条约》是一个非开放性的国际条约,即它只对《巴黎公约》成员国开放,一个国家只有在参加了《巴黎公约》之后方可申请加入《专利合作条约》。中国于1993年8月加入该条约,自1994年1月1日起该条约对中国生效。

《专利合作条约》是在《保护工业产权巴黎公约》的原则指导下产生的关于统一国际专利申请的专门性条约。该条约完全是程序性的,共有八章,其主要内容是确立了"一项发明一次申请制度",即条约成员国的任何居民或国民只需向受理国际专利申请的本国专利机关提出一次申请,并指明自己的发明拟获得哪些国家的专利权,此种国际申请的效力跟申请人分别向每个国家提出专利保护申请的效力完全相同。除此之外,该条约还有两个特点:(1) 延长了申请人享有的优先权期限,达20个月,如果要求进行实质性审查,则优先权期限可达25个月;(2) 实行专利申请案的"国际公布",该条约第21条规定,从优先权日算起的第18个月后,由世界知识产权组织国际局公布专利申请案与国际检索报告。这有利于加速国际科技情报的交流。

3.《商标国际注册马德里协定》及其《议定书》

19世纪末,随着国际市场的扩大,许多国家要求通过国际合作以简化商标国际注册手续,而《巴黎公约》却未能满足这一需要,于是,1891年4月14日,在法国、比利时等国倡议下,缔结了《商标国际注册马德里协定》(简称《马德里协定》),作为对《巴黎公约》中有关商标国际保护规定的补充。该协定于1892年生效,后经6次修订,最后修订的文本称为斯德哥尔摩文本,该文本于1979年9月28日再经修改。截至2018年6月30日,斯德哥尔摩文本的所有签约方为56个,马德里联盟大会成员已达到101个。中国1989年5月25日决定加入该协定,适用1967年修订并于1979年修改的斯德哥尔摩文本。该协定的主要内容如下:

(1) 保护对象。协定规定,其保护对象是商标与服务商标。有资格提交国际注册申请案的人是《马德里协定》成员国的国民和在成员国中有住所或有实际营业所的非成员国国民。

(2) 商标的国际注册程序。协定规定,商标注册的申请人在其国内获得商标注册后,向本国主管商标的机关提交商标国际注册申请案,并缴纳有关费用。本国商标主管部门查核后,转呈世界知识产权组织国际局。世界知识产权组织国际局对该申请案进行形式审查,确定其是否符合协定及其实施条例的要求,认为不符合要求的,则将通知申请人所在国主管部门,要求在3个月内修改申请案,否则将予以驳回。认为符合要求的,则给予公告并通知申请人要求对其商标进行保护的有关缔约国。有关缔约国若在其本国法规定的期限内,并至迟不晚于世界知识产权组织国际局注册后1年内未向国际局提出驳回注

---

① http://www.wipo.int/treaties/zh/ShowResults.jsp? lang=zh&treaty_id=6,2018.

册商标声明的,便视为该国已接受了该商标的注册申请,从而商标专用权在该国受到保护。

(3) 国际注册的效力。协定指出,自世界知识产权组织国际局通过审查之日起,便产生了商标注册的法律效力。商标所有权人如果要求优先权,即享受《巴黎公约》规定的优先权,国际局的审查日为优先权日。协定还规定,从国际注册日起的 5 年内,如果商标在本国的注册被撤销,则它在其他各指定国的注册也将随之撤销。只有在 5 年之后,商标在各指定国的注册才算是独立的。

(4) 国际注册的期限。协定规定,经世界知识产权组织国际局注册的商标,其有效期均为 20 年,续展时限也是 20 年,办理续展次数不限。这一规定不受任何成员国商标法规定期限的影响。在 20 年期满前 6 个月,世界知识产权组织国际局将向商标权人明示商标权即将到期。商标期满时没有提出续展的,可再给予 6 个月的宽限期;在宽限期内提出续展的,需缴纳一定数额的罚款。

(5) 其他规定。协定还规定,国际注册商标的所有权人可以向世界知识产权组织国际局要求扩大商标的保护范围,即扩大保护其注册商标的国家范围,只要在国际局备案之日起的 1 年内,被要求保护国未声明拒绝,则该商标的国际注册将自动变为有关被扩大国的国内注册。协定规定国际注册商标所有权人有权全部或部分转让他在一国或几国的注册商标所有权;取得了国际注册的商标,如需改变原商标的文字、图案或扩大使用范围的,应当另行申请新的国际注册。

《马德里协定》就商标国际注册迈出了新的一步。由于它的某些规定(得在原所属国注册、5 年内国际注册不具独立性、审查过于简单及必须使用法语等),参加该协定的国家并不太多。

为了扩大《马德里协定》的成员国范围,并将一些新规定纳入该协定之下的商标国际注册体系,在世界知识产权组织主持下,马德里联盟大会于 1989 年通过了《关于商标国际注册马德里协定的议定书》。该《议定书》消除了妨碍一些国家在加入《马德里协定》方面的困难,它在执行方面是对《马德里协定》的补充。同《马德里协定》相比,该《议定书》主要引入了下述规定:申请人可以以其在本国的注册申请(而不是已取得的注册)为国际申请依据;申请人要求保护的每一缔约国在有异议的情况下,可以在 18 个月甚至更长的期间内,宣布在其领土内不能给该商标以保护;每一缔约国的国家局可以收取比照《马德里协定》更高的费用;当国际注册被撤销时,可以转变成享有其国际注册日利益的国家申请,在适当情况下,还可以享有优先权日的利益。《关于商标国际注册马德里协定的议定书》的缔约方即使没有加入《马德里协定》,也将是《马德里协定》所设马德里联盟和大会的成员。该《议定书》已于 1995 年 12 月 1 日生效。截至 2018 年 6 月 30 日,《议定书》的所有签约方为 101 个,其中大多数均是协定的成员国。《议定书》于 1995 年 12 月 1 日对中国(不包括香港和澳门特别行政区)生效。

此外,1996 年 1 月 18 日第二十七届马德里联盟大会还通过了《商标国际注册马德里协定及其议定书的共同实施细则》,该细则已于 1996 年 4 月 10 日生效。

(二) 主要国际著作权条约

1. 《保护文学艺术作品伯尔尼公约》(简称《伯尔尼公约》)

《伯尔尼公约》是世界上第一个保护文学、艺术和科学作品的国际公约,也是最重要的、影响最大的保护著作权的国际公约。它于1887年12月5日生效,其后进行了7次补充和修改,该公约的最新文本是1971年巴黎文本。虽然该文本的个别行政条款,于1979年作了一些小修改,但修改后的文本仍称为"1971年巴黎文本。"截至2018年6月30日,公约的所有签约方为185个,伯尔尼联盟大会成员已达到173个,其中绝大多数国家已批准了1971年巴黎文本。① 根据公约1971年巴黎文本的规定,任何准备加入该公约的国家,只能参加该公约1971年的巴黎文本。中国于1992年7月1日正式批准加入该公约,公约1971年巴黎文本于同年10月15日对中国(已扩展适用于香港和澳门特别行政区)生效。公约的主要内容如下:

(1) 公约的三个基本原则:

其一,国民待遇原则。这一原则贯穿于《伯尔尼公约》的大部分实体条文,并集中体现在第3条、第4条和第5条。公约现行文本第5条第1款规定,就享有本公约保护的作品而论,作者在起源国以外的本公约成员国中享有该国法律现在给予和今后可能给予其国民的权利,以及本公约特别授予的权利。公约首先确立了"双国籍国民待遇"原则。双国籍是指作者国籍和作品国籍。即如果作者为某一成员国的国民,则无论其作品在哪个国家出版,或者如果作品首次出版在某一成员国,则无论作者是哪一国的国民,在其他成员国均享有各该成员国给予其本国国民作品的同等保护。

公约规定,尽管一作者不具有任何成员国的国籍,但只要在任何成员国设有住所或惯常居所,仍可享受公约规定的国民待遇。公约甚至还规定,建筑作品及建筑物中的与建筑相连的艺术作品的作者,只要有关建筑物建于公约成员国境内,则有关建筑作品或有关艺术作品,也可享受公约规定的国民待遇。

其二,自动保护原则。《伯尔尼公约》第5条第2款规定:依国民待遇而享有版权不需要履行任何手续(如登记、注册),也不要求加注任何主张权利保护的标志。就是说,公约成员国作者的作品一经产生,或非成员国的作品一经在成员国首次出版,便自动受到有关成员国的保护。

其三,版权独立原则。《伯尔尼公约》第5条第3款确立了版权独立原则,即享有国民待遇的作者在公约任何成员国所取得的版权,均依照"权利要求地法",而不依"作品来源地法"去保护。

(2) 最低限度保护标准。根据公约要求,各成员国不论是对本国作品还是对外国作品的版权保护都不得低于公约规定的最低限度。最低限度的经济权利(即财产权)包括:翻译权、复制权、表演权、无线广播与有线传播权、公开朗诵权、改编权、录制权和制片权。最低限度的精神权利包括署名权和保护作品完整权。

---

① http://www.wipo.int/treaties/zh/ShowResults.jsp?lang=zh&treaty_id=15,2018.

公约就著作权的保护期限的最低标准作了统一规定:对一般作品的经济权利为作者有生之年及其死后50年;摄影作品及实用艺术作品,为作品完成后25年;对于难以确定作者的匿名作品或笔名作品的保护期为发表之日起50年。精神权利的保护没有时间限制。

(3) 受保护作品的范围和对发展中国家有限的特殊待遇。受保护的作品是文学、科学和艺术领域内的一切作品,不论其表现方法或形式如何。《伯尔尼公约》1971年巴黎文本在其附件中规定了对按照联合国大会惯例被认为是发展中国家的国家,应给予有限的特殊待遇的条款,即在受公约严格约束的条件(诸如翻译和复制的作品不得出口,以国际可兑换货币支付版税等)下,在作者拒绝发放翻译许可证时,发展中国家可以向发展中国家的国民颁发翻译或复制受保护作品的强制许可证,但此种许可证的颁发只限于发展中国家的学校进行教学或研究之用。而且,依强制许可证翻译或复制之后,仍旧要按国际标准向版权人付酬。

2.《世界版权公约》

在《伯尔尼公约》缔结的半个多世纪里,美国及一些《泛美版权公约》的成员国一直没有参加到东半球的版权国际保护体系中来。为了在《伯尔尼公约》与《泛美版权公约》之间达成协调,在联合国教科文组织的推动下,于1952年9月6日在日内瓦召开的政府间代表会议上签订了《世界版权公约》。该公约亦称为《日内瓦公约》。它自1955年9月16日起生效,1971年于巴黎修订过一次,此次修订还通过了两个附件,即:《关于本公约适用于无国籍人士和流亡人士作品的附件》和《关于本公约适用于某些国际组织作品的附件》。截至2018年6月30日,公约有100个成员①,其中绝大多数国家批准了公约的巴黎文本。1992年7月1日中国批准加入该公约,公约1971年巴黎文本于1992年10月30日对中国生效。《世界版权公约》的日常事务由联合国教科文组织管理。

《世界版权公约》对国民待遇原则、版权独立性原则以及对发展中国家的优惠等的规定与《伯尔尼公约》基本相同,其特有的内容主要包括如下几方面:

(1) 附条件的自动保护原则。依《世界版权公约》第3条第1款的规定,受保护的作品只要具备一定形式,便可在其他公约成员国自动受到保护,而不必履行任何登记注册之类的手续。公约所说的具备一定的形式,是指在作品的版权页上必须标有三项内容:其一,是版权标记(文字作品用"®",录制品可用"®"或"©");其二,是首次出版的年份;其三,是版权所有人的姓名。这一规定实际上是《伯尔尼公约》与《泛美版权公约》妥协的产物。

(2) 版权的保护期。该公约只规定了对作者经济权利保护的基本内容,没有提到保护作者的精神权利问题,因而版权的保护期只涉及经济权利。依公约规定,版权的保护期一般不得少于作者有生之年加死后25年,或者作品发表后25年;摄影作品和实用艺术作品的保护期不得少于10年。

---

① http://erc.unesco.org/cp/convention.asp? KO=15381&language=E. 2018.

(3) 无追溯力原则。该公约第 7 条规定:"本公约不适用于当公约对某成员国生效时,已永久进入该国公有领域的那些作品或作品中的权利。"这一条与《伯尔尼公约》第 18 条第 1 款正相反。对于一部作品是否受保护,《世界版权公约》不是看作品在来源国的状态,而是看它在受保护国的状态。

(4) 与《伯尔尼公约》的关系。《世界版权公约》的产生从某种意义上讲,是为了在《伯尔尼公约》和《泛美版权公约》之间达成某种程度的平衡和协调。两个公约在许多方面是近似的,甚至是相同的,但二者之间也有显著的差异。《世界版权公约》与《伯尔尼公约》相比,有以下两个特点:第一,该公约要求符合一定形式才能取得版权,而没有实行自动保护原则;第二,版权保护期比较短。为了处理好与《伯尔尼公约》的关系,《世界版权公约》第 17 条规定,本公约不影响已经参加了《伯尔尼公约》的国家的成员国资格,已经参加《伯尔尼公约》的,可以再参加《世界版权公约》,但不得因此而退出《伯尔尼公约》,否则,其作品在《伯尔尼公约》成员国内将不受《世界版权公约》的保护。

3.《保护表演者、录音制品制作者和广播组织的国际公约》

《保护表演者、录音制品制作者和广播组织的国际公约》又称《罗马公约》,于 1961 年 10 月 26 日在罗马签订,1964 年 5 月 18 日生效。它是关于"邻接权"保护方面的第一个国际公约,由世界知识产权组织、国际劳工组织和联合国教科文组织三家共同管理。邻接权是指知识产权中与著作权相邻接的一种权利,是随着作品的复制、传播而产生的。参加该公约的国家必须是《伯尔尼公约》或《世界版权公约》的成员国,截至 2018 年 6 月 30 日,所有缔约方为 93 个。公约的主要内容如下:

(1) 国民待遇原则。公约对于表演者、录音制品制作者和广播组织获得国民待遇,分别规定了一定的条件:对于表演者,应具备下列三条中任何一条,即:第一,表演是在《罗马公约》成员国中进行的;第二,表演已被录制在依照《罗马公约》受到保护的录音制品上;第三,表演活动虽未被录制,但在《罗马公约》所保护的广播节目中播放了。从这几条可以看出,一个《罗马公约》成员国的表演者享有国民待遇并不以在成员国中是否有国籍或惯常居所为前提。对于录音制品录制者获得国民待遇,则应具备如下三条中的任何一条,即:第一,录制者系《罗马公约》成员国国民;第二,首次录音是在《罗马公约》成员国制作的;第三,录制品是在《罗马公约》成员国首次发行的。但是,任何缔约国可以声明不执行前两个条件。这也就是说,在录制者享有国民待遇方面,可以适用"国籍标准""录制标准"或"发行标准"。对于广播组织获得国民待遇,则应具备下列两条中任何一条,即:第一,该广播组织的总部设在《罗马公约》成员国中;第二,有关的广播节目是从《罗马公约》成员国中的发射台首先播放的。

(2) 邻接权的内容。该公约对邻接权的内容作了详尽的规定,但它并未涉及任何受保护主体的精神权利,故它仅指经济权利而言。表演者权包括:防止他人未经许可而广播或向公众传播其表演;防止他人未经许可而录制其未被录制过的表演;防止他人未经许可而复制载有其表演内容的录制品(公约另有规定的除外)。录制者权包括:许可或禁止他人直接或间接复制其录音制品。广播组织权包括:许可或禁止同时转播其广播节目;许可或禁止他人将其广播节目固定在物质形式上(包括录音、录像等),以及许可或禁止他人复制固定后的节目载体。

(3) 对邻接权的限制。公约规定,属下列情况之一的,利用他人的邻接权不认为是侵权:第一,私人使用;第二,在时事报道中少量引用;第三,某广播组织为编排自己的广播节目利用自己的设备暂时录制;第四,仅用于教学与科研目的。

(4) 录制者的非自动保护原则。公约对于表演者享有部分邻接权、广播组织就广播节目享有全部邻接权,并没有提出专门的程序要求或形式要求,实行的是自动保护原则。而对录制者就其录制品享有邻接权,对于表演者就载有其表演的录音所享有的邻接权,则提出了形式上的要求,即受保护录制品的一切复制品或其包装物上必须标有:第一,表示录制品邻接权保留的符号"Ⓟ";第二,首次发行年份;第三,主要表演者及权利人姓名。

(5) 权利保护期限。公约规定,各成员国提供的最短保护期不得少于 20 年,对于录音制品及已载于录音制品中的表演,自录制之日起算;对于未录制在录音制品中的表演,从表演活动发生之日起算;对于广播节目,则从播出之日起算。

(6) 追溯力。公约第 20 条规定:第一,公约不影响在某个成员国参加它之前,已经受到保护的那些权利。第二,公约不要求其成员国对它们参加公约前已发生的表演、广播或已录制的录音制品给予保护。这表明该条约是无追溯力的。

4.《保护录音制品制作者禁止未经许可复制其录音制品公约》

由于《罗马公约》对录音制品制作者仅保护其复制权,而对于制作者是否有权禁止"销售"未经许可复制的制品,是否有权禁止进口未经许可复制的制品等等,未予规定,而且《罗马公约》是非开放性的,将许多国家拒之门外。因此,许多国家认为有必要再缔结一个专门保护录音制品的公约。1971 年在日内瓦缔结的《保护录音制品制作者禁止未经许可复制其录音制品公约》(简称日内瓦《录音制品公约》),仅仅涉及对录音制品的保护,是一个极简短的专门性公约。该公约由世界知识产权组织管理。截至 2018 年 6 月 30 日,所有缔约方为 79 个。中国在 1992 年 11 月 7 日批准加入该公约,公约自 1993 年 4 月 30 日起对中国(已扩展适用于中国香港)生效。日内瓦《录音制品公约》规定了国民待遇原则、非自动保护原则(其要求同《罗马公约》)。其保护期至少为 20 年,从录音制品首次制作或出版时起算。该公约是一个开放性公约,不以参加任何知识产权国际公约为前提条件。加入该公约时,不允许任何保留。

5.《视听作品国际登记条约》

1989 年 4 月,世界知识产权组织成员国在日内瓦缔结了《视听作品国际登记条约》,简称《电影登记条约》。该公约 1989 年 12 月 27 日生效[①],截至 2018 年 6 月 30 日,所有缔约方为 13 个。与日内瓦《录音制品公约》不同,该公约主要是一个程序性条约,没有实体条款的规定。其主要目的在于阻止非法复制的录像制品在国际市场上的传播;阻止未经

---

① 《视听作品国际登记条约》联盟在 1993 年的大会会议上,决定终止该条约的适用。参见 http://www.wipo.int/export/sites/treaties/zh/documents/other_treaties//frt-parties.pdf,2018。

许可播放他人享有版权的电影、电视作品,其主要措施是由世界知识产权组织建立一个"视听作品登记国际局",成员国可将本国自然人或法人拥有版权的视听作品在此登记。各成员国有义务保证已作出声明并登记的作品不受侵犯,有义务在发现侵权复制品时采取扣押等措施制裁侵权人,并使权利人得到应有的民事救济。

6.《关于播送由人造卫星传播的载有节目的信号的公约》

《关于播送由人造卫星传播的载有节目的信号的公约》(简称《卫星公约》或《布鲁塞尔公约》),于1974年5月21日在布鲁塞尔通过,1979年8月25日生效。如同《罗马公约》一样,该公约也由世界知识产权组织、国际劳工组织和联合国教科文组织三家共同管理。截至2018年6月30日,公约所有的缔约方为37个。该公约十分简单,仅12条。它并不直接保护任何版权或邻接权,只是要求成员国承担义务,采取适当措施,防止本国广播组织或个人非法转播通过卫星发出、但并非给该组织(或该人)作转播之用的节目信号。如同日内瓦《录音制品公约》一样,该公约也是一个无追溯力的、开放性公约,对任何联合国会员国或联合国系统所属机构的成员国开放。

应当指出的是,尽管上述保护知识产权的国际法制已初步形成并得到相应发展,但仍有许多不足之处:首先,除个别外,大多数公约的成员国不多,因而在实际执行中没有效力或效力有限;其次,没有建立相应的解决争端的机构和制定有效的解决争端的办法;再者,各项国际条约的作用有限,有的条约缔结时间较早,虽经多次修订,仍无法适应时代的发展;最后,各国对外国自然人或法人的知识产权保护制度和措施差异很大,而上述条约又过分地依赖各国国内法去执行,致使条约的规定难以付诸实践。由此可见,解决知识产权的国际保护问题,尚需要国际社会的进一步努力。同时也从另一个方面说明,冲突法对于解决知识产权国际保护问题的作用仍未丧失。

(三) 主要综合性知识产权条约

经关贸总协定乌拉圭回合谈判于1994年达成的《与贸易有关的知识产权协定》(简称《TRIPS协定》)是一项重要的综合性知识产权条约,适用于所有世界贸易组织成员。截至2018年6月30日,《TRIPS协定》共有164个成员,它已于2001年12月11日对中国生效。《TRIPS协定》由前言和七个部分组成,主要内容有:

(1) 总则和基本原则。协定第一部分确立了成员义务的性质和范围,包含《巴黎公约》《伯尔尼公约》《罗马公约》《华盛顿公约》(《关于集成电路的知识产权条约》)所规定的义务。基本原则主要为国民待遇原则和最惠国待遇原则,主要目的是为知识产权提供前所未有的高标准保护。

(2) 知识产权的范围。协定第二部分是关于知识产权范围的规定,其保护范围包括知识产权领域的所有七大主要类别:版权及相关权利、商标权、地理标识、工业品外观设计、专利权、集成电路布图设计、未披露信息(包括商业秘密)。在保护期限、权利范围和有关使用的规定方面,都大大超过了过去任何国际条约的规定。例如对于版权,协定要求成员国遵守《伯尔尼公约》1971年文本的规定,同时对计算机软件、数据库和租赁权加以保护;协定还规定要保护演出者、音像生产者和广播机构的权利,保护期由《罗马公约》规定的作者死后20年延长到作者死后50年。此外,协定规定专利的保护期为20年。

(3) 知识产权的实施。协定第三部分规定的知识产权的法律实施程序,包括行政、民事、刑事以及边境措施和临时程序。这一点与以往的知识产权国际条约不同。在以往的国际条约中,大都规定知识产权保护的实施程序完全由各国国内法解决。而协定统一规定实施程序,是从程序上保障知识产权实施的高标准国际保护的体现。

(4) 知识产权的获得与维持。协定第四部分规定知识产权的取得应以知识产权被许可或被注册为准,即采取非自动保护原则。

(5) 关于争端的防止及解决。协定第五部分规定,各缔约方应本着"透明度"的原则,将各自的有关立法加以公布并通知与贸易有关的知识产权理事会,以便其他缔约方和知识产权持有人了解它们。政府间或半政府间机构所签订的有关知识产权的协定,也必须公布并通知与贸易有关的知识产权理事会。一旦缔约国间发生知识产权争端,协定规定适用世界贸易组织的争端解决程序,并允许跨行业的交叉贸易报复来制止知识产权侵权行为。

(6) 最后条款。协定最后规定,除非经缔约方全体一致同意,任何缔约方不得对协定条款提出任何保留。但协定有安全例外条款,即缔约方可以不透露损害国家安全的法规,并可采取行动维护国家安全。

二、知识产权国际保护规则统一化的国际组织

19世纪末以来,在一些全球性和区域性的保护知识产权的国际公约缔结的同时,依据这些公约,还相伴产生了保护知识产权的联盟或组织。下面着重介绍世界知识产权组织和世界贸易组织。

(一) 世界知识产权组织(WIPO)

1883年《巴黎公约》成员国组成了保护工业产权同盟,1887年《伯尔尼公约》成员国组成了保护文学和艺术作品的伯尔尼同盟。1893年两个同盟合二为一,成立了保护知识产权联合国际局。在该联合国际局的提议下,1967年7月14日召开了斯德哥尔摩外交会议,缔结了《成立世界知识产权组织公约》,公约于1970年4月26日生效,并经1979年10月2日修正。根据该公约的规定,成立了世界知识产权组织,其常务机构世界知识产权组织国际局设在日内瓦。1974年,世界知识产权组织正式成为联合国的专门机构之一。截至2018年6月30日,已有191个国家参加了世界知识产权组织。中国于1980年3月3日递交了加入书,该《公约》于同年6月3日对中国生效。

世界知识产权组织是当今国际上最重要的世界性保护知识产权组织。世界知识产权组织的宗旨是通过国与国之间的合作,并与其他国际组织合作,促进世界范围内对知识产权的尊重、保护和使用,以及保证知识产权联盟各国间的行政合作。该组织的具体任务是:鼓励缔结新的国际条约,协调各国立法,给发展中国家以法律、技术援助,收集情报和传播情报,以及办理国际注册或成员国之间的其他行政合作事宜等。对发展中国家的法律、技术援助包括:就技术转让、起草知识产权方面的立法给发展中国家予以援助,帮助发

展中国家建立专利和专利文献机构并为其培养专业工作人员等。

(二) 世界贸易组织

世界贸易组织是在关税及贸易总协定(简称"关贸总协定")的基础上建立的。它于1995年1月成立,截至2018年6月30日,共有164个成员。关贸总协定在第八轮"乌拉圭回合"谈判中将知识产权保护列入三项新议题之中。经过各方的努力,1994年终于达成了《与贸易有关的知识产权协定》,并载入《乌拉圭回合多边贸易谈判结果最后文件》。中国已加入世界贸易组织,世界贸易组织管辖的一系列多边协议(包括《TRIPS协定》)已于2001年12月11日起对中国生效。随着新技术革命,无形的知识产权贸易以及有形商品贸易中的知识产权问题越来越受到国际社会的重视,知识产权的国际保护也已成为世界贸易组织的一项重要议程。

三、中国在知识产权国际保护规则统一化进程中的贡献

(一) 中国强化知识产权国际保护的国际法源

中国已先后加入了几个重要的国际知识产权保护公约:1980年加入《成立世界知识产权组织公约》;1984年加入《保护工业产权巴黎公约》(适用1967年斯德哥尔摩文本);1989年加入《商标国际注册马德里协定》,并已加入其《议定书》;1992年加入《保护文学艺术作品伯尔尼公约》(适用1971年巴黎文本)、《保护录音制品制作者禁止未经许可复制其录音制品公约》和《世界版权公约》;1993年加入《专利合作条约》;2001年加入《与贸易有关的知识产权协定》;2006年决定加入《世界知识产权组织版权条约》和《世界知识产权组织表演和录音制品条约》等。此外,中国还与许多国家签订了涉及知识产权内容的双边协定。

(二) 中国优化知识产权国际保护的国内法源

1. 专利权方面

在专利权方面,对外国人实行国民待遇,是国际社会的普遍做法。但各国的具体规定又可分为两种类型,即无条件的国民待遇和有条件的国民待遇。中国现行《专利法》采取的是有条件的国民待遇制度。中国《专利法》第18条规定,在中国没有经常居所或者营业所的外国人、外国企业或者外国其他组织在中国申请专利的,依照其所属国同中国签订的协议或者共同参加的国际条约,或者依照互惠原则,根据该法办理。第19条又规定,这类外国人在中国申请专利或办理其他专利事务的,应当委托国务院专利行政部门指定的专利代理机构办理。

对于中国单位或个人将其在国内完成的发明创造向外国申请专利的,中国《专利法》第20条规定,应当先向国务院专利行政部门进行保密审查。保密审查的程序、期限等按照国务院的规定执行。国务院专利行政部门依照中华人民共和国参加的有关国际条约、本法和国务院有关规定处理专利国际申请。2001年6月公布、2010年修订的《专利法实施细则》第十章专门对专利国际申请作了特别规定。

中国《专利法》第29条还对优先权问题作了规定,申请人自发明或者实用新型在外国

第一次提出专利申请之日起 12 个月内,或者自外观设计在外国第一次提出专利申请之日起 6 个月内,又在中国就相同主题提出专利申请的,依照该外国同中国签订的协议或者共同参加的国际条约,或者依照相互承认优先权的原则,可以享有优先权。应当指出的是,中国《专利法》不仅允许外国人享有优先权,而且规定了本国优先权,第 29 条第 2 款规定,申请人自发明或者实用新型在中国第一次提出专利申请之日起 12 个月内,又向国务院专利行政部门就相同主题提出专利申请的,可以享有优先权。

此外,中国专利局 1993 年还发布了《关于实施〈专利合作条约〉的规定》。

2. 商标权方面

中国在商标权方面也是采取有条件的国民待遇原则,其条件跟《专利法》中的规定相同。中国现行《商标法》第 17 条规定,外国人或者外国企业在中国申请商标注册的,应当按其所属国和中华人民共和国签订的协议或者共同参加的国际条约办理,或者按对等原则办理。

中国 2014 年修订的《商标法实施条例》第 5 条中规定,当事人委托商标代理组织申请商标注册或者办理其他商标事宜的,应当提交代理委托书。代理委托书应当载明代理内容及权限;外国人或者外国企业的代理委托书还应当载明委托人的国籍。外国人或者外国企业的代理委托书及与其有关的证明文件的公证、认证手续,按照对等原则办理。《商标法》第 18 条所称外国人或者外国企业,是指在中国没有经常居所或者营业所的外国人或者外国企业。第 6 条规定,"申请商标注册或者办理其他商标事宜,应当使用中文。依照商标法和本条例规定提交的各种证件、证明文件和证据材料是外文的,应当附送中文译文;未附送的,视为未提交该证件、证明文件或者证据材料。"为便于商标的国际注册,国家工商行政管理总局于 2003 年 4 月 17 日发布了《马德里商标国际注册实施办法》。

中国《商标法》第 25 条和第 26 条对优先权作了规定,商标注册申请人自商标在外国第一次提出商标注册申请之日起 6 个月内,又在中国就相同商品以同一商标提出商标注册申请的,依照该外国同中国签订的协议或者共同参加的国际条约,或者依照相互承认优先权的原则,可以享有优先权。商标在中国政府主办的或者承认的国际展览会展出的商品上首次使用的,自商品展出之日起 6 个月内,该商品的注册申请人可以享有优先权。

3. 著作权方面

(1)《著作权法》。中国《著作权法》第 2 条第 2—4 款明确规定:"外国人、无国籍人的作品,根据其作者所属国或者经常居住地国同中国签订的协议或者共同参加的国际条约享有的著作权,受本法保护。外国人、无国籍人的作品首先在中国境内出版的,依照本法享有著作权。未与中国签订协议或者共同参加国际条约的国家的作者以及无国籍人的作品首次在中国参加的国际条约的成员国出版的,或者在成员国或非成员国同时出版的,受本法保护。"

此外,国务院还发布有《著作权法实施条例》。

(2)《计算机软件保护条例》。中国 2001 年发布、2013 年修订的《计算机软件保护条例》第 5 条规定,外国人、无国籍人的软件首先在中国境内发行的,依照本条例享有著作权。外国人、无国籍人的软件,依照其开发者所属国或者经常居住地国同中国签订的协议或者依照中国参加的国际条约享有的著作权,受本条例保护。

(3)《集成电路布图设计保护条例》。中国 2001 年颁布的《集成电路布图设计保护条例》第 3 条规定,外国人创作的布图设计首先在中国境内投入商业利用的,依照本条例享有布图设计专有权。外国人创作的布图设计,其创作者所属国同中国签订有关布图设计保护协议或者与中国共同参加有关布图设计保护国际条约的,依照本条例享有布图设计专有权。此外,2001 年中国还发布了《集成电路布图设计保护条例实施细则》。

(4)《实施国际著作权条约的规定》。该《规定》于 1992 年 9 月 25 日发布,同年 9 月 30 日起施行。《规定》所称的国际著作权条约,是指中国已经参加的《伯尔尼公约》和与外国签订的有关著作权的双边协定,不包括《世界版权公约》和其他著作权国际条约。该《规定》第 2 条规定:"对外国作品的保护,适用《中华人民共和国著作权法》《中华人民共和国著作权法实施条例》《计算机软件保护条例》和本规定。"这一规定所保护的外国作品范围包括:(1)作者或作者之一,其他著作权人或者著作权人之一是国际著作权条约成员国的国民或者在该条约的成员国有经常居所的居民的作品;(2)作者不是国际著作权条约成员国的国民或者在该条约的成员国没有经常居所的居民,但是在该条约的成员国首次或同时发表的作品;(3)中外合资经营企业、中外合作经营企业和外资企业按照合同约定是著作权人或者著作权人之一的,其委托他人创作的作品。

此外,国务院于 2002 年 1 月通过的《奥林匹克标志保护条例》对奥林匹克标志的保护作了具体的规定。

思考题

1. 简述知识产权法律适用的几种基本学说。
2. 简述《巴黎公约》关于强制许可原则的基本内容。
3. 简述《商标国际注册马德里协定》的主要内容。
4. 比较分析《伯尔尼公约》与《世界版权公约》的异同。
5. 试述我国有关知识产权国际保护立法的主要规定。

第十一章　合同之债法律适用的一般制度

学习目标：学习本章，了解合同准据法的历史发展和理论主张；合同准据法的特定含义和确定方法；合同特殊方面和特殊合同的法律适用；整体把握合同法律适用的全貌。

教师导读：合同是涉外民事关系法律适用中最为活跃的领域。本章是对国际私法基础部分的理论最为深刻的体现，它包括人类在推动国际私法过程中的几乎所有的智慧，最密切联系原则和当事人意思自治原则都是本章研究的重点。同时，本章也会反映中国在合同法律适用领域的相关立法和司法实践内容。

建议学时：6学时

第一节　合同法律适用概述

一、合同"涉外"因素的判断

合同是指当事人之间设立、变更或终止债权债务关系的协议，是涉外民事关系法律适用领域中最为活跃的领域之一。国际私法调整的是国际合同关系，于一国而言是指含有"涉外因素"的合同，然而如何判断一项合同是否为国际私法所调整的含有"涉外因素"的合同，不同国家、不同的法律文件有着不同的看法。1994年国际统一私法协会《国际商事合同通则》在"前言"中解释道："一份合同的国际性可以用很多不同的标准来确定，在国内和国际立法中有的以当事人的营业地或惯常居所地在不同的国家为标准，而有的则采用更为基本的标准，如合同与'一个以上的国家有重要联系''涉及不同国家之间法律的选择'，或是'影响国际贸易的利益'。"①我国最高人民法院《关于适用〈中华人民共和国合同法涉外民事关系法律适用法〉若干问题的解释（一）》第1条规定：民事关系具有下列情形之一的，人民法院可以认定为涉外民事关系：(1) 当事人一方或双方是外国公民、外国法人或者其他组织、无国籍人；(2) 当事人一方或双方的经常居所地在中华人民共和国领域外；(3) 标的物在中华人民共和国领域外；(4) 产生、变更或者消灭民事关系的法律事实发生在中华人民共和国领域外；(5) 可以认定为涉外民事关系的其他情形。因此，当合同关系中出现了上述情形，人民法院可以认定其为涉外合同关系。

---

① 国际统一私法协会《国际商事合同通则》(中译本)，"引言"第2页。

二、合同法律适用的理论主张

(一)"同一论"和"分割论"

同一论主张对合同的所有问题以及所有不同种类的合同都适用一个法律解决。分割论主张对于同一合同的不同问题进行适当分割而分别确定其应适用的法律;对于不同种类和不同性质的合同,也主张采用不同的法律适用标准。

"同一论"和"分割论"之间的争论由来已久。有些学者认为,一项合同无论从经济意义还是从法律意义来看都应是一个整体,因而其成立、履行、解释和解除等都应受同一法律支配。对于不同种类和不同性质的合同,也应同样对待,因为不论什么合同都是当事人之间的一种合意,是当事人共同意志的产物。但早在法则区别说时代,巴托鲁斯就主张对合同的不同问题适用不同的法律,如对合同的形式及实质有效性适用缔约地法;对当事人的能力适用当事人住所地法(即当事人原属城邦的法则);等等。后来,许多国家的理论和实践都接受了这种分割的方法。如1987年《瑞士联邦国际私法法规》也对合同的法律适用采取分割的方法作出了详细具体的规定,对当事人的缔约能力、合同的实质内容、合同的订立以及代理合同等分别确定应适用的法律。对于不同种类和不同性质的合同,也已经有越来越多的国家在立法中加以区别,采用不同的冲突规范来确定其准据法。尤其是随着国家对国际经济活动的干预不断加强以及合同种类和性质愈益呈现出复杂的情况,同一论受到越来越强烈的冲击。

应当说,目前晚近的国内立法和国际条约多采用分割论,但分割的方法也要考虑到同一论,因此,对于两者之间的关系要辩证看待。

(二)"客观论"和"主观论"

客观论,是指以某种固定的场所因素作为连结点来确定合同准据法的主张。它最早为巴托鲁斯所提倡并首先表现为合同缔结地法。19世纪的德国学者萨维尼认为合同债务关系的本座是履行地,因此,合同应适用其履行地法。客观论者认为,合同缔结地或履行地比较明确固定,因而缔结地法或履行地法也比较确定,易于为当事人所预见和遵守,这对于交易的安全和稳定乃至国际经济的发展是有利的。

主观论,是指根据当事人双方的意思来确定合同准据法的主张,即所谓"当事人意思自治"理论。主观论者认为,合同既然是当事人按照自己的意志为自己创设某种权利义务的协议,那么当事人也有权协商确定支配他们之间合同关系的法律,使合同的法律适用有了可预见性和确定性,以便确保交易的安全和国际贸易的顺利进行。一般认为,合同主观论是16世纪的法国学者杜摩兰正式提出来的,后得到德国学者萨维尼、意大利学者孟西尼、英国学者戴西和美国学者斯托雷的支持。立法上,1865年《意大利民法典》最早以立法的形式明确接受了当事人意思自治并把它作为合同法律适用的首要原则。此后,这一原则几乎被所有国家的立法或判例所接受,也被合同法律适用的国际公约和国际裁决普遍接纳。

从晚近的国内立法和国际条约所体现的趋势来看,合同法律适用领域的主观论逐渐取得了主导地位,客观论逐渐成为主观论的一种补充。

三、合同法律适用的历史发展阶段

合同法律适用的历史发展经历了三个基本阶段,每个阶段特点各异。

第一个阶段是从法则区别说产生到19世纪中叶。该阶段主要秉承客观论的理念,以缔约地、履行地等单纯的空间连结因素来确定合同准据法。由于此种方法具有确定性和可预见性等优点,符合当时经济贸易活动的需要,一直到19世纪中叶才告终结。

第二个阶段是从19世纪中叶开始到20世纪中叶。该阶段秉承主观论的理念,以当事人意思自治说为指导,根据当事人的主观意图来确定合同准据法。该原则早在16世纪就被法国学者杜摩兰提出,只是在19世纪中叶以后,才真正取得了主导地位。该原则灵活高效,很快适应了19世纪后期经济发展的需要。现在,它已经成为确定合同准据法的首要原则。

第三个阶段是从20世纪中叶开始,一直持续到现今。该阶段将主观论和客观论相结合,先以当事人意思自治原则为主,而后以最密切联系原则为辅,两者有机结合确定合同准据法。这种做法既实现了法律适用的灵活性,又保证了确定性。因此,该阶段是合同法律适用相对成熟的时期。[1]

第二节 合同准据法的确定

一、合同准据法的特定概念

合同准据法按照字面理解是指依照冲突规范的指定用来调整国际合同关系的实体法。但如前所述,目前绝大多数国内立法和国际条约均采用分割论的思想,因此,合同准据法具有特定的含义,是指适用于合同的成立和效力的法律。合同的成立与效力是合同关系中最重要的实体问题,合同的成立是合同产生效力的前提;合同的效力是合同订立的目的;合同的法律适用是合同法律适用中最重要的问题。如无其他规定,合同当事人缔约能力和合同形式也往往适用合同成立与效力适用的法律。在英国,合同准据法曾被称为proper law,即国内目前国际私法学上通称的"合同自体法"(也有译为"合同特别法"或"合同适当法"的)。

二、合同准据法的适用范围

合同准据法是指适用于合同的"成立和效力"的法律。合同的成立和效力主要包括:要约、承诺、合同成立的时间、地点;当事人的权利和义务、违约方责任和债权人救济、合同内容合法性、对价、免责条款的有效性等内容。具体到各个国家国内立法、国际条约等层

---

[1] 吕岩峰:《国际私法教程》,吉林大学出版社2014年版,第173页。

面,表述又略有差异。2008年《罗马条例I》第12条第1款规定,合同的准据法主要用于支配如下问题:合同的解释;合同的履行;完全或部分不履行合同债务的后果,包括损失估算;合同债务消灭的各种方式,包括诉讼时效;合同无效的后果。类似规定也见于1971年《美国冲突法重述(第二次)》和1998年《突尼斯国际私法》。在我国,最高人民法院《关于审理涉外民事或商事合同纠纷案件法律适用若干问题的规定》第2条规定:本规定所称合同争议包括合同的订立、合同的效力、合同的履行、合同的变更和转让、合同的终止以及违约责任等争议。

三、合同准据法的确定方法

目前,合同法律适用正处于第三个发展阶段,即以当事人意思自治原则为主、最密切联系原则为辅,本部分主要围绕这两个原则的具体运用展开介绍。

(一) 当事人意思自治原则的具体运用

1. 当事人意思自治原则的产生与发展

当事人意思自治原则,是指根据合同当事人双方共同的意思表示来确定合同准据法的一项法律适用原则。它由16世纪的法国学者杜摩兰提出,英国曼斯菲尔德勋爵和美国马歇尔、杰克逊法官在随后的案件中都接受了意思自治原则。立法上,1865年《意大利民法典》放弃缔约地法,接受了意思自治原则,直至今日,大多数国家的国内立法和国际条约都接受了该原则。

2. 当事人意思自治原则的具体运用

(1) 当事人选择法律的时间范围。关于当事人选择法律的时间,虽然有人主张只能限制在缔约当时,并且一经选择便不得变更,如需变更,则必须订立新的合同。但是越来越多的国际公约和国内立法都表明,对当事人选择法律时间的限制越来越少,当事人可以在缔结合同时、缔结合同后、争议发生时甚至是争议解决过程中选择合同准据法。不过,无论在理论上还是在实践上,人们都主张,当事人在缔约后选择法律或者变更其选择的法律,均不得使合同归于无效或使第三人的利益受到损害。此外,在发生时际冲突时,按照不溯及既往原则和国际私法时际冲突一般立法处理,但允许当事人协议选择适用缔约时或者更新后的准据法。

(2) 当事人选择法律的方式。当事人选择法律的方式主要有明示和默示两种。前者是指当事人通过语言文字明确表达出来的选择法律的意图;后者是指通过合同的具体情况而表现出来的当事人选择法律的意图。对于明示选择,因其意思表达明确清楚,所以为采用当事人意思自治原则的国家所普遍接受。但对于默示选择,因其不易确定,各国秉持不同的态度。少数国家不承认默示选择。多数国家和有关的国际公约则承认默示选择。一般来讲,当事人默示选择的法律应当结合以下情况综合来考虑:合同中关于诉讼或仲裁地点的条款;合同使用的文字;合同中的特殊术语;合同的格式;合同或其争议的性质;合同的有效性;等等。在不同的国家之间推定默示选择的依据是有差异的。

(3) 当事人选择法律的空间范围。当事人选择法律的空间范围主要包括限制和不限制两种情况,前者主要是对当事人选择法律施以限制,即当事人只能选择与合同有客观联系的法律,这种主张主要是欧洲大陆流行的理论与实践,强调当事人只能使他们的合同受与其有内在联系的法律体系的支配。① 后者主要指对当事人选择法律不施加任何限制,是否与当事人或者争议有客观联系并不能成为选择法律无效的判断理由,主要由以英国为代表的国家所主张。目前绝大多数国家对当事人选择法律没有空间范围的限制。但也有少数国家法律明确规定对当事人选择法律施以空间限制。如 1804 年《法国民法典》规定,当事人不得选择与合同毫无实际联系的法律。美国也很重视空间范围的限制,根据《美国冲突法重述(第二次)》第 187 条第 2 款,只有在所选择的法律与当事人或交易有"重要联系"(substantial relationship)或其他"合理依据"(reasonable basis)的前提下,当事人的选择才会得到确认。

(4) 当事人选择法律的性质。对于当事人选择法律的性质,学界普遍认为,当事人根据意思自治协议选择的法律应当是实体法,而不应当包含程序法和冲突法。程序法属于一个国家的公法范畴,不属于法律选择的范围。在合同法律适用问题上,也不允许反致或转致,这也是目前大多数国家的国内立法以及国际条约一致认可的。新近探讨的问题是当事人是否可以协议选择非国家法,如国际条约、国际惯例或者国际示范法。《罗马条例 I》对此持肯定态度,其鉴于条款中规定:本条例并不阻止当事人将非国家法律或者国际条约纳入他们的合同。②

(5) 当事人选择法律的变更。当事人选择法律的变更也被称为"浮动选法",即是否允许当事人变更所选择的法律。目前绝大多数国家允许当事人事后变更其所选择的法律。但是当事人变更选择必须符合两方面的限制,其一是时间限制,这与一国对选择法律本身有无时间限制相同;其二是效果限制,当事人变更法律选择不得损害第三人的权利。如《罗马条例 I》第 3 条第 2 款规定:合同订立后,所作出的任何关于法律适用的变更,不得损害第 11 条所规定的合同形式的效力,也不得对第三人的权利造成任何不利影响。

3. 当事人意思自治原则的限制

早在当事人意思自治的观念产生之时,杜摩兰就指出,那些具有强制性的习惯,是不能依当事人的意图而排除其适用的。在后来的发展过程中,对当事人意思自治的限制,不仅成为人们的共识,而且成为各国的普遍实践。这主要表现在以下几个方面:

(1) 强制性规则的限制。一般说来,强制性规则是指那些不允许当事人通过协议加以贬损或毁弃的法律规则。它又被称为"直接适用的法"或"警察法"。其特点是,不需要经过冲突规范的援引或当事人的选择而直接予以适用,并且在其所调整的法律关系上必须予以适用。

当事人不能通过选择法律而排除原应适用于合同的法律的强制性规则,也不能选择与原应适用的法律的强制性规则相违背的法律,这可以说是杜摩兰创设的"祖训",并为后

---

① 〔德〕马丁·沃尔夫:《国际私法》,李浩培译,法律出版社 1988 年版,第 598 页。
② Article 13 of Regulation of Rome II: This regulation dose not preclude parties from incorporating by reference into their contract a non-state body of law or an international convention.

来的萨维尼等权威学者所承袭。各国立法大都对此作出了明确规定。20世纪70年代以来,强制性规则较多地被用于保护消费者、受雇人等弱方当事人利益的场合。

(2) 公共秩序的限制。运用公共秩序保留制度限制当事人意思自治是各国的通行做法。它要求当事人所选择的法律在内容或适用的结果上不得违反有关国家的公共秩序,否则便不予适用。公共秩序的限制虽因对公共秩序的内容难于把握而在适用上颇有不便,但它确实是维护有关国家的基本利益和基本政策的有力工具,有"安全阀"之称,因而为各国立法和判例所普遍采纳。目前国际上对违反法院地国公共秩序的认识比较统一,但对于违反外国的公共秩序是否构成公共秩序的限制认识并不一致。

(3) 合同特殊问题的限制。当事人意思自治原则被广泛地运用于合同准据法的确定之中,但是目前合同领域主要采用的是"分割论",也就是关于合同的成立和效力问题是合同准据法的调整范围,除此之外还有很多合同的特殊问题并不一定要遵循合同准据法的确定原则。因此,当事人意思自治也受到来自合同特殊问题的限制。通常意义上来讲,合同的特殊问题主要包括当事人的缔约能力、合同形式等问题,这些问题都有自身的准据法。

(4) 特殊合同的限制。尽管当事人意思自治原则已经被普遍接受,但在某些特殊的合同领域,仍然需要针对该领域的特殊性,遵从某种政策导向,确定特殊的冲突原则,以便实现对这些特殊合同的适当调整。这意味着,在这些特殊的合同领域,当事人意思自治原则未必是法律适用的首要原则,有时甚至是被排除适用的。例如,有关不动产的合同,一般都规定适用不动产所在地国家的法律;关于消费者合同和雇佣合同,一般都规定当事人选择法律的结果不得违反特定法律中所包含的保护消费者或受雇者的强行性规定。

(二) 最密切联系原则的具体运用

1. 最密切联系原则的产生发展

最密切联系原则,是指在当事人没有明示或默示选择合同准据法时,合同的成立与效力应适用与其有最密切联系的法域的法律。该理论的思想渊源是"法律关系本座说"。但依据该理论,每种法律关系的"最密切联系地"并不总是同一个,因为现实中的法律关系的具体情况千差万别,错综复杂,每个案件所要解决的具体问题也各不相同,因而与法律关系有着最密切联系的地点也不会一成不变。该理论被认为是对萨维尼学说的发展。

早在1858年,英国著名学者韦斯特莱克(J. Westlake)就主张合同应适用与之有最真实联系的国家法律。到20世纪中期,英国合同自体法(proper law)的主观论也受到了怀疑。在新形势下,戚希尔(G. C. Cheshire)积极主张运用最密切和最真实的联系的标准来确定适当法,英国著名国际私法学者莫里斯(Morris)也持有相同见解,从而开始了英国合同自体法的客观论时期。英国合同自体法理论自此在世界范围内取得了广泛认同,对其他国家国际私法的发展产生了积极影响。

在美国,第一次《美国冲突法重述》受到批判和冷落后,吉尔克(Gierke)首先提出"合同重心所在地"(center of gravity)的概念,表达了与韦斯特莱克同样的思想。20世纪50年代后,美国的司法实践进一步发展了该理论。纽约州法官富德(Fuld)在审理一个契约案件过程中正式使用了"重力中心"和"联系聚集"的概念,认为应极力找出法律关系本身的重力中心地或连结关系的聚集地,并适用这个地方的法律。

1971年,哥伦比亚大学教授里斯主持编纂了《美国冲突法重述(第二次)》。他根据判例中的"重力中心""联系聚集"等观念提出"最重要联系"的概念,主张法院在处理涉外案件时,应适用与案件的事实和当事人有最重要联系的那个地方的法律,并把这一思想贯穿到整个重述之中。因此,该理论在美国众多冲突法理论中居较为突出的地位。至此,最密切联系理论大体已经形成。

20世纪70年代以后,最密切联系理论在国内立法、司法和国际条约中得到广泛采用,不少国家甚至将最密切联系原则作为其国际私法的基本原则,运用最密切联系原则进行法律选择已经成为国际社会的普遍做法。最密切联系原则在欧洲也产生了重大影响。欧洲国家包括合同冲突法在内的国际私法立法也陆续开始采纳最密切联系原则,例如奥地利、土耳其、瑞士等。

2. 最密切联系原则的应用

最密切联系原则的优点在于:它考虑了与合同具有最密切联系的国家的法律,提高了合同法律适用的灵活性,有利于国际交往和公正合理地对待当事人的利益。最密切联系原则的不足在于:它需要法官综合考虑有关当事人和国家的各种联系因素;它赋予法官较大的自由裁量权,容易导致主观性,减损了合同法律适用的确定性和可预见性,并可能影响案件审判结果的公正。因此,对待最密切联系原则,立法者应当考虑最大限度地发挥其优点,同时对其缺点要加以控制,防止滥用和司法弹性过大造成的不可控。

(1) 欧洲模式。在欧洲,特征性履行方法作为最密切联系原则的具体化方法被提出来。特征性履行学说,是指在当事人未选择合同准据法时,适用与合同特征性债务履行人具有最密切联系的国家的法律,通常是其住所地法、惯常居所地法或者营业中心地法。特征性履行或称特征履行说一般被认为是瑞士学者施尼泽(Adolf F. Schnitzer)最早创立的。

施尼泽在其1955年的著作中,以1908年《佛罗伦萨草案》、1926年《波兰国际私法》和1948年《捷克斯洛伐克国际私法》的立法为例,以形式逻辑为指导,对特征性履行方法进行了进一步的概括和提炼,提出了"特征性履行方法"是一种"现代理论"的研究结论,从而使"特征性履行方法"这个国际私法法律选择的个别方法,上升到的具有普遍指导意义的一般方法。施尼泽的研究大大提升了"特征性履行方法"的理论价值,提高了"特征性履行方法"在当代国际私法法律选择中的地位,丰富了当代国际私法法律选择方法的理论。

在国内法上,早在1908年,《佛罗伦萨草案》就吸收了特征性履行的思想。1965年《波兰国际私法》、1964年《捷克斯洛伐克国际私法与国际民事诉讼法》以及原民主德国的《国际私法》立法,均采纳了特征性履行方法作为确定合同法律适用的方法。此后,欧洲大陆法系其他一些国家,如波兰、奥地利、南斯拉夫等国纷纷效仿,将特征性履行方法纳入其国际私法立法之中。

目前,特征性履行方法已经为欧洲大陆国家及受其影响法域的合同冲突法立法所普遍采用。

在国际立法方面,最早体现特征性履行方法思想的范例是由欧洲国家所积极倡导和推动的1955年海牙《关于国际货物买卖法律适用公约》。该《公约》第3条规定,如果买卖合同当事人未指定应适用的法律,依卖方收到订单时惯常居所地国家的国内法。该《公约》所规定的"卖方收到订单时惯常居所地国家的国内法",实质上就是根据特征性履行方法所确定的承担特征性履行义务的当事人的住所地或者惯常居所地的法律。

最密切联系原则与特征性履行方法相结合的立法例有三种:

第一,除当事人意思自治选择法律外,直接依据特征性履行方法,明确规定具体合同的法律适用,特征性履行方法直接代替最密切联系原则。例如,1964年《捷克斯洛伐克国际私法与国际民事诉讼法》第10条规定:当事人未选择法律时,应适用下列法律:① 买卖及物品加工供应合同,依缔结合同时卖方或加工者所在地(或住所地)法;② 不动产的合同,依不动产所在地法;③ 运送合同(运送合同、发货合同及其他合同),依缔结合同时承运人或发货人所在地(或住所地)法;④ 保险合同,包括不动产的保险合同,依缔结保险合同时,保险人所在地(或住所地)法;⑤ 批发合同和类似合同,依缔结合同时批发商所在地(或住所地)法;⑥ 商业代理及经纪合同,依缔结代理合同时代理人或经纪人所在地(或住所地)法;⑦ 多边商业交易合同,依支配其整个关系最为合理的法律。

第二,将最密切联系原则与特征性履行方法结合起来,通过特征性履行方法确定最密切联系地。例如,1978年《奥地利国际私法》第1条规定:"(一)与外国有连结事实,在私法上,应依与该事实有最密切联系的法律裁判。(二)本联邦法规(国际私法)所包括的适用法律的具体规则,应认为体现了这一原则。"该法第35条第2款规定:"凡未作法律的协议选择,或虽作出而不为联邦法规所承认者,概依第36—49条的规定解决。"该法第36条和第37条明文规定了特征性履行方法,指明了若干具体合同的法律适用。

第三,最密切联系原则、特征性履行方法与更密切联系例外相互结合。在这种立法例中,特征性履行是确定最密切联系地的方法,法律会明确列举出特征性履行确定的相关合同的准据法,但是在存在更密切联系的法律的情况下,允许适用该例外条款。

1987年《瑞士联邦国际私法法规》第117条在规定了最密切联系原则后,进而以特征性履行在涉及特征性履行方法的部分,结合5种合同,分别规定了各自的特征性履行行为,使法院可以非常便利地依照立法规则,为每一种合同找到所对应的应适用的法律。"(1)转让所有权合同中转让人的转让。(2)使用某物或某种权利的合同中,给予使用的当事人的履行。(3)委托、承揽或其他劳务合同中,劳务的提供。(4)仓储合同中保管人的履行。(5)担保或保证合同中,担保或保证人的履行。"同时,该法第15、18、19条规定了包括更密切联系在内的一系列例外条款。①

---

① 《瑞士联邦国际私法法规》第15条规定:根据所有情况,如果案件与本法指定的法律联系并不密切,而与另一项法律的联系明显地更为密切的,则可作为例外,不适用本法所指定的法律。第18条规定:根据立法宗旨和案情,案情显然有必要适用瑞士法律的,则适用瑞士法律。该法第19条规定:当合法利益需要予以保护,并且显然诉讼与某外国法律有着非常密切的联系,有必要适用该项法律时,根据法律的立法宗旨和法官的自由裁量权,可不适用本法指定的法律而适用该法律。

(2) 美国模式。美国冲突法没有采用特征性履行学说,关于合同法律适用的规定主要体现在《美国冲突法重述(第二次)》第八章之中。具体思路是允许当事人对合同的法律适用进行选择,在当事人没有选择的情况下,会通过最密切联系原则的指引,找到与案件有最密切联系地的法律,因此这也是将最密切联系原则具体化的一种方法。区别在于,在适用最密切联系原则的时候,法官要考虑总则中第6条确定准据法的一般原则,并将这些原则最终落实到第188条第2款的范畴内进行考虑。最终确定合同的法律适用。具体规定如下:

《美国冲突法重述(第二次)》第187条是关于当事人意思自治的规定,在当事人没有选择法律的情况下,应当适用第188条规定。该重述第188条第1款规定,当事人与合同的某个问题有关的权利义务,依在该问题上,按照第6条规定的原则,与该交易及当事人有重要联系的那个州的本地法。同时,第2款规定,当事人未对法律作有效选择时,适用第6条的原则以确定准据法时应考虑的联系应包括:合同缔结地;合同谈判地;合同履行地;合同标的物所在地;当事人的住所、居所、国籍、公司成立地以及营业地。对这些联系将按照其对该特定问题的重要程度加以衡量。

在当事人没有选择法律的情况下,第188条通过与《美国冲突法重述(第二次)》第6条规定的法律选择的原则相联系,最终确定了最密切联系原则指向的准据法所在地。《美国冲突法重述(第二次)》第6条规定,确定准据法应当考虑的因素有:州际及国际体制的需要;法院地的相关政策;其他利害关系州的相关政策以及在决定特定问题时这些州的有关利益;对正当期望的保护;特定领域法律所依据的政策;结果的确定性、可预见性和一致性;将予适用的法律易于确定和适用。

这种将最密切联系原则具体化的方式与欧洲大陆存在不同,他要求法官在当事人没有选择法律的情况下考虑《美国冲突法重述(第二次)》第6条规定的七点因素,并结合这些因素在第188条第2款规定的几个连结点,如合同缔结地、合同谈判地、合同履行地、标的物所在地等中进行选择,最终确定最密切联系地。同时,《美国冲突法重述(第二次)》也规定了例外条款。

(3) 两大法系之比较。从上述分析显示美国和欧洲在合同领域都采用意思自治原则和最密切联系原则,在当事人没有选择法律的情况下,都是通过最密切联系原则最终确定合同的准据法,并且都采用推定性规则。只不过美国不是依据特征性履行方法,而是往往直接指向债务履行地法等,欧洲采用特征性履行方法,往往指向特征性履行债务人住所地或惯常居所地法。

此外,美国和欧洲都采用了明显更重要联系例外,对于具体列举范围以外的其他合同:欧洲往往回到特征性履行和最密切联系原则,美国则回到最密切联系原则。

两者的不同之处在于,美国的最密切联系原则除了考虑客观事实上的场所化因素外,还可能考虑有关各州法律适用的政策和利益,因此,更具不确定性;欧洲的最密切联系原则一般主要考虑客观事实上的场所化连结因素,因此,具有更大的确定性。

在最密切联系原则的适用上,由于欧洲已经将具体的确定方法固定在立法上,法官自由裁量的空间比较小,仅在例外条款的适用上有裁量权。而美国不同,因为法律规定法官可以通过第6条规定的参考因素进行全方面考量,因此最密切联系原则的具体化实际上是一个法官自由裁量与法律规定相结合的过程。法官不仅在例外条款上有自由裁量的空间,在确定最密切联系原则的过程中也有自由裁量权。相比之下,欧洲法官就要受到特征性履行原则的明确的指引,自由裁量权相对小一些。

(三) 我国的相关规定与实践

我国关于合同法律适用的规定存在于《民法通则》及其司法解释、《合同法》《民用航空法》《海商法》《票据法》《涉外民事法律关系适用法》等几部法律之中。这些法律对当事人意思自治原则和最密切联系原则的具体运用进行了规定。

1. 当事人意思自治原则

(1) 当事人意思自治原则的具体运用。在我国,当事人意思自治原则是合同法律适用的主要原则,这在多部法律当中都有体现,如《涉外民事关系法律适用法》《民法通则》《合同法》《海商法》等,应该说经过《涉外民事关系法律适用法》和相关司法解释的细化之后,目前我国当事人意思自治原则的规定趋于完善。

第一,当事人选择法律的方式。我国《涉外民事关系法律适用法》第3条对当事人选择涉外民事关系适用的法律的方式作出了原则性规定,即应当以"明示"的方式进行[①],不承认默示的方式。也就是不能从合同条款、合同整体、合同交易、合同争议本身推定当事人默示选择法律。然而,司法实践中存在一种特殊情况,即当事人并没有以书面或者口头等明确的方式对适用法律作出选择,但在诉讼过程中,各方当事人均援引相同国家的法律且均未对法律适用问题提出异议,在这种情况下,我国法院一般会认定当事人已经就涉外民事关系应当适用的法律作出了选择,即适用该法作出裁判。最高人民法院《关于适用〈中华人民共和国涉外民事关系法律适用法〉若干问题的解释(一)》(以下简称《司法解释(一)》)第8条第2款对此作出了明确规定。[②]

第二,当事人法律选择的时间。各国立法普遍规定,当事人在一定程度上可以自行决定选择法律的时间,并在法律允许的范围之内变更选择。在我国,根据《司法解释(一)》第8条规定:当事人在一审法庭辩论终结前协议选择或者变更选择适用的法律的,人民法院应予准许。各方当事人援引相同国家的法律且未提出法律适用异议的,人民法院可以认定当事人已经就涉外民事关系适用的法律作出了选择。根据上述规定,当事人可以在缔结合同当时选择法律,也可以在发生纠纷之后选择法律,还可以在案件受理之后选择法律,只要选择法律的行为或者变更法律选择的行为发生在一审法庭辩论终结之前。这项规定与国际上通行做法相一致。

---

① 我国《涉外民事关系法律适用法》第3条规定:"当事人依照法律规定可以明示选择涉外民事关系适用的法律。"

② 最高人民法院《关于适用〈中华人民共和国涉外民事关系法律适用法〉若干问题的解释(一)》第8条第2款规定:"各方当事人援引相同国家的法律且未提出法律适用异议的,人民法院可以认定当事人已经就涉外民事关系适用的法律作出选择。"

第三,当事人选择法律的范围。当事人选择法律的范围包括空间范围和内容范围。空间范围的限制规定在《司法解释(一)》第7条:一方当事人以双方协议选择的法律与系争的涉外民事关系没有实际联系为由主张选择无效的,人民法院不予支持。当事人法律选择的内容范围规定在《涉外民事关系法律适用法》第9条:涉外民事关系适用的外国法律,不包括该国的法律适用法。同时《司法解释(一)》第9条规定:当事人在合同中援引尚未对中华人民共和国生效的国际条约的,人民法院可以根据该国际条约的内容确定当事人之间的权利义务,但违反中华人民共和国社会公共利益或中华人民共和国法律、行政法规强制性规定的除外。因此,在法律选择的范围方面,我国并不强调选择的法律要与案件有实际联系。但是当事人选择的外国法不能包括外国的冲突法。《司法解释(一)》也明确认可当事人在合同中援引尚未对我国生效的国际条约的情况,但违反我国社会公共利益和强制性规定的情况除外。

(2) 当事人意思自治原则的限制。

第一,特殊合同的限制。《司法解释(一)》第6条规定,中华人民共和国法律没有明确规定当事人可以选择涉外民事关系适用的法律,当事人选择适用法律的,人民法院应认定该选择无效。

根据我国《涉外民事关系法律适用法》第41条、《民法通则》第145条、《合同法》第126条以及《海商法》第269条等规定,合同当事人可以选择合同适用的法律,法律另有规定的除外。合同领域是《司法解释(一)》第6条所指出的法律明确规定当事人可以选择法律的民事领域。当然并不是所有的涉外合同都可以由当事人选择法律,还有一些例外情况。

最高人民法院《关于审理涉外民事或商事合同纠纷案件法律适用若干问题的规定》第8条规定:"在中华人民共和国领域内履行的下列合同,适用中华人民共和国法律:(一) 中外合资经营企业合同;(二) 中外合作经营企业合同;(三) 中外合作勘探、开发自然资源合同;(四) 中外合资经营企业、中外合作经营企业、外商独资企业股份转让合同;(五) 外国自然人、法人或者其他组织承包经营在中华人民共和国领域内设立的中外合资经营企业、中外合作经营企业的合同;(六) 外国自然人、法人或者其他组织购买中华人民共和国领域内的非外商投资企业股东的股权的合同;(七) 外国自然人、法人或者其他组织认购中华人民共和国领域内的非外商投资有限责任公司或者股份有限公司增资的合同;(八) 外国自然人、法人或者其他组织购买中华人民共和国领域内的非外商投资企业资产的合同;(九) 中华人民共和国法律、行政法规规定应适用中华人民共和国法律的其他合同。"虽然该司法解释已经被废止,但是实践中,这几类合同仍不可以由当事人选择法律。

第二,强制性法律的限制。强制性法律,一般是指本国法律中明确规定某类法律关系应直接适用某法律规定,不允许当事人选择,也不允许当事人通过约定排除适用,法院在审理案件过程中也不必通过本国冲突规则的指引而予以直接适用的法律。强制性法律一定包含了本国社会公共利益的考量。近年来,越来越多的国家规定某些涉外民商事法律关系必须适用某些特别法、强行法、禁止性规范,从而排斥外国法的适用,这是国家对社会经济生活的干预在国际私法法律适用领域中的一个突出表现。例如,反垄断法、外汇管制法、外贸管制法、价格法、社会保障法、消费者权益保护法等,一般旨在保护本国经济秩序或对某类利益进行特殊保护,这些领域的法律对涉外民事关系有重大影响。

我国《涉外民事关系法律适用法》及《司法解释(一)》结合上述情况,除对何为我国法律的强制性规定进行了一般性描述外,还以不完全列举的方式解决了可操作性问题,列举排序是根据法律与民生的相关程度进行的。根据《涉外民事关系法律适用法》第4条规定,中华人民共和国法律对涉外民事关系有强制性规定的,直接适用该强制性规定。同时《司法解释(一)》第10条规定:有下列情形之一,人民法院应当认定为《涉外民事关系法律适用法》第4条规定的强制性规定:涉及劳动者权益保护的;涉及食品或公共卫生安全的;涉及环境安全的;涉及外汇管制等金融安全的;涉及反垄断、反倾销的;应当认定为强制性规定的其他情形。

第三,法律规避的限制。法律规避是指国际民商事法律关系的当事人为利用某一冲突规范,故意改变连结点所指向的事实,以避免本应适用的法律,从而使对自己有利的法律得以适用的一种逃法或脱法行为。这种当事人选择法律的行为应当受到限制。我国《司法解释(一)》第11条规定,一方当事人故意制造涉外民事关系的连结点,规避中华人民共和国法律、行政法规的强制性规定的,人民法院应认定为不发生适用外国法律的效力。当事人不得通过法律选择来规避我国法律法规中的强制性规定。

第四,公共秩序保留的限制。公共秩序保留是指法院依冲突规范指引本应适用某一外国法作为准据法审理案件,但是该外国法本身的规定或者其适用的结果违背法院地国的公共秩序,则可以排除外国法的适用。如果当事人选择的法律违背了法院地国的公共秩序,则可以排除该法律的适用。在我国,根据《涉外民事关系法律适用法》第5条规定,外国法律的适用将损害中华人民共和国社会公共利益的,适用中华人民共和国法律。这说明当事人选择法律适用的结果与我国公共利益不相符的情况下,该法律也不会得到适用。

2. 最密切联系原则的具体运用

在当事人没有选择合同准据法的情况下,我国也采取了国际上通常的做法,用最密切联系原则确定合同准据法,该原则是当事人意思自治原则的补充。应该说在《司法解释(一)》颁布之前,我国一直是按照欧洲大陆的模式来适用最密切联系原则。但是由于《司法解释(一)》的出台,最高人民法院清理了一些司法解释,致使原本相对比较完善的最密切联系原则的法律适用体系受到破坏。

在我国《涉外民事关系法律适用法》出台之前,《民法通则》与《合同法》都规定了最密切联系原则作为当事人意思自治的补充。为了能够使最密切联系原则具体化并具有可操作性,最高人民法院于2007年出台了《关于审理涉外民事或商事合同纠纷案件法律适用若干问题的规定》。该规定第5条规定,人民法院根据最密切联系原则确定合同争议应适用的法律时,应根据合同的特殊性质,以及某一方当事人履行的义务最能体现合同的本质特性等因素,确定与合同有最密切联系的国家或者地区的法律作为合同的准据法。(1)买卖合同,适用合同订立时卖方住所地法;如果合同是在买方住所地谈判并订立的,或者合同明确规定卖方须在买方住所地履行交货义务的,适用买方住所地法。(2) 来料加工、来件装配以及其他各种加工承揽合同,适用加工承揽人住所地法。(3) 成套设备供应合同,适用设备安装地法。(4) 不动产买卖、租赁或者抵押合同,适用不动产所在地法。(5) 动产租赁合同,适用出租人住所地法。(6) 动产质押合同,适用质权人住所地法。(7) 借款合同,适用贷款人住所地法。(8) 保险合同,适用保险人住所地法。(9) 融资租赁合同,适用承租人住所地法。(10) 建设工程合同,适用建设工程所在地法。(11) 仓储、保管合同,适用仓储、保管人住所地法。(12) 保证合同,适用保证人住所地法。(13) 委托合同,适用受托人住所地法。(14) 债券的发行、销售和转让合同,分别适用债券发行地法、债券销售地法和债券转让地法。(15) 拍卖合同,适用拍卖举行地法。(16) 行纪合同,适用行纪人住所地法。(17) 居间合同,适用居间人住所地法。如果上述合同明显与另一国家或者地区有更密切联系的,适用该另一国家或者地区的法律。通过《合同法》《民法通则》与《司法解释(一)》,我国也构建起关于最密切联系原则法律适用的体系,即以特征性履行作为最密切联系原则的具体化方式,以更密切联系作为例外条款。

然而,我国《涉外民事关系法律适用法》改变了上述法律适用格局,该法第41条规定,当事人没有选择法律的情况下,适用履行义务最能体现该合同特征的一方当事人经常居所地法律或者与该合同有最密切联系的法律。最密切联系原则与特征履行说的关系从之前的递进变为并列。这无形中改变了之前法律的措辞和已经形成的关于最密切联系法律的适用体系。与此同时,《司法解释(一)》也明确了《涉外民事关系法律适用法》相较于《民法通则》和《合同法》的优先地位①,亦即法官在审理涉外合同案件时要优先适用《涉外民事关系法律适用法》第41条的规定。同时最高人民法院清理了包括2007年最高人民法院《关于审理涉外民事或商事合同纠纷案件法律适用若干问题的规定》在内的若干司法解释。这就意味着,利用特征履行来具体化最密切联系原则的规则被废止。至此,我国之前相对比较完善的最密切联系原则法律适用体系遭到了破坏。立法的频繁变动,以及具体化规则的废止导致了目前我国司法实务界对最密切联系原则的适用效果也不尽如人意。②

3. 国际条约和国际惯例的适用

(1) 国际条约的适用。依据我国法律,我国参加的统一实体法公约可以在中国直接适用,在存在统一实体法公约并且公约对相关问题有明确规定的情况下,法官需要适用公约的相关规定。当中国的法律与实体法条约内容不一致的情况下,公约具有一定的优先性。当事人也可以在合同中选择尚未生效的和我国并没有加入的国际公约。

有些情况下当事人会在合同中约定适用国际条约,《司法解释(一)》第4条对此进行了规定:"涉外民事关系的法律适用涉及适用国际条约的,人民法院应当根据《中华人民共

---

① 《司法解释(一)》第3条规定:涉外民事关系法律适用法与其他法律对同一涉外民事关系法律适用规定不一致的,适用涉外民事关系法律适用法的规定……

② 田洪鋆:《多维视角下最密切联系原则在我国的适用及反思》,载《中国国际私法与比较法年刊》(2015年卷),法律出版社2016年版。

和国民法通则》第142条第2款以及《中华人民共和国票据法》第95条第1款、《中华人民共和国海商法》第268条第1款、《中华人民共和国民用航空法》第184条第1款等法律规定予以适用,但知识产权领域的国际条约已经转化或者需要转化为国内法律的除外。"上述条款普遍规定,中华人民共和国缔结或者参加的国际条约同中华人民共和国的民事法律有不同规定的,适用国际条约的规定,但中华人民共和国声明保留的条款除外。

需要特别指出的是,由于国际上普遍承认知识产权的地域性原则和各国独立保护原则,我国对 WTO 项下的《TRIPS 协定》采取了转化适用的模式,且《TRIPS 协定》以外的知识产权领域的国际条约通常规定的是最低保护标准而不是完全统一的具体规则,因此,知识产权领域的司法实践中,在国内法与国际条约有不同规定的情况下,不一定优先适用国际条约的规定。鉴于此,《司法解释(一)》第4条增加了"但知识产权领域的国际条约已经转化或者需要转化为国内法律的除外"的规定。

司法实践中当事人在合同等法律文件中援引尚未对我国生效的国际条约,人民法院一般会尊重当事人的选择,但同时也有不同观点认为,既然是对我国尚未生效的国际条约,该条约对我国没有拘束力,不能将其作为裁判的法律依据,即我国法院不能将其作为国际条约予以适用。怎样看待这种情形更合理呢?《司法解释(一)》在讨论稿中确有不同认识:一种观点认为,这种情形可以作为当事人约定适用"外国法律"的情形对待。第二种观点认为,可以把这类国际条约视为国际惯例。第三种观点认为,应当视这类国际条约为构成当事人之间合同的组成部分,据以确定当事人之间的权利义务,这样也可以解决如何对待当事人援引一些不具有拘束力的国际示范法、统一规则等产生的问题。《司法解释(一)》最终采纳了第三种观点。

(2) 国际惯例的适用。我国对于国际惯例的适用也是比较开放的。《司法解释(一)》第5条规定:"涉外民事关系的法律适用涉及适用国际惯例的,人民法院应当根据《中华人民共和国民法通则》第142条第3款以及《中华人民共和国票据法》第95条第2款、《中华人民共和国海商法》第268条第2款、《中华人民共和国民用航空法》第184条第2款等法律规定予以适用。"

我国《民法通则》等相关条款规定:"中华人民共和国法律和中华人民共和国缔结或者参加的国际条约没有规定的,可以适用国际惯例。"上述规定表明人民法院可以适用国际惯例审理案件,但前提是我国在这方面缔结或参加的国际条约没有规定。

第三节 合同形式与缔约能力的法律适用

合同形式与缔约能力是合同关系中两个具有相对独立性的问题。在采用分割论方法解决合同法律适用问题的时候,通常将合同形式、当事人缔约能力与合同的成立、效力问题进行区分,从而确定不同的法律适用原则。

一、合同形式的法律适用

合同形式是当事人订立合同的意思表示的方式,它决定着合同的形式有效性问题。各国法律对合同形式都有一定的要求,合同只有符合法律规定的要求,才在形式上具有效力。合同形式分为两种:口头形式与书面形式。此外根据法律规定或者当事人的约定,有些合同需要采取见证、公证、登记或者批准等特殊形式。由于各国在合同形式上存在不同的规定和要求,所以在国际合同法律关系中,就会发生合同形式方面的法律冲突问题。

传统上,根据场所支配行为的原则,各国普遍在合同形式问题上采用缔约地法,这在当时的交易环境之下,对保障交易的安全非常有利。后来随着经济的发展、交通工具的发达、合同种类的增多,交易安全不再是人们关注的主要问题,便捷性和效率成了合同法律适用优先考虑的问题,这给合同形式方面的法律规定也带来了一些影响和变化。

目前,国际上关于合同形式法律适用的一般趋势是,依据合同准据法、缔约地法、当事人属人法任何一个为有效,即为有效。如《美国冲突法重述(第二次)》第 199 条规定,缔结有效合同所需的形式,依合同准据法,但是,符合当事人签署合同地所要求的形式通常将被接受。1978 年《奥地利国际私法》第 8 条规定:"法律行为的方式,依支配该法律行为本身的同一法律;但符合该法律行为发生地国对方式的要求者亦可。"1987 年《瑞士联邦国际私法法规》第 124 条第 2 款规定:位于不同国家的当事人订立的合同的形式,只要符合其中任何一国的法律规定,即为有效。此外,还有的国家将法院地法也包括在这一选择性冲突规范之中。1979 年《匈牙利国际私法》第 30 条规定:合同形式可以适用合同准据法、法院地法、合同订立地法或预期法律效果发生地法来决定其有效性。但也存在特别规定,如消费者合同适用消费者惯常居所地法,不动产合同适用不动产所在地法。

二、当事人缔约能力的法律适用

当事人缔约能力是指合同当事人订立和履行合同的行为能力。当事人的缔约能力通常会受到年龄和精神状况的影响,各国法律都对未成年人和禁治产人的缔约能力进行规定,但由于各国采取的标准存在不同,因此,在涉外合同当事人的缔约能力问题上便会发生法律冲突。

最初,当事人属人法是解决缔约能力问题的一般原则。如在 14 世纪,巴托鲁斯就提出了缔约能力依据当事人所属城邦的法律。但由于仅依据属人法来判断当事人的缔约能力有时会对交易产生严重的影响,甚至会使善意相对人蒙受损失。[①] 随后,国际上便有选择适用当事人属人法或合同缔结地法的做法。如 1896 年《德国民法施行法》第 7 条规定:"人之行为能力,依其本国法。……外国人依其本国法为无能力或者限制能力的,而依德国法为有能力者,就其在德国所谓之法律行为视为有能力。"

---

① 李双元:《国际私法(冲突篇)》,武汉大学出版社 1987 年版,第 270 页。

目前国际上关于当事人缔约能力法律适用的总体趋势是,依据当事人属人法、合同缔结地法、合同准据法任何一个为有能力,即为有能力。有的国家规定,对于依据属人法为无能力,而依据行为地法为有能力,只有缔约相对人在缔约时明知或者由于疏忽而不知其依据属人法为无能力时,才可以作为抗辩。但同时也存在特别规定,有的国家对于不动产合同作出特别规定。例如,泰国立法规定,不动产合同当事人的法律行为能力,适用不动产所在地法。

三、中国关于合同形式和缔约能力的规定

我国最高人民法院在2007年出台的《关于审理涉外民事或商事合同纠纷案件法律适用若干问题的规定》第2条规定,合同争议包括合同的订立、合同的效力、合同的履行、合同的变更和转让、合同的终止以及违约责任等争议。这说明当时我国关于合同法律适用也是采取的分割论。我国《涉外民事关系法律适用法》第41条仅支配合同的成立和效力,对于合同的形式和缔约能力等问题要区别看待。

(一) 合同形式的法律适用

目前我国法律没有对合同形式的法律适用作出特别的规定,实践中会适用合同缔结地法或者合同准据法确定合同的形式。值得一提的是,在1999年《合同法》出台之前,我国法律明确要求涉外民事合同必须使用书面形式。在我国参与的国际条约中也体现了相应的态度。如我国在加入《联合国国际货物销售合同公约》时对其中的合同形式作出了保留。后来随着经济的不断发展,对合同形式的要求不断放松,我国法律不再强制要求涉外合同必须要使用书面形式,同时也对《联合国国际货物销售合同公约》的相关保留作出了撤回。所以对于合同形式问题,我国是采取尽量使之有效的态度。

(二) 缔约能力的法律适用

我国并没有关于合同当事人缔约能力法律适用的特殊规定,当事人的缔约能力统一规定在《涉外民事关系法律适用法》的第12条和第14条之中。其中关于自然人的行为能力适用经常居所地法律,如果依据经常居所地法律为无民事行为能力人,依照行为地法律为有民事行为能力的适用行为地法。[①] 我国在属人法上目前普遍采用经常居所地作为连结点,同时也采取了行为地和属人法同时适用的做法。在法人及其分支机构的行为能力问题上,适用登记地法,法人的主营业地与登记地不一致的,可以适用主营业地法律。法人的经常居所地为其主营业地。[②]

[①] 我国《涉外民事关系法律适用法》第12条规定:"自然人的民事行为能力,适用经常居所地法律。自然人从事民事活动,依照经常居所地法律为无民事行为能力,依照行为地法律为有民事行为能力的,适用行为地法律,但涉及婚姻家庭、继承的除外。"

[②] 我国《涉外民事关系法律适用法》第14条规定:"法人及其分支机构的民事权利能力、民事行为能力、组织机构、股东权利义务等事项,适用登记地法律。法人的主营业地与登记地不一致的,可以适用主营业地法律。法人的经常居所地,为其主营业地。"

思考题

1. 简述意思自治原则在确定合同准据法方面的重要地位。
2. 依特征履行说来解决合同准据法的选择,目前在哪两个方面存在有理论和实践的分歧?
3. 对于国际合同当事人的缔约能力应适用的法律,在国际私法上有哪几种主要学说?
4. 对于涉外合同形式的法律适用,目前有哪几种主要实践?
5. 如何解决涉外合同成立的法律适用问题?

第十二章 典型国际合同法律适用的具体制度

学习目标：通过学习本章，掌握国际货物买卖、国际货物运输、国际货物运输保险、国际贸易支付、国际技术转让、国际私人直接投资、国际电子商务等涉外民商事关系中法律选择的基本问题。

教师导读：在涉外合同领域中，有一些合同因为存在统一实体法的调整，进而需要考虑国际条约、国际惯例对这些合同的调整。本章的学习能使我们了解人类在推动统一实体法发展过程中所付出的努力以及这些努力在相关国际合同中的体现。

建议学时：6学时

第一节 国际货物买卖合同的法律适用

一、国际货物买卖合同及其主要内容

国际货物买卖合同，也称国际货物销售合同，是指营业所位于不同国家的当事人之间就货物的进出口交易所达成的协议。国际货物买卖合同的缔结是通过要约和承诺来完成的。合同的内容是由双方当事人通过协商来确定的。根据国际货物买卖的特点和交易规则，国际货物买卖合同主要由三个部分构成：效力部分、权利义务部分和争议解决部分。效力部分一般由合同的首尾两部分构成。首部主要载明合同的名称、编号、签约日期和地点、双方当事人的基本信息。尾部主要包括合同使用的文字、各种版本的效力、正本的份数、合同生效的条件和日期、合同修改的方式以及双方当事人的签字。权利义务部分由合同的实质条款构成，是对双方当事人权利义务的具体规定，这部分主要由标的物条款、价格条款、运输条款、商检条款、保险条款、支付条款、免责不可抗力条款以及违约责任条款构成。争议解决部分主要是规定法律适用、索赔和解决争议的程序等方面的问题。

国际货物买卖合同的法律适用允许当事人意思自治，当事人既可以选择某一个国家的法律作为合同准据法，又可以选择相关的国际条约作为准据法。在当事人没有选择的情况下，合同有可能适用国内法、国际条约和国际惯例。国际条约主要包括实体法公约——1980年《联合国国际货物销售合同公约》和冲突法公约——1985年《联合国国际货物销售合同法律适用公约》，国际惯例主要是指国际商会的《国际贸易术语解释通则》。上述三方面在国际货物买卖实务中配合各国立法构成了合理而完整的法律适用体系。

二、调整国际货物买卖合同的国际法律规范

（一）《联合国国际货物销售合同公约》

《联合国国际货物销售合同公约》共 101 条，包括适用范围、合同订立、权利义务等各项内容。

1. 公约的适用范围

第一，公约采用营业地标准来判断合同的国际性。公约仅适用于营业地在不同国家之间的当事人订立的货物销售合同，并且必须同时具备下面的两个条件之一：双方当事人的营业地都在缔约国境内，或者根据国际私法规则导致适用某一缔约国的法律。需要注意的有两点：其一，当事人的国籍不是判断标准，即便当事人具有同一国籍，但营业地位于不同的国家，就会受到公约的支配。其二，如果货物销售合同的一方或双方的营业地在一个非缔约国的境内，但是根据国际私法规则，合同应当适用某一缔约国的法律，那么合同也会受到公约的支配，此举旨在扩大公约的适用范围。

第二，公约排除了一些特殊标的物的货物买卖。《联合国国际货物销售合同公约》第 2 条明确规定该公约不适用于以下货物的销售：(1) 供私人、家人或家庭使用的货物的销售，除非卖方在订立合同前任何时候或订立合同时不知道而且没有理由知道这些货物的购买是供这种使用的；(2) 经由拍卖的销售；(3) 根据法律执行令状或其他令状的销售；(4) 公债、股票、投资证券、流通票据或货币的销售；(5) 船舶、气垫船或飞机的销售；(6) 电力的销售。

同时，《公约》第 3 条还规定，公约不适用于供应货物一方的绝大部分义务在于提供劳力或其他服务的合同。这样就把来料加工合同、来件装配合同和劳务合同明确地排除在公约的适用范围之外。公约也不适用于卖方由于货物对任何人所造成的死亡或伤害的责任即产品责任。

2. 合同的形式和成立

公约在合同形式方面采取了比较宽松的规定，合同无需以书面订立或书面证明，在形式方面也不受任何其他的限制。在加入该公约最初的时候，我国对该项规定作出了保留，但随着我国《合同法》的出台，我国对国际货物买卖合同形式方面的要求也放宽了，因此该项保留被撤回。值得注意的是，非书面合同有效的效力仅及于合同的成立，至于合同的更改或终止的协议则必须是书面的。

关于合同成立方面的规定集中于公约的第二部分，主要内容涉及要约和承诺的相关规则，以及合同成立的时间。《公约》第 23 条规定，合同于按照本公约规定对要约的接受生效时订立，即国际货物买卖合同自承诺到达要约人时成立。

3. 买卖双方的权利和义务

《联合国国际货物销售合同公约》对买卖双方的权利义务作了明确而细致的规定。卖方的义务主要包括交付货物、移交一切与货物有关的单据，以及转移货物所有权，保证货物与合同的规定相符并且没有权利瑕疵等。买方的义务主要是支付价款和收取货物。此

外,公约还就风险的转移、预期违约和分批交货、损害赔偿、利息、免责、宣告合同无效的效果、保全货物等方面所涉及的买卖双方的义务作了一般的规定。

(二)《国际货物销售合同法律适用公约》

《国际货物销售合同法律适用公约》是1986年12月22日在海牙国际私法会议上正式通过的。在起草该公约的过程中,充分考虑了它与1980年《联合国国际货物销售合同公约》的配套和衔接关系,因而它所适用的国际货物销售合同亦以当事人营业地在不同的国家为条件,它所调整的销售合同种类,基本上也与后者的规定相同。该公约还规定,它不确定以下问题的准据法:(1)合同当事人的行为能力或因某一当事人无能力而导致合同无效或撤销的后果;(2)代理人能否约束本人或某一机关能否约束某一法人或非法人公司或团体;(3)所有权的转移;(4)买卖对当事人以外的任何人所发生的效力;(5)关于仲裁或选择法院的协议,即使此种协议已载入合同。

公约规定,国际货物销售合同应受当事人所选择的法律支配。这种选择必须是明示的或能从合同条款和具体案情得到表现的。合同当事人可以约定将合同的一部分或全部置于他们选择的法律支配之下,并且可以随时改变已作出的这种选择而使之受另一法律的支配。但这种改变不得影响合同的形式有效性及第三者的权利。

如果当事人未进行选择,依公约规定,合同应适用缔约时卖方营业地所在国的法律;但在下列情况下,应适用买方营业地所在国法律:(1)合同谈判和签订是在该国进行的;(2)合同约定卖方须在该国履行其义务;(3)合同主要是根据买方确定的条款并通过投标而缔结的。但是,从总的情况看,合同如果明显地与另外一个国家有着更加密切的联系,则合同受该另一国的法律支配。

由于通过拍卖和交易所方式进行的国际货物买卖具有特殊性,公约对此另行规定,虽仍适用当事人选择的法律,但应以该种交易进行地国法律不禁止这种选择为条件;如果当事人没有选择法律或这种选择被禁止时,则依拍卖举行地或交易所所在地国家的法律。

公约规定,合同准据法适用于以下事项:(1)合同的解释;(2)当事人的权利和义务及合同的履行;(3)买方获得由货物产生的产品、孳息和收入的所有权的时间;(4)买方开始对货物承担风险的时间;(5)当事人之间有关对货物保留所有权的条款的有效性及效力;(6)不履行合同的后果,包括可以获得赔偿的损失的种类;(7)债的消灭的各种方法及诉讼时效;(8)合同无效的后果。

依据该公约,当事人营业地在合同法律适用上具有重要意义,因而公约专门规定,如当事人有一个以上营业地时,应以与合同及其履行关系最密切的那一个营业地为准。如当事人无营业地,则以其惯常居所地为准。

(三)《国际贸易术语解释通则》

国际货物买卖合同的当事人也可以选择国际商业惯例来确定双方的权利和义务。这种国际商业惯例形成于长期的国际经济贸易实践,属于不成文的规则,后来经过一些民间组织的整理和编纂而"被成文化",如《国际贸易术语解释通则》(Incoterms)、《华沙—牛津规则》《跟单信用证统一惯例》等。其中最有影响、并在实践中得到广泛适用的是国际商会编纂的《国际贸易术语解释通则》。该《通则》于 1936 年首次公布,分别于 1953 年、1967 年、1976 年、1980 年、1990 年、2000 年和 2010 年进行了七次补充和修订,2010 年《国际贸易术语解释通则》于 2011 年 1 月 1 日正式生效。但因为国际贸易惯例本身不是法律,对国际贸易当事人不产生必然的强制性约束力。国际贸易惯例在适用的时间效力上并不存在"新法取代旧法"的说法,即 2010 年 Incoterms 实施之后,当事人在订立贸易合同时仍然可以选择适用 2000 年 Incoterms 甚至 1990 年 Incoterms。

第二节 国际货物运输合同的法律适用

一、国际货物运输合同的内涵与外延

国际货物运输合同是指当事人协商一致而缔结的将货物从一国运至另一国的协议。国际货物运输合同主要包括国际海上货物运输合同、国际铁路货物运输合同、国际航空货物运输合同以及国际货物多式联运合同。国际货物运输合同的准据法与一般合同准据法的确定基本相同,但是在当事人没有达成法律选择协议的情况下,就需要根据不同合同类型来确定其应当适用的法律,其范围不仅会涉及国内立法,还会涉及很多国际条约、国际惯例。

二、国际海上货物运输合同的准据法

国际海上货物运输合同是指由承运人以船舶为运输工具,经由海路将货物从装运港运至卸货港,交付收货人,并收取运费的协议。国际海上货物运输合同有两种基本形式:租船合同与班轮运输合同。

(一)租船合同

租船合同是指采用租船运输方式的承租人与出租人之间订立的协议。根据租船方式的不同,租船合同可以分为航次租船合同、定期租船合同和光船租赁合同。

实践中,由于租船合同的条款非常复杂,一些国家的航运组织或者航运公司通常采用标准格式的租船合同,比如"波尔太姆"定期租船格式合同,"金康"航次租船格式合同。在法律适用方面,各国立法及国际条约都允许当事人选择适用于租船合同的准据法,但当事人不能约定排除强制性的法律规定。在当事人没有选择的情况下,法院或者仲裁庭一般根据最密切联系原则来确定应适用的法律。如我国《海商法》第 269 条规定:"合同当事人可以选择合同适用的法律,法律另有规定的除外。合同当事人没有选择的,适用与合同有最密切联系的国家的法律。"但在实践中,由于英国的航运业十分发达,大多数租船合同会选择英国的法律或根据英国法形成的国际习惯法。

(二)提单运输

班轮运输是指托运人将一定数量的货物交由承运人,承运人按照固定航线,沿线停靠固定港口,按固定船期和固定运费所进行的运输方式。实践中,承运人和托运人通常仅用

轮船公司签发的、规定了承运人与托运人双方权利和义务条款的提单处理运输中发生的问题,因此班轮运输也被称为提单运输。

关于提单运输合同的法律适用,国际公约和各国国内法都允许当事人意思自治。但是,提单运输的国际性很强,在发生争议时,国际条约通常发挥很大的作用,即便不是公约的成员国,提单的条款也多选择适用国际公约,因此国际公约在提单运输法律适用中占有非常重要的作用。提单的国际立法主要有1924年在布鲁塞尔缔结的《关于统一提单的若干法律规定的国际公约》(即《海牙规则》)、《有关修改海牙规则的议定书》(即《维斯比规则》)以及《联合国海上货物运输公约》(即《汉堡规则》)。虽然我国没有参加任何一个国际公约,也就是这些公约对我国没有约束力,但在实践中,我国法院允许当事人选择这些公约来调整他们之间的提单运输关系。在当事人没有选择应适用的法律时,一般适用与提单有最密切联系的法律。这些法律一般是运输合同的准据法、装船地法、船舶本国法、目的地法等。

三、国际铁路货物运输合同的准据法

国际铁路货物运输合同是指托运人与承运人之间缔结的约定通过铁路运输方式将货物从一国运至另一国的协议。国际铁路货物运输合同的法律适用与一般合同的法律适用基本相同,允许当事人选择法律,在当事人没有选择的情况下可以依据最密切联系原则来确定合同的准据法。同时由于国际铁路货物运输的国际化程度较高,国际上存在两个主要调整国际铁路货物运输的国际公约:《国际铁路货物运输公约》(即《国际货约》)和《国际铁路货物联运协定》(即《国际货协》)。

由于我国是《国际货协》的成员国,该公约是我国与有关国家之间处理铁路货物运输法律关系的主要法律依据。《国际货协》适用于缔约国间铁路直通货物联运,对铁路、发货人和收货人都有约束力。公约围绕运输合同的订立、托运人的权利与义务、承运人的权利与义务、承运人的责任限额与免责、索赔与诉讼等问题进行了规定。

需要指出的是,《国际货协》虽然总体上是一个统一实体法公约,但也包含一些冲突规范。如该公约第35条规定,如果本协定缺少必要的规定,则适用该国法令或国内规章中列载的规定。"该国"指的是货物行经的国家及在该国路上发生需要解决的情况的国家。再如,关于接受货物进行运输的问题,应适用始发站国家的法律和规则;关于交货程序,适用目的站国家的法律和规则;始发站和目的站国家的铁路运费,适用各该国家的国内运费规则;等等。这些冲突规范对于解决有关各国在相应问题上的法律冲突也同样具有重要的作用。

四、国际航空货物运输合同的准据法

国际航空货物运输合同是指托运人与承运人签订的,通过航空方式将货物从一国运至另一国的协议。与之前几种类型的货物运输合同相同,国际航空货物运输合同也因为存在国际条约的调整使得当事人的选择变得丰富,缔约国也可以依据相关国际公约对案

件进行审理。国际航空货物运输的国际公约主要有 1929 年的《华沙公约》、1955 年《海牙议定书》、1961 年《瓜达拉哈拉公约》以及 1999 年的《蒙特利尔公约》。

《华沙公约》即《统一国际航空运输某些规则的公约》于 1929 年 10 月在华沙签订，1933 年 2 月生效，其后又进行了多次修改和补充，目前有近 150 个缔约国。我国于 1957 年 7 月加入该公约，公约 1958 年 10 月对我国生效。《华沙公约》的主要内容包括航空运输的业务范围、运输票证、承运人的责任、损害赔偿标准等，形成了国际航空运输上的"华沙体系"。《海牙议定书》的全称是《修改 1929 年 10 月 12 日在华沙签订的统一国际航空运输某些规则的公约的议定书》。该议定书于 1955 年 9 月 28 日在海牙签订，1963 年 8 月 1 日生效。我国于 1975 年加入该议定书。《海牙议定书》主要是在航行过失免责、责任限制、运输单证的项目以及索赔事项等方面对《华沙公约》作了修改，以期更加适应国际航空货物运输发展的需要。《瓜达拉哈拉公约》是《统一非缔约承运人所办国际航空运输某些规则以补充华沙公约的公约》的简称。该公约于 1961 年 9 月在瓜达拉哈拉签订，1964 年 5 月生效。《瓜达拉哈拉公约》旨在弥补上述两个公约的不足，把《华沙公约》中有关承运人的各项规定扩大适用于非运输合同承运人，即"实际承运人"。《蒙特利尔公约》的正式名称是《统一国际航空运输某些规则的公约》，1999 年 5 月 28 日签订于蒙特利尔，中国是该公约的缔约国之一。由于华沙体系中的旅客责任限额偏低，对消费者提供的保护不是很充分，为了适应国际航空运输的发展，并且实现国际航空运输承运人责任制度的重新统一，华沙体系的现代化问题被提上了日程。《蒙特利尔公约》是华沙体系现代化的产物。公约以统一国际航空运输规则和国际航空运输承运人的责任为主要内容，对华沙体系下的各项公约和议定书规定的国际航空运输规则和承运人责任制度进行了重大修改。

以上四个公约在效力上是各自独立的，一国可以根据情况来选择加入其中一个或者几个公约。但是从内容上来看，四个公约是相互关联的：《华沙公约》是基础，《海牙议定书》是对《华沙公约》的修改，《瓜达拉哈拉公约》则是对上述两个公约的补充，《蒙特利尔公约》是华沙体系的现代化。这四个公约共同规范了国际航空运输合同的主要问题，如合同的形式、签订及当事人；托运人和收货人的权利与义务；承运人的权利、义务和责任；索赔和诉讼等。

我国《民用航空法》对民用航空运输合同的法律适用作了如下规定：民用航空运输合同的当事人可以选择合同适用的法律，但是法律另有规定的除外，当事人没有选择法律的，适用与合同有最密切联系的国家的法律。由于上述国际条约的存在，给当事人提供了更加丰富的选择。这些条约，尤其是中国缔结和加入的公约，都可以在中国的法院得到适用。

五、国际货物多式联运合同的准据法

国际货物多式联运是指按照多式联运合同，以至少两种不同的运输方式，由多式联运经营人将货物从一国境内接管货物的地点运至另一国境内指定交付货物的地点的运输方式。其特点是由多式联运经营人对国际货物的全程运输负责，并把海上、铁路、航空等多种运输方式结合起来,托运人只需一次托运、一次订约、一次保险、一次付费,即可把货物托运到指定地点,因而减少了麻烦,降低了风险,节省了时间和费用。在联合国贸易和发展会议主持下起草的《联合国国际货物多式联运公约》于1980年5月在日内瓦会议上获得一致通过,它的主要内容有:

(一)多式联运合同及其双方当事人

多式联运合同是多式联运经营人凭以收取运费、负责完成或组织完成国际多式联运的合同。多式联运合同的当事人,一方为多式联运经营人,另一方为发货人。多式联运经营人是指其本人或通过其代表订立多式联运合同的任何人。对在整个运输过程中各个阶段所发生的货物的毁损或灭失,多式联运经营人都要以"本人"的身份直接承担赔偿责任,但这并不妨碍他对实际承运人的追偿权。发货人是指其本人或以其名义或其代表同多式联运经营人订立多式联运合同的任何人,或指其本人或以其名义或其代表按照多式联运合同将货物实际交给多式联运经营人的任何人。

(二)多式联运单据

多式联运单据是证明多式联运合同以及证明多式联运经营人接管货物并负责按照合同条款交付货物的单据。它由多式联运经营人在接管货物时签发,根据发货人的选择,可以是可转让单据,也可以是不可转让单据。

(三)多式联运经营人的赔偿责任

多式联运经营人的责任期间自其接管货物时起到交付货物时止。赔偿责任的归责原则是推定过失责任制,即多式联运经营人对于货物由其掌管期间发生的灭失、损坏和延迟交付所引起的损失应负赔偿责任,但多式联运经营人如果证明其本人、受雇人、代理人或其为履行多式联运合同而使用的任何其他人为避免事故的发生及其后果已经采取了一切必要的合理的措施,则不负赔偿责任。

关于多式联运经营人的赔偿责任限制,公约规定:对货物的灭失或损坏的赔偿,每包或每一其他货运单位不超过920个特别提款权,或毛重每公斤不超过2.75个特别提款权,以较高者为准;如果多式联运中不包括海上或内河运输,则多式联运经营人对货物灭失或损坏的赔偿毛重每公斤不超过8.33个特别提款权;对延迟交货所造成的损失的赔偿,相当于对延迟交付的货物应付运费的两倍半,但不得超过多式联运合同规定的应付运费的总额。

(四)发货人的赔偿责任

如果多式联运经营人遭受的损失是由于发货人的过失或疏忽、或者他的受雇人或代理人在其受雇范围内行事时的过失或疏忽所造成,发货人对此应负赔偿责任。但如果损失是由于发货人的受雇人或代理人本身的过失或疏忽所造成,则应由该受雇人或代理人自行负责赔偿。

(五)索赔与诉讼

关于索赔通知,公约规定,无论是收货人向多式联运经营人索赔,还是多式联运经营人向发货人索赔,都必须在规定的期间内就遭受损失的情况向对方提出书面通知。收货人给多式联运经营人的索赔通知,一般应在接收货物的次一工作日提出;如果货物的灭失或损坏不明显,则在接收货物后 6 天内提出;如果是延迟交货的索赔,则应在接收货物后 60 天内提出。多式联运经营人给发货人的索赔通知,应在损失发生后 90 天内提出。

关于诉讼时效,公约规定为两年,自货物或部分货物交付之日的次一日或应当交付的最后一日的次一日起算。但如果在货物交付之日或应当交付之日后 6 个月内没有提出书面索赔通知,则诉讼在此期限届满后即失去时效。受索赔人可于时效期间内向索赔人提出书面声明,延长时效期间,并可多次声明,多次延长。

关于司法管辖,公约规定,原告可在他选择的法院根据该公约提起诉讼,但该法院必须按其所在国法律规定有管辖权,且下列地点之一位于其管辖范围内:(1)被告的主营业所或惯常居所;(2)多式联运合同的订立地;(3)货物的接管地或交付地;(4)多式联运单据中所载明的诉讼地点。但是,当事人双方也可以在索赔发生后就诉讼地点达成协议,公约承认该项协议的优先效力。关于仲裁,公约规定,当事人可以在事前或在索赔发生后订立书面仲裁协议。仲裁地应由索赔人在与上述司法管辖地点基本相同的地点中作出选择。

第三节 国际货物运输保险合同的法律适用

一、国际货物运输保险合同的含义

根据运输途径与保险人责任范围的不同,国际货物运输保险可分为国际海上货物运输保险、国际航空货物运输保险、国际陆地货物运输保险和国际货物多式联运保险等四种。它们一般都是通过订立国际货物运输保险合同来实现的。其中,海上货物运输保险的历史最为悠久,货运量最大,影响也最为深远。而航空货物运输保险和陆上货物运输保险历史较短,也没有形成统一的保险条款和标准格式,他们多参照海上货物运输保险。

二、国际货物运输保险合同的准据法

包括我国在内的世界上绝大多数国家都允许当事人依据意思自治选择法律,但由于国际货物保险合同通常都是格式合同,法律选择条款通常都会包含在保险单条款之中。被保险人选择在哪个保险公司投保,就表明他同意适用该公司保险单中所规定的法律,这一点值得注意。在当事人没有选择法律的情况下,可以依据最密切联系原则来确定法律适用。

目前,国际货物运输保险缺乏统一的国际公约,调整国际货物运输保险的法律主要是各国的国内法。除此之外,在某些领域的国际惯例也扮演着不可或缺的角色。例如 1974 年《约克—安特卫普规则》,它统一了各国有关共同海损的法律规定,在国际海上货物运输及其保险中有很大影响,已经被很多国家所采用,虽然它只是一项国际惯例,不具有法律约束力。此外,由于英国在航运领域的历史地位,《伦敦保险协会保险条款》在海上保险业

务中影响很大,许多国家的保险条款也都是参照《伦敦保险协会保险条款》的内容制定的,并且对该条款的解释也基本相同。

国际货物运输保险合同的主要内容包括国际货物运输保险合同当事人的基本权利和义务;国际货物运输保险的险别;索赔、争议的解决及法律适用。由于所涉及的运输方式不同,具体的险别也略有差异。其中,海上货物运输保险的主要险别包括平安险、水渍险和一切险;航空货物运输保险的主要险别包括航空运输险和航空运输综合险;陆地货物运输保险的主要险别包括陆运险和陆运综合险;国际货物多式联运保险的主要险别包括全损险和综合险。除了基本险和附加险之外,当事人还可以协议选择特别附加险。常见的特别附加险有战争险、罢工险、拒收险、舱面险、交货不到险、进口关税险等。

第四节 国际贸易支付的法律适用

国际贸易支付是因国际货物的买卖、运输、保险等活动而引起的货币收付关系。国际贸易支付的工具主要是货币和票据,主要的支付方式包括汇付、托收和信用证。国际贸易支付的准据法既可以通过国内法确定也可以通过国际条约来确定。此外,国际惯例也在该领域发挥着非常重要的作用。

一、各国关于票据关系的冲突法

(一)关于票据行为能力的准据法

无民事行为能力人或者限制民事行为能力人的票据行为无效。但对如何确定票据行为人的行为能力状况,英美法系国家多主张依行为地法来确定(日本也是如此)。大陆法系各国则大多依行为人的本国法来确定。如法国法规定:关于法国人的票据行为能力,不论票据的成立地及付款地在何处,应该依法国法。但德国票据法规定:外国人的票据能力,依其所属国法;如依其所属国法为无能力而依德国法为有能力时,就其在德国所为的票据而言,仍认为其有能力。

(二)关于票据行为方式的准据法

票据行为必须具备法定的方式。对票据行为方式的准据法的确定,一般是采取行为地法原则,但有些国家在原则上适用行为地法,而当当事人具有相同国籍时,则适用当事人本国法;另有国家则采取选择适用行为地法与票据行为实质要件准据法的原则。票据出票时的记载事项直接关系到票据的形式有效性问题,对此各国立法及有关国际公约大都规定应由出票地法律予以支配。其理由是把票据视为一种契约关系,出票时的记载事项即票据的形式有效性问题,一般应由契约缔结地法支配,也就是适用出票地的法律。

(三)关于票据债务的准据法

票据债务有主债务人的债务与从债务人的债务之分。汇票承兑人和本票出票人对持票人的债务为主债务人的债务;汇票出票人、背书人或参加承兑人,本票背书人,支票出票人、背书人等对持票人的债务为从债务人的债务,这种债务主要是由于主债务人未能履行付款义务而产生的。关于票据债务的法律适用,因主从债务的不同而有所不同。一般说来,对于主债务,除英国采用缔约地法原则外,美国、日本和德国等均采用付款地法原则。由于票据具有易流转性,因此,为了增强票据债务法律适用的确定性和可预见性,以适用付款地法为宜。对于从债务,英美一般适用交付地国法,也有的国家适用签字地国法,还有的国家则适用付款地国法。

(四) 关于票据权利取得的准据法

对于票据权利的取得,一般主张应依票据让与时票据的所在地法。因为票据权利跟对票据的占有不可分割,票据的交付即等于票据权利的转移,票据交付或让与时的所在地法对于票据权利的取得有着重要的意义。

(五) 关于票据权利的行使与保全问题的准据法

对有关票据权利人付款请求权及追索权的行使、权利行使受阻或权利行使不能时的权利保全等方面的问题,大都主张适用付款地国法。其理由主要在于,在确定准据法的时候,既要方便持票人行使权利,以有利于对票据权利人的保护,又要统一票据债务人应负的义务,以确保票据权利的稳定;并且,付款是票据关系的重心,付款地明确易定。但是,也有人认为,票据权利的行使和保全与各该行为地关系最为密切,因而应适用这些行为发生地的法律。《美国冲突法重述(第二次)》第217条即规定:"提示、付款、拒绝和拒绝通知的细节,依这些行为发生地州的本地法。"

二、关于票据的国际公约

(一) 日内瓦公约

1930年,在日内瓦召开了国际票据法统一会议,并通过了关于汇票、本票的三个公约:《统一汇票本票法公约》《解决汇票本票法律冲突公约》《汇票本票印花税公约》。1931年,国际联盟又在日内瓦召开会议,通过了关于支票的三个公约:《统一支票法公约》《解决支票法律冲突公约》《支票印花税公约》。日内瓦公约以欧洲大陆国家的立法为基础,基本上弥合了法国法系与德国法系两个票据法体系之间的分歧。但英美等国却认为,日内瓦公约与其法律传统和实践不相协调,因而拒绝参加。所以,在票据法领域,历史上的三大法系现在已演变为日内瓦公约体系和英美法体系两个法系。

日内瓦公约既有统一实体法公约,又有统一冲突法公约。统一实体法公约主要就汇票、本票、支票的出票、背书、承兑、付款、拒付、追索权和各类票据必须记载的事项等问题作了规定。统一冲突法公约则就票据的法律适用问题作出了规定,其主要内容包括:(1) 票据行为能力,适用当事人的本国法,同时允许反致和转致;依前项规定所适用的法律,当事人欠缺行为能力,但依签字地法为有行为能力时,应认为当事人有行为能力。(2) 票据行为方式,一般依该行为的签字地国法,但支票行为可选择适用签字地国法或付款地国法;如票据行为依前项的规定并非有效,但后续行为与当地法律的规定相符,则后续行为不能因前一行为的不合形式而被认为无效;缔约国得规定其国民在外国所为的票据行为,如系依照其本国法所规定的方式,则对其国境内的其他国民,应为有效。(3) 关于票据债务,公约规定,票据主债务由付款地法支配,从债务由签字地法支配。(4)签字人行使追索权的期限,依出票地的法律来决定。

(二)《联合国国际汇票和本票公约》

为了消除日内瓦公约体系和英美法体系之间的分歧,进一步统一国际票据法,1988年12月在纽约联合国第四十三次大会上通过了《联合国国际汇票和本票公约》,并开放供签署。按该公约的有关规定,该公约须经至少10个国家批准或加入后方能生效。该公约目前尚未生效。

三、关于支付方式的国际惯例

(一)《托收统一规则》

为了统一各国银行办理托收业务的规则,国际商会于1958年通过了《商业单据托收统一规则》,并建议各国银行采用。此后,该规则进行了几次修改,并于1979年更名为《托收统一规则》。该规则吸收了各国银行办理托收业务的经验,对银行托收业务的相关术语、定义、相关原则等作了统一的规定。目前,该规则已为世界上许多国家的银行以及其他金融机构所采用。虽然我国并未承认该规则,但在实践中也经常参照使用。

(二)《跟单信用证统一惯例》

《跟单信用证统一惯例》旨在统一各国对跟单信用证的解释和做法,明确各方的权利义务和责任,进而消除国际贸易中因对信用证的不同解释而形成的障碍。目前绝大多数国家的银行都采用了该惯例,国际贸易中绝大多数的信用证也都是依据该惯例开立的。我国最高人民法院2005年颁布的《关于审理信用证纠纷案件若干问题的规定》第2条规定:人民法院审理信用证纠纷案件时,当事人约定适用相关国际惯例或者其他规定的,从其约定;当事人没有约定的,适用国际商会《跟单信用证统一惯例》或者其他相关国际惯例。

第五节 国际技术转让合同的法律适用

一、国际技术转让合同的含义

国际技术转让是指转让方将技术转让给受让方的行为,由于该转让行为具有跨国因素,因此被称为国际技术转让。通常情况下,国际技术转让可以伴随许可证贸易、工程承包、合营企业、补偿贸易、咨询服务等方式产生。其中,国际许可协议是国际技术转让中使用最为广泛和最具普遍意义的合同形式。特许协议是指拥有专利技术或商标的许可人同意被许可人使用其专利技术或商标,而由被许可人支付使用费的一种合同。按照被许可人享有的使用权的范围和程度,国际许可协议可以分为独占许可协议、排他许可协议、普通许可协议、可转让许可协议以及交叉许可协议。

二、国际技术转让合同法律适用基本规则

国际技术转让合同既属合同,亦应首先适用当事人双方选择的法律,如瑞士、列支敦士登、突尼斯、匈牙利和白俄罗斯等国的立法便如此规定。在当事人未选择法律和相关国家不加限制的情况下,很多国家规定直接适用转让方或受让方所属国的法律。如根据1987年《瑞士联邦国际私法法规》第122条和1998年《突尼斯国际私法》第69条的规定,在当事人没有选择法律时,有关知识产权的合同,由转让或者同意转让知识产权的一方的惯常居所地法律支配。1979年《匈牙利国际私法》第25条也规定,与使用或利用专利和其他工业产权有关的合同,如当事人没有选择法律,则适用许可方的住所地法、居所地法、商业主事务所所在地法或工厂所在地法。根据1996年《列支敦士登国际私法》第47条的规定,当事人没有选择法律时,对于无形财产权合同,适用无形财产被转让或给予的国家的法律;如果该合同涉及多个国家,则适用取得者(许可证持有人)惯常居所所在地国法律。

但是有些国家特别是技术引进国,则常常采取种种措施限制或禁止当事人的法律选择。主要表现为:规定技术引进合同只能适用内国法(如墨西哥);要求当事人在合同中订立选择内国法的条款(如委内瑞拉、哥伦比亚);禁止当事人选择外国法(如阿根廷);通过审查批准程序达到适用内国法的目的,如对选择适用外国法的合同不予批准;等等。

我国《涉外民事关系法律适用法》第49条规定,当事人可以协议选择知识产权转让和许可使用适用的法律。当事人没有选择的,适用本法对合同的有关规定。也即在该领域允许当事人选择,当事人没有选择的,通常适用最密切联系原则和特征履行原则来确定合同应当适用的法律。

需要指出的是,国际知识产权领域也存在很多国际条约,但是由于国际上普遍承认知识产权的地域性原则和各国独立保护原则,使得知识产权领域内的国际条约并不像其他领域内的国际条约那样得到优先适用。我国对WTO项下的《TRIPS协定》采取了转化适用的模式,因此,在知识产权领域的司法实践中,在国内法与国际条约有不同规定的情况下,不一定优先适用国际条约的规定。鉴于此,司法解释(一)第4条增加了"但知识产权领域的国际条约已经转化或者需要转化为国内法律的除外"的规定。[①]

[①] 最高人民法院《关于适用〈中华人民共和国涉外民事关系法律适用法〉若干问题的解释(一)》第4条规定:"涉外民事关系的法律适用涉及适用国际条约的,人民法院应当根据《中华人民共和国民法通则》第142条第2款以及《中华人民共和国票据法》第95条第1款、《中华人民共和国海商法》第268条第1款、《中华人民共和国民用航空法》第184条第1款等法律规定予以适用,但知识产权领域的国际条约已经转化或者需要转化为国内法律的除外。"

第六节　国际私人直接投资合同的法律适用

一、国际私人直接投资合同的概念

国际私人直接投资在国际投资中占有主导地位,是国际投资的主要形式,这些投资活动主要是通过合同关系实现的。国际私人直接投资合同是指外国投资者与东道国公司、企业之间订立的国际投资协议。其合同类型因具体投资形式的不同而表现出不同的种类,诸如合资经营企业合同、合作经营企业合同等。

二、国际私人直接投资合同法律适用基本规则

关于国际私人直接投资合同的法律适用,一般都适用东道国法。如《俄罗斯联邦民法典》第1214条规定:设立有外国人参股的法人合同,适用合同规定的法人设立地国法律。1999年《白俄罗斯共和国民法典》第1126条规定:"成立具有外方参股的法人合同,适用该法人的成立地国法律。"还有一些国家和国际条约不作专门规定,允许当事人在合同中约定,如1965年《关于解决国家与他国国民之间投资争端公约》对此有明文规定。如果没有约定就按照最密切联系原则确定合同的准据法,这种情况下一般也接受投资的东道国法律。因为投资合同一般需要得到东道国政府的批准,投资合同涉及的项目也必须在东道国主管当局登记注册。外国投资者的投资经营活动主要发生在东道国境内,合同履行地也在东道国。因此,适用东道国法律也符合最密切联系原则的要求。

在我国,主要的国际私人直接投资合同有中外合资经营企业合同、中外合作经营企业合同、中外合作勘探开发自然资源合同。其中,中外合资经营企业是指一个或几个中国合营者为一方,以一个或几个外国合营者为另一方,为了合资经营的目的,依据中国法律的有关规定并经中国政府批准,在中国境内设立的有限责任公司。中外合作经营企业是指中外合作各方以合同方式组成的经济合作组织,又被称为"契约式合营企业"。中外合作勘探开发自然资源合同是指依照中国有关法律和法规的规定,中国的企业与外国的企业相互约定,在一定的期限内,按照一定的条件,在中国境内特定的地区合作勘探开发属于国家的自然资源的合同。根据我国《合同法》第126条规定,在中国境内履行的中外合资经营企业合同、中外合作经营企业合同、中外合作勘探开发自然资源合同,适用中国法律。这些企业都是中国的法人,一切活动都必须遵守中国的法律,并受到中国法律的保护。

第七节　国际劳务合同的法律适用

一、国际劳务合同的概念和主要内容

国际劳务合同是指由劳务输出国的劳务输出公司或国际经济技术合作公司与劳务输入国的有关机构就劳务合作问题所签订的合同。劳务输出的一方称为供应方或受聘方,

劳务输入的一方称为接受方或聘用方。目前常见的有派遣工程技术人员合同，派遣农艺师、园艺师、医师合同，派遣海员合同，派遣劳工合同，等等。

国际劳务合同的主要内容包括：派遣人员的数量、工种，派遣的日期和工作期限，签约各方的责任，劳动人员的更换和解雇，工作时间和假日，国际旅费及工资、伙食待遇，纳税和社会保险，劳动保护和医疗费用支付，等等。

二、国际劳务合同法律适用的理论与实践模式

国际劳务合同有时可能涉及三个国家的法律，即雇主所属国的法律、受雇人所属国的法律和受雇人从事劳务地国家的法律。关于国际劳务合同的法律适用主要有以下几种理论和实践：

（1）适用当事人意思自治原则，即由劳务合同当事人自主选择应适用的法律。不过，人们对此有不同的看法。一种看法是，在国际劳务合同关系中，如果允许合同的每一当事人分别协议选择适用于其合同关系的法律，则受雇于同一雇主的各个劳务人员的法律地位可能是不相同的；另一种看法是，国际劳务合同双方当事人的经济和社会地位是不平等的，因而双方不可能有真正一致的意思表示，往往只是聘用方享有意思自治权；还有一种看法是，调整国际劳务合同关系的法律，既有私法规范，也有公法规范，如果适用当事人意思自治原则，所选择的法律可能会由于违背有关国家的公法规范而不得适用。因此，许多国家都只是有条件地接受当事人意思自治，主要表现为不能由于适用协议选择的法律而妨碍受雇人依原应适用的法律中的强制性规定可以得到的保护或利益。例如，1987年《瑞士联邦国际私法法规》规定雇佣合同适用劳动者惯常完成其工作地国家的法律。如果劳动者在一个以上国家惯常完成其工作，适用雇主营业所所在地国家的法律；如雇主无营业所，适用雇主住所地或惯常居所地国家的法律。当事人可以协议选择劳动者惯常居所地、雇主营业所或住所或惯常居所地国家的法律。但是，根据该法第18条（瑞士法强制性规则）、第19条（外国法强制性规则），当事人选择法律不得剥夺劳动者依据有关强制性规则获得的保护。1986年《德国民法施行法》第30条即规定，在雇用合同中，当事人选择法律时不得取消原应适用于雇佣合同的法律中保护雇员的强制性规定。1980年欧洲经济共同体《合同义务法律适用公约》第6条第1款也有类似规定。2008年《罗马条例Ⅰ》规定，雇佣合同双方当事人选择的法律不能够剥夺法律的强制性规则对受雇人所提供的法律保护。在当事人没有选择法律时，应适用履行合同时受雇佣人惯常履行其工作地国家的法律。如果上述规定均无法适用，则应适用受雇佣人受雇的营业所所在地国家的法律。并且，如果从整体情况判断，合同明显与另外一个国家有更密切的联系，则适用该有更密切联系的国家的法律。

我国立法在国际劳务合同法律适用上也坚持排除当事人意思自治原则，《涉外民事关系法律适用法》第43条明确规定：劳动合同，适用劳动者工作地法律；难以确定劳动者工作地的，适用用人单位主营业地法律。劳务派遣，可以适用劳务派出地法律。

（2）适用受雇人惯常工作地所在国法律。1978年《奥地利国际私法》第44条规定，雇

佣契约依受雇人通常进行工作的地点的国家的法律;受雇人如被派往他国工作,仍受该法支配。1980年欧洲经济共同体《合同义务法律适用公约》第6条第2款规定,当事人未作法律选择时,个人雇佣合同应依履行合同时受雇人惯常进行其工作地的国家的法律,即使他仅系暂时受雇于另一国家。

(3) 适用雇主的营业所所在国法律。1979年《匈牙利国际私法》第52条规定,根据劳动合同,如需在几个国家从事工作,劳动关系应适用雇主的属人法;如果匈牙利雇主的受雇人被派往国外或者长期在国外工作,其劳动关系应适用匈牙利法(即雇主法)。前述欧洲经济共同体《合同义务法律适用公约》规定,如受雇人并不惯常于任何一个国家进行工作,则个人雇佣合同适用他所受雇的营业所所在地国家的法律。

(4) 依最密切联系原则或最有利于保护受雇人利益的原则决定应适用的法律。1980年欧洲经济共同体《合同义务法律适用公约》第6条在规定了个人雇佣合同应适用的法律后,特别强调:"如从整个情况看,合同与另一国有更密切的联系,则此合同应依该另一国法。"

第八节 国际消费合同的法律适用

一、国际消费合同的概念和主体资格

在当今世界,国际消费已成为一种极为普遍的现象。加强对消费者的保护,不仅是各国国内实体法的任务,也是国际私法的任务。国际消费主要是通过当事人之间订立国际消费合同的方式进行的。但各国用来判断消费合同的标准却不尽相同。[①] 综合各国的主张,消费合同一般是指为个人或家庭使用的目的而进行商品或服务的交易以及为此种交易提供资金的合同。国际消费合同则是指含有跨国因素并涉及不同国家立法管辖权的合同。

此外,各国对于消费合同当事人的主体资格的规定也略有不同。瑞士法律规定,只有自然人才能成为为了个人或家庭目的进行交易的消费者。1980年海牙《有关消费者买卖法律适用公约(草案)》也规定,买卖必须是为了个人或家庭消费的目的,但根据其备忘录中的解释,自然人和法人都有资格成为消费者。对于出卖人主体资格的规定各国大致相同,一般都是指从事商业或行业活动的商人。

二、国际消费合同法律适用的具体规则

(1) 当事人意思自治的限制适用。在把当事人意思自治原则适用于国际消费合同的时候,人们特别强调对当事人选择法律的自由加以限制,甚至有人主张对国际消费合同不能适用当事人意思自治原则。其理由是,在消费合同中,当事人双方的交易地位往往是不

[①] 参见李双元等:《中国国际私法通论》,法律出版社2003年版,第384—385页。

平等的,合同中处于优势地位的卖方当事人可能会选择有利于自己的法律,迫使处于弱势地位的买方当事人(消费者)接受,而这种法律通常很难对后者的合法权益给予有效保护。从保护弱方当事人的正当权益的立场出发,当事人的意思自治应该受到限制,甚至予以排除。不过,也有人认为,国际私法应保持其中立性,特别是其指定准据法的法律选择规则。根据这种观点,法律选择规则不应受到实体法立法政策的影响,而应依据中立的标准来确定支配合同的法律。因此,不必对消费合同另外规定特别的法律选择规则。

在实践上,各国大都规定,当事人所选择的法律不得排除在未选择准据法的情况下原应适用的法律对于消费者的保护。1978年《奥地利国际私法》第41条规定,当事人的法律选择,如果违背了消费者惯常居所地国家法律中关于保护消费者的强制性规则,不发生效力。1986年《德国民法施行法》第29条也有类似的规定。值得注意的是,这些国家在限制当事人意思自治的同时,也对消费者惯常居所地法的适用规定了一些限制性条件。其原因在于,出卖人的交易对象可能散居在世界各地,若毫无限制地在任何情况下都适用消费者惯常居所地法,则容易破坏出卖方的正当合理期待,对其有失公平。此外,有些立法还对法律选择的方式予以限制,如海牙《有关消费者买卖法律适用公约(草案)》第6条第2款规定,选择应是明示的,从而排除了默示选择,因为默示选择的方式被认为不符合保护消费者的目的。还有,内国法中的一些强制性规则也会影响到当事人选择法律的自由。例如,《英国不公平合同条款法》第27条第2款规定,尽管消费合同中订有法律选择条款,但法院如认为这一选择的目的在于规避该法的适用,即可对受该法保护的消费合同适用其中的强制性规定,而不考虑当事人所选择的法律。《罗马条例Ⅰ》第6条规定,消费合同应当适用消费者惯常居所地国家法律,虽然《罗马条例Ⅰ》允许消费合同当事人选择法律,但是该种法律选择不能剥夺消费者习惯居所地国法律强制性规则所赋予的保护。①

有的国家主张对国际消费合同应排除当事人意思自治原则的适用。如1987年《瑞士联邦国际私法法规》第120条即对此作了明确规定。依据该项条款,消费合同适用消费者惯常居所地国家的法律,"不允许当事人自行选择所适用的法律",但消费者惯常居所地国家的法律亦须符合该条规定的条件方得适用。

(2)在当事人未作法律选择时,有些国家规定适用消费者惯常居所地法,如德国、奥地利等国。海牙《有关消费者买卖法律适用公约(草案)》第7条也规定:"如果当事人未选择准据法,则适用消费者惯常居所地国家的法律。"也有人提出,在缺乏有效的法律选择时,应适用与消费合同有最密切联系的法律。

(3)在当事人未作有效的法律选择,或尽管当事人已作出法律选择,但满足了一定的条件的情况下,有些国家立法规定,其内国法中的强制性规则直接适用于消费合同,而置

---

① Article 6 of Regulation of Rome Ⅰ: Consumer contracts……Notwithstanding paragraph 1, the parties may choose the law applicable to a contract which fulfils the requirements of paragraph 1, in accordance with Article 3. Such a choice may not, however, have the result of depriving the consumer of the protection afforded to him by provisions that cannot be derogated from by agreement by virtue of the law which, in the absence of choice, would have been applicable on the basis of paragraph 1……

当事人的选择于不顾。例如,《德国一般交易条件法》第 12 条规定,该法的强制性规则,在满足以下两个条件时可直接适用于消费合同:一是消费者在适用该法的地区有惯常居所,并在此地表明了订立消费合同的意向;二是出卖人在该地进行的活动导致消费合同的订立。

根据我国《涉外民事关系法律适用法》第 42 条的规定,消费者合同,适用消费者经常居所地法律;消费者选择适用商品、服务提供地法律或者经营者在消费者经常居所地没有从事相关经营活动的,适用商品、服务提供地法律。

第九节 国际电子商务合同的法律适用

一、国际电子商务合同的界定

电子商务合同是民商事主体通过电话、电报、电传、传真、互联网等电子手段订立的上市交易合同。广义的电子商务合同泛指一切以电子手段所订立的商业合同,而狭义的电子商务合同仅指以互联网为运行平台通过电子邮件或电子数据交换系统订立的商事合同。电子商务合同的产生给传统的合同法律适用带来了一系列的挑战:第一,电子商务合同的订立过程(即要约与承诺)完全通过互联网进行,合同缔结地难以确定。第二,电子商务合同主体的国籍、住址、真实名称、行为能力等问题往往在订立合同过程中无从知晓,属人法难以认定。第三,电子商务合同的成立、变更和解除无需采用传统的书面形式,具有电子化的特点。第四,电子商务合同生效的方式、时间和地点都与传统合同不同。

二、国际电子商务合同的准据法

虽然电子商务合同领域也采用当事人意思自治和最密切联系原则作为确定准据法的首要原则,但是由于该合同的特殊性,使得该两大基本原则在电子商务合同领域的适用中略有不同。

(一) 当事人意思自治原则的适用

电子商务合同大体上可以分为三类:企业之间的电子商务合同,即 BTB(business to business)模式;用户之间的电子商务合同,即 CTC(consumer to consumer)模式;用户与企业之间的电子商务合同,即 BTC(business to consumer)模式。对于企业之间或用户之间的电子商务合同,因双方在缔约过程中法律地位、谈判能力均衡,适用意思自治原则确定准据法是可行的,更是便利的。但用户与企业间的电子商务合同,因涉及消费者权利的保护,法律选择条款在违反法院地的公共秩序以及保护消费者的强制性规定时是被排除的。

很多国家对当事人能够选择法律的范围施以"客观联系"的限制,而此类限制在现实中无外乎涉及当事人的国籍国、住所地、合同缔结地、合同履行地等事项。但是这些限制在电子商务中都很难确定,导致此类对当事人意思自治的限制在电子商务合同领域并无实际意义。因此,多数国家选择尊重电子商务合同双方当事人对法律的选择,只要所适用的法律并未损害法院地国的公共利益及消费者的合法权益即可。1999年7月通过的美国《统一计算机信息交易法》就采取了这样的做法。该法第109(a)条中规定:"双方可以协议选择应适用的法律,但如果在一项消费者合同中作出的此种选择改变了根据有管辖权地区的法律不得以协议加以改变的规则,则此种选择无效。"

(二)最密切联系原则的适用

在合同当事人没有选择所适用的法律或者选择无效的情况下,可以根据最密切联系原则来确定应适用的法律。由于国际电子商务具有全球性的特点,必然导致与合同有联系的因素增多且不易确定,法官要从众多的因素中衡量与合同有最密切联系的法律,无疑非常困难。因此,应该对传统冲突规范的连结点重新确定。

1. 合同缔结地

各国有关的立法文件和部分国际条约都对此作了规定,大都遵循联合国《电子商务示范法》所确立的"营业地规则",即电子商务合同的缔结地应该为承诺到达方的营业地,如果有多个营业场所,则适用其最主要的营业场所所在地的法律;如果无实体营业所,则指其注册登记地;如果当事人为个人,则是指其住所地或惯常居所地。或者以承诺到达方的网络服务提供商作为最密切联系的因素,以该网络服务提供商的营业地确定合同缔结地。

2. 合同履行地

国际电子商务合同使得合同履行地具有极大的偶然性。在线履行的国际电子商务合同,其履行地极具偶然性,每个合同的履行几乎是同时在两地的电脑和一条不可能被查知的网络路径上进行的,而这条路径可能经过了很多国家,所以履行地的具体界定并非易事。即便履行地得以硬性确定,也可能与真正的交易并无多少实质的联系。实践中,往往运用特征履行方法来确定最密切联系地。在线履行的国际电子商务合同,其特征性履行行为应是在线交付无形商品或提供服务的行为,因而该合同的履行地应拟定为提供无形商品或服务的一方所在地,即该方营业所所在地,如无实体营业所,则拟定为注册登记地。如当事人为个人,则为其住所地或惯常居所地。或者以交付商品或提供服务一方的网络服务提供商作为最密切联系的因素,以该网络服务提供商的营业地为合同履行地。

3. 合同标的物所在地

国际电子商务合同的虚拟性特征使得合同标的物所在地难以确定。在线履行的国际电子商务合同的标的物为无体物,常常为游戏网站用户提供的虚拟商品、MP3音乐、数字影视、电子书、计算机软件应用程序等。这些标的物不同于现实世界有客观所在地的标的物,它们仅仅是存在于网络中的虚无之物,它们本质上是计算机中的一段字符串,所以其所在地也难以得到确定。

1999年美国《统一计算机信息交易法》第109(b)条规定:"如没有关于法律选择的有效协议,则下列规则将决定在合同法范围内应予适用的法律:(1)访问合同或规定拷贝的电子交付的合同应适用缔约时许可方所在的法域的法律;(2)要求以有形介质交付拷贝的消费者合同应适用向消费者交付该拷贝的地方或本应向消费者交付该拷贝的地方的法律;(3)在其他任何情况下,合同应适用与该交易有最密切联系的法域的法律。"第109(c)条规定:"在第109(b)条得以适用的情形下,如其法律应予适用的法域在美国境外,则该法域的法律只有向没有位于该法域的一方当事人也提供了与本法类似的保护和权利时,才应予以适用。否则应适用美国与该交易有最密切联系的州的法律。"第109(d)条规定:"为本条之目的,一方当事人的所在地,在其只有一个营业地的情况下,为该营业地;在有一个以上的营业地的情况下,为其管理中心所在地;在没有实际的营业地的情况下,为其成立地或主要注册地。在其他情况下,为其主要居所所在地。"

三、我国有关国际电子商务合同的立法与实践

随着电子商务活动的不断活跃,我国也加大了相关立法力度,不断推出系列法规。2004年8月,第十届全国人大常委会第十一次会议通过的《中华人民共和国电子签名法》扫除了电子签名在电子商务及其他领域中应用的法律障碍,推动了我国电子商务的迅速发展。此外,有关部门还相继出台了一系列政策法规,以规范电子商务活动。2005年1月8日,国务院办公厅发布了《关于加快电子商务发展的若干意见》;2010年5月31日,国家工商行政管理总局制定发布了《网络商品交易及有关服务行为管理暂行办法》;2010年6月24日,商务部为进一步规范我国网络购物市场,发布了《关于促进网络购物健康发展的指导意见》,对电子商务的良性发展起到了推动作用;2010年6月14日,中国人民银行发布了《非金融机构支付服务管理办法》,旨在促进支付服务市场健康发展,规范非金融机构支付服务行为,防范支付风险并保护当事人的合法权益;为规范支付机构客户备付金的管理,中国人民银行分别于2011年11月4日和2012年1月5日发布了《支付机构客户备付金存管暂行办法》和《支付机构互联网支付业务管理办法》。所有这些已出台的政策法规从不同方面对电子商务主体、行为等进行了规范,对国际电子商务合同也具有一定的规范意义。2018年8月31日,第十三届全国人大常委会第五次会议通过了《中华人民共和国电子商务法》。这是迄今为止,我国颁布的较为全面的有关电子商务方面的立法。我国《电子商务法》对电子商务合同(含国际电子商务合同)问题进行了较为细致的规定。

首先,我国《电子商务法》与此前法律规定保持高度一致。该法第47条规定:"电子商务当事人订立和履行合同,适用本章和《中华人民共和国民法总则》《中华人民共和国合同法》《中华人民共和国电子签名法》等法律的规定。"

其次,我国《电子商务法》没有对电子商务合同的法律适用问题作出专门的规定。有关电子商务合同法律适用问题仍适用我国《涉外民事关系法律适用法》的规定。这也就是说,国际电子商务合同的当事人可以协议选择合同适用的法律;当事人没有选择的,适用履行义务最能体现该合同特征的一方当事人经常居所地法律或者其他与该合同有最密切联系的法律。

再次,我国《电子商务法》对电子商务合同的订立过程以及电子商务合同主体、行为能力、生效的方式和时间与地点等进行了具体规制。主要表现为以下三方面:第一,我国《电子商务法》正式规定了采用自动信息系统订立或者履行合同方式的合法性;第二,我国《电

子商务法》以推定当事人具有行为能力的方式,极大地保障了交易的确定性;第三,我国《电子商务法》仍然采取到达主义,对于采取信息系统方式订立和履行合同的时间和地点作出了具体规定。

最后,我国《电子商务法》还遗留了一些问题,没有彻底解决。例如,该法第2条第1款规定:"中华人民共和国境内的电子商务活动,适用本法。"但对于境外的电子商务活动如何适用法律,没有明确规定。我国《电子商务法》能否调整涉外电子商务活动,或者说在电子商务活动部分涉及境外的情况是否属于该法的调整范围,等等,均未在现行立法中予以明确。从立法意图来看,我国《电子商务法》解决的问题主要包括个人信息保护,大数据使用以及规范电子商务行为管理意义下的搭售、押金、广告、垄断、信息不对称等问题,而法律适用问题并非其着重解决的主要问题。

思考题

1. 1980年《联合国国际货物销售合同公约》不适用于哪些事项?
2. 简述1986年海牙《国际货物销售合同法律适用公约》有关合同法律适用的主要规定。
3. 简述《国际货协》关于托运人和承运人在铁路货物运输合同关系中的基本义务的规定。
4. 简述国际货物运输保险合同法律适用的特殊性及我国的法律规定。
5. 简述中外合资经营企业合同争议的解决方式及法律适用。
6. 简述国际劳务合同法律适用的一般实践。
7. 我国《票据法》对于涉外票据的法律适用问题作了哪些具体规定?
8. 结合1924年《海牙规则》和我国的实践简论提单运输方面的主要法律制度。

第十三章 法定之债

学习目标：通过学习本章，掌握国际私法上一般侵权行为、不当得利、无因管理的法律适用的基本制度和基本理论，了解目前国际上常见的特殊侵权行为应适用的法律。

教师导读：本章讨论法定之债的冲突规范。法定之债在民法中占有重要一席，故其冲突规范也是国际私法的重要组成部分。

建议学时：4学时

第一节 侵权行为

一、侵权行为法律适用的一般理论

因不法侵犯他人人身或财产权利并致损害而承担民事赔偿责任所构成的债，为侵权行为之债。它是一种法定债权，并因单方面的不法行为而发生。但何种行为为不法行为？行为人是否必须存在过错？是否必须有损害的事实发生？行为与损害之间是否必须有直接的因果关系？如此等等，各国有不同的法律规定。对于其准据法，自古迄今，行为地法一直是被广泛采用的，只是理论上的立足点各不相同。此外，亦有主张适用法院地法和适用与案件有最密切联系的国家的法律等观点。

（一）行为地法说

早在意大利法则区别说时代，便主张对侵权之债，以行为地法为其准据法。其理论根据乃是"场所支配行为"这个古老的原则。在英美国际私法中，则或将之建立在"国际礼让"学说上，认为对于这类案件，除了出于对不法行为地国的"礼让"，本是不得在他国起诉的，从而亦应依该他国法律作出裁断；或将之建立在"既得权说"基础上，认为此种债权债务关系乃因行为地国的法律而发生，故不论行为人去到何处，这种债务都应得到履行。而法国学者巴迪福则认为，之所以应适用行为地法，主要基于两大原因：一是侵害发生地国因此种行为而蒙受的损失最大；二是只有适用行为地法，才能警示人们在为有关行为时得首先对其行为的危害性加强预测并评价可能导致的法律责任。而且适用行为地法，有利于保障行为地的社会公共秩序，保证行为地每个人的权利平衡。但更为重要的一点是，只有适用行为地法，才有判断相关行为是否不法及行为人应承担的法律后果的最公正标准。

（二）法院地法说

也有人认为，侵权与刑罚上的犯罪在性质上相同或类似，由于刑法不具域外效力，侵权行为地法亦当不为法院国所采用，从而提出了应以法院地法作其准据法的理论。萨维尼在其1849年出版的《现代罗马法体系(第八卷)》中即持此观点,认为侵权法与刑事法律大体相同,故不论侵权行为是否在国外发生,都要在内国起诉,其可惩处性与作出怎样的惩处,均应依法院国自己的法律作出。

(三)最密切联系说或侵权行为自体法说

该说由英国著名国际私法学者莫里斯提出。莫里斯认为,随着社会的进步,各国人口流动日益频繁,跨越国境的民商活动日见增多,侵权案件的复杂性已使对其准据法的选择不可能用一个机械的冲突公式来涵盖了,因而在现实的审判活动中,最常见的仍然是适用行为地法(在大多数情况下,行为地法与案件仍存在最密切的联系),但如能有一个更富有灵活性的冲突规则,既可适用于通常的情况,又可满足例外的需要,当更有价值。莫里斯认为,仿照"合同自体法"的公式,对侵权行为也以"侵权行为自体法"(proper law of torts)为准据法表述公式,是十分有必要的,即侵权行为应适用与侵权案件有最密切联系的法律。在实践中,早在1963年美国纽约州法院审理巴蓓科克诉杰克逊一案时已经是这样做了,并在里斯作报告人的《美国冲突法重述(第二次)》第145条中作为一条新的规则收入该《重述》。其表述为"侵权之诉的双方当事人的权利义务,应依与案件和当事人有最密切联系的州的实体法判定"。上述著名案例的主要事实为:巴蓓科克小姐应友人杰克逊夫妇之邀于周末乘他们的汽车出游加拿大时,不料车子在安大略省出了事故,致巴蓓科克负伤。回到纽约后,巴蓓科克向杰克逊先生提出损害赔偿之诉。纽约州法院于审理时发现,如依传统规则,以安大略法律为行为地法,则因该省法律规定凡免费乘客因车祸而受损害,车主不负赔偿责任,巴蓓科克无损害赔偿请求权。但法院认为,该案除了事故偶发于安大略省外,其他所有重要因素均集中于纽约州,适用纽约州的法律当更为合理;而纽约州的法律对车主并无这种免责的规定,因而判决满足了巴蓓科克的请求。

二、侵权行为法律适用的立法实践

(一)以行为地法为主,而以内国法律加以限制

此种立法例规定,因侵权行为产生之债,适用侵权行为地法,但内国法不认为构成侵权行为的情况除外。采取此种立法例的有德国、日本、葡萄牙等国家。

(二)一般以行为地法为主,但以最密切联系或以"利益导向"加以限制

此种立法例规定,涉外侵权之债原则上适用侵权行为地法,但若当事人均与另外一个国家的法律具有更密切联系时,当适用该国法律;若涉外侵权之债因不正当竞争或其他原因发生,则可适用受此竞争影响的市场所在国法律,或其他与案件有更为密切联系的法律。采取此种立法例的有奥地利等国家。

(三)在侵权法上开始引进当事人意思自治

这方面的代表,当首推1987年《瑞士联邦国际私法法规》第133条的规定,只是它仅允许当事人协议选择法院地国的法律。1995年《意大利国际私法制度改革法》则将选择法律的权利只赋予受害方,而且可选择的法律也有限制。该法第62条虽原则上规定:"侵权责任由损害发生地法支配,尽管如此,遭受损害方可以要求适用导致损害结果的事件发

生地法";但其第63条又规定:"关于产品责任,被损害方可以选择适用制造商所在地法或制造商的管理机构所在地法,或产品销售地法,除非制造商能证明该产品未经其同意而在那个国家销售。"

三、中国有关涉外侵权行为法律适用的规定

中国《涉外民事关系法律适用法》第44条规定:"侵权责任,适用侵权行为地法律,但当事人有共同经常居所地的,适用共同经常居所地法律。侵权行为发生后,当事人协议选择适用法律的,按照其协议。"该条行文体现了中国处理涉外侵权行为之债法律适用的三个相互制约的原则:第一,侵权行为的损害赔偿,首先应适用侵权行为地法律。这是中国处理涉外侵权行为之债法律适用问题的一般原则,也是为各国普遍采用的一项原则。对于侵权行为地如何确定的问题,中国的司法解释认为侵权行为地是兼指侵权行为实施地和侵权行为结果发生地。第二,但是如果当事人双方有共同经常居所地,也可以适用当事人共同经常居所地法律。这是中国确定涉外侵权行为之债法律适用的补充原则。这一规定显然是从诉讼的便利和判决的有利于国外承认与执行出发来考虑的。第三,侵权行为发生后,当事人也可以协议选择准据法。考虑到侵权责任本质上是民事责任,因此,立法允许意思自治原则适用于侵权领域。

此外,中国《涉外民事关系法律适用法》第46条还规定了人格权侵权案件的法律适用:"通过网络或者采用其他方式侵害姓名权、肖像权、名誉权、隐私权等人格权的,适用被侵权人经常居所地法律。"

第二节 几种特殊的侵权行为

把一些特殊侵权行为分离开来,单独考虑它们应适用的法律,已是当代国际私法上侵权法的一个重要进步。下面只就五种特殊侵权行为的法律适用进行阐述。

一、海上侵权行为

发生在海上的侵权行为,大致可归结为三种情形:

(1)船舶相撞,或船舶与海上设施碰撞所发生的侵权行为。如果侵权行为在公海上发生,因公海自由,有人主张只应适用法院地法。英美的做法便是如此。对发生在领海上的侵权行为,一般是将领海国视为侵权行为地,适用领海国法即侵权行为地法。

对于船舶碰撞的赔偿问题,1977年9月30日在里约热内卢经国际海事委员会全体会议通过了《统一船舶碰撞中有关民事管辖权、法律选择、判决的承认和执行方面若干规则的公约》,中国政府曾派观察员参加了这次会议。

关于法律选择,公约规定,除当事人另有协议外,如碰撞在一国内水或领海内发生,适用该国法律;如碰撞发生在领海以外的水域,适用案件受理国法律;如有关的船舶都在同一国登记或由它出具证件,或都属于同一国家所有,则不管碰撞发生在何处,均应适用该

国的法律；如船舶在不同国家登记或由它们出具证件，或属不同国家所有，则法院应适用对所有这些国家都适用的一些公约。如果经确定所有这些国家的法律与公约的原则相一致，则法院应适用这种相一致的法律。但不管怎样，任何当地的有关航行的成文或不成文的规则，都应得到适用。公约排除反致制度。

（2）发生在船舶内部的侵权行为。发生在船舶内部的侵权行为，无论该船舶是处于公海或某国领海，多主张适用旗国法。其理由是船舶可视为船旗国的浮动领土。但是如果船舶处于他国领海之内，并且该侵权行为影响领海国的利益，则主张适用领海国法。

（3）因海上运送事故致旅客死伤、货物毁损所发生的侵权行为。关于在海上运送中致旅客人身伤亡或行李毁损，因有运送合同关系存在，所以有人主张依合同准据法来解决运送人的责任问题。但旅客安全常受到许多国家的强制性法律的保护，这种法律不得在合同中运用法律选择条款加以规避。为统一对这种责任的法律规定，1974年订立了《海上旅客及其行李运输的雅典公约》及其议定书。中国1994年3月5日经全国人大常委会决定加入该公约及其议定书。

对于海上侵权行为的法律适用，中国《海商法》第273条只就船舶碰撞的损害赔偿作出了明确规定："船舶碰撞的损害赔偿，适用侵权行为地法律。船舶在公海上发生碰撞的损害赔偿，适用受理案件的法院所在地法律。同一国籍的船舶，不论碰撞发生于何地，碰撞船舶之间的损害赔偿适用船旗国法律。"

二、国际油污损害

油污损害是一种特殊的侵权行为。1969年国际海事组织在布鲁塞尔主持订立了《国际油污损害民事责任公约》，该公约于1980年4月29日对中国生效。此外，公约还有几个议定书：1976年《特别提款权议定书》（1981年生效，中国1986年加入但又于2003年退出）、1984年《议定书》（已被1992年《议定书》替代）、1992年《议定书》（1996年5月30日生效）及其2000年《修正案》（2003年11月1日生效）。该公约主要是一个统一实体法公约，包括下述基本内容：

（一）公约的适用范围

公约规定，它仅适用于在缔约国领土和领海上由于船舶溢出或排放持久性油类而发生的污染损害以及防止油污损害或将这种损害减小到最低限度而采取预防措施所造成的损失或损害。

公约适用的船舶是指装运散装油类货物的任何类型的远洋船舶和海上船艇，但军舰或其他为国家所有或经营的且在当时仅用于政府的非商业性服务的船舶，不在公约的管辖范围之内。公约明确规定所适用的责任主体是船舶所有人。船舶所有人是指登记为船舶所有人的人，或如果没有这种登记，则是指拥有该船舶的人；但如果船舶为国家所有而由在该国登记为船舶经营人的公司所经营，则此时船舶所有人即指这种公司。这种缔约国的国有船舶在接受控告时应放弃一切以主权国家地位为根据的答辩。

(二) 油污损害赔偿范围

公约规定，除另有规定以外，只要船舶逸出或排放散装油类(包括原油、燃料油、重柴油、润滑油以及鲸油)，并污染了缔约国的领土或领海而且对缔约国造成损害，则不论这种逸出或排放发生在何处，船舶所有人均应承担赔偿责任。公约强调，它所指的油污损害是指由于船舶逸出或排放油类后，在运油船本身以外因污染而产生的灭失或损害，并包括采取预防措施的费用以及由于采取预防措施而造成的进一步灭失或损害。预防措施是指油污事件发生后防止或减轻污染损害由任何人所采取的任何合理措施。除此之外的油污损害赔偿范围，公约未作明文规定，故取决于受理诉讼的各缔约国的国内法。

(三) 责任构成和免责事项

公约实行的是过失责任，但为了加重船舶所有人的责任，公约采取了举证责任倒置原则。就是说，船舶所有人应该对事件引起的漏油或排油所造成的污染损害负责，只有在船舶所有人自己证明损害是由下列原因之一引起的，才可以免责：第一，由于战争行为、敌对行为、内战或武装暴动，或特殊的、不可避免的和不可抗拒性质的自然现象所引起的；第二，完全是由于第三者有意造成损害的行为或怠慢所引起的；第三，完全是由于负责灯塔或其他助航设备的政府或其他主管当局在执行其职责时疏忽或其他过失行为所造成的损害。

公约还规定，如果船舶所有人能证明污染损害是完全或部分地由于遭受损害人有意造成损害的行为或怠慢而引起，或是由于该人的疏忽所造成，则该船舶所有人即可全部或部分地免除对该人所负的责任。

(四) 责任限制

公约规定，船舶所有人有权将他依本公约对任何一个事件的责任限定为按船舶吨位计算赔偿总额每吨 2000 金法郎，而且不论船舶吨位有多大，其赔偿总额最高不超过 2.1 亿金法郎。但是，如果事故是由于船舶所有人的实际过失或暗中参与所造成，则船舶所有人无权享受上述赔偿限额。

(五) 管辖权和缔约国判决的承认与执行

公约就管辖权作了规定：当在一个或若干个缔约国领土或领海内发生了油污损害事件，或在上述领土或领海内采取了防止或减轻油污损害的预防措施的情况下，赔偿诉讼只能向上述的一个或若干个缔约国的法院提出；并且，每一缔约国都应保证它的法院具有处理上述赔偿诉讼的必要管辖权。

公约规定，除了判决是以欺骗取得或未给被告人以合理的通知和陈述其立场的公正机会以外，有管辖权的法院所作的任何判决，如果可以在原判决国实施而不再需要履行通常的复审手续时，应为各缔约国所承认。并且，上述确认的判决，一经履行各缔约国所规定的各项手续之后，应在各该国立即实施。在履行各项手续中各缔约国不得重提该案的是非。

中国还于 1990 年 1 月 9 日决定加入 1969 年《国际干预公海油污事故公约》和 1973 年《干预公海非油类物质污染议定书》。此外，中国《海商法》第 265 条还规定了油污损害的诉讼时效,即:"有关船舶发生油污损害的请求权,时效期间为 3 年,自损害发生之日起计算;但是,在任何情况下时效不得超过从造成损害的事故发生之日起 6 年。"

三、空中侵权行为

发生在空中的侵权行为,也不外乎以下三种情形:

(1) 发生在航空器内部的侵权行为,诸如旅客与乘务人员或旅客之间发生的殴打、侮辱、诽谤等。一般而言,对于这种侵权行为,多数国家主张适用航空器登记国法。其理由无非是航空器在公空进行活动没有侵权行为地法可循,或者是强调航空器飞行速度极快,实在不易确定侵权行为地,况且航空器内部的侵权行为与航空器航行时地面所属国的关系纯属偶然关系,远不如把航空器登记国法视作侵权行为地法来得合乎情理。

(2) 因航空器碰撞或航空器与其他物体碰撞所发生的侵权行为。对于这种侵权行为,一般是主张适用被碰或受害方的航空器登记地法。这无非是出于对受害方利益的保护。如碰撞双方皆有过错,也可适用法院地法;在同一国家登记的航空器相撞,则可适用它们共同的登记国法。

(3) 因航空器事故致旅客死伤或物品毁损的侵权行为。对于此种责任的构成,有主张采过失原则的,也有提议采无过失原则的。例如,美国 1922 年统一州航空法及各州判例认为,航空运送人并不是旅客安全的保险人,所以对于他们的伤亡,运送人如无过错,即不负赔偿责任。而 1892 年《德国航空交通法》、1948 年《瑞士航空交通法》,则均采无过失责任原则。对于此类侵权行为,目前主要适用有关的国际公约。目前调整这一问题的国际立法主要有:1929 年《华沙公约》、1955 年《海牙议定书》和 1961 年《瓜达拉哈拉公约》以及 1999 年《蒙特利尔公约》。其中 1929 年《华沙公约》是最基本的公约,是调整航空运输的主要国际公约。这里以《华沙公约》为主,结合《蒙特利尔公约》的规定,阐述运送人对旅客及其行李的损害赔偿责任。

1. 《华沙公约》的适用条件和范围

《华沙公约》对其适用条件和范围,作了如下规定:(1) 本公约适用于所有以航空器运送旅客、行李和货物而收取报酬的国际运输,也适用于航空运输企业以航空器办理的免费运输。(2) 对国际运输,公约明确规定,是指当事人签订的运送合同所约定的起点和终点应分别在两个缔约国内,或起点和终点虽在同一缔约国内,但约定中途必须在另一缔约国或非缔约国的主权、宗主权、委任统治权或权力管辖下的领土内有经停地点。几个连续的航空承运人所办理的运输,如合同各方均认为是单一业务活动的,则不得因其中的一个或几个合同是在同一国的领土内而丧失其国际性质。(3) 公约也明确规定以下各种空运不适用《华沙公约》:根据国际邮政公约所办理的信件和包裹运输;航空运输企业为了开设正式航线进行试航的国际航空运输;以及超出正常航空运输业务以外在特殊情况下进行的运输,诸如为科学探险或紧急救助而做的运输。

2. 运送人的责任

《华沙公约》是世界上第一个明确规定航空运送人权利与义务的公约,它包括下列内容:对于旅客因死亡、受伤或身体上的任何其他损害而产生的损失,如果造成这种损失的事故是发生在航空器上或上下航空器过程中,运送人应负责任;对于任何已登记的行李或货物因毁灭、遗失或损坏而产生的损失,如果造成这种损害的事故是发生在航空运输期间,运送人也应负责任;运送人对旅客、行李或货物在航空运输过程中因延误而造成的损失应负责任。它对运送人的责任制度,确定了下列三个基本原则,即推定过失责任原则、有限责任原则、禁止免责原则。其中第一、三两个原则重在保护旅客的利益,而第二个原则却兼顾运送人的利益。

(1) 推定过失责任原则。《华沙公约》规定了可以免除或减轻运送人上述责任的三种情况:第一,运送人如果能证明自己或他的代理人为了避免损失的发生,已经采取了一切必要的措施,或不可能采取这种措施时,可以不负责任;第二,在运输货物和行李时,如果运送人证明损失的发生是由于驾驶上、航空器的操作上或领航上的过失,而在其他一切方面运送人和他的代理人已经采取一切必要的措施以避免损失时,不负责任;第三,如果运送人证明损失的发生是由于受害人的过失所引起或助成的,法院可以按照它的法律规定,免除或减轻运送人的责任。上述规定表明,《华沙公约》采取推定过失责任原则。就是说,只要旅客有人身或财物受到损害,首先推定运送人有过失,须负赔偿责任。只有在运送人能够证明他没有过失或能证明损失的发生是由于受害人自己的过失或自助所造成,才得以免除或减轻运送人的责任。这种规定亦可称为举证责任倒置原则,目的在于加重运送人的责任,以利于受害人的求偿。

(2) 有限责任原则。《华沙条约》采取举证责任倒置原则加重了运送人的责任,但为了当事人双方权利义务平衡,以及出于保护国际航空运输正常发展的需要,公约规定,运送人对旅客及行李物品的损害赔偿仅负有限责任。公约规定,运输旅客时,运送人对每一位旅客的责任以 12.5 万金法郎为限(1955 年《海牙议定书》改为 25 万金法郎)。但旅客也可以根据他和运送人之间的特别协议,规定一个较高责任限额;在运送已登记的行李和货物时,运送人对行李或货物的责任以每公斤 250 金法郎为限,除非托运人在交运时曾特别声明行李或货物运到后的价值,并缴付必要的附加费。在这种情况下,运送人所负责任不超过声明的金额,除非运送人证明托运声明的金额高于行李或货物运到后的实际价值。对旅客自己保管的物件,运送人对每位旅客所负的责任,以 5000 金法郎为限。

这里须指出的是,公约规定的 12.5 万金法郎是运送人对于每一位旅客的人身和财物受到损害所负赔偿责任的最高限额,至于运送人在每一侵权案件中应支付的赔偿额则取决于受害人实际所受的损失大小。根据公约第 1 条第 3 款规定的精神,在一个单一的航空运输过程中,旅客即使受到两次以上的损害,其可得到的赔偿额仍以 12.5 万金法郎为最高限额;有两个或两个以上请求权人对同一旅客的损害求偿时,各请求权人的求偿额之和仍不得超过 12.5 万金法郎。

《华沙公约》第 3 条第 2 款但书和第 25 条规定运送人在原则上尽管负有有限责任,但有下列情形之一的,则运送人仍须负无限责任,而不得引用公约关于免除或减轻运送人责任的规定:其一是运送人未发给客票而载运旅客;其二是如果损失的发生是由于运送人或其代理人的有意不良行为,或由于运送人或其代理人的过失,而根据受理法院的法律,这种过失被认为等于有意的不良行为。

(3) 禁止免责原则。国际航空运输企业多为实力雄厚的独占性企业,运送人易利用其优越地位迫使旅客订立免责条款,破坏公约规定的责任体制,使当事人双方的权利义务处于不平等状态。为此,《华沙公约》明确规定,企图免除运送人的责任,或定出一个低于本公约所规定责任限额的任何条款,都不发生法律效力;运输契约的任何条款和在损害发生以前的任何特别协议,如果运输契约各方借以违背本公约的规则,无论是选择所适用的法律或者变更管辖权的规定,均不发生效力。

3. 损害赔偿的诉讼

《华沙公约》基于国际航空运输的特点就运送人对旅客损害赔偿责任的诉讼,在第28条规定:有关赔偿诉讼,应该按原告的意愿,在一个缔约国领土内,向运送人住所地或其总管理处所在地或签订契约的机构所在地法院提出,或向目的地法院提出;诉讼程序适用受理案件的法院地法;诉讼应从航空器到达目的地之日起,或应该到达之日起,或从运输停止之日起两年内提出,否则丧失追诉权。

1999年《蒙特利尔公约》对国际航空运输规则和承运人责任制度进行了重大修改。在旅客运输方面,相比较1929年《华沙公约》及其后续的议定书,《蒙特利尔公约》的主要修改之处有以下几点:

(1) 由过错责任制走向严格责任制。公约规定对于因旅客死亡或者身体伤害而产生的损失,只要造成死亡或者伤害的事故是在航空器上或者在上、下航空器的任何操作过程中发生的,承运人就应当承担责任。对于因托运行李毁灭、遗失或者损坏而产生的损失,只要造成毁灭、遗失或者损坏的事件是在航空器上或者在托运行李处于承运人掌管之下的任何期间内发生的,承运人就应当承担责任。但是,行李损失是由于行李的固有缺陷、质量或者瑕疵造成的,在此范围内承运人不承担责任。关于非托运行李,包括个人物件,承运人对因其过错或者其受雇人或者代理人的过错造成的损失承担责任。

(2) 公约创立了一种全新的旅客伤亡责任制度。它突破了旧华沙体制下的限额赔偿原则,着重考虑了对旅客提供公平赔偿,并最大限度地保证旅客和承运人之间的利益平衡。公约按照索赔人提出索赔额的不同,规定了不同的归责原则,设立了双梯度责任制。第一梯度是对于不超过10万特别提款权的损害赔偿,不论承运人有无过错,都应当承担责任。而第二梯度是如果索赔人提出的索赔额超过10万特别提款权的,而承运人又不能证明自己没有过错或者证明伤亡是由于第三人的过错造成的,承运人就应当承担责任。

(3) 公约明确了因延误造成损失的赔偿额度。对于因延误造成的损失,承运人对每名旅客的责任是4150特别提款权,行李是每名旅客1000特别提款权。

(4) 在旅客运输中,扩大了传统运输凭证——客票的表现形式。公约规定承运人只要出具一个包含出发地点、目的地点和约定的经停地点两项内容的书面材料即可,而不需要一定采取传统意义的格式规范的客票形式。这实际上为电子客票和无票旅行在航空运输中的推广和应用奠定了法律基础,大大简化了运输凭证。同样,对于"行李票"和"航空货运单"也进行了类似的规定,引入"行李识别标签"和"货物收据"的内容,有利于航空承运人采用新技术,提高运输效率。

(5)公约在原有四个法院(承运人住所地或其总管理处所在地或签订合同的机构所在地或目的地法院)管辖权的基础上,增加了专门适用于旅客伤亡的第五管辖权,即旅客住所地法院。《蒙特利尔公约》第 33 条第 2 款规定:"对于因旅客死亡或者伤害而产生的损失,诉讼可以向本条第 1 款所述的法院之一提起,或者在这样一个当事国领土内提起,即在发生事故时旅客的主要且永久居所在该国领土内,并且承运人使用自己的航空器或者根据商务协议使用另一承运人的航空器经营到达该国领土或者从该国领土始发的旅客航空运输业务,并且在该国领土内该承运人通过其本人或者与其有商务协议的另一承运人租赁或者所有的处所从事其旅客航空运输经营。"

中国《民用航空法》第 189 条规定:"民用航空器对地面第三人的损害赔偿,适用侵权行为地法。民用航空器在公海上空对水面第三人的损害赔偿,适用受理案件的法院所在地法律。"由此可见,中国《民用航空法》仅仅规定了对地面第三人损害赔偿的法律适用问题,而对于发生在航空器内部的侵权行为,以及因航空器事故致旅客死伤或行李物品毁损的侵权行为的法律适用问题,则没有明确作出规定。在司法实践中,对此类问题,国际公约如《华沙公约》有规定的,则适用国际公约的规定,也可遵照国际普遍实践,适用航空器的登记国法律。

四、涉外公路交通事故

1971 年订于海牙的《公路交通事故法律适用公约》是规范含有涉外因素的公路交通事故法律适用的统一冲突法公约。该公约现已生效,截至 2018 年 6 月 30 日,已有 21 个国家批准或接受公约。

(1)公约的目的和适用范围。公约的目的在于规定由于公路交通事故而引起的非合同性质的民事责任,并且只适用于涉及一辆或数辆机动或非机动车辆,并与公路、向公众开放的地面,或特定人有权通行的私有地面上的交通有关的事故。

(2)准据法的确定。公约第 3 条、第 4 条规定,公路交通事故的准据法应该是事故发生国家的内国法,但有下列情形之一的则作为例外处理:其一,如果只有一部车辆卷入事故,且它是在非事故发生地登记注册的,在此种情况下,就适用车辆登记国的内国法来决定驾驶员、所有人或其他实际控制车辆或对车辆有利害关系的人的责任;其二,如果有两部或两部以上车辆卷入事故且所有车辆均于同一国家登记时,适用该登记国的法律;其三,如果在发生事故地,车外的一人或数人卷入事故并可能负有责任,且他们均于车辆登记国有惯常居所,适用该登记国的法律,即使这些人同时也是事故受害人亦同。

公约第 5 条还规定,上述各种应适用于确定对受害的乘客承担责任的法律,同样也应适用于该车辆运载的且属于乘客或委托他照管货物的损害赔偿责任,但车外货物的损害赔偿责任应适用事故发生地国家的内国法。

公约第 6 条规定,在应适用车辆登记国法时,如果车辆未经登记或在几个国家内登记,则以它们惯常停驻的国家的内国法代替适用。公约第 7 条强调,在确定责任时,无论适用什么法律作准据法,都应考虑事故发生时发生地有效的有关交通管理规则和安全规则。

(3) 准据法的适用范围。公约第 8 条明确规定,准据法适用于:责任的根据及其范围;免除责任以及任何限制责任和划分责任的理由;可能会导致赔偿的侵害或损害是否存在及其种类;损害赔偿的方式及其范围;损害赔偿请求权可否转让或继承问题;遭到损害并能直接请求损害赔偿的人;本人对其代理人的行为或雇主对其雇员的行为应承担的责任;时效规则。

五、涉外产品责任

产品责任,是指有瑕疵的产品,或者没有正确说明用途或使用方法的产品,致消费者或使用者人身或财产的损害时,产品的制造者或销售者应负担的赔偿责任。目前,各国对于产品责任的法律适用作出明确规定的并不多。实践中绝大多数国家把产品责任视为一般侵权责任,按照解决一般侵权行为法律适用的原则来确定产品责任的准据法。但也有一些国家在新颁布的国际私法中对产品责任的法律适用作了专门规定。我国《涉外民事关系法律适用法》第 45 条规定:"产品责任,适用被侵权人经常居所地法律;被侵权人选择适用侵权人主营业地法律、损害发生地法律的,或者侵权人在被侵权人经常居所地没有从事相关经营活动的,适用侵权人主营业地法律或者损害发生地法律。"而关于涉外产品责任法律适用问题,欧盟 2007 年颁布的《罗马条例 II》第 5 条也有一些独特的规定。

此外,1973 年第十二届海牙国际私法会议通过的《产品责任法律适用公约》,在涉外产品责任准据法的确定以及准据法的适用范围的规定上,反映了国际上有关涉外产品责任法律适用的一般做法和发展趋势。该公约自 1977 年 10 月 1 日开始生效。公约的主要内容如下:

1. 公约的适用范围

公约规定,它适用于产品制造人、成品或部件制造人、天然产品的生产者、产品供应者、在产品的准备或分配等整个商业环节中的其他人员(如修理人员和仓库工作人员)以及上述人员的代理人或雇员等,对产品造成的损害所承担的责任。损害包括因错误的产品说明或没有对产品的质量、特征或使用方法予以适当说明所造成的对人身的伤害、财产损失和经济损失,但产品本身及间接经济损失不包括在内,除非该损害与其他损害相联系。公约所指的产品,包括天然产品和工业产品,不问其是加工的或未加工的,也不管其是动产或不动产。

公约第 1 条第 3 款为了避免受诉法院在定性问题上的困扰,明确规定不管诉讼性质如何,本公约应予以适用。因此,不管原告以侵权行为还是以契约不履行为根据向法院提起损害赔偿之诉,只要符合公约规定的适用条件,即可适用该公约。

2. 公约关于产品责任准据法的规定

公约对涉外产品责任的准据法,考虑到既需着重保护消费者的利益,又需兼顾诉讼当

事人双方权利义务的平等,不厌其烦地规定了四种适用顺序:

第一适用顺序即公约第5条规定,关于涉外产品责任的准据法,首先应该适用直接遭受损害的人的惯常居所地国家的内国法,只要该国同时又是被请求承担责任的人的主营业地;或直接遭受损害的人取得产品的地方。

第二适用顺序即如果不存在公约第5条规定的情形,则按公约第4条的规定适用侵害地国家的内国法,但也需符合下列条件之一:(1)该国同时又是直接遭受损害的人惯常居住地;(2)该国同时又是被请求承担责任人的主营业地;(3)该国同时又是直接遭受损害的人取得产品的地方。

第三适用顺序即公约第6条规定,如果第4条和第5条指定适用的法律都不适用,原告可以主张适用侵害地国家的内国法。

第四适用顺序即公约第6条规定,如果第4条和第5条指定适用的法律都不适用,并且原告没有提出主张适用侵害地国家的内国法时,则适用被请求承担责任的人的主营业地国家的内国法。

为了保护被请求承担责任人的利益,使其得以避免适用不能预见的法律所致的损失,公约规定,如果被请求承担责任的人证明他不能合理地预见产品或他自己的同类产品会经商业渠道在该国出售,则第4条、第5条、第6条规定的侵害地国家和直接遭受损害的人的惯常居所地国家的内国法均不适用,而应适用被请求承担责任的人的主营业地国家的内国法。

公约规定的四个顺序,必须按次序适用,不得任意逾越。但是不管根据哪一顺序确定应适用的准据法,下面四点都是应当共同遵循的:第一,不论适用何国法作准据法,均须考虑产品销售市场所在国家通行的有关行为规则和安全规则;第二,根据公约规定适用的法律只有在其适用会明显地与公共秩序相抵触时方可拒绝适用;第三,根据公约规定适用的法律,即使是非缔约国的法律,也应予以适用;第四,公约规定应适用的法律是指该国的内国法,排除反致的适用。

3. 公约关于产品责任准据法的适用范围

公约规定,依该公约确定的准据法应决定下列问题:(1)责任的依据和范围。包括损害赔偿是基于侵权行为还是契约债务不履行而发生,其成立应具备的条件,以及损害赔偿应承担责任的范围如何等。(2)免除、限制和划分责任的依据。(3)可以得到赔偿的损害的种类。(4)赔偿的方式及其范围。(5)损害赔偿的权利能否转让或继承。(6)什么人有权主张损害赔偿请求权。(7)本人对其代理人的行为或雇主对其雇员行为所负的责任。(8)举证责任的规则。(9)时效规则。

应该指出的是,上述对准据法适用范围的规定是例示性的,而非列举规定。因此,其他未列举事项,只要属于非程序法上的问题,也应受依公约确立的准据法支配。

第三节 不当得利和无因管理

因不当得利(unjust enrichment)和无因管理(negotiorum gestio, voluntary service)而生之债,又称为"准合同之债"(quasi-contractul obligations)。其所以被称为准合同之债,是因为无因管理可以认为类似于委托代理合同,而不当得利可以认为类似于借贷合同。它包括那些既不是由于合同,也不是由于侵权而依法律应在特定人之间产生的具有债的特征的法律关系。

一、不当得利

凡是没有法律上的根据致他人遭受损害而自己获得利益称为不当得利。这个制度是得到各国承认的。中国《民法通则》第92条对不当得利制度也作了规定:"没有合法根据,取得不当利益,造成他人损失的,应将取得的不当利益返还受损失的人。"但是在什么情况下成立不当得利以及其效力如何,则各国规定往往并非一致,因而需要选择准据法。

不当得利大多发生于非债清偿的情况下。例如,对已清偿的债务再为给付;或基于原合同关系而为给付,后来合同被宣告无效;在合同双方当事人之间一方因不可抗力无法履行而在此前已受领了对方的给付;等等。对于不当得利的法律适用,有各种不同的主张:

(1) 适用不当得利发生地法(即原因事实发生地法)。其理由认为,不当得利涉及不当得利发生地国的公共秩序、社会道德风尚和法律观念。这是一个主要应适用的法律,与侵权行为适用行为地法的理由相同,且不少国家对二者一并加以规定。

(2) 适用当事人本国法。1966年《波兰国际私法》第31条规定,在当事人有同一国籍且在该国均有住所时,应适用他们的共同本国法。

(3) 适用支配原法律义务或关系的法律。1978年《奥地利国际私法》第46条规定:如不当得利是在履行法律义务或关系的过程中发生的,应适用支配原法律义务或关系的法律。例如,依原来的合同关系卖主已将货物交给买主,后来合同无效,买主是否应承担返还不当得利的义务,就应受原合同准据法支配。

(4) 选择适用多种法律。1987年《瑞士联邦国际私法法规》规定:不当得利之诉,首先应适用支配不当得利得以产生的实际的或假想的法律关系的法律,但当事人也可以协议选择适用法院地的法律。这样,在这一法定之债的领域内,也引进了意思自治原则。

二、无因管理

无因管理又称为"无委托的事务管理",是指既未受委托、又无法律上的义务而为他人管理财产或事务,因而支出的劳务或费用,依法有权请求他人支付。其中债权人称为"管理人",债务人称"本人"。一般而言,无因管理的效力,就管理人来说,应完成管理的事务并继续到本人接受为止,在管理中并负普通的注意,否则应对其故意或过失而致本人的损失承担责任,管理结束时应将因管理事务所得的一切权利转给本人并向本人作出结算。

而就本人而言,应偿还管理人因管理事务而支出的合理费用并负责清偿管理人因管理事务所发生的债务。

对于无因管理的成立与效力,采用这一制度的各国的法律规定可能不尽相同,因而有选择准据法的必要。对无因管理准据法的选择,主要有以下主张:

(1) 适用事务管理地法。对于无因管理的准据法选择,一般主张是与不当得利一样,应适用事务管理地法。其所以如此,是认为无因管理制度虽使管理人与本人之间产生一种债权债务关系,但它不是合同关系,不能适用当事人意思自治原则;另一方面,正因为它也是一种债务关系,也不宜适用当事人的属人法;加之,无因管理在构成要件中既必须有为他人谋利益的意思,故是一种值得提倡和鼓励的行为,因此,唯适用事务管理地法最为合适。

但是无因管理适用事务管理地法的做法也遭到一些人的反对。这首先是因为有时管理的客体在一国,而管理行为却在另一国,确定事务管理地并不容易(在这种情况下,有主张以客体所在地为事务管理地的,如日本法的规定;有主张以管理行为的效果发生地为事务管理地的,如法国的巴迪福)。在对财物进行管理时,在管理期间如财产所在地发生变更,也不易确定哪里应是事务管理地(在这种情况下,有人主张以开始管理时的财物所在地作为事务管理地)。

(2) 适用本人的住所地法。有人认为,无因管理制度既然是为保护本人的利益而设立的,故适用本人的住所地法才是最为适宜的。德国的齐特尔曼主张对管理人和对本人的义务分别适用他们的本国法。

(3) 适用原委托合同的准据法。另有学者认为,如果原有委托关系存在,只是事务管理超出了委托合同的范围,这时也可适用原委托合同的准据法。但也有人指出,这种无因管理对原委托合同关系来说,并非一种从属的法律关系,因此,对它的成立的效力,还是应当另选择准据法为宜。

三、我国有关涉外不当得利与无因管理法律适用的规定

我国《涉外民事关系法律适用法》第 47 条将涉外不当得利和无因管理之债合并作了规定:"不当得利、无因管理,适用当事人协议选择适用的法律。当事人没有选择的,适用当事人共同经常居所地法律;没有共同经常居所地的,适用不当得利、无因管理发生地法律。"该法首次将意思自治引入涉外不当得利和无因管理冲突规范中,并以当事人共同属人法作为优先选择的连结点,这有助于克服传统冲突规范采取单一发生地法的弊端。

思考题

1. 简述一般侵权行为法律适用的理论与实践。
2. 简述 1929 年《统一国际航空运输某些规则的公约》(《华沙公约》)关于运送人责任制度的三项基本原则。
3. 简述 1969 年《国际油污损害民事责任公约》的主要内容。
4. 简述 1973 年海牙《产品责任法律适用公约》有关准据法选择的主要规定。
5. 简述涉外不当得利和无因管理的准据法选择规则。

第十四章 婚姻家庭

学习目标:了解结婚实质要件和形式要件的法律适用规则、弄清涉外离婚案件的管辖权及法律适用问题,明确涉外夫妻人身关系和夫妻财产关系的法律适用理论与实践,把握涉外亲子关系、收养关系、监护关系和扶养关系等方面的准据法选择规则。

教师导读:本章的内容主要包括婚姻和家庭两个方面,它对涉外婚姻和涉外家庭关系中存在的法律冲突问题作了阐述,并对各国在解决涉外婚姻家庭的法律适用时所采取的不同的冲突原则进行了归纳总结。同时,结合相关问题着重剖析了婚姻家庭领域的一些颇具影响的国际统一冲突法公约及我国有关的涉外立法和司法实践。

建议学时:6 学时。

随着各国公民相互交往的日趋频繁,涉外婚姻家庭关系呈现出不断发展的趋势[①],在国际私法统一化进程中,早已成为关注的重点问题,有关的冲突法公约也是最多的。国际私法所调整的婚姻家庭关系,可因外国人要求在内国结婚或离婚,或者内国人在外国结婚或离婚而希望在内国发生效力,或者有关当事人向内国司法机关或公证机关提出确认含有外国因素的夫妻关系、亲子关系、收养关系、监护关系、扶养关系等多种情况而发生。在中国,随着对外开放政策的实施特别是"一带一路"建设的推进,加强对涉外婚姻家庭关系的法律调整和规范,已成为中国国际私法中一个不容忽视的重要问题。

第一节 结 婚

一、结婚的实质要件与形式要件的法律适用

婚姻成立的标志是结婚。结婚是指婚姻双方当事人成立夫妻关系的一种行为。结婚的有效成立,必须符合法律规定的结婚的实质要件和形式要件。结婚的实质要件一般包括婚姻双方当事人缔结婚姻的能力、结为夫妻的意思表示的一致与自愿,以及不存在禁止结婚的情况(如几等亲内的血亲关系,我国还规定有禁止结婚的疾病以及不允许多配偶制国家的当事人于结婚时尚有有效婚姻关系存在,等等)。而结婚的形式要件主要是指缔结婚姻的方式,如婚姻登记机关登记成立婚姻的方式、采取宗教结婚仪式成立婚姻的方式,或无任何程序或形式限制的成立婚姻的方式等。

[①] 尽管部分地区和少数国家的法律承认同性婚姻并赋予同性配偶与异性配偶同等的权利义务,不可避免地诱发了诸多国际私法方面的问题,但是,鉴于还有大部分国家未认可同性婚姻以及我国法律和公序良俗的特殊要求,因此本章暂不涉及涉外同性婚姻的法律适用问题。

综观当今各国国际私法立法,对结婚实质要件与形式要件的法律适用,大体可分为以下几种类型:

(一) 区分实质要件和形式要件规定适用不同的法律

这又有以下几种大同而小异的规定方式,如:

(1) 结婚的实质要件适用双方当事人各自的本国法,形式要件适用婚姻举行(缔结)地法。这是至今多数国家所采取的立场。如在亚洲国家中,日本和泰国的立法都是如此规定的。《日本法律适用通则法》第24条关于"婚姻成立的要件"即规定:"婚姻成立的要件,依各当事人本国法。婚姻成立的方式,原则上依婚姻举行地法"。1939年《泰国国际私法》的基本规定与此大致相同,只是对于在外国的泰国公民之间及泰国人与外国人之间的结婚,如已依泰国法所要求的方式举行同样有效。非洲国家如多哥,东欧国家如原捷克斯洛伐克1964年《国际私法及国际民事诉讼法》、1966年《波兰国际私法》的规定也基本上相同,只是波兰法对在波兰境外的结婚,规定只要遵守了夫妻本国法对形式的要求,亦承认为有效婚姻。1982年南斯拉夫《国际冲突法》第32条、第33条规定也大体类似,但在实质要件方面,如存在南斯拉夫法认为不得结婚的早婚、近亲及智力缺陷等情况,它规定不得在南斯拉夫结婚。1992年《罗马尼亚国际私法》第18条、第19条与南斯拉夫的上述规定基本相同,对实质要件适用当事人各自本国法,形式要件适用婚姻缔结地法;但如在罗马尼亚结婚或一方当事人为罗马尼亚人,则尽管依当事人各自本国法有实质要件上的障碍而依罗马尼亚法无障碍,仍可结婚或婚姻为有效。

(2) 结婚的实质要件适用当事人各自的住所地法或共同属人法,形式要件仍适用婚姻举行地法。南美国家中秘鲁的规定略有区别,即对实质要件要求适用当事人结婚时各自的住所地法,而形式要件仍依婚姻举行地法。英国也要求结婚能力及双方同意等实质要件首先适用每一方当事人的住所地法。而1979年《匈牙利国际私法》第37条则要求实质要件适用双方当事人的共同属人法,形式要件仍适用婚姻举行地法。该法同时规定如双方无共同属人法,则得重叠适用双方当事人各自的属人法,只有同时满足这两个法律所要求的实质要件时,匈牙利才会承认婚姻为有效。

(二) 不分实质要件与形式要件统一适用一个法律

这又分几种情况。如1972年《阿尔及利亚民法典》第11条、第12条有关结婚法律适用的规定便是如此:婚姻的有效性(当含实质与形式要件两个方面)适用夫妻各自的本国法,但如当事人一方于结婚时为阿尔及利亚人,则只能适用阿尔及利亚法。

《也门人民民主共和国民法典》第29条规定,有关婚姻的有效性适用也门法律,只要当事人之一是也门公民,或双方当事人是国籍不同的外国人。如当事人双方具有相同国籍,则应适用当事人的共同国籍法。1971年《美国冲突法重述(第二次)》也采取类似做法,只是美国在此引入了最密切联系原则。其第283条明文规定:"婚姻的有效性,可适用据其第6条的原则所确定的与配偶和婚姻有最密切联系的州的实体法对该特定问题的规定";"婚姻符合缔结地州法的要求的,其有效性得为普遍承认,但违反配偶及婚姻与之有最密切联系州的强行法(公共秩序法)者除外"。

中国《民法通则》第147条也采取这种立场,只是它仅针对"中华人民共和国公民和外国人结婚"这一种情况,要求适用婚姻缔结地法。所以,还存在双方为中国人在外国结婚以及双方为外国人在中国结婚,实质要件与形式要件是否一概都适用婚姻缔地法的缺失。①

(三) 区别不同情况,规定不同的应适用的法律

采取这种详细规定的,一般往往对境内结婚与境外结婚,当事人中是否均为外国人或是否为同一国家的外国人,是否均为外国住所者或是否为同一外国的住所者等加以区别对待,从而在功能取向上有所不同。

如1995年《俄罗斯联邦家庭法典》第156条便规定:对于在俄罗斯境内结婚,(1)结婚的形式或手续,要依俄罗斯法(也就是婚姻举行地法)。(2)在实质要件上,不得存在该法规定的婚姻障碍情况,且符合每一方当事人的本国法。(3)如当事人之一既有俄罗斯国籍又具有外国国籍,实质要件要由俄罗斯法规定;但如当事人具有的是多重外国国籍,可由该外国人选择其中一国的法律加以适用。(4)无国籍人结婚的实质要件,依该人的经常居住国法。

对于承认在俄罗斯境外的结婚,其第158条则不分实质要件与形式要件,笼统地规定:(1)俄罗斯公民之间、俄罗斯公民与外国人或无国籍人之间在俄罗斯境外的结婚,只要遵守了婚姻举行地国法,并且无该法典第14条所规定的婚姻障碍,应承认其为有效。(2)如双方当事人为外国人,则只要符合婚姻举行地国法的规定(则不问是否存在该法典所规定的婚姻障碍),均应承认其为有效。

可见,其规定的旨意,仍在实质要件上重视当事人的属人法,在形式要件上重视婚姻举行地法;但对在其境内的结婚,尽管均为外国人,也必须不存在俄罗斯法规定的婚姻障碍,而在境外结婚,只要其中有一方为俄罗斯人,也不允许存在上述障碍。这无疑对保护俄罗斯婚姻法上的公共秩序和防止法律规避的发生,都是有好处的。

1986年《德国民法施行法》第13条的规定则为:(1)结婚的实质要件依各方当事人的本国法。(2)但如有下述情况之一存在时,得适用德国法:a. 许婚夫或妻为德国人或在德国有惯常居所;b. 或他(她)可望获得前项条件;c. 违背婚姻自由及一夫一妻制的婚姻无效(一方已被德国法院判决离婚,或外国判决离婚已得到德国法院的承认,或一方已被宣告死亡者,不妨碍该当事人重新结婚)。(3)在德国境内的结婚,其方式依德国法。但如双方均非德国人,要在德国结婚,需有一方当事人所属国家有关机关授权的人证婚,方可依该国法律规定的方式举行结婚。

但从总体上看,对于结婚的法律适用,实质要件依当事人属人法(尤其是本国法),形式要件依举行地法,是使用得最为普遍的。之所以如此,乃在有利于婚姻的有效性易于为当事人本国所承认,而该项结婚又易于在举行地国进行,并可防止"移住婚姻"和"法律规

---

① 我国《涉外民事关系法律适用法》第21条的规定似乎克服了这一缺陷,但仍然不够明确,还有待进一步完善。该法第21条规定:"结婚条件,适用当事人共同经常居所地法律;没有共同经常居所地的,适用共同国籍国法律;没有共同国籍,在一方当事人经常居所地或者国籍国缔结婚姻的,适用婚姻缔结地法律。"

避"现象的发生。《美国冲突法重述(第二次)》在这个问题上引进最密切联系原则,也是很有创新意义的,且实质要件依当事人属人法,形式要件依举行地法的做法在通常情况下,也是这一原则的体现。但现实生活十分复杂,因而采用这个原则性规定,更可发挥在法律选择上把可预见性与原则性结合在一起的功效。

在国际公约方面,1902年海牙《婚姻法律冲突公约》规定,在实质要件方面缔结婚姻的权利应适用双方的各自本国法,但这个"本国法"包括他们本国的冲突法,因而公约表示"如依其本国法规定应适用其他法律者,不在此限"。可见,该公约允许结婚法律适用采取反致。但公约同时规定,婚姻举行地法可以限制以下三种情况之一者:(1) 不允许的一定亲等的血亲或姻亲之间的人结婚;(2) 不允许的因一方犯有通奸罪而经宣告解除婚姻的人与其通奸人结婚;(3) 不允许的共同谋杀配偶他方的共谋犯罪人之间结婚。对形式要件,该公约规定得依婚姻举行地法(以宗教仪式为必要的形式要件的国家,可认为在外国依其他方式举行的结婚为无效)。该公约也允许外交(领事)婚姻。但1980年海牙《结婚仪式和承认婚姻有效公约》则已坚持婚姻举行地法为形式要件的唯一准据法,而在实质要件方面,也改为以婚姻举行地法为准据法,但包括婚姻举行地国的冲突法,即双方当事人各自符合婚姻举行地的内国法所规定的实质要件或各自符合婚姻举行地法的冲突规范指引的国家的内国法所规定的实质要件。

二、领事婚姻

领事婚姻是指在驻在国不反对的前提下,一国授权其驻外领事或外交代表为本国侨民依本国法律规定的方式办理结婚手续并成立婚姻的制度。领事婚姻是19世纪的产物。当时,领事职务扩大,民事登记婚姻方式已被欧洲各国普遍采用,而对居住在国外(特别是东方一些国家)的欧洲人来说,或者由于当地法规定的宗教结婚方式与本国法相违背,或者由于当地没有理想的婚姻登记方式可依,他们的婚姻问题成为一个很棘手的难题,于是领事婚姻制度便应运而生。在当代,国家之间通过签订领事协定,准许由各自领事办理本国国民的婚姻登记,已很普遍。1963年《维也纳领事关系公约》和1961年《维也纳外交关系公约》也都肯定了领事婚姻制度。1982年《土耳其国际私法和国际诉讼程序法》明确规定就婚姻的形式要件而言,只要是按照国际条约的规定所缔结的领事婚姻应为有效。其他不少国家在立法上也明确承认领事婚姻形式上的有效性。1966年《葡萄牙民法典》第51条例外条款、1995年《俄罗斯联邦家庭法典》第157条、1992年《罗马尼亚国际私法》第19条也都承认领事婚姻的形式有效性。

但是,根据国际公法,驻在国并没有义务允许派遣国大使或领事为其侨民举行婚姻,因此,派遣国领事一般应征得驻在国的同意,才能为其侨民办理结婚仪式。

故在领事婚姻中,不但实质要件要适用当事人的本国法,不受婚姻举行地法的制约,而且在形式要件方面,也与通常情况要求适用婚姻举行地法不同,亦得适用当事人本国法。

2003年7月由中国国务院颁布的《中华人民共和国婚姻登记条例》第19条规定:"中

华人民共和国驻外使(领)馆可以依照本条例的有关规定,为男女双方均居住于驻在国的中国公民办理婚姻登记。"

三、中国处理涉外结婚的法律制度

(一)在我国境内的涉外结婚

长期以来,我国有关涉外结婚的法律法规过于分散,而且针对中国公民同外国人、华侨同国内公民、港澳同胞同内地公民、大陆居民同台湾居民等不同的婚姻登记主体都制定了不同的规定、办法。例如1983年民政部《中国公民同外国人办理婚姻登记的几项规定》、1983年民政部《华侨同国内公民、港澳同胞同内地公民之间办理婚姻登记的几项规定》和1998年民政部《大陆居民与台湾居民婚姻登记管理暂行办法》等。2003年7月30日国务院通过的《婚姻登记条例》,对上述规定、办法进行了合并而成为在中国办理婚姻登记统一适用的法规。此外,民政部还分别于2003年9月、2004年3月发布了《婚姻登记工作暂行规范》和《关于贯彻执行〈婚姻登记条例〉若干问题的意见》。关于处理我国涉外结婚的全国性法律主要有1986年《民法通则》和2010年《涉外民事关系法律适用法》。其中《民法通则》第147条规定:"中华人民共和国公民和外国人结婚适用婚姻缔结地法";而《涉外民事关系法律适用法》第21条规定:"结婚条件,适用当事人共同经常居所地法律;没有共同经常居所地的,适用共同国籍国法律;没有共同国籍,在一方当事人经常居所地或者国籍国缔结婚姻的,适用婚姻缔结地法律"。两部法律提到的"婚姻缔结地法律",既包括规范结婚实质要件的法律,也包括规范结婚形式要件的法律,既包括在我国境内结婚的法律适用问题,也包括在我国境外结婚的法律适用问题。若按照后法规定的推演,中国公民和外国人在中国境外结婚则可适用外国法。另外,我国法律法规还规定,现役军人、外交人员、公安人员、机要人员和其他掌握重大机密的人员以及正在接受劳动教养和服刑人员不得与外国人结婚。但在程序和手续上,却区分以下情况作不同处理:

1. 我国境内的中国公民与外国人结婚

在我国境内,无论是《民法通则》还是《涉外民事关系法律适用法》都统一规定,凡是中华人民共和国公民在中国境内与外国人结婚,一律适用中国法。男女双方应当共同到内地居民常住户口所在地的婚姻登记机关①办理结婚登记并出具相关证件、证明材料。

2. 我国境内的外国人与外国人结婚

2004年3月民政部《关于贯彻执行〈婚姻登记条例〉若干问题的意见》第8条对双方均非内地居民在内地的结婚登记问题作了如下规定:

(1)双方均为外国人,要求在内地办理结婚登记的,如果当事人能够出具《婚姻登记条例》规定的相应证件和证明材料以及当事人本国承认其居民在国外办理结婚登记效力的证明,当事人工作或生活所在地具有办理涉外婚姻登记权限的登记机关应予受理。

---

① 我国《婚姻登记条例》规定:中国公民同外国人、内地居民同香港特别行政区居民、澳门特别行政区居民、台湾地区居民、华侨办理婚姻登记的机关是省、自治区、直辖市人民政府民政部门或者省、自治区、直辖市人民政府民政部门确定的机关。

(2) 一方为外国人、另一方为港澳台居民或华侨,或者双方均为港澳台居民或华侨,要求在内地办理结婚登记的,如果当事人能够出具《婚姻登记条例》规定的相应证件和证明材料,当事人工作或生活所在地具有相应办理婚姻登记权限的登记机关应予受理。

(3) 一方为出国人员、另一方为外国人或港澳台居民,或双方均为出国人员,要求在内地办理结婚登记的,如果当事人能够出具《婚姻登记条例》规定的相应证件和证明材料,出国人员出国前户口所在地具有相应办理婚姻登记权限的登记机关应予受理。

此外,在条约或互惠基础上,中国也承认具有相同国籍的外国人双方在其本国驻华使领馆成立的婚姻为有效。

可见,外国人与外国人在我国办理结婚登记的,符合我国婚姻法的规定可办理结婚登记;双方当事人也可按其所属宗教的教规举行宗教结婚仪式,但若要使其结婚在我国具有法律效力,则必须依我国法律规定,到婚姻登记机关进行登记;在条约或互惠基础上,我国也承认具有相同国籍的外国人双方在其本国驻华使领馆成立的婚姻。

3. 我国境内的华侨、港澳台同胞与内地公民结婚

在我国境内,华侨、港澳台同胞与内地公民结婚应依我国《婚姻法》办理。

在我国内地办理结婚登记的香港特别行政区居民、澳门特别行政区居民、台湾地区居民应当出具下列证件材料:(1) 本人的有效通行证、身份证;(2) 经居住地公证机构公证的本人无配偶以及与对方当事人没有直系血亲和三代以内旁系血亲关系的声明。

在我国境内办理结婚登记的华侨应当出具下列证件和证明材料:(1) 本人的有效护照;(2) 居住国公证机构或者有权机关出具的、经中华人民共和国驻该国使(领)馆认证的本人无配偶以及与对方当事人没有直系血亲和三代以内旁系血亲关系的证明,或者中华人民共和国驻该国使(领)馆出具的本人无配偶以及与对方当事人没有直系血亲和三代以内旁系血亲关系的证明。

办理结婚登记的当事人有下列情形之一的,我国婚姻登记机关不予登记:(1) 未到法定结婚年龄的;(2) 非双方自愿的;(3) 一方或者双方已有配偶的;(4) 属于直系血亲或者三代以内旁系血亲的;(5) 患有医学上认为不应当结婚的疾病的。婚姻登记机关应当对结婚登记当事人出具的证件、证明材料进行审查并询问相关情况。对当事人符合结婚条件的,应当场予以登记,发给结婚证;对当事人不符合结婚条件不予登记的,应当向当事人说明理由。

4. 我国境内的中国公民和外国人复婚

根据规定,中国公民和外国人在华要求复婚的,按结婚办理,即必须共同到中国公民一方户口所在地的省、自治区、直辖市人民政府指定的婚姻登记机关申请登记,重新提交法律所要求的各种证明,婚姻登记机关应根据我国婚姻法对双方当事人的结婚条件重新进行审查。

(二) 在中国境外的结婚

在中国境外的结婚包括中国公民之间或中国公民与外国人之间(当然主要是华侨之间或华侨与外国人之间)在国外结婚,以及外国人之间在外国结婚而要求在中国境内承认

其效力的各种情况。

我国《民法通则》第 147 条规定,对于中国公民和外国人结婚,应适用婚姻缔结地的法律,因而如果他们在国外结婚,无疑应适用外国的法律。但是,对双方均是中国公民在外国结婚应适用的法律,无明文规定。而我国《涉外民事关系法律适用法》并未区分国内结婚与国外结婚的情况作出不同要求,只是笼统规定"结婚条件"适用当事人共同经常居所地法律,若没有共同经常居所地的,则适用共同国籍国法律;如果既无共同经常居所地又无共同国籍,那么,在一方当事人经常居所地或者国籍国结婚的就适用婚姻缔结地法律。

对双方均是中国公民在外国结婚应适用的法律,我国《民法通则》未予规定。在这方面可供参考的只有中国外交部、最高人民法院、民政部、司法部、国务院侨务办公室 1983 年《关于驻外使领馆处理华侨婚姻问题的若干规定》。依该规定,我驻外使领馆在"受理这类案件时,严格按照中华人民共和国婚姻法的基本精神,并照顾到他们居住在国外的实际情况,加以妥善处理"。其主要内容有:(1) 为了方便华侨(指双方均为华侨)在居住国结婚,应该鼓励他们按居住国法律在当地办理结婚登记或举行结婚仪式。如当地有关当局为此征求我驻外使领馆的意见,则应区别不同情况作如下处理:a. 如该婚姻符合我国婚姻法的规定,可应其要求,以口头或书面证明其婚姻符合中华人民共和国婚姻法关于结婚的规定;b. 如该婚姻除年龄和禁止近亲通婚的规定外,其他符合我国婚姻法的规定,可以口头或书面证明:"鉴于×××与×××已在××国定居,如××国有关当局依照当地法律准许他们结婚,我们不表示异议";c. 如该婚姻违反我国婚姻法关于禁止干涉婚姻自由和禁止重婚的规定,我国当不能承认该婚姻为有效,也不能为其出具任何证明。(2) 凡双方均为华侨,且符合我国婚姻法的规定,要求在驻在国的中国使馆结婚的,只要驻在国法律允许,中国使馆可为他们办理结婚登记,颁发结婚证书。如驻在国有关当局要求,我使馆也可为此种证书出具译文,并证明其与原本相符,但不得受理华侨与外国人(包括外籍华人)结婚登记的申请。此外,凡驻在国法律不承认外国使馆办理的结婚登记为有效,以及该婚姻不符合我国婚姻法关于结婚的规定的,中国使馆均不宜受理此类申请。

我国《婚姻登记条例》第 19 条规定:"中华人民共和国驻外使(领)馆可以依照本条例的有关规定,为男女双方均居住于驻在国的中国公民办理婚姻登记。"

对于外国人之间在我国境外结婚而欲在我国发生效力的,依《民法通则》和《涉外民事关系法律适用法》规定,既然中国公民与外国人结婚也允许适用婚姻缔结地法,那么,对此种婚姻,只要依缔结地法为有效,且不违反我国法律和公共秩序,我国也可承认其效力。

四、涉外无效婚姻和可撤销婚姻的处理规则

因欠缺婚姻成立的法定要件而不发生法律效力的婚姻是无效婚姻。无效婚姻与可撤销的婚姻不同,前者为从一开始即当然无效,后者则需经诉讼程序,从宣告撤销之日起丧失婚姻的效力。但有的国家如原苏联将可撤销的婚姻包括在无效婚姻之中,而法国则把无效婚姻分为绝对无效和相对无效两种,相对无效婚姻就是可撤销的婚姻。构成无效婚姻和可撤销婚姻的原因,世界各国的法律规定不尽相同。概括起来有以下几种:(1) 婚姻的双方乃属禁婚近亲属;(2)结婚的任何一方未达法定婚龄;(3)结婚时任何一方已受合法婚姻约束;(4)结婚手续不符合法律规定;(5)婚姻任何一方非自愿结婚。此外,多数国家认为,因夫妻一方当事人患有传染性疾病或精神病,也可以成为宣告婚姻无效或可撤销的原因。日本则规定,离婚女子在待婚期内成立的婚姻为可撤销的婚姻。

一般认为,支配婚姻有效性的法律也可适用于无效婚姻和可撤销婚姻。所以多主张对无效婚姻依支配婚姻有效性的法律。但在具体执行中,如果某一婚姻违反了实质要件,则应适用支配婚姻实质有效性的法律,如果违反形式要件,就适用支配婚姻形式有效性的法律。英国就是如此,对形式无效的婚姻,英国适用婚姻举行地法,而对违反实质要件的婚姻,则依当事人的住所地法。但各国对婚姻实质要件和形式要件的区分常有不同,如对当事人双方同意这一要件,有的国家的学者认为是形式要件,而有的国家的学者如英国的威希尔则主张,欠缺同意属于自身缺陷(personal defect),应归入实质要件范畴。所以,问题的关键在于各国所依据的识别标准。

第二节 夫妻关系

合法有效的婚姻自然会产生配偶彼此之间的种种权利义务关系,即夫妻关系。夫妻关系包括夫妻人身关系和夫妻财产关系。在涉外夫妻关系的处理过程中,需要考虑其法律冲突问题与准据法的选择。

一、夫妻人身关系的法律适用

夫妻人身关系包括姓氏权、同居义务权、忠贞及扶助义务、住所决定权、从事职业和社会活动的权利、夫妻间的日常家务代理权等方面的内容。关于夫妻人身关系的法律冲突的解决,大致形成了以下几种理论与实践:

(一)适用丈夫的本国法

对于涉外夫妻人身关系,主张适用丈夫本国法,多见于19世纪的陈旧立法。例如,1896年《德国民法施行法》第14条明确规定:德国人夫妻之间身份上的法律关系,即使在外国的住所,仍依德国法,如夫丧失德国国籍而妻仍保留德国国籍者亦同;1898年《日本法例》规定:"婚姻的效力,依丈夫的本国法"。这种立法主要基于"夫为一家之主",适用"一家之主"的法律,最有利于家庭的结合和稳定的观念,但有违夫妻平权理念和男女平等原则。

(二)适用夫妻共同属人法或与夫妻有更密切联系的法律

随着妇女地位的提高,出现了适用夫妻共同本国法或共同住所地法的主张。例如,经多次修订后的《日本法例》从原来的立场改为:婚姻的效力,于夫妻的本国法相同时,依该法;无此法律而夫妻惯常居所地相同时,适用该地法律。无上述任何法律时,依与夫妻有密切联系地的法律。这种观点也反映在1986年《德国民法施行法》中,该法规定:人身效力得首先适用夫妻共同本国法,或婚姻存续期间夫妻一方最后国籍国法,以及夫妻共同惯常居所地或婚姻存续期间夫妻一方的最后惯常居所地法;或与夫妻有最密切联系的国家的法律;等等。1978年《奥地利国际私法》也肯定了这种观点。该法第18条规定:婚姻的人身效力依配偶双方的共同属人法,如无共同属人法,依他们的最后共同属人法,只要还有一方仍保有它;否则,依配偶双方均有惯常居所的国家的法律,只要一方仍保有它(第1款);如婚姻依上述第1款所指定法律未生效,而在奥地利的管辖范围内为有效,其人身法律效力依奥地利法;但如配偶双方与第三国有较强联系,并且根据它的法律,该婚姻也产生效力,则以该第三国法律取代奥地利法(第2款)。

(三) 原则上适用属人法,但在特定问题上得依行为地法

由于夫妻身份关系的准据法,一般应用来确定夫妻间的同居、忠贞、救助与支援以及夫权和结婚妇女的有无能力等方面的问题,这中间许多问题常涉及行为地的公共秩序和善良风俗,因而在原则上应依属人法,但在特定问题上,应依行为地法。如1905年海牙《婚姻对夫妻身份和财产效力的法律冲突公约》第1条规定:"关于夫妻身份上之权利义务,依其本国法定之;但前项权利义务的行使,非依行为地法所认可的方式,不得为之"。1928年《布斯塔曼特法典》第43条、第45条也规定,关于夫妻间保护和服从的相互义务,以及夫如变更居所,妻有无义务随夫等问题,在夫妻双方的属人法不同时,适用夫的属人法,但"关于夫妻共同生活彼此忠贞和相互帮助的义务,均依属地法原则解决"。

(四) 适用结果选择方法

对于夫妻人身关系法律适用问题的解决,如果从维护男女平等和妇女权利出发,显然,通过上述任何一种指定准据法的方法都不一定能达到目的。因此,并不能纯粹从某国国际私法是否已从过去单只适用丈夫一方的属人法改变为现在允许适用双方的共同属人法,甚至允许适用妻的属人法,或允许适用有更密切联系的法律,便判断它在这个问题上是进步的或落后的。因为,即令在允许适用妻的属人法的场合下,如妻的属人法中的封建的或歧视妇女的规定仍未清除,则对妻在配偶身份关系中的正当权益仍无保障。因此,不妨采用"内容导向"或"结果选择"方法,即在冲突法中明确规定:"夫妻身份关系应适用的法律,应是最有利于维护夫妻平等关系和最有利于保护妇女权利的法律"等。我国著名法学家李双元教授早在1987年就提出了这种观点。[①]

二、夫妻财产关系的法律适用

夫妻财产关系在民法和国际私法上又称夫妻财产制,它是双方当事人因成立婚姻而在财产关系上产生的效力的表现。与婚姻的人身效力不同,夫妻财产关系的内容包括财产归属与债务责任等方面。夫妻财产制主要区分为两大种类,即共同财产制与分别财产制、约定财产制与法定财产制。共同财产制又可分为完全(全部)共同财产制、所得(或收益)共同财产制和延迟(或死亡时)共同财产制。对于这些问题的规定各个国家往往有所不同,因而都有法律适用上的问题。

---

① 李双元:《国际私法(冲突法篇)》,武汉大学出版社1987年版,第429—430页。

（一）适用当事人属人法

在早先的实践中,由于妇女法律地位较男人低,不但在处理婚姻的成立和婚姻的人身效力时多适用丈夫的属人法,而且在婚姻的财产效力上,亦得以此法为准据法。随着社会的发展,也出现了依夫妻双方的属人法或妻之属人法支配婚姻财产的立法走势,如《波兰国际私法》第17条的相关规定。

（二）适用支配婚姻效力的法律

在漫长的历史长河中,几乎普遍实行妻归属于夫故而财产也得属于夫所有(即财产统归于夫的"夫妻财产一体主义")的原则。后来随着社会的进步与妇女地位的提高,夫妻共同财产制和夫妻约定财产制得以确立。但在法律适用上,仍有坚持适用支配婚姻人身效力的法律。如经1989年最后修订的《日本法例》就规定:它的第13条所指的支配夫妻身份效力的法律,在双方未选定其他法律时,当同样适用于夫妻财产关系(第14条)。故当代新的立法,不但在婚姻人身效力上已基本上排斥只适用夫一方的属人法的做法,而且在其财产效力上,也多不要求一律只能将支配婚姻人身效力的法律适用于财产效力了。

（三）适用意思自治原则

目前的实体法制度不但大都允许协议选择实行约定财产制或法定财产制,而且只有在夫妻未选择约定财产制时才实行法定财产制。至于是否允许实行任一种财产制均可自主选择应适用的法律,则有两种不同的态度。

一种态度如1987年《瑞士联邦国际私法法规》第53条的规定:"当事人可以随时选择(适用于夫妻财产制的)法律","当事人所选择的法律,除另有约定外,从结婚之日起即约束当事人"。只有在双方没有共同选择时,得适用:(1)配偶共同住所地法;或(2)他们的最后共同住所地法;(3)如无上述住所,则适用他们的本国法;(4)如上述连结点均不存在,则适用作为法院地法的瑞士法。1978年海牙《夫妻财产制法律适用公约》与瑞士的做法大同而小异,因为它首先规定"夫妻财产制受配偶婚前指定(即约定)的国内法支配"。即无论约定财产制或法定财产制,均适用经他们指定的这同一个法律。但"如双方婚前未指定法律,则其夫妻财产制当受双方婚后所设定的第一个惯常居所地的国内法支配"(不过在该公约规定的几种情况下,得适用他们的共同国籍国的国内法)。对夫妻财产关系,1995年《意大利国际私法制度改革法》在原则上要求由适用于夫妻身份关系的法律支配,但也允许在规定的条件下另行选择准据法。1986年《德国民法施行法》与意大利法大体相近。

另一种态度则如1982年南斯拉夫《国际冲突法》,它规定,在采用法定财产时,当事人不得选择法律,而应适用他们的(共同)本国法;如国籍不同,则适用共同住所地法;在上述两个连结点都不存在时,适用他们的最后共同本国法;在上述连结点都不存在时,适用作为法院地法的南斯拉夫法。可是,在实行约定财产制时,允许当事人于协议时选择应适用的法律。1995年《俄罗斯联邦家庭法典》也只允许在实行约定财产制时当事人自主选择法律。此外,1979年《匈牙利国际私法》第39条规定:对整个夫妻财产制,只允许适用该法指定的统一适用于夫妻身份及财产关系的法律,排除当事人对财产制选择的自由,也不允许当事人选择财产制应适用的法律。

(四) 适用最密切联系原则

适用最密切联系原则的核心是主张对财产关系采取适用最密切联系原则决定准据法。1992年《罗马尼亚国际私法》第20条规定,对夫妻人身关系和财产关系不存在当事人共同本国法和共同住所地法时,可依最密切联系原则决定夫妻财产制的准据法。2011年欧盟《关于婚姻财产制事项的管辖权、法律适用和判决执行条例建议案》也规定了夫妻财产关系可采取最密切联系原则。

另外,关于动产不动产在法律适用上采取区别制还是同一制的问题,存在两种截然对立的做法。一种不主张在夫妻财产制的法律适用上区分动产与不动产性质规定不同冲突规范。目前,有1979年《匈牙利国际私法》和1987年《瑞士联邦国际私法法规》以及1992年《罗马尼亚国际私法》等。另一种主张采取区别制。对于不动产必得适用(或当事人只能选择适用)不动产所在地法的,更占多数。如1898年《日本法例》到1989年几经修订后,虽仍在原则上坚持对夫妻财产制适用支配夫妻身份关系的准据法,同时也允许夫妻选择适用当事人一方的国籍国法或住所地法;但对于不动产,却只允许选择不动产所在地法(第15条)。1986年《德国民法施行法》在确立要求适用支配人身效力的法律的基本原则后,也允许当事人协议选择有限定的国家的法律,对不动产同样只允许选择适用不动产所在地法。1995年《意大利国际私法制度改革法》则稍有不同,它亦要求原则上适用支配人身效力的同一法律,但当事人已另有选择法律的书面协议者例外。但如未就其另有的选择告知第三人者,不得以其所选择的外国法对抗第三人,并且就不动产物权而言,只要依物之所在地法规定的方式告知了第三人,得有权对抗第三人。1971年《美国冲突法重述(第二次)》亦采取区别制。如它的第233条就规定:婚姻对配偶一方婚前已有及婚后获得的土地利益所发生的效力,要由土地所在地法院决定其应适用的法律;至于动产,则不问婚前或婚后获得的均依与配偶和动产有最密切联系的州的本地法。

由于夫妻生活持续时间很长,当事人难免会因不同情况而得调整或改变其财产制或应适用的法律,因而1978年海牙《夫妻财产制法律适用公约》坚持可变更主义立场。只是该公约同时规定,这种准据法的改变,只能及于未来的效力,在准据法改变以前属于配偶已经取得的财产权不得受新法影响。

三、我国有关涉外夫妻关系法律适用的规定

我国《涉外民事关系法律适用法》对涉外夫妻关系的法律适用问题进行了具体规定。该法第23条着重对涉外夫妻人身关系的法律适用问题予以规定:夫妻人身关系,适用共同经常居所地法律;没有共同经常居所地的,适用共同国籍国法律。而该法第24条则在规范涉外夫妻财产关系法律适用时创造性地在婚姻家庭法领域导入了"当事人意思自治原则",它明确规定:夫妻财产关系,当事人可以协议选择适用一方当事人经常居所地法律、国籍国法律或者主要财产所在地法律;当事人没有选择的则适用共同经常居所地法律;没有共同经常居所地的,适用共同国籍国法律。

第三节 父母子女关系

父母子女关系又称亲子关系，是指父母和子女之间的一种法律关系。父母子女关系依父母与子女之间是否有血缘关系而划分为亲生父母子女关系和养父母子女关系。本节所讨论的亲子关系即指有血缘关系的父母子女关系。养父母子女关系在下一节讨论。

一、婚生子女

婚生子女是指在有效婚姻关系中怀孕所生育的子女，而非婚生子女是指非婚姻关系（包括无效婚姻）的男女所生的子女。关于子女是否为婚生的准据法，有以下几种主张：

（一）父母属人法

（1）生母之夫的属人法，尤其是他的本国法。这在过去的国际私法中是常见的，如1896年《德国民法施行法》第18条、1942年《意大利民法典》第20条、1898年《日本法例》第17条等。其学理根据在于传统观念认为亲子关系的中心乃父子关系，"父"对子女是否为其所生有决定权。不过这里的"父"在生父母根本无婚姻关系或婚姻无效时，原指子女的生父。英国判例主张适用父的住所地法来决定子女是否为婚生子女。

（2）子女出生时生母的属人法。1804年《法国民法典》第311—314条规定，子女是否婚生的问题由子女出生时生母的属人法决定。因为生母对此客观上最有决定权。

（3）父母双方的属人法。1978年《奥地利国际私法》第21条规定，子女婚生的要件及因此而发生的争议，依该子女出生时配偶双方的共同属人法，如子女出生前婚姻已解除，依解除时配偶双方的共同属人法，配偶双方的属人法不同时，依其中更有利于子女为婚生的一方的法律。

（4）分别适用父母各自的属人法。1934年《美国冲突法重述》则主张由父的住所地法决定父与子女的婚生关系，由母的住所地法决定母与子女的婚生关系（1971年《美国冲突法重述（第二次）》对此未加以规定）。1951年《卢森堡、比利时、荷兰国际私法统一法》也以父母中相关一方的本国法决定子女的婚生与否。但采用此种立法，在父母属人法不同且规定有差异时，可能会对父亲而言，一个子女可能为婚生，而对母亲来说却可能是非婚生。

（二）子女属人法

晚近一些国际私法立法从保护子女利益出发，相继采用子女的属人法作为确定父母子女关系的准据法。采用这一制度的主要是东欧国家，如波兰、捷克等国。不过，它适用起来有些困难。因为，通常在依血统确定国籍的国家中，在没有确定子女为婚生之前，其国籍是不能确定的。这样，国籍的取得依赖于婚生的确认，而婚生的确认又依赖于国籍的取得，难免出现一种恶性循环。

（三）决定婚姻有效性的法律

1982年《土耳其国际私法和国际诉讼程序法》第15条规定，子女婚生，适用子女出生时调整其父母婚姻效力的法律。法国、塞内加尔、阿根廷等国均有类似做法。但是，对涉外父母子女关系适用婚姻效力的法律，并不意味着如果婚姻无效，子女必为非婚生。子女是否婚生尚须依支配婚姻效力的冲突规则所指向的实体法决定。婚生适用婚姻有效性的准据法只是说明婚生与婚姻效力适用同一冲突规则，即指向同一准据法。

（四）对子女婚生更为有利的法律

由于适用子女的属人法，也不见得对子女就是有利的，故近来更有明确规定适用对子女更为有利的法律的。如前述奥地利法规定，在适用配偶双方的共同属人法时，如他们的属人法不同，应依其中更有利于子女为婚生的法律。1984年《秘鲁民法典》第2803条、1991年《加拿大魁北克民法典》第3091条、1995年《列支敦士登国际私法》第22条也有相似规定。

二、非婚生子女的准正

为改变非婚生子女的不幸境遇，产生了非婚子女准正（legitimation）制度。但有些国家（包括近东一些国家）没有准正制度。意大利、加拿大的魁北克虽允许准正，却一般或部分地排除由通奸怀孕而生的子女的准正。或一般允许准正，但继续按封建传统限制已准正子女的继承权。另外，各国法律对准正的方式、条件、效力也有不同规定。就准正的方式和条件而言，有允许依父母事后婚姻而取得婚生子女的地位的，有要求通过认领（acknowledgement of natural child）才取得婚生子女地位的，也有由国家行为来确认的。通过国家行为来确认非婚生子女的准正这种办法目前主要是通过确认亲子关系的诉讼，由法院作出判决来实现的。有了这种方式，可以使子女在父母一方死亡或父母不可能事后结婚，或父不愿认领的情况下，由法院判决宣布准正。这种准正带有某些强制的性质。

关于准正的准据法的确定，有些国家并不区别各种不同的准正方式，只是笼统地规定准正应适用的法律。如1982年《土耳其国际私法和国际诉讼程序法》第16条规定：非婚生子女准正适用准正时的父亲的本国法；依父亲本国法如无法准正，则适用母亲的本国法或子女的本国法。

而有些国家分别规定了依事后结婚、认领及国家行为准正所应适用的法律。对事后婚姻在准正上的效力，或主张适用父母事后结婚时的住所地法（如英国和美国），或主张适用事后结婚时父的本国法，或主张适用父母属人法（如奥地利），或主张适用子女属人法，或主张适用支配事后婚姻的效力的法律（如德国）。

对通过个人认领而准正，常区分认领的形式要件准据法和实质要件准据法。一般来说，认领的形式只要符合认领行为发生地的要求就足够了，不过，属人法常在这个问题上起制约作用。而认领的实质要件的准据法有以下几种：（1）父母属人法（如1939年《泰国国际私法》第31条、1986年《德国民法施行法》第21条第2款）；（2）分别适用父母和子女的属人法（《布斯塔曼特法典》第60条规定：认领的能力受父的属人法支配，被认领的能力则受子女的属人法支配，必须两属人法所规定的条件相符，才能认领）；（3）子女属人法（1978年《奥地利国际私法》第25条规定，非婚生子女关系的确定与承认要件，依其出生时的属人法,但也可适用他们最近的属人法,如果依该法婚生子女关系的确定和承认是可以允许的,而依出生时的属人法却是不允许的)。

对通过国家行为的准正,一般来说,其准据法主要应是准正国家的法律或法院认为应适用的法律。

三、父母子女间权利义务关系的准据法

在实践中,各国立法在规定父母子女关系时,主要是规定父母对未成年子女人身方面的权利和义务以及父母对未成年子女财产方面的权利和义务。前者,主要是保护教育权、居所决定权、职业特许权、惩戒权、交还子女请求权、法定代理权等;后者主要涉及父母对子女财产,为了子女的利益进行管理、取得、收益及处分的权利和义务。

对于此种关系应适用的法律,有的国家采取笼统的规定方式,如1966年《波兰国际私法》。采这种规定方式的国家对亲子关系不再区分婚生子、非婚生子、被收养子女和养父母之间的关系,只要任何一种亲子关系成立,亲子间的权利和义务关系应适用的准据法便是同一的。但也有国家区别几种不同亲子关系的内容而分别规定不同的准据法。最典型的可算1946年《希腊民法典》。该法第18条规定:"父母和子女的关系适用子女出生时父的本国法;父亡则适用母与子女的共同本国法;如无共同本国法,则适用父亡时母的本国法。"在该法第19条和第20条中又分别规定非婚生子女与母亲的关系适用他们的共同本国法或母亲的本国法,而非婚生子女与生父的关系适用出生时父的本国法。

总的来看,对于亲子关系应适用的准据法,主张有以下几种做法:(1)主张适用双亲的属人法,如德国、法国等。采这种观点的国家大都认为在家庭关系中,父和母是居于主导地位的。(2)主张适用子女的属人法,如1928年《布斯塔曼特法典》第69条和第70条、1987年《瑞士联邦国际私法法规》第82条第1款、1995年《意大利国际私法制度改革法》第36条及匈牙利、奥地利等国的冲突法典。采此主张显然侧重于保护子女的利益。(3)主张适用亲子双方共同本国法,如1982年南斯拉夫《国际冲突法》第40条。在亲子关系中,如对子女的监护、教育,并不能完全理解为谋求亲的利益,因此,借维护子女的利益而完全排斥双亲的属人法的适用也不见得完全妥当。故这种主张似更起兼顾作用。

英国法与上述国家的主张不大相同。首先,它将父母子女关系分为对未成年子女的一般亲权(parental authority in general)和对子女的财产权,分别适用不同的冲突规则;其次,它对子女的财产权又区分动产和不动产分别适用不同的冲突规则。对未成年子女的一般亲权(包括管理子女、决定其教育、施加处罚以及行使保佐与监护等方面的内容),在英国领域内,概不受当事人各方国籍国法或住所地的影响,而只适用英国法。据说,这是从把子女的幸福作为应首要考虑的问题出发的,并且认为这一原则属于英国的公共政策,是必须加以适用的。至于对子女的财产权,住所在外国的父(或母)对属于未成年子女的位于英国的动产,是由父(或母)的住所地法决定的(法院也有自由裁量权)。但上述制度不适用于在英国的不动产(对这种不动产只适用英国法)。

我国《涉外民事关系法律适用法》采取笼统的方式确定父母子女关系的准据法。该法第 25 条明确规定：父母子女人身关系、财产关系，适用父母子女的共同经常居所地法律；没有共同经常居所地的，适用一方当事人经常居所地法律或者国籍国法律中有利于保护弱者权益的法律。

第四节 离　　婚

一、离婚的法律适用

离婚是配偶双方于生存期间解除婚姻关系的法律手段。目前，除极少数国家外，各国大都对离婚持自由主义态度。

关于离婚应适用的法律，大体有以下几种不同主张与立法：法院地法、当事人属人法（尤其是本国法）、支配婚姻效力（尤其是人身效力）的法律、选择适用有利于实现离婚的法律等。

（1）适用法院地法。主张或采用法院地法的主要依据是基于传统上重视夫妻关系应力求其稳定的观点，从而认为它涉及法院地国的公共秩序和善良风俗，因为各国民法或家庭法上的此类规定多具有强制性。但目前虽仍有坚持适用法院地法的，仍有着眼于上述理由的，不过也出现不少立法实践，规定在其他可适用的国家的法律均不允许离婚时，只要符合法院地法关于离婚的条件，得适用法院地法（即用法院地法实现结果导向）。主张离婚适用法院地法的国家主要有瑞士、瑞典、芬兰、丹麦、爱尔兰、塞浦路斯、拉脱维亚等。例如，1987 年《瑞士联邦国际私法法规》第 61 条规定：配偶双方有共同外国国籍，且其中一方居住在瑞士的，离婚或别居适用他们的共同本国法，但所应适用的外国法律不允许离婚，或对离婚作出非常严格的规定，只要诉讼提起时一方具有瑞士国籍或在瑞士有两年以上的居住期间，可以适用瑞士法律。

（2）适用当事人属人法。主张适用当事人属人法（尤其是他们的本国法）的，其主要理由是结婚的实质要件既应由他们的属人法决定，以利于他们的婚姻易在本国获得承认，当然离婚亦得以他们的属人法为依据。且在国际私法历史上，个人的身份与能力原本应由其属人法决定，如果在离婚问题上改用其他连结点指定的法律，不但这种离婚的判决不易得到他们本国的承认，而且可能促使恶意方当事人为规避其本国法而选择到容易实现离婚的国家去提起该项诉讼。对此，主张离婚适用当事人国籍国法的大多为大陆法系国家；主张适用当事人住所地法的则在英美等普通法国家较普遍。普通法系国家多以当事人一方在其国内有住所为受理离婚诉讼的司法管辖权依据，而一旦因满足了上述条件而受理，则在法律适用上亦只能是适用各该国的法律。如英国 1973 年《住所及婚姻诉讼法》使规定只要一方当事人在英国有住所或一年以上的惯常居所，英国法院便可受理相关的离婚诉讼，且只适用英国法。美国亦同。

（3）适用支配婚姻效力的法律。主张适用支配婚姻效力（尤其是身份上的效力）的法律的国家,主要有日本、德国、奥利地、罗马尼亚、列支敦士登等。在实体法上对婚姻的有效成立应适用的法律和有效成立的婚姻在身份上产生的效力应适用的法律是加以区别的。在这种情况下结婚的准据法也就成了离婚的准据法。例如1986年《德国民法施行法》第17条规定,离婚适用支配婚姻人身效力的法律,如该法不允许离婚,则只要原告一方当事人于提起诉讼时具有德国国籍,或在缔结婚姻时具有德国国籍,可适用德国法律。

婚姻虽事关各国各民族的生息繁衍和公序良俗,但说到底是自然人的一种基本权利,国家不得过度加以限制。因而从20世纪中叶以后,在实体法和国际私法上均出现了一种"支持离婚"的趋势,从而在法律适用上采用选择适用准据法的冲突规范加上"结果导向"的规定方式逐渐增加。这方面的例证除前述瑞士法外,1978年《奥地利国际私法》规定,离婚的要件和效力,依离婚时支配婚姻人身效力的法律;但依该法如不能根据所举事实而解除,或用以指定支配婚姻人身效力的准据法的连结点无一存在时,则当适用申请离婚的原告的属人法。1966年《列支敦士登国际私法》第21条规定也基本相似。1995年《意大利国际私法制度改革法》第31条也规定首先应当适用夫妻共同本国法,在无此共同本国法时适用婚姻生活主要所在地国家的法律;而在上述外国准据法无离婚和别居的规定时,适用意大利法。根据1992年《罗马尼亚国际私法》,因为结婚要适用双方当事人共同本国法,故离婚原则上也应依该法律,不过它也规定,如该准据法不允许离婚或对离婚施加特殊限制时,只要诉讼提起时具有罗马尼亚国国籍,当适用作为法院地法的罗马尼亚法律。

到目前为止,在国际公约中,只有1902年海牙《离婚及别居法律冲突与管辖权冲突公约》规定了离婚的法律适用,其第2条规定:"夫妻非依其本国法及起诉地法均有离婚的理由的,不得提出此种诉讼。"只有在起诉地法也规定适用其本国法时,才可以仅适用他们的本国法。可见该公约当时是尽可能限制离婚的,已不符合目前的价值取向了。

二、中国有关涉外离婚的规定

(一)离婚的管辖权

1. 协议离婚

根据中国2003年《婚姻登记条例》的规定,中国公民同外国人在中国内地自愿离婚的,内地居民同香港居民、澳门居民、台湾居民、华侨在中国内地自愿离婚的,男女双方应当共同到内地居民常住户口所在地的婚姻登记机关办理离婚登记。

办理离婚登记的内地居民应当出具下列证件和证明材料:(1)本人的户口簿、身份证;(2)本人的结婚证;(3)双方当事人共同签署的离婚协议书。办理离婚登记的香港居民、澳门居民、台湾居民、华侨、外国人除应当出具前款第(2)项、第(3)项规定的证件、证明材料外,香港居民、澳门居民、台湾居民还应当出具本人的有效通行证、身份证,华侨、外国人还应当出具本人的有效护照或者其他有效国际旅行证件。

离婚协议书应当载明双方当事人自愿离婚的意思表示以及对子女抚养、财产及债务处理等事项协商一致的意见。办理离婚登记的当事人有下列情形之一的,婚姻登记机关不予受理:(1)未达成离婚协议的;(2)属于无民事行为能力人或者限制民事行为能力人的;(3)其结婚登记不是在中国内地办理的。婚姻登记机关应当对离婚登记当事人出具的证件、证明材料进行审查并询问相关情况。对当事人确属自愿离婚,并已对子女抚养、财产、债务等问题达成一致处理意见的,应当场予以登记,发给离婚证。

2. 诉讼离婚

根据中国《民事诉讼法》第21条、第22条第1款的规定,中国法院在受理涉外离婚案件时,采取原告就被告的原则,只要被告在中国有住所或经常居住地,中国法院就有管辖权。同时,对于被告不在中国境内居住的离婚案件,如原告在中国境内有住所或经常居住地,则原告住所地或经常居住地法院也有管辖权。

另外,根据最高人民法院《关于适用〈中华人民共和国民事诉讼法〉的解释》第13条、第14条、第15条、第16条的规定,中国法院在以下几种情况下也具有管辖权:(1)在国内结婚并定居国外的华侨,如定居国法院以离婚诉讼须由婚姻缔结地法院管辖为由不予受理,当事人向人民法院提出离婚诉讼的,由婚姻缔结地或一方在国内的最后居住地人民法院管辖。(2)在国外结婚并定居国外的华侨,如定居国法院以离婚诉讼须由国籍所属国法院管辖为由不予受理时,当事人向人民法院提出诉讼的,由一方原住所地或在国内的最后居住地人民法院管辖。(3)中国公民一方居住国外,一方居住在国内,不论哪一方向人民法院提起离婚诉讼,国内一方住所地人民法院都有管辖权。如国外一方在居住国法院起诉,国内一方向人民法院起诉的,受诉人民法院有管辖权。(4)中国公民双方在国外但未定居,一方向人民法院起诉离婚的,应由原告或者被告原住所地人民法院管辖。

(二) 离婚的法律适用

依据我国《民法通则》和《涉外民事关系法律适用法》的规定,我国公民和外国人在我国申请离婚,应按照我国婚姻法的规定办理。而《涉外民事关系法律适用法》则对协议离婚与诉讼离婚的情况分别规定了准据法确立的规则:一是对于诉讼离婚,应适用法院地法律;二是对于协议离婚,允许当事人选择准据法,即当事人可协议选择适用一方当事人经常居所地法律或者国籍国法律,如果当事人没有选择离婚应适用的法律,那就适用共同经常居所地法律,如果没有共同经常居所地的则适用共同国籍国法律,甚而没有共同国籍的则适用办理离婚手续机构所在地法律。①

不过,我国法律对于居住在我国境内的外国人与外国人之间离婚的法律适用、中国人与中国人在外国离婚的法律适用以及外国人之间在外国离婚能否得到我国承认等问题,均无明确具体的规定。我国《涉外民事关系法律适用法》是没有区分离婚主体对象笼统予以规定的。依照法理,由外国法院受理的我国公民和外国人的离婚、中国人与中国人的离婚案件,按该外国的法律即法院地法的规定办理。而对于居住在我国境内的外国人与外国人之间离婚的法律适用问题,若在我国办理离婚,也可依我国《涉外民事关系法律适用

---

① 我国《涉外民事关系法律适用法》第26条规定:"协议离婚,当事人可以协议选择适用一方当事人经常居所地法律或者国籍国法律。当事人没有选择的,适用共同经常居所地法律;没有共同经常居所地的,适用共同国籍国法律;没有共同国籍的,适用办理离婚手续机构所在地法律。"该法第27条规定:"诉讼离婚,适用法院地法律。"

法》的规定予以处理。①

第五节 收 养

收养是一种在收养人和他人子女(被收养人)之间建立起父母子女关系(即人为的、法律拟制的亲子关系)的法律行为。除某些国家认为收养是不合法和无效的外,世界上绝大多数国家都承认收养制度,但各国法律有关收养的规定却很不相同。如各国规定的收养人与被收养人的年龄差距便常有不同;个别国家还禁止天主教神父收养子女。在收养的效力上,有的国家只规定了"完全收养"即被收养人与亲生父母的关系即行终止,而另一些国家除此之外,还允许"简单收养",即被收养人与亲生父母的关系仍可保留。此外,在收养的形式要件上也往往各有差异。

一、涉外收养的管辖权

英美法系国家一般以住所为行使管辖权的依据。根据1976年《英国收养法》第14条、第15条、第62条的规定,如果至少申请人之一的住所在联合王国的一个组成部分,并且儿童②于申请提出时在英格兰,则英格兰法院有作出收养令的管辖权。1971年《美国冲突法重述(第二次)》第78条规定,凡收养人或被收养人的住所在该州,以及收养人和被收养人或对被收养儿童有合法保护权的人愿意服从该州的对人管辖,该州便可行使此种管辖权。

大陆法系国家一般以国籍或住所为行使管辖权的依据。如1987年《瑞士联邦国际私法法规》第75条规定,如果收养人或收养人夫妻双方住所在瑞士,瑞士法院对宣告收养有管辖权。如果收养人或收养人夫妻双方在瑞士没有住所,其中一方为瑞士人,并且他们在外国住所地不可能进行收养或不合理地要求依当地收养程序收养时,有瑞士国籍一方收养人所属地法院或主管机关对宣告收养有管辖权。但在新近一些立法中,惯常居所这一连结点也受到了重视。1965年海牙《收养管辖权、法律适用和判决承认公约》第3条规定,收养人惯常居所地国,或于夫妻共同收养时他们的惯常居所地国,或收养人国籍国,或于夫妻共同收养时他们的共同国籍国的主管机关均有审批收养的管辖权。

二、涉外收养的法律适用

在国际私法上,对涉外收养成立的形式要件,诸如是否须经当事人申请,是否须经公证或登记,大都只主张适用收养成立地法。但对涉外收养的实质要件的准据法选择则有

---

① 对此,学者们见解各异。有学者主张,考虑到双方当事人都是外国人,我国法院的判决能否被当事人所属国家承认与执行等问题,我们应采取较为灵活的方式;如果双方当事人有共同属人法,则适用起诉时当事人的共同属人法比较合适;如果双方当事人没有共同属人法,则可适用法院地(中国)的法律解决。

② 英格兰晚近收养立法中使用了"儿童"(child)一词,而没有使用"幼儿"(infant)或者"未成年人"(minor)一词。这里的儿童必须是18岁以下并且未婚。

以下几种立法与实践：

（一）主要适用法院地法

在英国，法院注重的是管辖权，只要英国法院对涉外收养有管辖权，便也只适用英国国内法来判定此一收养的实质要件是否具备。在美国，收养通常都要经过法院程序才能生效，因而美国跟英国一样首先注重的是收养的管辖权问题，并且一旦确定了有管辖权，法院也只适用法院地法。在国际立法方面，1965年海牙《收养管辖权、法律适用和判决承认公约》也采类似主张。

（二）适用收养人属人法

此说认为收养人是成立收养关系的主动的一方，为了保护收养人的权利，故宜采用收养人的属人法。1986年《德国民法施行法》就规定，子女收养依收养人为收养时所属国家的法律。而1995年《意大利国际私法制度改革法》第38条规定，收养的条件、成立和撤销可依次选择适用收养人本国法以及在夫妻为收养时夫妻双方共同本国法、共同居住地国法、夫妻婚姻生活主要所在地国法。只是该法指出，如收养是向意大利法院提出并且认为这种给予未成年人以婚生子女地位是适当的，则应适用意大利法。而1978年《奥地利国际私法》第26条第1款规定，收养及收养关系的终止，应适用养父母的各自属人法，如子女的属人法要求取得他的同意或取得他与之具有合法亲属关系的第三者的同意，该法则在此问题上当起决定作用。1989年修订的《日本法例》第20条第1款的规定也是如此。

（三）分别适用收养人和被收养人本国法

1939年《泰国国际私法》规定，养亲和养子女为同一国籍时，则收养的能力依该法；为不同国籍时，收养的能力及要件依各该本国法（但收养的效力，却得依养父母本国法）。这种立法的理由是基于属人法应支配有关个人身份的问题，而收养不仅涉及收养人而且也影响到被收养人的身份地位，对二者的权利义务都会发生影响，因此宜分别适用收养人和被收养人的本国法。此外，这种立法还考虑到了有利于收养在国外得到承认的问题。至于收养的效力如不适用养父母的属人法，则可能会发生种种的矛盾。

三、《跨国收养方面保护儿童及合作公约》

由于对收养活动没有统一的国际法律文件来调整各国之间的法律差异，1965年海牙国际私法会议通过了《收养管辖权、法律适用和判决承认公约》，1993年海牙第十七届大会又通过了《跨国收养方面保护儿童及合作公约》。后一公约主张加强各国的合作机制，防止诱拐、出售及非法贩卖儿童，最大限度地便利跨国收养程序，为儿童利益提供最佳保护。《跨国收养方面保护儿童及合作公约》于1995年5月1日生效，截至2018年6月30日，已有98个成员，中国2005年4月27日批准加入公约。公约共分7章48条，主要内容如下：

（1）公约的适用范围。公约规定只适用于产生永久性父母子女关系的收养，从而排除了类似简单收养的其他形式的收养。被收养儿童的年龄应在18岁以下，收养人可为夫妻或个人。

(2) 跨国收养的实质要件。公约规定收养程序的开始须适用收养人所在国和被收养人所在国双方的法律,即对儿童是否适合收养的条件适用儿童原住国法律,而对预期养父母是否适合收养儿童的条件适用收养国的法律。

公约规定收养进行的条件为:原住国的主管机关必须确认该儿童适合于收养;对在原住国内安置该儿童的可能性作了应有的考虑后,确认跨国收养符合儿童的最佳利益;收养国的主管机关必须确认预期养父母条件合格并适合于收养儿童;保证预期养父母得到必要的商议;确认该儿童已经或将被批准进入并长期居住在该国。

(3) 中央机关和委任机构。公约规定了中央机关制度,以保证各国间的合作机制。中央机关的职能可通过三种方式来实现:一是中央机关之间直接进行合作;二是通过由政府直接控制的公共机构进行合作;三是通过由政府批准委任的民间机构进行合作。公约还进一步规定了中央机关和委任机构的工作范围。

(4) 跨国收养的程序要件。公约规定,跨国收养应通过中央机关进行,首先由收养人按规定向本国的中央机关提出申请,然后由收养国的中央机关向原住国的中央机关转交该申请。原住国的中央机关在收到申请后,应准备一份报告,报告中对儿童的成长、其种族、宗教及文化背景给予适当考虑;根据有关儿童和预期养父母的情况以确认所面临的安置是否符合该儿童的最佳利益等。此外,公约还对儿童的交付移送、再收养的程序作了规定,公约没有对试养期作出强行规定。

(5) 收养的承认及效力。公约规定,对收养的承认即确认了儿童和其养父母之间的父母子女关系,同时儿童和其亲生父母之间的关系即告终止。收养成立后,养父母对儿童负父母责任,养子女即享有与该国其他被收养人同等的权利,而没有类比亲生子女的权利。这主要是因为一些收养国从自身利益出发,不愿给予养子女和亲子女同等的权利。公约还规定了拒绝承认收养的条件,即当对收养的承认明显违反缔约国的公共政策和儿童的利益时,可予拒绝。

(6) 一般规定。公约的一般规定部分主要包括下列内容:收养未成立之前有关方面之间的接触;有关儿童背景资料的保存,以及跨国收养费用;等等。

四、中国关于涉外收养法律适用的规定

中国《收养法》只在第 21 条中对涉外收养作了粗线条规定:外国人依照本法可以在中华人民共和国收养子女。外国人在中华人民共和国收养子女,应该经其所在国主管机关依照该国法律审查同意。收养人应当提供由其所在国有权机构出具的有关收养人的年龄、婚姻、职业、财产、健康、有无受过刑事处罚等状况的证明材料,该证明材料应当经其所在国外交机关或者外交机关授权的机构认证,并经中华人民共和国驻该国使领馆认证。该收养人应当与送养人订立书面协议,亲自向省级人民政府民政部门登记。收养关系当事人各方或一方要求办理收养公证的,应当到国务院司法行政部门认定的具有办理涉外公证资格的公证机构办理收养公证。

此外,我国民政部根据《收养法》于 1999 年 5 月 25 日发布了《外国人在中华人民共和

国收养子女登记办法》。该《登记办法》第 2 条规定了其适用范围:"外国人在中华人民共和国境内收养子女,应当依照本办法办理登记。收养人夫妻一方为外国人,在华收养子女,也应当依照本办法办理登记。"对于涉外收养的法律适用,《登记办法》第 3 条规定:"外国人在华收养子女,应当符合中国有关收养法律的规定,并应当符合收养人所在国有关收养的法律的规定;因收养人所在国有关收养的法律的规定与中国法律的规定不一致而产生的问题,由两国政府有关部门协商处理。"由此可见,这是一条重叠性冲突规范,即在中国境内进行的涉外收养,必经同时符合中国有关收养的法律和收养人所在国的法律。此外,该《登记办法》对于涉外收养的程序、收养组织、收养费用等作出了详细而具体的规定。

但是,我国《涉外民事关系法律适用法》第 28 条也只笼统地规定了涉外收养的准据法选择问题[①],并未区分外国人收养中国儿童与中国人收养外国儿童的法律适用情况。鉴于我国涉外收养立法依然存在盲点或空白,司法实践经验尚不足,从而使得我国涉外收养的运作和发展面临相当多的困难与问题,均有待于我国涉外收养立法进一步完善和健全来逐一加以解决。

第六节 监 护

监护,是对无行为能力和限制行为能力人,在无父母或父母不能行使亲权的情况下,为保护其人身和财产利益而设置的一种法律制度。这一制度源起于罗马法,现为各国采用。但内容或有不同。最明显的是有的国家只有监护一种制度,而有的国家于监护之外,尚有"保佐",即前者针对完全无行为能力人,后者针对限制行为能力人。有的国家只允许亲属任监护人;多数国家规定监护人只能是一人,而有的国家却允许数人任监护人,各有不同权限分工,等等。

一、涉外监护的管辖权

对于涉外监护案件,各国一般以住所地、居所地或国籍为依据行使管辖权。例如,在英国,如果儿童是英格兰国民或者出现在法院的管辖区内,英格兰法院有权作出除了有关照顾(care)、教育和交往(contact)事项以外的监护和保佐令;在婚姻诉讼中,如果儿童惯常居住在英格兰或者本人在英格兰并且不惯常居住在苏格兰和北爱尔兰[②],法院可以为交往、居所或者特定问题作出命令(即交往令、居所令或者特定问题令)。

二、涉外监护的法律适用

监护制度既是为保护受监护人的利益而设置的,故大都以被监护人的属人法作为有

---

① 我国《涉外民事关系法律适用法》第 28 条规定:"收养的条件和手续,适用收养人和被收养人经常居所地法律。收养的效力,适用收养时收养人经常居所地法律。收养关系的解除,适用收养时被收养人经常居所地法律或者法院地法律。"

② 并且根据这个理由,法院还有权作出有关照顾、教育和交往事项的命令;如果儿童本人在英格兰并且为了保护儿童有必要立即行使权力,此时法院也被允许作出有关照顾、教育和交往事项的命令。

关监护问题的准据法。在某些情况下亦允许适用法院地法。此外,如果为保护无行为能力人或其财产的需要,法院亦可按自己的法律规定,采取临时或紧急措施。如1995年《意大利国际私法制度改革法》第43条规定,针对无行为能力的成年人的保护措施的条件和效力,以及无行为能力人与其监护人之间的关系,适用无行为能力人的本国法,并且为了保护无行为能力人或其财产,意大利法院有权依法律规定,采取临时或紧急措施。《日本法律适用通则法》第35条规定:监护依被监护人本国法;但于日本有住所或居所的外国人的监护,限于虽依其本国法有监护开始之原因但无行使监护事务的人,以及于日本有禁治产宣告情况,得依日本法。

由于瑞士等国已加入1961年海牙《关于未成年人保护的管辖权和法律适用公约》,故在其国内立法中,已规定得首先适用该公约。[1]

三、关于监护的国际公约

(一)关于未成年人监护的国际公约

目前已有的关于未成年人监护的国际公约有三个:(1) 1902年海牙《未成年人监护的公约》;(2) 1961年海牙《关于未成年人保护的管辖权和法律适用公约》,它已取代1902年海牙《未成年人监护的公约》;(3) 1996年海牙《关于父母责任和保护儿童措施的管辖权、法律适用、承认、执行和合作公约》。

1961年海牙《关于未成年人保护的管辖权和法律适用公约》第1条首先规定了未成年人的惯常居所地国的司法机关和行政机关,除本公约第3条、第4条和第5条第3款规定外,有权采取措施,以保护未成年人的利益,并得采取其国内法规定的措施。上述措施的制定、变更、终止的条件以及有关未成年人和承担保护责任的人或机构之间的关系、对第三人的效力,也由惯常居所地国的国内法决定。但是,公约第3条和第4条规定,根据未成年人本国国内法所具有的权力关系理应得到所有缔约国的承认;未成年人本国的主管机关,出于保护未成年人利益的需要,在通知未成年人惯常居所地国主管机关以后,也可以依据其国内法采取措施,以保护未成年人的利益和财产。有关上述措施的制定、变更、终止的条件,以及有关未成年人和承担保护责任的人或机构的关系,对第三人的效力等,均依该未成年人本国国内法,并代替未成年人惯常居所地国可能采取的措施。此外,未成年人惯常居所地国的主管机关,也可不顾公约第3条、第4条及第5条第2款的规定,在未成年人的人身和财产遇到严重威胁时,直接采取保护措施。未成年人或其财产所在地的缔约国主管机关,遇有各种紧急情况时,得采取必要的保护措施。由此可见,该公约实际上又是采用"惯常居所"这一连结因素而成功地协调了在有关自然人身份问题上长期存在的本国法主义与住所地法主义的对立。截至2018年6月30日,该公约共有14个成员(包括中国澳门地区)。

1996年海牙国际私法会议通过的《关于父母责任和保护儿童措施的管辖权、法律适

---

[1] 参见1987年《瑞士联邦国际私法法规》第85条。

用、承认、执行和合作公约》,明确提出以其取代1902年《未成年人监护的公约》和1961年海牙《关于未成年人保护的管辖权和法律适用公约》,公约于2002年1月1日生效,共7章63条。公约确定了儿童惯常居所地国行使采取保护儿童措施的管辖权的基本原则,同时允许离婚法院地国的并存管辖权和其他有最密切关系国家的补充管辖权,具有管辖权的机关采取措施时适用本国法。公约第3条对父母责任的准据法作了明文规定,即适用儿童惯常居所地法。不仅如此,公约对涉外监护问题特别强调各缔约国的合作,以便有效地保护未成年人的最大利益。截至2018年6月30日,捷克、摩洛哥、斯洛伐克等47个国家批准或接受了该公约。

(二) 关于成年人国际保护公约

2000年海牙国际私法会议通过了《关于成年人国际保护公约》,公约于2009年1月1日生效。该公约在缔约国间取代1905年海牙《禁治产及类似保护措施公约》。截至2018年6月30日,已有法国、德国、葡萄牙和英国等11个国家批准或接受了该公约。其主要内容有:

(1) 公约的适用范围。公约适用于那些心智不健全或精神耗弱,不能保护其自身利益的成年人的国际保护。就公约而言,成年人是指已满18岁的人。但公约同样适用于在采取保护措施时年龄未满18岁的人的保护措施。

(2) 管辖权。第一,该成年人惯常居所所在地缔约国的司法或行政当局享有管辖权,并得采取措施保护其人身或财产。第二,该成年人属难民,或其国籍国发生动乱使之在国外流离失所时,其现所在地的缔约国当局享有上述管辖权。前款同样适用于无惯常居所的成年人。第三,如果该成年人所属之缔约国当局认为它们更有利于评估该成年人的利益,可行使管辖权,并采取措施保护其人身和财产,但该成年人系难民或其国籍国发生动乱以致在国外流离失所者除外。第四,成年人财产所在地缔约国当局享有管辖权以采取措施保护有关财产。情况紧急时,成年人所在之任何缔约国或成年人财产所在地之任何缔约国有权采取任何必要之保护措施。第五,作为例外,成年人所在地之缔约国当局有权采取临时措施以保护成年人之人身权,此类措施只在该国境内具有属地效力。

(3) 准据法。公约规定,为行使上述管辖权,缔约国当局应适用本国法;但因保护成年人人身、财产的需要,有管辖权的当局亦可例外地适用或考虑适用与此有实质联系的另一国法律。在一缔约国采取的措施需要在另一缔约国执行时,其执行条件应适用执行地国法。成年人不能保护其权益而协议委托或通过单方行为而授予的代理权,其存在、范围、变更、终止,适用协议时或行为时成年人惯常居所所在地国法,除非已由书面形式明确规定适用第15条第2款所列之法律(含成年人本国法;成年人先前之惯常居所地法以及成年人财产所在地国法)。上述规定亦适用于所援引的法律为非缔约国法的情形。

上述所指的法律仅指现行有效的实体法而非法律选择规范,且仅当其适用明显违背公共政策时才得被拒绝。上述规定并不排除将对成年人予以保护的国家的法律的适用,不管该国适用何种法律,该国强行法应予适用。

(4) 承认与执行。缔约国当局所采取的措施应当在所有其他缔约国得到承认。但公约还规定了可以拒绝承认的五种情况(第22条第2款)。

(5) 合作。缔约国应当指定中央当局以履行公约所设立之义务。公约还具体规定了合作的事宜及费用。

四、中国关于涉外监护法律适用的规定

我国《涉外民事关系法律适用法》第30条对涉外监护法律适用问题明确规定:"监护,适用一方当事人经常居所地法律或者国籍国法律中有利于保护被监护人权益的法律。"在我国法院的司法实践中,则以适用被监护人本国法作为处理涉外监护问题的一般原则,只在特殊情况下允许采用被监护人住所地法。对此,最高人民法院较早的司法解释就有粗线条的说明。①

第七节 扶 养

扶养(support maintenance)是指根据身份关系,在一定的亲属间,有经济能力的人对于无力生活的人应给予扶助以维持其生活的一种法律制度。在扶养关系中,有扶养义务的人称为扶养义务人(或扶养人),有受扶养权利的人称为扶养权利人(或被扶养人)。

一、涉外扶养的法律适用

扶养有配偶之间的扶养、亲子之间的扶养以及其他亲属之间的扶养,故在国际私法上,有的国家对上述三类扶养分别规定准据法。其中1979年《匈牙利国际私法》第39条就规定:父母对子女的扶养适用子女属人法,而子女对父母的赡养则除外;此外,亲属之间的扶养的义务条件、程序与方法,得依扶养权利人的属人法确定。但有不少国家只对其中的一二种抚养规定准据法。

概观各国有关扶养法律适用的立法,可以作如下归纳,即大多数国家规定应适用被扶养人的属人法,亦有国家规定应适用扶养义务人的属人法,如1982年《土耳其国际私法和国际诉讼程序法》第21条、1962年《韩国国际私法》第23条。在特定情况下,也规定可适用双方的共同属人法。如1986年《德国民法施行法》第18条尽管原则上规定扶养义务适用被扶养人惯常居所地的法律,但该法同时补充规定:"如果被扶养人依照该法无法得到扶养,则应适用扶养人与被扶养人的共同本国法。"目前运用"利益导向"方法也出现有要求适用对被扶养人最为有利的法律的。1998年《突尼斯国际私法》便采取了这种方法。该法第51条规定:"扶养义务由权利人的本国法或住所地法支配,或由义务人的本国法或住所地法支配。法官应适用对权利人最有利的法律。"

---

① 最高人民法院《关于贯彻执行〈中华人民共和国民法通则〉若干问题的意见(试行)》第190条规定:"监护的设立、变更和终止,适用被监护人的本国法律,但被监护人在我国境内有住所的,适用我国的法律。"

二、中国关于涉外扶养法律适用的规定

在借鉴、吸收外国有关扶养准据法的立法和司法实践的经验的基础上,中国《民法通则》第148条规定:"扶养适用与被扶养人有最密切联系的国家的法律。"在扶养准据法选择上,用"最密切联系原则"来取代传统的硬性的固定的空间连结点,使选择法律的灵活性大大加强。

在适用中国《民法通则》第148条解决涉外扶养的法律适用问题时,有两点是要注意的:(1)对该条的适用范围,中国学者的意见和最高人民法院的司法解释都认为,《民法通则》第148条中"扶养"一词应作广义解释,不同于中国《婚姻法》第4条中的扶养仅是指夫妻之间的扶养,而是包括父母子女相互之间的扶养、夫妻相互之间的扶养以及其他有抚养关系的人之间的扶养。(2)对于何为"与被扶养人有最密切联系的国家的法律",中国最高人民法院《关于贯彻执行〈中华人民共和国民法通则〉若干问题的意见(试行)》第189条规定:"扶养人和被扶养人的国籍、住所以及供养被扶养人的财产所在地,均可视为与被扶养人有最密切的联系"。

中国《涉外民事关系法律适用法》第29条则明确规定:"扶养,适用一方当事人经常居所地法律、国籍国法律或者主要财产所在地法律中有利于保护被扶养人权益的法律。"可见,该法采用了软化连结点的方法,同时倾向于维护弱方当事人的利益。立法理念和技术较为先进,只是尚有待实践的进一步检验。

思考题

1. 简述涉外结婚实质要件和形式要件法律适用的理论与实践。
2. 我国关于涉外离婚诉讼管辖权制度的主要内容有哪些?
3. 简述涉外夫妻财产关系的法律适用。
4. 简述涉外认领实质要件的法律适用。
5. 简述涉外监护的法律适用制度。
6. 简述涉外父母子女关系准据法的选择规则。
7. 简述涉外收养的法律适用制度。
8. 简述涉外扶养的法律适用制度。
9. 我国有关涉外婚姻家庭关系法律适用的立法与司法实践有哪些新走势?

第十五章 遗嘱与继承

学习目标：了解处理涉外财产继承的法律冲突及其准据法的确立,结合世界各主要国家的立法与司法实践以及国际条约,掌握中国有关规定的基本内容。

教师导读：涉外财产继承的准据法选择既是传统的国际私法问题,又是现代国际社会生活中经常遇到的难题之一。按照财产继承的方式不同,继承可分为法定继承和遗嘱继承两种。掌握法定继承的法律适用规则,熟悉遗嘱的法律适用规则,了解有关国际条约的规定,理解并能正确运用我国法律的规定解决实践中涉外继承的法律冲突问题。

建议学时：3 学时

英美等普通法系国家多认为继承是财产所有权的一种移转形式,在国际私法中,常在财产权中加以讨论,而大陆法系国家一般更着眼于这种财产的移转是与特定的身份关系联系在一起的,于是往往放在物权、债权、亲属法之后再加以规定。加之遗嘱是由财产所有人通过单方法律行为处分其死后遗产,所以与法律行为亦有十分重要的关系,从而国际私法上的属物法则、属人法则与行为法则对它都有着直接的影响。

第一节 遗嘱继承

遗嘱是立嘱人在生前对他的财产进行处分并于死后发生法律效力的单方法律行为。为了处理好涉外遗嘱继承问题,国际私法上一般需要分别解决立嘱能力、遗嘱方式、遗嘱的解释、遗嘱的撤销和遗嘱的实质效力等问题应适用的准据法。

一、立嘱能力的准据法

有效遗嘱的成立,必须符合一定的实质要件和形式要件。一个人是否具备通过遗嘱处分其遗产的能力,属于遗嘱有效成立的实质要件。但这只是指一个人能否成立一个有效的遗嘱(如立嘱人是否成年、是否为精神病患者等),而不包括财产上的能力(如立嘱人能否剥夺他的妻子和儿女的继承权等)。后一个问题属于遗嘱的实质效力,应另受继承准据法支配。关于立嘱能力问题,各国的规定是有差异的,如就年龄界限而言,法国规定为18岁,特殊情况下16岁也可;日本为15岁;德国为16岁。

在讨论立嘱能力的准据法时,有两个问题值得注意。首先,如有的国家把成立遗嘱的能力和为其他法律行为能力的条件完全等同起来,即只有完全行为能力人才有立嘱能力(如美国《统一继承法》与我国《继承法》便是)。但多数国家却将上述二者区分开来,如法国、德国、瑞士、日本等均在一定条件下承认已满一定年龄而未成年的人可以通过遗嘱处分其死后遗产。其次,对于成立遗嘱时,依有关法律立嘱人有立嘱能力,但到其死亡时依其应适用的法律立嘱人成立遗嘱时并不具备这种能力;或相反,在其成立遗嘱时应适用的法律规定立嘱人本无此能力,可依其死亡时应适用的法律立嘱人却具备这一能力(即动态冲突),这些情况该如何处理,都是立嘱能力法律适用要面对的问题。

关于立嘱能力的法律适用,主要有以下主张:(1)一般认为应适用立嘱时立嘱人的属人法解决(其中,主张采用当事人本国法的国家有日本、奥地利、埃及、土耳其等国,而俄罗斯、阿根廷等国则主张主要适用当事人的惯常居所地或住所地法)。在遇有动态冲突时,多主张确认立嘱人有立嘱能力,而不宜作出否定其立嘱能力的判决(这或基于既得权说,或基于财产所有人有充分的自主处分其财产的权利)。(2)也有的国家采取放宽的态度,对立嘱能力适用多种连结因素指引准据法,例如,1987年《瑞士联邦国际私法法规》第97条规定,只要立嘱人的住所地法律或惯常居所地法律、或其本国法律确认立嘱人有立嘱能力的,立嘱人即具有立嘱能力。(3)为了使对位于他国的不动产遗产的处分得到不动产所在地国的承认,关于遗产中不动产的立嘱能力一般只适用不动产所在地法。

二、遗嘱方式的准据法

遗嘱是一种要式法律行为,非依法定方式成立的遗嘱无效。遗嘱的方式包括遗嘱是否必须采用书面形式,是否必须经过公证等问题。至于是否允许为亲笔遗嘱的问题,有的国家认为应属立嘱能力(即成立遗嘱的实质要件),而其他国家(包括中国)则认为属于遗嘱方式方面的问题。有关遗嘱的方式,因民族传统、风俗习惯不同,各国的规定存在较大差异。中国《继承法》则规定了自书遗嘱、录音遗嘱、口头遗嘱、代书遗嘱和公证遗嘱五种形式。由于立法上的差异,当处理涉外遗嘱继承时,法律适用冲突的发生是不可避免的。

对遗嘱方式应适用的法律,目前在以下几方面较有共识:(1)主张区分动产遗嘱和不动产遗嘱而各别选择适用准据法。对于不动产遗嘱方式,一般主张适用不动产所在地法。(2)动产的遗嘱方式应适用的法律则比较灵活,因1961年海牙《遗嘱处分方式法律冲突公约》的通过已普遍放宽。如1986年《德国民法施行法》第26条、1992年《罗马尼亚国际私法》第68条、1995年《意大利国际私法制度改革法》第48条等,几乎都完全或大部分采用了海牙《遗嘱处分方式法律冲突公约》的规定方式。

一般而言,设立遗嘱方式的准据法跟撤销遗嘱的方式的准据法,各国冲突法的规定通常是相同的。如上述1961年海牙《遗嘱处分方式法律冲突公约》第2条就明确规定,遗嘱方式的准据法也用于撤销以前所为的遗嘱处分的方式。[①]

三、遗嘱解释的准据法

因各国法律观念的不同,对遗嘱的解释也常常发生冲突,从而涉及该用何国法律予以

---

① 参见〔英〕莫里斯主编:《戴西和莫里斯论冲突法》(中),李双元等译,中国大百科全书出版社1998年版,第921页。

解释的问题。而在确定遗嘱解释应适用的法律时,一般主张按一般契约的解释规则即依当事人自主选择的法律进行。英国莫里斯也主张,就英国法而言,动产遗嘱的解释的准据法应是立嘱人自主选择的法律。1971年《美国冲突法重述(第二次)》第240条、第264条也规定,对于动产遗嘱的解释应适用立嘱人自主选择的那个法律,对于处分土地权益的遗嘱解释,也适用立嘱人自主选择的那个法律。其第264条还规定,如对动产遗嘱的解释立嘱人没有自主选择法时,应适用立嘱人死亡时的住所地法。巴迪福也认为,对于遗嘱的解释,如立嘱人未指明应适用的法律,则可依其住所地法。[①] 不过,更常见的是许多国家在立法上并没有对遗嘱解释另行规定准据法,而仅笼统地规定遗嘱成立和效力适用什么法律。在这种情况下,遗嘱解释无疑只能适用继承本身的准据法了。

四、遗嘱撤销的准据法

一个已经有效成立的遗嘱既可因后一遗嘱而撤销,也可因焚毁或撕毁而撤销,还可因事后发生的事件(如结婚、离婚或子女的出生)而被撤销。对于新遗嘱是否能废除旧遗嘱,多主张由决定新遗嘱成立的准据法来回答。英国学者莫里斯也认为,新遗嘱如欲撤销旧遗嘱,立嘱人可作出明确的意思表示,因而能否发生这种效力,就取决于新遗嘱自身的有效性了。如立嘱人虽未明确表示这种意思,但在新遗嘱中使用了"最后遗嘱"这样的字眼,或新遗嘱跟旧遗嘱明显抵触,这样就提出了一个解释上的问题。他认为这应受新遗嘱设立时立嘱人的住所地法支配。[②]

很多国家的立法对遗嘱撤销的准据法,都作了明确规定。例如,1939年《泰国国际私法》第42条第1款就规定:"撤销全部或部分遗嘱,依撤销时遗嘱人的住所地法。"1898年《日本法例》第27条第2款规定,遗嘱的撤销应适用立遗嘱时支配继承关系的法律,在一般情况下,这个法律是死者死亡时的本国法。经2001年修正的《韩国国际私法》第50条第2款规定,遗嘱的变更或撤回适用变更或撤回当时遗嘱者的本国法。

至于烧毁或撕毁遗嘱行为是否构成对遗嘱的撤销,取决于此种行为能否发生这样的效果,这当由继承准据法决定。而结婚是否能使夫妻任何一方先前所立遗嘱无效,则当由结婚的准据法决定。

另外,中国关于遗嘱继承法律适用的规定也独具特色。根据中国《涉外民事关系法律适用法》第32条规定,遗嘱方式,符合遗嘱人立遗嘱时或死亡时经常居所地法律、国籍国法律或者遗嘱行为地法律的,遗嘱均为成立。该法第33条规定,遗嘱效力,适用遗嘱人立遗嘱时或者死亡时经常居所地法律或者国籍国法律。此条中"遗嘱效力"应作广义的理解,应包括除立嘱能力以外遗嘱的所有实质要件,如遗嘱的内容、撤销和解释等。由于我国立法未专门规定立嘱能力的法律适用,在实践中可参照我国《涉外民事关系法律适用法》第12条关于一般民事行为能力法律适用的规定,立嘱能力适用自然人的经常居所地

---

① 〔法〕巴迪福著:《国际私法各论》,曾陈明汝译,台湾正中书局1979年版,第433页。
② 参见〔英〕莫里斯:《冲突法》,1980年英文版,第384页。转引自李双元主编:《国际法与比较法论丛》第5辑,中国方正出版社2003年版。

法律。但是也有学者认为上述"遗嘱效力"也涵盖立嘱能力。立嘱能力究竟是适用该法第33条还是第12条规定,有待立法者的进一步解释。

第二节 法 定 继 承

一、法定继承准据法选择的主要制度

如何解决涉外法定继承的准据法的选择,各国的做法并不统一,主要有以下几种不同制度:

(1) 单一制。单一制又称同一制(unitary system),是指在涉外继承中,对死者的遗嘱不区分动产和不动产,也不问其所在地,其继承统一由死者死亡时的属人法支配。

"继承依被继承人属人法",而不区分其动产与不动产,是一条古老的冲突规范。它是由古代罗马法的"普遍继承"(universal succession)制度发展而来的。按照古罗马法的规定,继承就是继承人在法律上取得被继承人的地位,是死者人格的延伸。还有学者认为,就各国继承制度而言,继承人的范围、顺序以及特留份等,都是依据一定亲属关系的远近来确定的,继承与亲属关系之间的紧密联系决定了继承应统一适用死者属人法,不宜将动产与不动产继承分割开来使它们分别隶属于不同法律。

由于住所和国籍是确定属人法的两大原则,因而上述冲突规则又表现为以下两种形式:

第一,继承依被继承人死亡时的住所地法。这方面的国家有秘鲁、瑞士等。1984年《秘鲁民法典》就明确规定:遗产不论其性质与所在地,继承均得依死者最后住所地法。1987年《瑞士联邦国际私法法规》也是采死亡时住所地法的。

第二,继承依被继承人死亡时的本国法。这方面的国家有代表性的包括意大利、日本及德国等。如1995年《意大利国际私法制度改革法》第46条第1款规定:"因死亡而导致的权利继承适用被继承人死亡时的本国法。"该条虽允许死前可通过遗嘱明示选择适用死亡前的住所地法支配,但如其死亡时已不再居住于该国,此种选择无效。同时如继承人为意大利人,且他于死者死亡时居住在意大利,死亡前选择的其他法律不得影响意大利法赋予继承人的权利。修订后的《日本法例》,则一样采用死者的本国法(可它并未指明为该人何时的本国法)。而1986年《德国民法施行法》只是原则上采被继承人死亡时所属国家的法律,但对位于德国的不动产都允许被继承人依德国法规定的方式予以处理。

此外,也还有少数国家如奥地利、葡萄牙等,只在法律中笼统规定继承适用死者死亡时的属人法,1978年《奥地利国际私法》第38条和1966年《葡萄牙民法典》第62条就有相关规定。

(2) 分割制。分割制又称区别制(scission system),是指在涉外继承中,将死者的遗产区分为动产和不动产,分别适用不同冲突规范所指引的准据法,即动产适用死者的属人法,不动产适用物之所在地法。分割制最早是由14世纪意大利后期注释学派的巴尔特

(Bardus，1327—1400年)提出的。巴尔特乃是法则区别说创始人巴托鲁斯的学生,他根据法则区别说的理论,主张把动产继承归入"人法"范畴,适用死者的属人法,而把不动产继承列入"物法"范畴,适用物之所在地法。这一制度后来仍在实践中为一些国家所接受,或是出于判决容易在不动产所在国得到承认与执行(这些国家则不问不动产在何处);或是出于保护位于本国境内的不动产利益(这些国家则只对位于本国境内的不动产采用这一制度)。但这一原则的最大缺陷是某人的遗产继承可能要分别受几个法律支配,从而招来种种麻烦与困难。如根据其中甲国法律,某人有继承能力,而根据其中乙国法律,则其继承能力可能被否定。同样,对于死者债务的继承也可能发生诸多冲突。实践中还可能出现,依其中一个法律,死者所立遗嘱有效,而依其中另一法律,遗嘱却无效,等等。

尽管如此,目前不少国家仍采分割制。究其原因,主要是由于不动产价值较大,跟所在地国家密切相关,适用不动产所在地法,有助于判决的执行。这类国家有英国、美国、加拿大等普通法国家,但大陆法国家也不少,如泰国、白俄罗斯、法国等。但1971年《美国冲突法重述(第二次)》对土地利益这类不动产应适用法律的规定有其独自的特点,那就是它并不直接肯定当适用不动产所在地法,而是灵活地规定当适用"土地所在地法院将予以适用的法律"(尽管它同时指出"土地所在地法院通常只适用本州的实体法")。

从理论与实践上来分析,单一制与分割制各有优缺点。就单一制而言,优点在于简单易行,且不会发生死者位于不同国家的动产和不动产要分别受不同法律支配而产生不同法律结果的矛盾情况,但最大的缺陷却在于用死者的属人法去处理位于法院国以外的不动产,其判决往往得不到物之所在地国的承认和执行。而就分割制而言,判决虽易为不动产所在地国承认,但法律适用上的操作程序难免复杂和烦琐。正因为上述各方面的原因,在国际私法上,通过统一化运动来协调两者矛盾的意图,也就逐渐强烈起来。允许被继承人死前选择其遗产继承的准据法的方法也开始被采用,只是可被选择的法律目前还很有限。如1987年《瑞士联邦国际私法法规》第90条便允许作为外国人的被继承人可选其本国法调整继承关系(但其立嘱时已不是该国公民者除外)。而1995年《意大利国际私法制度改革法》第46条亦允许被继承人明示选择其居住国法作继承准据法,但一是如其死亡时不在该国居住,其选择无效;二是如继承人为意大利人,该被选择的法律不得影响意大利法赋予该继承人的权利(只要该继承人于死者死亡时居住在意大利)。2012年欧盟《关于继承管辖权、法律适用与判决承认与执行以及创建继承证明书条例》(简称《罗马条例Ⅳ》)第21条和第22条也允许被继承人有限制地选择准据法,即"继承适用被继承人死亡时惯常居所地法,允许被继承人选择适用其国籍国法"。

二、法定继承准据法的适用范围

继承的准据法一般应适用于以下几方面的问题:

(1)继承的开始和开始的原因。各国法律通常规定继承于被继承人死亡时开始,故在自然死亡的情况下,不会发生法律冲突。但在宣告死亡的情况下,各国法律关于死亡时间或有不同规定,如有认为判决中所确定的死亡日期为继承开始的时间,也有认为判决生效的日期为当事人死亡之日。如涉及这样的两个不同法律,当然应确定死亡宣告的准据法。其他如继承是根据遗嘱或法律上的原因,还是根据转继承的原因而产生,以及如宣告失踪可否构成继承开始的原因(亦即失踪宣告的效力),对于这些问题,各国抑或有不同规定,也当由继承准据法确定。

(2) 什么样的人能成为继承人。这类问题包括继承人能力的确定,如被继承人死亡时,继承人是否得为出生且存活?被指定继承人有无继承能力?与被继承人在同一事件中死亡而无事实证明谁最后死亡时,谁得为其他死者的继承人(即所指推定存活制度)?继承人的继承权是否丧失及根据什么原因丧失?这些亦都由继承准据法确定。

(3) 继承财产的范围及移转权。是否只包括死者遗嘱下的或未经遗嘱处分的积极财产(如债权)和消极财产(债务)。死者的遗产中一切权利与义务是否均具有可继承的属性(如被继承人生前取得的要求某画家作画之权利)?继承人是可以直接取得遗产还是得经相关程序认可后遗产始移转于继承人?这些问题也得适用继承准据法(有学者认为上述括号内所指被继承人死前依合同取得的请求权还得同时适用该合同准据法)。

(4) 继承开始的效力。这包括继承的承认、抛弃和应继份以及共同继承人的担保责任等。在本章第一节中所说的如果被继承人通过遗嘱来处分其财产,则他是否具有改变或取消某些特定继承人的特殊的权利(如处分特留份的财产能力),亦当由继承准据法确定。

(5) 无继承人的遗产归属。无继承人、或继承人均被剥夺了继承权或均放弃了继承权,对其全部遗产或部分遗产未作出处分或所作处分无效或被指定继承人或受遗赠人不接受等情况下,均会发生此种情况。国家究竟依先占权还是作为最后继承人取得这类财产,亦得由继承准据法支配(但关于这个问题适用财产所在地法或依有关两国之间的领事条约等来决定的,实践中亦多有所见)。

(6) 遗产管理和遗嘱的执行。在普通法系国家,被继承人死后,遗产并不立即归属于继承人,而是先归属于法院,再经遗产管理人交给继承人所有。在英国,对死者遗产的管理完全由遗产管理人获得授权以便收受遗产的国家的法律支配。在美国,1971年《美国冲突法重述(第二次)》第316条规定,通常由指定遗嘱执行人或管理人的州的内州法来决定关于遗嘱执行人或管理人的管理行为应负的义务。但是,根据遗嘱或法定继承的规定向受益人分配死者的净剩遗产应被视为继承问题,受继承准据法支配。在大陆法系国家或地区,死者的遗产直接转移给继承人或受遗赠人。一般情况下没有必要指定遗产管理人。除纯属程序性的问题外,遗产的管理和分配均被视为继承问题,受继承准据法的支配。

三、中国关于涉外法定继承法律适用的规定

中国关于涉外法定继承准据法选择的立法与司法实践规定情况,大致可概括如下:

(1) 中国立法对涉外财产法定继承准据法的选择是采区别制的。中国《继承法》第36条规定:中国公民继承在中华人民共和国境外的遗产或者继承在中华人民共和国境内的

外国人的遗产,以及外国人继承在中华人民共和国境内的遗产或者在中华人民共和国境外的中国公民的遗产,动产适用被继承人住所地法律,不动产适用不动产所在地法律。中国最高人民法院《关于贯彻执行〈中华人民共和国继承法〉若干问题的意见》第63条进一步明确规定:"涉外继承,遗产为动产的,适用被继承人住所地法律,即适用被继承人生前最后住所地国家的法律。"中国《民法通则》仍坚持区别制,其第149条规定:"遗产的法定继承,动产适用被继承人死亡时住所地法律,不动产适用不动产所在地法律。"中国《继承法》第36条第3款和《民法通则》第142条第2款还规定,如中国缔结或者参加的条约、协定对此有不同规定的,则适用条约、协定的规定。中国《涉外民事关系法律适用法》第31条规定,法定继承,适用被继承人死亡时经常居所地法律,但不动产法定继承,适用不动产所在地法律。该法第34条规定,遗产管理等事项,适用遗产所在地法律。但中国目前还未参加任何有关继承法律适用的国际公约。

(2) 中国立法关于涉外无人继承遗产的归属的独特立场。关于无人继承财产(即所谓绝产)应适用的法律,根据《民法通则》第149条的规定,在中国,判断某项遗产是否为涉外无人继承财产,自应适用继承关系的准据法。至于涉外无人继承财产的归属,根据中国《继承法》第32条的规定,无人继承又无人受遗赠的遗产,归国家所有;死者生前是集体所有制组织的成员的,归该集体所有制组织所有。此外,最高人民法院《关于贯彻执行〈中华人民共和国民法通则〉若干问题的意见(试行)》第191条规定,无人继承又无人受遗赠的遗产应作如下处理:第一,在中国境内死亡的外国人,遗留在中国境内的财产如果无人继承又无人受遗赠的,依照中国法律处理,即应根据中国《继承法》第32条的规定处理。第二,两国缔结或参加的国际条约另有规定的,则依该条约办理。例如,根据中国和蒙古等国的领事条约的规定,缔约任何一方公民死后遗留在缔约另一方领土上的无人继承财产中的动产,可以移交给死者所属国的领事处理。中国《涉外民事关系法律适用法》第35条作了新规定,无人继承遗产的归属,适用被继承人死亡时遗产所在地法律。至于国家或集体是以最后继承人权利取得无人继承财产还是依先占权取得无人继承财产,中国尚无明确规定。

第三节 关于遗嘱和继承的海牙公约

海牙国际私法会议在统一国际私法的进程中,十分关注遗嘱和继承这一古老而又长存的国际私法问题。目前,海牙国际私法会议已有三个涉及遗嘱和继承的公约。

一、1961年《遗嘱处分方式法律冲突公约》

《遗嘱处分方式法律冲突公约》于1961年10月5日制定,于1964年1月5日生效。截至2018年6月30日,公约已有42个成员,从1997年7月1日起,公约适用于我国香港地区。该公约第1条明确规定:不动产遗嘱方式,依财产所在地法;动产遗嘱方式,可依下列任一法律:(1) 遗嘱人立遗嘱地法;(2) 遗嘱人立遗嘱时或死亡时的国籍国法;(3) 遗人立遗嘱时或死亡时的住所地法;(4)遗嘱人立遗嘱时或死亡时的惯常居所地法。而且,公约不妨碍缔约国现有的或将来制定的法律规则承认上述法律适用规则所指法律以外的法律所规定的遗嘱方式的有效性。该公约还规定,立嘱人是否在某一国设有住所,要依该地法律确定。上述公约第1条规定的遗嘱方式的准据法,同样亦适用同一遗嘱的撤销(方式)。且该条规定的各种方式,也适用于两个或两个以上的人在同一份文件中作出的遗产处分的方式。还值得提到的是,在适用本公约时,任何以立嘱人的年龄、国籍或其他个人条件来限制被许可的遗嘱处分方式的条款,均应视为属于方式问题(包括遗嘱处分的有效性所要求的证人必须具有的资格问题)。它的第6条进一步规定本公约冲突规则的适用与任何互惠的要求无关。最后,公约在遗嘱方式应适用的法律上还允许采取公共秩序保留制度。

由此可见,公约关于遗嘱方式准据法所持的态度和做法,是十分宽松的,且相当全面地反映了当今世界各国遗嘱方式法律适用制度的发展趋势。

二、1973年《遗产国际管理公约》

《遗产国际管理公约》是一个旨在协调英美法系和大陆法系关于遗产管理冲突的国际公约,由海牙国际私法会议1973年10月2日通过,1993年7月1日生效。截至2018年6月30日,共有8个国家签署了该公约,其中葡萄牙、捷克、斯洛伐克3个国家已批准实施。[①]

公约的主要内容是涉及一种"国际证书"(International Certificate)制度。由于在普通法系国家,死者遗产管理制度是实行间接遗产转移制度,即被继承人死后,遗产并不是直接归属于继承人,而是先归属于法院,再经遗产管理人交给继承人所有。但在大陆法系国家,法院通常不介入继承事务,死者遗产直接归属继承人。这样,在涉外继承中,普通法系国家法院指定的遗产管理人常不为大陆法系国家所承认。而这种由死者生前惯常居所地的缔约国的有关机构依公约所附格式及自己的法律(在公约规定的其他情况下,也可依死者国籍国法)作出的国际证书,依据公约却应得到其他缔约国的承认。承认方式既可由被请求国的有关机关依据本国法规定的简易程序作出,也可直接以公告方式进行。根据公约,证书应载有遗产证书持有人(即遗产管理人)的姓名以及他依据一定的法律,有权对所有遗产中的有体或无体动产为有效的法律行为,并有为这类遗产的利益而从事活动的权利。但公约规定,证书持有人在进行上述法律行为或行使上述权利时,应服从被请求国地方当局所要求的与其本国的遗产代表人同样的监督和管理。被请求国可以占有在其领土内的财产予以清偿债务。

三、1989年《死者遗产继承法律适用公约》

《死者遗产继承法律适用公约》于1989年8月1日订于海牙。该公约尚未生效。截

[①] http://www.hcch.net/index_en.php? act=conventions.publications&dtid=2&cid=69, accessed to June 30, 2018.

至 2018 年 6 月 30 日,仅有阿根廷、瑞士、卢森堡 3 国签署了该公约。中国对制订该公约表示了极大的关注,派代表团参加了有关的全部会议,并就涉外继承法律适用等方面的事项阐明了中国法律的规定情况及中方的观点,对公约的最后通过作出了重要贡献。公约共有 5 章 31 条。主要内容如下:

(1) 公约的适用范围。公约第 1 条规定,继承的准据法得依该公约确定。公约不适用于遗嘱的方式、遗嘱人的能力、夫妻财产制以及非依继承方式获得的财产权益等。公约第 2 条规定,即使准据法为非缔约国法律,公约也应适用。

(2) 公约明确规定"同一制"。公约采用了继承法律适用的"同一制",但附加了条件。公约第 3 条第 1 款首先规定继承得适用被继承人死亡时惯常居所地国家的法律,但被继承人得具有该国国籍。其次,公约第 3 条第 2 款规定,继承也可适用被继承人死亡时惯常居所地国家的法律,如果被继承人临死前在该国居住过至少不低于 5 年的期限。但是在特殊情况下,如果被继承人在死亡时,与其本国有更密切的联系,则适用其本国的法律。另外,公约第 3 条第 3 款规定,在其他情况下,继承适用被继承人死亡时具有该国国籍的国家的法律。但如果被继承人在死亡时与其他国家有更密切联系的,得适用与其有更密切联系的国家的法律。

由此可见,公约规定了四个可适用的准据法(被继承人死亡时惯常居所地国家的法律、被继承人本国法、被继承人死亡时的本国法和被继承人死亡时与其有更密切联系的其他国家的法律)。目的似是为了协调各国国际私法在属人法问题上的分歧。

(3) 遗产继承中的意思自治原则。公约在第 5 条第 1 款中进一步规定:当事人一方可以指定有关国家的法律作为调整继承"整体问题"的准据法,但是,这种指定法律的行为只有该当事人在指定法律时或死亡时具有该有关国家的国籍或在该国拥有惯常居所时方为有效。

(4) 在一定情况下也可以对其遗产中的部分财产采分割制。但这只限于两种情况,即一是它的第 6 条允许当事人可以指定一国或数国的法律调整其全部财产中的某些财产的继承问题(但这种指定不得违背依公约上述第 3 条或第 5 条第 1 款确定的法律中的"强制性"规范);二是它的第 15 条规定:"本公约所规定的准据法,并不妨碍某一国家鉴于经济、家庭和社会原因在继承制度中规定某些不动产、企业或某类特殊财产的继承适用物之所在地法。"

(5) 准据法的适用范围。依该公约确定的准据法适用于解决继承中的以下问题:第一,继承人和受遗赠人的权利及其继承份额和应承担的义务,以及因死亡而产生的其他继承权利(如司法或其他机关为被继承人的亲属保留的财产);第二,取消继承权,丧失继承资格;第三,计算继承份额时的比例及数额;第四,应继份、保留份和遗嘱中的其他限制;第五,遗嘱内容的实质效力。但是,公约第 7 条第 3 款又补充规定:"本条第 2 款的规定并不限制适用本公约所确定的准据法,去调整缔约国法律所规定的有关继承的其他事项。"

(6) 公约规定了"继承协议"的有关问题。公约规定的继承协议是指当事人各方商定的,用于设立、变更和取消一方或数方协议当事人在未来继承中的权利的书面协议。也就是说,公约允许在西方久已有之的、当事人通过"继承协议"来处理遗产继承问题的方式。此外,公约接受转致。

思考题
1. 在遗产继承的法律适用上,试比较同一制和区别制之优劣。
2. 对于立嘱能力的准据法的选择,有哪些主要的学说和实践?
3. 简析无人继承财产归属的准据法。
4. 对于遗嘱的解释和撤销,在法律适用上有哪些应该注意的重要问题?
5. 简述《遗嘱处分方式法律冲突公约》的主要内容。
6. 试述《死者遗产继承法律适用公约》的主要内容和成就。
7. 简述中国有关涉外遗产继承法律适用的主要规则。

第十六章 国际民事诉讼

学习目标：通过学习本章，了解外国人在国际民事诉讼中的法律地位，以及关于国家豁免、诉讼保全、国际民事管辖权、国际司法协助、外国判决的承认和执行等重要制度的基本内容。

教师导读：一国法院审理涉外民商事案件时，总会遇到其审理纯国内民商事案件时所不会遇到的特殊问题。学习本章，首先要把握外国人与外国国家在内国法院的诉讼地位，着重熟悉内国法院对国际民事诉讼的管辖权，重点掌握内国法院的诉讼程序如何获得外国法院的民事司法协助、各国法院之间判决的相互承认与执行问题。

建议学时：6学时。

随着国际民商事交往的不断扩大，民商事争议也相应增加。虽然早在古罗马时代就已出现专门受理涉及外来人之间民事争议的外事裁判官，到中世纪，地中海沿岸一些重要贸易港口又产生了由商人社会自治的商事仲裁活动，用以解决不同国家或地区之间民商事交往中产生的各种争议，但严格意义上的国际民事诉讼制度和国际商事仲裁制度，却是近现代才逐渐定型和进一步完善起来的。由于当代社会民商事活动的规模与自由度日益扩大与提高，追求民商事争议解决方式的便捷，以加快民商事争议解决的速度的各种替代性争议解决方法(Alternative Dispute Resolution, ADR)也在迅速发展和扩大开来。

第一节 国际民事诉讼法的概念和渊源

一、国际民事诉讼和国际民事诉讼法的概念

与国际私法的调整对象相似，国际民事诉讼是指介入了国际因素或涉外因素的民事诉讼[①]，国际民事诉讼程序就是指一国法院审理国际民事案件和当事人及其他诉讼参与人进行此种诉讼行为时所应遵循的专用的特殊程序。国际民事诉讼法是指规定国际民事诉讼程序的各种法律规范的总和。

在民事诉讼程序中，既可以因诉讼程序本身包含有国际因素而需要适用国际民事诉讼规范，也可以因实体法律关系涉及国际因素而需要适用国际民事诉讼规范。中国最高人民法院《关于适用〈中华人民共和国民事诉讼法〉的解释》第522条规定：有下列情形之

---

① 我国在有关立法中，一般称作"涉外民事诉讼"，如1991年《民事诉讼法》第四编，外国也有称国际民事诉讼的，如1964年《捷克斯洛伐克国际私法及国际民事诉讼法》；在国际私法书籍中多称"国际民事诉讼"；但也有把二者等同的，参见姚壮主编：《国际私法理论与实务》，法律出版社1992年版，第178页。

一,人民法院可以认定为涉外民事案件:(1)当事人一方或者双方是外国人、无国籍人、外国企业或者组织的;(2)当事人一方或者双方的经常居所地在中华人民共和国领域外的;(3)标的物在中华人民共和国领域外的;(4)产生、变更或者消灭民事关系的法律事实发生在中华人民共和国领域外的;(5)可以认定为涉外民事案件的其他情形。

解决国际民事诉讼程序的各种问题,既需要直接调整规范,也需要间接调整规范;而且往往既需要国内法所规定的有关规范,也需要多边或双边的国际法规范。

二、国际民事诉讼法的渊源

(一)国内立法

按照传统的观点,国际民事诉讼中的程序规则只适用法院地法。这是因为,过去认为诉讼法属于公法性质,而且国家的司法审判权属国家主权的行使。这种观点现在已被实践所突破,但即使是现在,国内立法中的程序规范仍然是国际民事诉讼法最主要的渊源。

(二)国际条约

国际条约也是国际民事诉讼法十分重要的渊源。[①] 自从19世纪中期开始,人们一直致力于通过缔结多边或双边国际条约以谋求在一定范围的各国有关涉外民事诉讼程序法方面的统一。此外,在各种有关涉外民商关系的国际实体法或冲突法的公约中,也常涉及法院的管辖权和判决的相互承认与执行等问题。

根据条约必须信守的国际法原则,我国《民事诉讼法》第260条规定:"中华人民共和国缔结或者参加的国际条约同本法有不同规定的,适用该国际条约的规定,但中华人民共和国声明保留的条款除外。"自中华人民共和国成立以来,中国已分别于1991年和1997年批准加入了海牙《关于向国外送达民事或商事司法文书和司法外文书公约》和海牙《关于从国外调取民事或商事证据的公约》,并且与外国签署了民事、商事和刑事方面的双边司法协助条约或协定70个,其中民(商)事或者民(商)刑事司法协助协定40个。[②]

第二节 外国人民事诉讼地位

外国人的民事诉讼地位是指外国人在内国境内享有什么样的民事诉讼权利,承担什么样的民事诉讼义务,并能在多大程度上通过自己的行为行使民事诉讼权利和承担民事诉讼义务的法律状况。国际民事诉讼上所称的外国人,是指不具有法院地国国籍的人、无

---

① 关于国际民事诉讼领域是否存在以国际惯例作为渊源的问题,一方面,中国国际私法学界有不同意见;另一方面,中国《民事诉讼法》并未像《民法通则》《合同法》等规定可以适用国际惯例,所以,不应笼统地认为"国际惯例"也是国际民事诉讼法的渊源。当然像各国国内法院在其他主权国家未明确放弃其根据习惯国际法所享有的豁免权时不得对以他国国家或其财产为被告或标的的诉讼行为行使审判或执行管辖权,以及根据现代国际法的要求,各国司法机关应赋予他国公民诉讼上的国民待遇等类惯例,那是应当遵守的。但如对方国家拒绝在这些方面给自己国家和公民以互惠待遇而实行歧视时,则亦可拒绝给对方国家和它的公民以上述待遇。

② http://www.fmprc.gov.cn/web/ziliao_674904/tytj_674911/wgdwdjdsfhzty_674917/t1215630.shtml,July,2018.

国籍人和国籍不明的人。这里所指的外国人还包括外国法人和其他组织。在外国人民事诉讼地位方面,实体诉讼法规范居多数。

一、外国人民事诉讼地位上的国民待遇原则

关于外国人的民事诉讼地位的问题,当今世界各国普遍采用国民待遇原则,即在国际民事诉讼中,赋予在本国境内的外国人享有和本国公民同等的民事诉讼权利并承担同等的民事诉讼义务。赋予外国人在民事诉讼地位上以国民待遇,根据有关国际条约的规定,均及于难民和无国籍人,一般也及于外国法人和其他组织。

为了保证本国国民在国外也能得到所在国的国民待遇,各国的民事诉讼立法一般都在赋予内国的外国人享有国民待遇的同时,也规定要以对等或互惠为条件。对于此种互惠或对等,现今各国一般是采取推定原则,即如果对方国家无相反的法律规定或相反的司法实践,即推定其对本国在该国的国民在民事诉讼地位上是享受平等待遇的;而一旦证实某一外国对本国在该国的国民的民事诉讼地位加以限制,则根据对等原则,亦有权限制对方国家的国民在本国的民事诉讼地位。

中国《民事诉讼法》肯定了国民待遇原则。该法第 5 条规定:外国人、无国籍人、外国企业和组织在人民法院起诉、应诉,同中华人民共和国公民、法人和其他组织有同等的诉讼权利义务。外国法院对中华人民共和国公民、法人和其他组织的民事诉讼权利加以限制的,中华人民共和国人民法院对该国公民、企业和组织的民事诉讼权利,实行对等原则。这一规定,跟国际社会的普遍实践相同,也是不以有条约存在为前提的。至于互惠问题,也采取推定存在的原则。此外,改革开放以来,中国还跟许多国家相继签署了双边司法协助协定,这些司法互助协定,都以缔约双方相互承担条约义务的方式来切实保证国际民事诉讼中国民待遇原则的贯彻实施。

二、外国人的诉讼权利能力

外国人的民事诉讼权利能力,是外国人的实体民事权利能力在诉讼领域的必然延伸。但民事诉讼权利能力和民事实体权利能力毕竟是不完全相同的。这不仅是因为前者是诉讼法上的一个概念,而后者则是实体法上的一个概念,而且更因为有时一国尽管赋予某些外国人以民事实体权利能力,却不同时赋予他们以民事诉讼权利能力。例如,英美法系国家规定交战时被定性为敌性外国人的不得在内国法院起诉。

中国最高人民法院《关于适用〈中华人民共和国民事诉讼法〉的解释》第 523 条规定:外国人参加诉讼,应当向人民法院提交护照等用以证明自己身份的证件。外国企业或者组织参加诉讼,向人民法院提交的身份证明文件,应当经所在国公证机关公证,并经中华人民共和国驻该国使领馆认证,或者履行中华人民共和国与该所在国订立的有关条约中规定的证明手续。代表外国企业或者组织参加诉讼的人,应当向人民法院提交其有权作为代表人参加诉讼的证明,该证明应当经所在国公证机关公证,并经中华人民共和国驻该国使领馆认证,或者履行中华人民共和国与该所在国订立的有关条约中规定的证明手续。

本条所称的"所在国",是指外国企业或者组织的设立登记地国,也可以是办理了营业登记手续的第三国。

结合1956年海牙《承认外国公司、社团和财团法律人格的公约》的相关规定并考察各国的立法和司法实践,在解决外国人的民事诉讼权利能力问题时,除了在总体上明确应适用国民待遇外,还应注意以下几点:(1)从原则上说,外国人的民事诉讼权利能力跟外国人实体民事权利能力一样,通常是要由他们的属人法来决定的。因而,外国人不能根据国民待遇原则而要求在内国享有连法院国的本国法也不赋予自己的公民或法人的诉讼权利能力。(2)国际社会的普遍实践还表明,即使内国从法律上对外国人的实体民事权利加以某些限制,但这些限制并不必然同时要及于外国人的民事诉讼权利能力。(3)现在已有越来越多的国际条约,明确约定相互对缔约他方的公民和法人等的民事诉讼地位给予国民待遇。

三、外国人的诉讼行为能力

通常,外国人的民事诉讼行为能力也是适用其属人法的,但是,为了保护善意的对方当事人尤其是内国当事人的正当权益,各国在规定外国人的民事诉讼行为能力适用其属人法的同时,往往还作补充规定:即如果根据法院地法,有关的外国人有民事诉讼行为能力则不问其属人法规定如何,就认为外国人有民事诉讼行为能力。例如1979年《匈牙利国际私法》第64条规定:"当事人在诉讼案件中的权利能力和行为能力适用其属人法。根据属人法无诉讼行为能力或限制行为能力人,如果依匈牙利法具有行为能力,在向匈牙利法院或其他机关提起诉讼中应视为具有诉讼行为能力。"日本民事诉讼法也有此类似规定。

对于外国人民事诉讼权利能力和民事诉讼行为能力的法律适用,中国现行立法均未作出明确规定。鉴于外国人的民事诉讼权利能力和行为能力是外国人的民事实体权利能力和行为能力在诉讼领域的延伸,前者是后者的组成部分,对于民事诉讼权利能力和行为能力的法律适用应该可以类推适用中国《涉外民事关系法律适用法》第11条和第12条的规定。

四、诉讼费用担保

(一)诉讼费用担保的概念和意义

诉讼费用担保,通常是指外国人或在内国未设有住所的人在内国法院提起民事诉讼时,应被告的请求或依内国法律的规定,为防止其滥用诉讼权利,或防止其败诉后不支付诉讼费用,而由内国法院责令原告提供的担保。需要指出的是,这种担保制度中的诉讼费用仅是指除了案件受理费(案件受理费具有国家税收性质,应上缴国库)以外的为进行诉讼所必需而应由当事人负担的实际开支,诸如当事人、证人、鉴定人、翻译人员的差旅费、出庭费等。一般而言,某一民事诉讼中的当事人中间有外国国籍者或外国住所者时,就可能会产生诉讼费用担保问题。

不少学者对此种担保制度持反对的意见,认为它常常成为外国人行使诉讼权利的一种障碍。因而,通过国际合作缔结有关国际条约相互免除缔约国对方国民的诉讼费用担保,成为各国努力的方向。在这方面,1928年《布斯塔曼特法典》作了最早的有益尝试。该法典第383条和第385条对此作了规定:"关于诉讼担保的提供,在缔约各国内的本国国民和外国人间,不得有所区别。""行使私权时,如本国国民不需要提供担保,则对外国人亦不得要求担保。"1954年海牙《民事诉讼程序公约》第17条第1款和第2款以及1980年海牙《国际司法救助公约》第14条也作了类似规定。这表明,国民待遇原则在这一领域也应加以适用。但目前多数国家仍对未在国内设立住所或在国内没有财产的原告要求提供此种担保。

(二)中国的实践

对于诉讼费用担保问题,中国经历了从要求外国人提供担保到实行在互惠前提下互免担保的变迁过程。

最高人民法院于1984年发布的《民事诉讼收费办法(试行)》第14条第2款特别规定:"外国人、无国籍人、外国企业和组织在人民法院进行诉讼,应当对诉讼费用提供担保。"1989年最高人民法院通过的《人民法院诉讼收费办法》第35条明文规定:外国人、无国籍人、外国企业和组织在人民法院进行诉讼,适用本办法。但外国法院对我国公民、企业和组织的诉讼费用负担,与其本国公民、企业和组织不同等对待的,人民法院按对等原则处理。2007年实施的《诉讼费用交纳办法》第35条对此作了类似规定。此外,在中国与一些国家签订的双边司法协助协定中,一般都含有相互免除对方国民(包括法人)提供诉讼费用保证金的条款。

五、司法救助和法律援助

(一)司法救助和法律援助的概念

在当今国际社会,为了确保国家的财政利益并据此以限制当事人轻率地提起诉讼,国家一般在民事案件中都不给予私人以免费的诉讼。然而,作为一种政策却也不能使诉讼行为成为富人独有的特权,不应该使诉讼费用成为贫困当事人参加诉讼的一种不堪承受的负担。为此,很多国家规定了司法救助和法律援助制度。

在我国,司法救助是指法院对于当事人为维护自己的合法权益,向人民法院提起民事、行政诉讼,但经济确有困难的,实行诉讼费用的缓交、减交、免交。这里所论及的"司法救助"是专指诉讼费用上的司法救助,不同于2015年中央政法委、财政部、最高人民法院、最高人民检察院、公安部、司法部联合发布的《关于建立完善国家司法救助制度的意见(试行)》所规定的"国家司法救助"。因国家司法救助是对遭受犯罪侵害或民事侵权,无法通过诉讼获得有效赔偿的当事人,由国家给予适当经济资助的辅助性救济措施,以帮助他们摆脱生活困境。但是,在国际上,司法救助除了包括诉讼费用减免和缓交之外,还可能包括其他费用如执行费用、律师费用、诉讼担保费、证据担保费等的减免和缓交等。根据1980年《国际司法救助公约》第2条的规定,司法救助的范围还包括法律咨询。

法律援助是指为了保证公民享有平等、公正的法律保护,完善社会法律保障制度,由法律援助机构组织法律援助人员,为经济困难或特殊案件的人给予减免收费提供法律服务的一项法律保障制度。在我国,司法救助和法律援助的主要区别是:第一,法律援助的主体是律师、公证员、基层法律工作者等法律服务人员,司法救助的主体是人民法院。第二,法律援助发生于刑事、民事、行政诉讼等所有诉讼活动和非诉调解中,司法救助则只发生于民事、行政诉讼中。第三,法律援助减收、免收的是法律服务费用,司法救助减收、免收的是诉讼费,是国家的财产性资金。

不同国家的法律对享有司法救助和法律援助的资格及条件,以及撤销对司法救助和法律援助的准许等规定是不尽相同的。但一般说来,一国法院通常要考虑下面几方面因素:(1)当事人确实没有支付诉讼费用的能力;(2)诉讼并非显然无胜诉希望;(3)当事人提出了申请;(4)外国当事人国籍国与内国有条约关系或互惠关系的存在。

(二) 中国的实践

在我国,《民事诉讼法》第118条第2款规定:"当事人交纳诉讼费用确有困难的,可以按照规定向人民法院申请缓交、减交或者免交。"《诉讼费用交纳办法》(第六章司法救助)第44条规定,当事人交纳诉讼费用确有困难的,可以依照本办法向人民法院申请缓交、减交或者免交诉讼费用的司法救助。《法律援助条例》第2条规定,符合本条例规定的公民,可以依照本条例获得法律咨询、代理、刑事辩护等无偿法律服务。

根据我国《民事诉讼法》第5条和《诉讼费用交纳办法》第35条的规定,中国对外国当事人实行的是互惠的国民待遇原则,为此,外国当事人交纳诉讼费用确有困难的,同样可以向中国人民法院申请缓交、减交或者免交,符合条件的,可申请法律援助。此外,中国跟外国缔结的司法协助条约或协定对诉讼费用的减免一般均作了专门规定。例如,1989年《中华人民共和国和蒙古人民共和国关于民事和刑事司法协助的条约》第12条就规定:"关于在缔约一方境内参加诉讼活动的缔约另一方国民在与该缔约一方国民同等的条件下和范围内减免与案件审理有关的诉讼费用问题,应根据其申请,由受理该申请的缔约一方法院依其本国法规决定。"1991年《中华人民共和国和意大利共和国关于民事司法协助的条约》第4条既规定了税费及诉讼费用的免除,又规定了司法救助。同时,对于申请减免诉讼费用或获得司法救助的程序,中国与外国缔结的司法协助条约或协定一般也作了规定。

六、诉讼代理制度

(一) 各国的基本做法

在国际民事诉讼程序中,当今各国的诉讼立法都是允许外国当事人委托诉讼代理人代为诉讼活动的。然而,在某一起国际民事诉讼中的外国当事人可以委托什么样的人为其诉讼代理人,以及诉讼代理人的法定权限如何,对此各国诉讼立法的规定却是不尽相同的。但一般都规定,外国当事人如果想要委托律师代为诉讼行为,只能委托在法院地国执业的律师担任诉讼代理人。各国之所以一般只允许在国际民事诉讼中外国当事人只能聘请内国律师代为诉讼,主要是基于以下考虑:(1)内国律师跟外国律师相比,更为精通内国的法律,从而能够更好地为当事人提供法律服务,使案件公正迅速地得到解决;(2)如果允许外国律师在内国法院以律师身份参与诉讼,等于变相允许外国律师干预内国司法,是不利于保护内国司法主权的。

尽管各国的普遍做法是只允许内国律师在内国法院出庭参与诉讼,不过也有些国家或地区的立法规定,在互惠前提下,符合一定条件的外国律师也可在内国执业,出庭参与诉讼。

有关诉讼代理人的法定权限问题,采用律师诉讼主义的国家的法律往往规定,律师可以基于授权实施所有的诉讼行为,行使任何的诉讼权利,而无需当事人亲自出庭参加诉讼;因而,即使当事人亲自出庭参加诉讼,也必须委托律师进行诉讼。而采取当事人诉讼主义的国家,无论当事人及其法定代理人是否委托了诉讼代理人,当事人都必须亲自出庭参与诉讼。

(二)领事代理

在国际民事诉讼代理中,还存在着一种领事代理制度。领事代理是指一个国家的领事可以根据有关国家的诉讼立法和有关国际条约的规定,在其辖区内的驻在国法院依照职权代表派遣国国民或法人参与有关的诉讼,以保护派遣国国民或法人在驻在国的合法权益。1963年订立的《维也纳领事关系公约》就明确肯定了领事代理制度。

《维也纳领事关系公约》所确立的领事代理制度得到了国际社会的普遍认可,许多国家还在双边领事条约或有关国内法中对这一制度作了进一步的明确规定,例如1980年签订的《中华人民共和国和美利坚合众国领事条约》第24条的规定。

(三)中国的实践

1. 委托代理

中国《民事诉讼法》第263条规定:"外国人、无国籍人、外国企业和组织在人民法院起诉、应诉,需要委托律师代理诉讼的,必须委托中华人民共和国的律师。"第264条又规定:"在中华人民共和国领域内没有住所的外国人、无国籍人、外国企业和组织委托中华人民共和国律师或者其他人代理诉讼,从中华人民共和国领域外寄交或者托交的授权委托书,应当经所在国公证机关证明,并经中华人民共和国驻该国使领馆认证,或者履行中华人民共和国与该所在国订立的有关条约中规定的证明手续后,才具有效力。"

中国最高人民法院《关于适用〈中华人民共和国民事诉讼法〉的解释》第528条规定:涉外民事诉讼中的外籍当事人,可以委托本国人为诉讼代理人,也可以委托本国律师以非律师身份担任诉讼代理人;外国驻华使领馆官员,受本国公民的委托,可以以个人名义担任诉讼代理人,但在诉讼中不享有外交或者领事特权和豁免。其第529条规定:涉外民事诉讼中,外国驻华使领馆授权其本馆官员,在作为当事人的本国国民不在中华人民共和国领域内的情况下,可以以外交代表身份为其本国国民在中华人民共和国聘请中华人民共和国律师或者中华人民共和国公民代理民事诉讼。同时,该司法解释第525条还规定:外国人、外国企业或者组织的代表人在人民法院法官的见证下签署授权委托书,委托代理人进行民事诉讼的,人民法院应予认可。第 526 条规定:外国人、外国企业或者组织的代表人在中华人民共和国境内签署授权委托书,委托代理人进行民事诉讼,经中华人民共和国公证机构公证的,人民法院应予认可。

中国在加入世界贸易组织时,对服务贸易中的法律服务作了相应承诺。例如,2017年,已有 244 家外国律师事务所和 64 家香港律师事务所驻华代表机构通过了中国司法部年度检验,获准在中国境内/内地执业,提供境外/香港特别行政区及境外法律服务。但是,外国律师仍不得以律师身份在中国法院出庭参与诉讼,不得从事中国法律事务,他们的业务主要在于向当事人提供该律师事务所律师已获准从事律师执业业务的国家或地区法律的咨询,以及有关国际条约、国际惯例的咨询;接受当事人或者中国律师事务所的委托,办理在该律师事务所律师已获准从事律师执业业务的国家或地区的法律事务。

2013 年司法部《关于修改〈取得内地法律职业资格的香港特别行政区和澳门特别行政区居民在内地从事律师职业管理办法〉的决定》把原管理办法第 4 条修改为:"取得内地律师执业证的香港、澳门居民在内地律师事务所执业,可以从事内地非诉讼法律事务,可以代理涉港澳民事案件,代理涉港澳民事案件的范围由司法部以公告方式作出规定。"同年 8 月司法部《关于取得内地法律职业资格并获得内地律师执业证书的港澳居民可在内地人民法院代理的涉港澳民事案件范围的公告》规定了港澳居民可以代理的 5 类 237 种涉港澳民事案件:婚姻家庭、继承纠纷,合同纠纷,知识产权纠纷,与公司、证券、保险、票据等有关的民事纠纷,与上述案件相关的适用特殊程序案件。

2. 领事代理

在领事代理方面,中国作为《维也纳领事关系公约》的成员国,也是承认并采用领事代理制度的。在中国先后与美国等许多国家签订的双边领事条约中,均规定了领事代理制度。

第三节 国际民事管辖权

一、国际民事管辖权的概念和意义

国际民事管辖权(international civil jurisdiction)是指一国法院对特定的涉外民事案件行使审判权的资格。[①]

在国际民事诉讼中,管辖权问题有着十分重要的意义。首先,正确解决国际民事管辖权,关系到维护国家的主权,管辖权是国家主权在涉外民事司法程序中的必然延伸和表现。其次,正确解决国际民事管辖权,既关系到本国公民、法人乃至国家的民事权益能够得到及时、有效的保护,也关系到国家国际民商事交流的正常发展。再次,正确解决国际

---

① 故这里所讲的管辖权在英语中称为 judicial jurisdiction,即司法管辖权。而在法律适用中讲的"管辖权选择"中的"管辖权"在英语中为 legislative jurisdiction,它讲的是有关民事关系或民事争议应选择由何国(地)实体法管辖的问题。

民事管辖权是进行国际民事诉讼程序的前提。正是因为这一点,不但英美的国际私法,而且已有越来越多的大陆法国家在构建自己的国际私法立法或学说体系时,都把国际民事管辖权制度置于法律适用制度之前。最后,正确解决国际民事管辖权,不但有利于诉讼当事人双方进行诉讼活动和法院的审判活动,也有利于判决的域外承认与执行。

国际民事管辖权有直接管辖权和间接管辖权之分,前者指一国法院依内国的程序法决定自己能否直接审理涉外民商事案件;后者则指一国法院在承认和执行外国民商事判决时,依内国的程序法决定的该外国法院的审判管辖权问题。[①] 直接管辖权规则规定内国法院对涉外民商事案件有无审判管辖权,因而内国法院据以决定是否应受理向它提起的诉讼;而间接管辖权规则规定作出判决的外国法院对涉外民商事案件有无审判管辖权,因而内国法院据以决定是否承认和执行其判决。我们在这里讨论的都是有关直接管辖权的问题。间接管辖权将在本章第九节中另加阐述。

二、国际民事管辖权的种类

确定国际民事管辖权一般应考虑以下多方面的原则:(1) 地域管辖为主、属人管辖为辅原则;(2) 国际范围内管辖权冲突的协调原则和国际管辖权有效行使的原则;(3) 法定管辖与当事人自主选择管辖适当结合的原则;(4) 互惠原则;(5) 便利诉讼和防止滥用诉讼权利的原则等。

对于国际民事诉讼管辖权,可从不同角度作以下几种不同分类:

(一) 普通管辖和特别管辖

普通管辖又称一般管辖,它是以被告住所或惯常居所、居所所在国为管辖依据的,实行的是通常所称的"原告就被告原则"。国际民事诉讼也与国内民事诉讼一样,一般情况下,多采用这种管辖权连结因素。以住所(惯常居所或居所)为依据而行使管辖权又称为"普通审判籍"。如经1999年最后一次修订的1877年《德意志联邦共和国民事诉讼法》第12条便规定,某人的普通审判籍所在地法院,是管辖对他提起的一切诉讼的法院,但以未定专属审判籍者为限。该法第13条进一步明确:人的普通审判籍,依其住所定之。但是对于本国原告在某些情况下也允许他们在国籍国法院起诉,比如1987年《瑞士联邦国际私法法规》第3条所规定的"非常管辖"称:"本法未规定在瑞士的任何地方的法院有管辖权而情况显示诉讼不可能在外国进行或不能合理地要求诉讼在外国进行,与案件有足够联系的瑞士法院得行使管辖。"

特别管辖多为弥补普通管辖之不足或对某些种类的案件得作变通之处理而依住所之外的连结因素所定的管辖。这些定管辖权的连结因素诸如合同争议,除被告住所地国有管辖权外,其他如合同缔结地,尤其是合同履行地等国家也可行使管辖权;侵权行为案件中的侵权行为地(包括损害发生地)、财产争议案件中的标的物所在地法院等,亦可行使管辖权。

---

① 参见李浩培:《国际民事程序法概论》,法律出版社1996年版,第120页。

(二) 专属管辖、平行管辖和排除管辖

如果以由法律直接规定和任意选择为标准，国际民事管辖可分为专属管辖、平行管辖和排除管辖。

专属管辖，是指对某些具有特别性质的涉外民事案件强制规定只能由特定国家的内国法院行使独占排他的管辖。各国法律规定专属管辖的涉外民事案件的范围是不完全相同的，但都控制在十分有限的范围内（如涉及本国国家及公民的重大利益以及必须由本国法院审判的案件）。一般而言，世界各国对涉及内国国家的案件，应适用国家安全法规的案件，以及涉及本国不动产、国民身份及本国专利的案件等，往往要由自己的法院行使专属管辖权。

平行管辖，亦称为任意管辖或选择管辖，是指国家在主张对某些种类的涉外民事案件具有管辖权的同时，并不否认外国法院对此类案件的管辖权。在平行管辖中，内国只是一般地规定行使国际民事管辖权的连结因素，而且连结因素往往在两个以上，其中既有在内国的，也有在外国的，可由原告选择其一向内国或向外国法院起诉。平行管辖多适用于连结因素复杂多样的有关合同和财产纠纷的案件。

与专属管辖相对立的是排除管辖。排除管辖是指有关内国法院拒绝行使对某些涉外民事案件的管辖。一般而言，对那些跟内国法院无关的案件和跟内国国家的领土或公民或其实体法不存在任何属地联系或属人联系的案件，以及如进行管辖，将对法院及诉讼当事人都带来不便的案件，都可排除内国法院的管辖。

为求减少国际民事管辖权的积极冲突（即对同一案件多国均要求行使管辖）和消极冲突（即对同一案件多国均拒绝或排除管辖），促进国际民事管辖权的协调，对专属管辖与排除管辖的范围宜尽可能缩小，同时扩大平行管辖的范围。

(三) 法定管辖、协议管辖和应诉管辖

如以是否允许当事人选择法律规定以外的法院进行诉讼为标准，可将国际民事管辖分为法定管辖、协议管辖和应诉管辖。

法定管辖是指对某类涉外民事案件明确规定只能由某些或某个法院行使的管辖权。法定管辖主要包括专属管辖、平行管辖（普通管辖和特别管辖）等。

协议管辖是指双方当事人在争议发生之前或之后，用协议的方式来确定他们之间的争议由哪一个国家的法院管辖。协议管辖多在合同关系中采用。尽管国际社会普遍承认协议管辖，但并不意味着所有类型的涉外民事案件的当事人双方都可以通过协议选择管辖法院。选择法院条款一般具有独立性，2005年海牙《协议选择法院公约》第3条规定，构成合同一部分的排他性选择法院协议应被视为与合同其他条款独立的条款。我国《合同法》第57条规定，合同无效、被撤销或者终止的，不影响合同中独立存在的有关解决争议方法的条款的效力。

应诉管辖是指原告向法定管辖以外本无管辖权的法院起诉，但被告应诉而未对管辖表示异议所形成的管辖权。

协议管辖与应诉管辖当在第一审中作出，至于上诉审中当事人则不能另行选择其他国家的上诉法院。

三、平行诉讼

(一) 平行诉讼的含义及其产生原因

平行诉讼(parallel proceedings)是指相同的当事人基于同一诉讼请求或案件事实,先后或同时向两个或两个以上的国家的法院起诉,而两个或两个以上国家法院都进行受理的情形。对此,有些国家称之为"诉讼竞合""一事两诉"或"双重起诉"。平行诉讼在国际民事诉讼中较为常见,其有两种基本的表现形态:其一为重复诉讼,即同一当事人作为原告同时或先后向两个或两个以上国家的法院以同一对方当事人为被告提起诉讼;其二为对抗诉讼,即在此国法院甲起诉乙,而在另一国法院乙又以同一事实或以相同的诉讼请求起诉甲。

平行诉讼的发生,有其客观原因与主观原因,客观原因主要是各国法律关于国际民事诉讼管辖权规定的不同。主观原因是当事人进行挑选法院(forum shopping),即当事人为取得对自己有利的某国法院判决或是为对抗对方当事人的诉讼请求,而提起重复诉讼或对抗诉讼。

(二) 平行诉讼的解决

平行诉讼作为各国司法管辖权相互冲突的产物,其存在具有一定的客观合理性,但其亦有一定的负面效应,如容易导致出现相互矛盾的判决,使当事人的权利义务关系陷入不稳定状态,引发国家间的司法对抗,等等。因此,各国基本上对平行诉讼都采取了一定的限制措施。

英美法系国家采用的限制方法主要有:适用不方便法院原则与颁发禁止诉讼令。不方便法院原则是指,法院在受理某一涉外民事案件时,发现在本国法院受理该案对法院与当事人都不方便,并且又存在着另一国法院可作为受理此案的替代法院,于是法院便以本院是非方便法院为由,拒绝行使管辖权,这样就能够避免平行诉讼的发生。禁诉命令,是指在平行诉讼发生后,法院颁发禁令,禁止当事人在外国或本国法院进行诉讼,当事人如果不遵守此禁令,则可能构成藐视法庭。[①]

四、中国关于国际民事管辖权的规定

(一) 中国有关确定国际民事管辖权的国内立法

1. 中国《民事诉讼法》及其相关司法解释的规定

中国《民事诉讼法》除在第二章就民事管辖权问题作了一般规定外,还在第二十四章就涉外民商事案件的管辖权问题作了特别规定。2015年最高人民法院《关于适用〈中华人民共和国民事诉讼法〉的解释》还就管辖权问题作了补充规定。尽管其中的很多规定是针对国内民事案件的管辖作出的,但依中国的立法规定和司法实践,是都可以扩大适用于

---

① 关于禁诉令,详见欧福永:《国际民事诉讼中的禁诉令》,北京大学出版社2007年版。

国际民事诉讼的。[①]

(1) 普通管辖。与大多数国家一样,中国也是以被告住所地或经常居住地为普通管辖的依据,即采原告就被告的做法。根据中国《民事诉讼法》第 21 条及相关司法解释的规定,凡涉外民商事案件中的被告住所地在中国境内的,中国法院就有管辖权;被告的住所地与经常居住地不一致的,只要其经常居住地在中国境内,中国法院也有管辖权。以上所称被告包括自然人、法人或其他经济组织。

(2) 特别管辖。中国《民事诉讼法》第 23 条至第 32 条对特别管辖作了十分详细的规定:因合同纠纷提起的诉讼,由被告住所地或合同履行地法院管辖(第 23 条);因保险合同纠纷提起的诉讼,由被告住所地、保险标的物所在地法院管辖(第 24 条);因票据纠纷提起的诉讼,由票据支付地或被告住所地法院管辖(第 25 条);因公司设立、确认股东资格、分配利润、解散等纠纷提起的诉讼,由公司住所地人民法院管辖(第 26 条);因铁路、公路、水上、航空运输和联合运输合同纠纷提起的诉讼,由运输始发地、目的地或被告住所地法院管辖(第 27 条);因侵权行为提起的诉讼,由侵权行为地或被告住所地法院管辖(第 28 条);因铁路、公路、水上和航空事故请求损害赔偿提起的诉讼,由事故发生地或车辆、船舶最先到达地、航空器最先降落地或被告住所地法院管辖(第 29 条);因船舶碰撞或其他海事损害事故请求损害赔偿提起的诉讼,由碰撞发生地、碰撞船舶最先到达地、加害船舶被扣留地或被告住所地法院管辖(第 30 条);因海难救助费用提起的诉讼,由救助地或被救助船舶最先到达地法院管辖(第 31 条);因共同海损提起的诉讼,由船舶最先到达地、共同海损理算地或航程终止地法院管辖(第 32 条)。最高人民法院《关于适用〈中华人民共和国民事诉讼法〉的解释》第 18 条以及第 21 条至第 26 条对涉外民事诉讼管辖权的确定作了补充规定。

中国《民事诉讼法》第 265 条还就因合同纠纷或其他财产权益纠纷对在中国领域内没有住所的被告提起的诉讼,规定了中国法院可据以行使管辖权的多种连结因素,即如合同在中国领域内签订或履行,或诉讼标的物位于中国领域内,或被告在中国领域内有可供扣押的财产,或被告在中国领域内设有代表机构,则合同签订地、合同履行地、诉讼标的物所在地、可供扣押财产所在地、侵权行为地或代表机构住所地的人民法院均可行使管辖权。

另外,根据中国《民事诉讼法》第 22 条的规定,对不在中国领域内居住的人以及下落不明或宣告失踪的人提起的有关身份关系的诉讼,由原告住所地或经常居住地的中国法院管辖。

(3) 专属管辖。根据中国《民事诉讼法》第 266 条、第 259 条和第 33 条的规定,属于中国法院专属管辖的案件为:因在中国境内履行的中外合资经营企业合同、中外合作经营企业合同、中外合作勘探开发自然资源合同发生的纠纷提起的诉讼;因位于中国境内的不动产纠纷提起的诉讼;因在中国境内的港口作业发生纠纷提起的诉讼;因继承遗产纠纷提起

[①] 中国《民事诉讼法》第四编第 259 条明确规定:"在中华人民共和国领域内进行涉外民事诉讼,适用本编规定,本编没有规定的,适用本法其他有关规定。"

的诉讼,被继承人死亡时住所地或主要遗产所在地在中国境内的。

(4) 协议管辖。

第一,明示的协议管辖。

最高人民法院《关于适用〈中华人民共和国民事诉讼法〉的解释》第531条规定,涉外合同或者其他财产权益纠纷的当事人,可以书面协议选择被告住所地、合同履行地、合同签订地、原告住所地、标的物所在地、侵权行为地等与争议有实际联系地点的外国法院管辖。根据中国《民事诉讼法》第33条和第266条规定,属于中华人民共和国法院专属管辖的案件,当事人不得协议选择外国法院管辖,但协议选择仲裁的除外。

第二,默示的协议管辖。

中国《民事诉讼法》第127条第2款规定,当事人未提出管辖异议,并应诉答辩的,视为受诉人民法院有管辖权,但违反级别管辖和专属管辖规定的除外。

2. 中国《海事诉讼特别程序法》及相关司法解释中的规定

在国际民事诉讼中,海事诉讼占很大的比例,而且往往存在不同于一般国际民事诉讼程序的特别之处。为适应中国海事审判实践发展的需要,中国1999年通过了《海事诉讼特别程序法》。它与中国《民事诉讼法》之间是特别法与普通法的关系:前者未作规定的,可以适用后者的规定;前者作出了不同规定的,则应优先适用前者的规定。2003年最高人民法院还发布了《关于适用〈中华人民共和国海事诉讼特别程序法〉若干问题的解释》。鉴于海事诉讼极强的专业性和技术性,中国很早就建立了专门的海事法院,专门审理海事案件(包括国内案件和涉外案件)。

(1) 海事诉讼的地域管辖。根据中国《海事诉讼特别程序法》第6条规定,海事诉讼的地域管辖,原则上应依照《民事诉讼法》的有关规定,但下列海事诉讼的地域管辖,应依照以下规定:因海事侵权行为提起的诉讼,除依《民事诉讼法》第29条至第31条的规定外,还可由船籍港所在地海事法院管辖;因海上运输合同纠纷提起的诉讼,除依《民事诉讼法》第28条的规定外,还可由转运港所在地海事法院管辖;因海船租用合同纠纷提起的诉讼,由交船港、还船港、船籍港所在地、被告住所地海事法院管辖;因海上保赔合同纠纷提起的诉讼,由保赔标的物所在地、事故发生地、被告住所地海事法院管辖;因海船的船员劳务合同纠纷提起的诉讼,由原告住所地、合同签订地、船员登船港或离船港所在地、被告住所地海事法院管辖;因海事担保纠纷提起的诉讼,由担保物所在地、被告住所地海事法院管辖;因船舶抵押纠纷提起的诉讼,还可由船籍港所在地海事法院管辖;因海船的船舶所有权、占有权、使用权、优先权纠纷提起的诉讼,由船舶所在地、船籍港所在地、被告住所地海事法院管辖。

此外,中国《海事诉讼特别程序法》第9条还规定,当事人申请认定海上财产无主的,向财产所在地海事法院提出;申请因海上事故宣告死亡的,向处理海事事故主管机关所在地或受理相关海事案件的海事法院提出。

(2) 海事诉讼的专属管辖。根据中国《海事诉讼特别程序法》第7条的规定,属于中国海事法院专属管辖范围的案件为:因沿海港口作业纠纷提起的诉讼,由港口所在地海事法院管辖；因船舶排放、泄露、倾倒油类或其他有害物质，海上生产、作业或拆船、修船作业造成海域污染损害提起的诉讼，由污染发生地、损害结果地或采取预防污染措施地海事法院管辖；因在中国领域和有管辖权的海域履行的海洋勘探开发合同纠纷提起的诉讼，由合同履行地海事法院管辖。

（3）海事诉讼的协议管辖。中国《海事诉讼特别程序法》第8条也确认了协议管辖：海事纠纷的当事人都是外国人、无国籍人、外国企业或组织，当事人书面协议选择中国海事法院管辖的，即使与纠纷有实际联系的地点不在中国领域内，中国海事法院对该纠纷也有管辖权。由此，中国海事诉讼中的协议管辖制度在一般涉外民事诉讼中协议管辖制度的基础上实现了一个重大突破，即取消了协议法院与案件之间联系的要求。

（二）中国参加的国际条约中有关管辖权的规定

1. 1929年和1999年《统一国际航空运输某些规则的公约》

1929年和1999年《统一国际航空运输某些规则的公约》适用于所有以航空器运送旅客、行李或货物而收取报酬的国际运输以及航空运输企业以航空器办理的免费运输。1929年《公约》规定，承运人对旅客因死亡、受伤或身体上的任何其他损害而产生的损失，对于任何已登记的行李或货物因毁灭、遗失或损坏而产生的损失，以及对旅客、行李或货物在航空运输中因延误而造成的损失承担责任，因而一旦发生这些方面的追索损害赔偿的诉讼，原告有权在一个缔约国的领土内，向承运人住所地或其总管理机构所在地或签订合同的机构所在地法院提出，也可以向目的地法院提出。1999年《公约》在原有四个法院管辖权的基础上，第33条第2款增加了专适用于旅客伤亡的第五管辖权，即旅客住所地法院行使管辖权。

2. 1951年《国际铁路货物联运协定》

凡有权向铁路提出赔偿请求的人，即有权根据货物运输合同提起诉讼。这种诉讼只能由受理赔偿请求的铁路国的适当法院管辖。

3. 1969年《国际油污损害民事责任公约》

该《公约》规定，国际油污损害如果在一个或若干个缔约国领土（包括领海）内发生，或在上述领土（或领海）内采取了防止或减轻油污损害的预防性措施的情况下，有关的赔偿诉讼便只能向上述一个或若干个缔约国法院提出；每一缔约国都应保证其法院具有处理上述赔偿诉讼的必要的管辖权。

（三）中国关于有权审理涉外民事案件的法院的规定

1. 中国《民事诉讼法》及其司法解释的规定

中国1982年《民事诉讼法（试行）》规定涉外民事案件第一审由中级人民法院管辖，但1991年《民事诉讼法》第18条规定涉外民事案件的第一审法院是基层人民法院，只有重大涉外民事案件的第一审才由中级人民法院管辖。根据最高人民法院《关于适用〈中华人民共和国民事诉讼法〉的解释》第1条规定，所谓重大涉外案件是指争议标的额大，或者案情复杂或者一方当事人人数众多等具有重大影响的案件。其第2条规定，专利纠纷案件由知识产权法院、最高人民法院确定的中级人民法院和基层人民法院管辖。海事、海商案件由海事法院管辖。

2. 集中管辖制度

最高人民法院于 2002 年发布了《关于涉外民商事案件诉讼管辖若干问题的规定》,决定对涉外民商事案件进行集中管辖。它规定:第一审涉外民商事案件由下列人民法院管辖:(1)国务院批准设立的经济技术开发区人民法院;(2)省会、自治区首府、直辖市所在地的中级人民法院;(3)经济特区、计划单列市中级人民法院;(4)最高人民法院指定的其他中级人民法院;(5)高级人民法院。上述中级人民法院的区域管辖范围由所在地的高级人民法院确定(第 1 条)。对国务院批准设立的经济技术开发区人民法院所作的第一审判决、裁定不服的,其第二审由所在地中级人民法院管辖(第 2 条)。本规定适用于下列案件:(1)涉外合同和侵权纠纷案件;(2)信用证纠纷案件;(3)申请撤销、承认与强制执行国际仲裁裁决的案件;(4)审查有关涉外民商事仲裁条款效力的案件;(5)申请承认和强制执行外国法院民商事判决、裁定的案件(第 3 条)。发生在与外国接壤的边境省份的边境贸易纠纷案件、涉外房地产案件和涉外知识产权案件,不适用本规定(第 4 条)。涉及香港、澳门特别行政区和台湾地区当事人的民商事纠纷案件的管辖,参照本规定处理(第 5 条)。高级人民法院应当对涉外民商事案件的管辖实施监督,凡越权受理涉外民商事案件的,应当通知或者裁定将案件移送有管辖权的人民法院审理(第 6 条)。

在 2004 年最高人民法院《关于加强涉外商事案件诉讼管辖工作的通知》中,最高人民法院根据《关于涉外民商事案件诉讼管辖若干问题的规定》第 1 条第 4 项的规定,作出了补充规定。2010 年最高人民法院《关于进一步做好边境地区涉外民商事案件审判工作的指导意见》第 1 条指出,发生在边境地区的涉外民商事案件,如果争议标的额较小、事实清楚、权利义务关系明确的,可以由边境地区的基层人民法院管辖。

3. 国际商事法庭

为了服务保障"一带一路"建设,为"一带一路"参与国当事人提供公正高效便利且低成本的"一站式"法律服务,2018 年 6 月,最高人民法院公布了《关于设立国际商事法庭若干问题的规定》。根据该规定,国际商事法庭受理案件包括当事人依照民事诉讼法第 34 条的规定协议选择最高人民法院管辖且标的额为人民币 3 亿元以上的第一审国际商事案件;高级人民法院对其所管辖的第一审国际商事案件,认为需要由最高人民法院审理并获准许的;在全国有重大影响的第一审国际商事案件;依照本规定第 14 条申请仲裁保全、申请撤销或者执行国际商事仲裁裁决的案件。

根据该规定,最高人民法院将组建国际商事专家委员会,并选定符合条件的国际商事调解机构、国际商事仲裁机构与国际商事法庭共同构建调解、仲裁、诉讼有机衔接的纠纷解决平台,形成"一站式"国际商事纠纷解决机制。经国际商事专家委员会成员或者国际商事调解机构主持调解,当事人达成调解协议的,国际商事法庭可以依照法律规定制发调解书。最高人民法院第一国际商事法庭、第二国际商事法庭于 2018 年 6 月 29 日分别在广东省深圳市和陕西省西安市揭牌设立。

(四) 中国有关平行诉讼的规定

中国立法对于国际民事诉讼中的平行诉讼问题没有明确规定,但最高人民法院《关于适用〈中华人民共和国民事诉讼法〉的解释》中,有 3 条规定(第 15 条、第 532 条、第 533 条)涉及此问题。

最高人民法院《关于适用〈中华人民共和国民事诉讼法〉的解释》第 533 条规定:"中华人民共和国法院和外国法院都有管辖权的案件,一方当事人向外国法院起诉,而另一方当事人向中华人民共和国法院起诉的,人民法院可予受理。判决后,外国法院申请或者当事人请求人民法院承认和执行外国法院对本案作出的判决、裁定的,不予准许;但双方共同缔结或者参加的国际条约另有规定的除外。外国法院判决、裁定已经被人民法院承认,当事人就同一争议向人民法院起诉的,人民法院不予受理。"该《解释》第 15 条规定:"中国公民一方居住在国外,一方居住在国内,不论哪一方向人民法院提起离婚诉讼,国内一方住所地的人民法院都有权管辖。国外一方在居住国法院起诉,国内一方向人民法院起诉的,受诉人民法院有权管辖。"

然而,在国内民事诉讼中,中国法律对于"平行诉讼"问题的态度却截然相反。中国《民事诉讼法》第 35 条规定:"两个以上人民法院都有管辖权的诉讼,原告可以向其中一个人民法院起诉;原告向两个以上有管辖权的人民法院起诉的,由最先立案的人民法院管辖。"《关于适用〈中华人民共和国民事诉讼法〉的解释》第 36 条进一步规定,两个以上人民法院都有管辖权的诉讼,先立案的人民法院不得将案件移送给另一个有管辖权的人民法院。人民法院在立案前发现其他有管辖权的人民法院已先立案的,不得重复立案;立案后发现其他有管辖权的人民法院已先立案的,裁定将案件移送给先立案的人民法院。可见,中国法院对于国内民事诉讼中的平行诉讼基本持否定态度,这与中国法院在国际民事诉讼中所奉行的政策是根本不同的。

在中国与其他国家缔结的双边司法协助条约中,对平行诉讼问题的处理则更符合国际社会的普遍实践。其一是多数条约或协定规定,只要有关案件正在被请求国法院审理,无论请求国法院和作出判决的法院谁先受理该案件,被请求国均可拒绝承认与执行对方法院的判决;其二是中国跟蒙古、意大利等国缔结的司法协助条约或协定的规定,被请求国法院并不能因为案件正在由其审理而当然地拒绝承认与执行外国法院的判决,只有在被请求国法院比作出裁决的外国法院先受理该案件的情况下,才能拒绝承认与执行外国法院的判决。

此外,最高人民法院《关于适用〈中华人民共和国民事诉讼法〉的解释》第 532 条规定了不方便法院原则:涉外民事案件同时符合下列情形的,人民法院可以裁定驳回原告的起诉,告知其向更方便的外国法院提起诉讼:(1) 被告提出案件应由更方便外国法院管辖的请求,或者提出管辖异议;(2) 当事人之间不存在选择中华人民共和国法院管辖的协议;(3) 案件不属于中华人民共和国法院专属管辖;(4) 案件不涉及中华人民共和国国家、公民、法人或者其他组织的利益;(5) 案件争议的主要事实不是发生在中华人民共和国境内,且案件不适用中华人民共和国法律,人民法院审理案件在认定事实和适用法律方面存在重大困难;(6)外国法院对案件享有管辖权,且审理该案件更加方便。

第四节 管辖豁免

一、国家豁免与国家行为理论

(一)国家豁免

国家主权原则具体体现在国际民事诉讼法领域就是国家及其财产享有豁免权。国家及其财产享有豁免权是国际公法、也是国际民事诉讼法上的一项重要原则,它是指一个国家及其财产未经该国明示同意不得在另一国家的法院被诉,其财产不得被另一国家扣押或用于强制执行。国家豁免又称主权豁免。

国家及其财产豁免权的内容一般包括以下几个方面:(1)司法管辖豁免。即未经一国明确同意,任何其他国家的法院都不得受理以该外国国家为被告或者以该外国国家财产为诉讼标的的案件。不过,与此相反,根据国际社会的一般做法,一国法院却可以受理以外国国家作为原告提起的民事诉讼,且该外国法院也可审理该诉讼中被告提起的同该案直接有关的反诉。(2)诉讼程序豁免。即未经一国同意,不得强迫其出庭作证或提供证据,不得对该外国的国家财产采取诉讼保全等诉讼程序上的强制措施。(3)强制执行豁免。非经该外国国家明示同意,受诉法院不得依据有关判决对该外国国家财产实行强制执行。

国家及其财产的豁免权,均可通过国家的自愿放弃而排除。放弃豁免,一般认为可以有以下几种方式:(1)通过条约、契约中的有关条款,明示放弃豁免;(2)争议发生后,双方通过协议,明示放弃豁免;(3)主动向他国法院起诉、应诉或提出反诉,即默示放弃豁免;(4)虽不提出豁免主张,但已就对它的诉讼的实质问题采取了诉讼步骤或行为,亦表明已放弃豁免(但采取的诉讼步骤或行为是为了提出豁免主张的,不得视为放弃豁免)。

目前,国际社会对此已出现一种限制豁免(或职能豁免)的趋势。限制豁免说认为,国家只能对其主权行为或统治权行为享有豁免,而对其非主权行为或事务权行为不能享有豁免。即使仍坚持绝对豁免原则的国家,也认为在一定条件下应放弃这种豁免权。目前,坚持绝对豁免说的国家虽仍占多数,但主张限制豁免说的国家已在不断增加,其中最有影响的有1976年《美国外国主权豁免法》、1972年《欧洲豁免公约》、1978年《英国国家豁免法》、1982年《外国国家在加拿大法院豁免法》等。尽管这些立法仍不否认国家及其财产豁免是习惯国际法上的一项"一般原则",但是它们规定了相当广泛的不予豁免的例外事项。这些事项包括外国国家所从事的商业行为、外国国家的官员或雇员在职务范围内的活动中所发生的侵权、国家通过继承或遗赠而取得的财产,等等。

2004年第五十九届联合国大会通过了《联合国国家及其财产管辖豁免公约》。公约确定了国家及其财产在外国法院享有管辖豁免的一般原则,并规定了国家在涉及商业交易,雇佣合同,人身伤害和财产损害,财产的所有、占有和使用,知识产权,参加公司和其他机构,国家拥有或经营的船舶,仲裁协定的效果等民商事案件中不能援引豁免的若干情况。目前该公约尚未生效,但为统一各国相关立法和实践提供了基础。

中国理论界多认为,国家及其财产豁免于他国内国法院的管辖直接来源于国家是主权者,而主权者是平等的,平等者之间无管辖权这一客观事实。国家及其财产豁免于他国内国法院管辖的权利,仍然是国际上一项普遍的原则。但是,由于国家参加民商事活动的情况越来越多,我国的理论与实践虽尚未放弃"绝对豁免原则",但也主张应在坚持国家主权原则的前提下,有关国家之间通过条约、协议或合同可以自愿放弃国家及其财产的豁免权。

(二) 国家行为理论

国家行为理论(act of state doctrine)是指对一国制定的法令或在其领土内实施的官方行为,其他国家的法院不得就其有效性进行审判。根据国际法,各个国家在其领土内得排他性地独立地行使其管辖权。一国制定的国内法令或在本国领土内实施的官方行为,只要不明显地违反国际法,别国法院就不能对其有效与否加以裁判。

国家行为理论与国家主权豁免原则之间,既有联系也有区别。二者的联系在于,它们都产生于国际法上的主权平等观念,都寻求减少由于对外国政府的活动进行司法审查而导致的国际紧张关系。《奥本海国际法》一书认为对外国官方行为的承认是国家平等的重要后果之一。[①] 二者的区别在于,国家主权豁免是一种对管辖权的抗辩,只能由外国国家提出此类抗辩;而国家行为理论则是一种"可审判性原则"(principle of justiciability),是就一国法院对他国国家行为的合法性进行审判提出的抗辩,既可以由外国国家提出,也可由私方当事人提出。

除美国外,国家行为理论目前也存在于其他一些国家,如英国、意大利、法国等,不过,这些国家奉行的国家行为理论与美国的国家行为理论不尽相同。[②]

二、外交豁免

按照国际法或有关协议,在国家间互惠的基础上,为使一国外交代表在驻在国能够有效地执行任务,而由驻在国给予的特别权利和优遇,即称为外交特权与豁免。对于外交特权与豁免(包括外交代表及其他有关人员的特权与豁免)的理论根据,《维也纳外交关系公约》摒弃了已经落伍的治外法权说,主要采用职务需要说,但同时又结合考虑了代表性质说[③],并且把外交代表的权利概括为特权与豁免。

本来,领事官员和领事馆雇佣人员在无国际条约的情况下,是不能基于习惯国际法而享有特权与豁免的,但为了有助于各国间友好关系之发展,国际社会通过努力于 1963 年

---

① 参见〔英〕詹宁斯、瓦茨修订:《奥本海国际法》(第 9 版)第 1 卷第 1 分册,王铁崖等译,中国大百科全书出版社 1995 年版,第 284 页。
② 参见张茂:《美国国际民事诉讼法》,中国政法大学出版社 1999 年版,第 176—187 页。
③ 该公约序言称:鉴于各国人民自古即已确认外交代表之地位,……深信关于外交往来,特权及豁免之国际公约当能有助于各国间友好关系之发展……确认此等特权与豁免之目的不在于给予个人以利益而在于确保代表国家之使馆能有效执行职务。

签订了《维也纳领事关系公约》。根据公约第 43 条的规定,领事官员和领事馆雇佣人员只有在与其公务行为有关的案件中才能享受接受国法院或行政机关的管辖豁免。但上述规定不适用于下列民事诉讼:(1) 因领事官员或领事馆雇员并未明示或默示以派遣国代表身份而订立的契约所发生的诉讼;(2) 第三者因车辆、船舶或航空器在接受国内所造成的意外事故而要求赔偿的诉讼。此外,公约第 45 条就特权及豁免的放弃,作了与《维也纳外交关系公约》基本相同的规定。

我国《民事诉讼法》第 261 条明确规定:"对享有外交特权与豁免的外国人、外国组织或者国际组织提起的民事诉讼,应当依照中华人民共和国有关法律和中华人民共和国缔结或者参加的国际条约的规定办理。"就目前而言,中国缔结或者参加的这方面的国际条约主要就是指《维也纳外交关系公约》和《维也纳领事关系公约》以及大量的双边领事条约中的有关规定;而"中华人民共和国有关法律"则是指 1986 年颁布的《外交特权与豁免条例》和 1990 年颁布的《领事特权与豁免条例》。

根据我国《外交特权与豁免条例》第 14 条的规定,外交代表享有民事管辖豁免和行政管辖豁免,但下列各项除外:(1) 以私人身份进行的遗产继承的诉讼;(2) 违反本条例第 25 条第 3 项规定在中国境内从事公务范围以外的职业或者商业活动的诉讼。此外,外交代表一般免受强制执行,也无以证人身份作证的义务。根据该条例第 15 条的规定,上述豁免可由派遣国政府明确表示放弃;外交代表和其他依法享有豁免的人,如果主动向中国人民法院起诉,对本诉直接有关的反诉,不得援用管辖豁免;放弃民事或行政管辖豁免的,不包括对判决的执行也放弃豁免,放弃对判决执行的豁免必须另作明确表示。

根据我国《领事特权与豁免条例》第 14 条规定,领事官员和领馆行政技术人员执行职务的行为享有司法和行政管辖豁免。领事官员执行职务以外的行为的管辖豁免,按照中国与外国签订的双边条约或者根据对等原则办理。但领事官员和领馆行政技术人员享有的司法管辖豁免不适用于下列民事诉讼:(1) 涉及未明示以派遣国代表身份所订的契约的诉讼;(2) 涉及在中国境内的私有不动产的诉讼;(3) 以私人身份进行的遗产继承的诉讼;(4) 因车辆、船舶或航空器在中国境内造成的事故涉及损害赔偿的诉讼。

三、国际组织的豁免

这里所讲的国际组织是指在国际范围内从事活动的由若干国家或政府通过条约设立并取得国际法人资格的团体。其中首推联合国及其专门机构这类政府间组织。在联合国大会第一届会议批准的《联合国特权及豁免公约》中,规定这些组织的资产或财产,无论位于何地,也无论处于何控制下,都是享有绝对豁免的。当然,它可以放弃这种特权与豁免。联合国组织享有在各会员国境内为进行其职务和达成其宗旨所必需的法律能力,并享有所必需的特权与豁免。而联合国各专门机构既属政府间组织,根据 1947 年《联合国专门机构特权与豁免公约》或组成有关专门机构的公约,同样是享有上述豁免权的。

2007 年中国最高人民法院《关于人民法院受理涉及特权与豁免的民事案件有关问题的通知》对人民法院受理的涉及特权与豁免的案件建立了报告制度;凡以该通知规定的

12类在中国享有特权与豁免的主体为被告、第三人向人民法院起诉的民事案件，人民法院应在决定受理之前，报请本辖区高级人民法院审查；高级人民法院同意受理的，应当将其审查意见报最高人民法院。在最高人民法院答复前，一律暂不受理。

第五节 国际民事诉讼中的时间要素与诉讼保全方式

一、国际民事诉讼中的期间与诉讼时效

（一）国际民事诉讼中的期间

期间是指由法律规定或者由法院依职权指定的，法院、当事人或其他诉讼参加人为一定诉讼行为的时间期限。在国际民事诉讼程序中，往往涉及在法院国未设有住所的当事人或者需要在国外完成一定诉讼行为，需时较长，为此各国的民事诉讼法对国际民事诉讼中的期间通常规定得比纯粹国内民事诉讼中的期间要长。例如，根据中国《民事诉讼法》第268条和第269条规定，在中国领域内没有住所的被告提出答辩的期间是30日；在中国领域内没有住所的当事人就一审判决、裁定提出上诉的期间是30日，被上诉人提出答辩的期间也是30日。这就比国内民事诉讼中的相应期间长了15日到20日，而且当事人还可以申请延期。最高人民法院《关于适用〈中华人民共和国民事诉讼法〉的解释》第539条规定，人民法院对涉外民事案件的当事人申请再审进行审查的期间，不受《民事诉讼法》第204规定的限制。

国际民事诉讼中的期间除了比国内民事诉讼中的期间长些外，在期间的计算、延期等方面二者一般是共通的。

（二）国际民事诉讼中的诉讼时效

对于诉讼时效，各国法律一般均有规定。然而，不同国家对诉讼时效的规定往往各不相同。这些不同主要体现在诉讼时效的期间，诉讼时效的中止、中断、延长，诉讼时效的客体（一般仅限于债权或所有权以外的其他财产权）和效力等几个方面。[①] 由于各国法律对诉讼时效的规定存在着很大的差别，难免会发生有关诉讼时效的法律冲突，从而需要确定其准据法。

对于诉讼时效的准据法，各国的法律规定呈现出在国际私法领域少有的统一化趋势，即通常都规定诉讼时效适用各该诉讼请求的准据法，即依支配主债务的法律。中国《涉外民事关系法律适用法》第7条规定："诉讼时效，适用相关涉外民事关系应当适用的法律。"

最后应指出的是，国际社会通过各国的共同努力还制定了一个时效统一公约，即1974年《联合国国际货物买卖时效期限公约》。该公约规定国际货物买卖合同的时效期限为4年。此一时效期限亦为中国《合同法》所采纳。

---

① 详见李双元等：《中国国际私法通论》，法律出版社2003年版，第544—547页。

二、国际民事诉讼中的诉讼保全方式

诉讼保全是指法院对于可能因当事人一方的行为或者其他原因,使判决难以执行或者造成当事人其他损害的案件,根据对方当事人的申请或者依职权,可以裁定对其财产、证据进行保全、责令其作出一定行为或者禁止其作出一定行为。因此,诉讼保全包括财产保全、证据保全和行为保全等种类。

1. 国际民事诉讼中的财产保全

财产保全是指法院在判决作出之前为保证将来判决的执行而应当事人的申请或者依职权对有关当事人的财产所采取的一种强制措施。财产保全在有些国家比如德国,称为假扣押、假处分。

一般说来,财产保全既可以基于一方当事人的申请由法院裁定实施,也可以由法院依职权主动采取。我国《民事诉讼法》第101条规定,利害关系人因情况紧急,不立即申请保全将会使其合法权益受到难以弥补的损害的,可以在提起诉讼或者申请仲裁前向被保全财产所在地、被申请人住所地或者对案件有管辖权的人民法院申请采取保全措施。申请人应当提供担保,不提供担保的,裁定驳回申请。诉讼保全的申请一般由诉讼中的利害关系人以书面形式向受诉法院提出。受诉法院在收到申请书后,经审查如认为不符合诉讼保全条件的,则裁定驳回其申请;如认为符合条件的,则立即作出采取保全的裁定并实施。当事人不服裁定的,可申请法院复议一次。我国《海事诉讼特别程序法》第三章对海事(财产)请求保全作了规定。

关于财产保全的范围和方法,各国的规定不尽相同。根据我国《民事诉讼法》第九章的有关规定,保全限于请求的范围,或者与本案有关的财物。财产保全采取查封、扣押、冻结或者法律规定的其他方法。人民法院保全财产后,应当立即通知被保全财产的人。财产纠纷案件,被申请人提供担保的,人民法院应当裁定解除保全。申请有错误的,申请人应当赔偿被申请人因保全所遭受的损失。

2. 国际民事诉讼中的证据保全

我国《民事诉讼法》第81条对证据保全作了规定:在证据可能灭失或者以后难以取得的情况下,当事人可以在诉讼过程中向人民法院申请保全证据,人民法院也可以主动采取保全措施。因情况紧急,在证据可能灭失或者以后难以取得的情况下,利害关系人可以在提起诉讼或者申请仲裁前向证据所在地、被申请人住所地或者对案件有管辖权的人民法院申请保全证据。证据保全的其他程序,参照适用我国《民事诉讼法》第九章保全的有关规定。我国《海事诉讼特别程序法》第五章规定了海事证据保全。

3. 国际民事诉讼中的行为保全

在海事审判实践中,常常出现一些不能归属于财产保全的保全申请,如货主要求承运人接收货物后签发提单或者及时交付货物。为此,我国《海事诉讼特别程序法》规定了类似于行为保全性质的海事强制令制度。

海事强制令是指海事法院根据请求人的申请,为使其合法权益免受侵害,责令被请求人作为或者不作为的强制措施。作出海事强制令应具备下列条件:请求人有具体的海事请求;需要纠正被请求人违反法律规定或者约定的行为;情况紧急,不立即作出海事强制令将造成损害或者损害扩大。海事法院接受申请后,应当在48小时内作出裁定。裁定作出海事强制令的,应当立即执行;对不符合海事强制令条件的,裁定驳回其申请。

第六节 国际司法协助的职能机关与运行机制

一、国际司法协助的概念和范围

国际司法协助,又简称为司法协助,一般是指一国法院或其他主管机关,根据另一国法院或其他主管机关或有关当事人的请求,代为或协助执行与诉讼有关的某些司法行为。从当前各国的司法实践来看,司法协助涉及民事诉讼、刑事诉讼,本书只讨论民事司法协助。

从司法协助的内容或范围来看,有狭义和广义两种主张。持狭义观点的立法者认为,司法协助仅限于两国之间送达诉讼文书、代为询问当事人和证人以及收集证据。英美国家、德国和日本的学者多持此种狭义观点。持广义观点的立法者认为,司法协助还应包括外国法院判决和外国仲裁机构裁决的承认与执行,例如中国的现行立法与实践。我国《民事诉讼法》第四编第二十七章"司法协助"专门对送达文书、调查取证和法院判决(仲裁裁决)的承认与执行作了比较详细的规定。在中国与外国缔结的司法协助协定或条约中,在民事司法协助项下除以上三项主要内容外,还包括根据请求提供本国民事、商事法律、法规文本和本国在民事、商事诉讼程序方面司法实践的情报资料,诉讼费用(保证金)的免除、司法救助、向义务承担人追索扶养费,等等。

二、国际司法协助机关的分类

(一)中央机关

司法协助的中央机关,是指一国根据本国缔结或参加的国际条约的规定而指定或建立的在司法协助中起联系或转递作用的机关。

往昔,一国法院需要外国法院代为执行有关司法行为时,其请求或经过外交途径或经由有关司法机关转递,这显然是不规范的。故1965年海牙《关于向国外送达民事或商事司法文书和司法外文书公约》创建了"中央机关"制度,即各缔约国应指定或组建中央机关作为司法协助专门的联系途径或工作机关。中央机关制度现已得到普遍采用。

中国1991年加入1965年《关于向国外送达民事或商事司法文书和司法外文书公约》和1997年加入1970年《关于从国外调取民事或商事证据的公约》时,均指定中华人民共和国司法部为中央机关和有权接收外国通过领事途径转递的文书的机关。但中国与外国缔结的双边司法协助条约指定何者为中央机关有以下三种情形:(1)指定司法部为中国方面的中央机关。(2)同时指定司法部和最高人民法院为中国方面的中央机关。(3)同时指定司法部和最高人民检察院为中国方面的中央机关。

（二）主管机关

司法协助中的主管机关,是指有权向外国提出司法协助请求并有权执行外国提出的司法协助请求的机关。一般而言,各国通过司法协助程序完成的协助行为主要还是一种诉讼行为。因而,各国司法协助中的主管机关主要也是司法机关(法院)。

（三）外交机关

国际社会普遍认为,如果没有缔结或参加有关司法协助方面的条约,则两国之间的司法协助一般应通过外交途径进行。中国亦是如此。外交机关在国际民事司法协助中主要有如下作用:(1)作为司法协助的联系途径。(2)作为解决司法协助条约纠纷的途径。(3)查明外国法方面的作用。(4)出具诉讼费用减免证明书方面的作用。

三、国际司法协助的法律依据

根据国际社会的一般看法,存在条约或互惠关系是进行司法协助的依据或前提。如中国《民事诉讼法》第276条第1款规定:"根据中华人民共和国缔结或者参加的国际条约,或者按照互惠原则,人民法院和外国法院可以相互请求,代为送达文书、调查取证以及进行其他诉讼行为。"依中国《民事诉讼法》第277条的规定,如果没有条约关系,请求和提供司法协助的,应通过外交途径进行。最高人民法院《关于适用〈中华人民共和国民事诉讼法〉的解释》第549条则规定:"与中华人民共和国没有司法协助条约又无互惠关系的国家的法院,未通过外交途径,直接请求人民法院提供司法协助的,人民法院应予退回,并说明理由。"

最高人民法院《关于人民法院为"一带一路"建设提供司法服务和保障的若干意见》第6条指出,要在沿线一些国家尚未与我国缔结司法协助协定的情况下,根据国际司法合作交流意向、对方国家承诺将给予我国司法互惠等情况,可以考虑由我国法院先行给予对方国家当事人司法协助,积极促进形成互惠关系,积极倡导并逐步扩大国际司法协助范围。

四、国际司法协助的法律适用与公共秩序保留

（一）司法协助的法律适用

提供司法协助行为应适用的准据法,各国国内法和司法协助条约多规定为被请求国法律。如中国《民事诉讼法》第279条首先就规定:"人民法院提供司法协助,依照中华人民共和国法律规定的程序进行"。但在一定情况下,被请求方司法机关也可以根据请求方的请求,适用请求一方的某些诉讼程序规则。中国《民事诉讼法》第279条紧接着还直接规定:"外国法院请求采用特殊方式的,也可以按照其请求的特殊方式进行,但请求采用的特殊方式不得违反中华人民共和国法律。"

（二）司法协助中的公共秩序保留

在司法协助中,如果请求国提出的进行司法协助的事项跟被请求国的公共秩序相抵触,被请求国有权拒绝提供司法协助。中国国内法以及中国与外国缔结的双边司法协助

条约或协定都肯定了这一原则,只是在表述上更加具体化而已。如中国《民事诉讼法》第276条第2款规定:"外国法院请求协助的事项有损于中华人民共和国的主权、安全或者社会公共利益的,人民法院不予执行。"

第七节 域外送达

一、域外送达的概念

域外送达,是指一国法院将司法文书和司法外文书送交给居住在国外的诉讼当事人或其他诉讼参与人的行为。司法文书的送达是一种很重要的司法行为。因为只有合法送达了司法文书,法院才能行使司法审判权。同时,许多诉讼期间也是以有关司法文书的送达而开始计算的。

关于域外送达的国际立法最主要的有1965年海牙《关于向国外送达民事或商事司法文书和司法外文书公约》(简称海牙《送达公约》)、欧盟理事会2000年《成员国间民商事司法文书及司法外文书域外送达规则》,以及各国间缔结的大量双边司法协助条约和领事条约。截至2018年6月30日,海牙《送达公约》已有73个成员,公约于1992年1月1日对中国生效。

二、域外送达的方式

司法文书的域外送达是通过以下两种途径来进行的:其一是直接送达,即由内国法院通过一定的方式直接送达;其二是间接送达,即由内国法院通过一定的途径委托外国的中央机关代为送达。后一种方法是通过国际司法协助的途径来进行送达的。

(一) 直接送达

一般而言,直接送达的方式,大概有以下几种:

(1) 外交代表或领事送达。一般来说,采用这种方式进行域外送达的对象只能是所属国国民,并且不能采取强制措施。

(2) 邮寄送达。即内国法院通过邮局直接将法律文书寄给国外的诉讼当事人或其他诉讼参与人。对于这种方式的送达,各国立法和司法实践所持的态度各不相同。对于这种送达方式,各国立法和实践中的态度并不一致。例如,1954年海牙《民事诉讼程序公约》第6条和海牙《送达公约》第10条都明确规定了这种送达方式,包括美国、法国等在内的多数国家在批准或加入这两个公约时也都认可了这一规定,但另外一些国家如德国、瑞士、卢森堡等国则明确表示反对。中国在批准加入海牙《送达公约》时也对其第10条提出了保留。

(3) 个人送达。即内国法院将司法文书委托给具有一定身份的个人代为送达。这种个人可能是有关当事人的诉讼代理人,也有可能是当事人选定的人或与当事人关系密切的人。个人送达方式一般为英美法系各国所承认和采用。

(4) 公告送达。即将需要送达的司法文书的内容用张贴公告或登报的方法告知有关的当事人或其他诉讼参与人,自公告之日起经过一定的时间即视为送达。许多国家的民事诉讼法都规定在一定条件下可使用公告送达的方式。中国也规定在一定条件下可采用公告送达。

(5) 按当事人协商的方式送达。这是英美法系国家所采用的一种送达方式。如依美国法规定,对外国国家的代理人或代理处,对外国国家或外国的政治实体的送达,可以依诉讼双方当事人间特别协商的办法进行。英国法甚至规定合同当事人可以在其合同中规定接受送达的方式。

(二) 间接送达

间接送达必须按照双方共同缔结或参加的双边或多边条约的规定,通过缔约国的中央机关来进行。此种间接送达必须经过特别的程序。以下主要介绍上述 1965 年海牙《送达公约》的重要制度。该公约首先明确指出它是为保证诉讼和非诉讼文件及时送达国外收件人创造适当条件,以简化并加快诉讼程序而缔结的,并为此而规定了一整套必要的制度。但公约也同时指出,除非目的地国提出异议,该公约不妨碍以下三种送达形式:(1) 有权通过邮局直接将诉讼文书寄给国外的人;(2) 发文件国的主管司法人员、官员或其他人员有权直接通过目的地国的主管司法人员、官员或其他人员送达和通知诉讼文件;(3) 诉讼上有利害关系的人亦有权通过上述第(2)种方式直接送达。

(1) 司法协助请求的提出。① 有权提出请求的机关和人员。一般而言,对有权提出请求的主体,应根据请求国的法律来界定。② 提出请求的途径。中国最高人民法院、外交部、司法部 1992 年《关于执行〈关于向国外送达民事或商事司法文书和司法外文书公约〉有关程序的通知》规定,中国法院向外国提出文书送达请求,应通过统一的途径提出,即:"有关中级人民法院或专门人民法院应将请求书和所送司法文书送有关高级人民法院转最高人民法院,由最高人民法院送我国驻该国使馆转送给该国指定的中央机关。"③ 请求书的格式和要求。根据中国参加的海牙《送达公约》,送达请求书、送达证明书、被送达文书概要均必须以该公约所附的标准格式提出。

(2) 司法协助请求的执行。根据上述送达公约和有关国家的实践,一国执行外国提出的送达请求,主要有以下三种方式:第一,正式送达。即被请求国中央机关按照其国内法规定的在国内诉讼中对在其境内的人员送达文书的方法自行送达该文书,或安排经由一适当机构使之得以送达。第二,特定方式送达。即文书可按照请求方要求采用的特定方法(例如,亲手将文书递送给所指定的人;送达人证实对照片所示的人进行了送达)进行送达,但此种特定方法不得与被请求国的法律相抵触。第三,非正式递交。即在被送达人自愿接收时向其送达文书,而不必严格遵守公约所规定的有关译文等形式上的要求。但在被送达人拒绝时,再改用正式送达。

(3) 送达结果的通知。海牙《送达公约》第 6 条规定,被请求国中央机关或该国为此目的可能指定的任何机关应依公约规定格式出具证明书。证明书应说明文书已经送达,并应包括送达的方法、地点和日期以及接受文书的人。如文书并未送达,则证明书中应载明妨碍送达的原因。申请者可要求非中央机关或司法机关出具的证明书由上述一个机关副署。

（4）费用的承担。海牙《送达公约》第12条规定，对发自缔约一国的司法文书的送达不应产生因文件发往国提供服务所引起的手续费或服务费用的支付或补偿，但申请者应支付或补偿下列两种情况下产生的费用：其一是有司法助理人员或依送达目的地国法律主管人员的参与；其二是特定送达方法的使用。

（5）对送达请求的异议和拒绝。第一，地址不详。海牙《送达公约》规定："在文书的受送达人地址不明的情况下，本公约不予适用。"但中国与外国缔结的双边司法协助条约通常是这样规定的：如收件人地址不完全或不确切，被请求一方中央机关仍应努力满足向它提出的请求。为此，它可要求请求一方提供能使其查明和找到有关人员的补充材料。如果经过努力，仍无法确定地址，被请求一方的中央机关应当通知请求一方，并退还请求送达的司法文书和司法外文书。第二，请求书不符合要求。海牙《送达公约》第4条规定，如被请求国中央机关认为请求书不符合公约的规定，应及时通知请求方，并说明其对请求书的异议。上述异议主要是涉及请求书的形式要件（如未附有正式译本、文书没有一式两份等）。请求文书因此而被退回后，请求方还可对请求书予以修正，使之符合公约规定的形式要件，被请求方一般也仍可接受请求方重新提出的请求。第三，执行请求将有损于被请求国的公共秩序。

不过，海牙《送达公约》第13条第2款同时又强调指出，一国不得仅以其对送达请求所依据的诉讼标的有专属管辖权或其国内法不允许该项申请所依据的诉讼为由拒绝执行请求。

三、中国的域外送达制度

（一）中国法院文书的域外送达

根据中国《民事诉讼法》第267条和有关司法解释的规定，中国对在中国境内没有住所的当事人送达诉讼文书，可通过以下方式：

（1）依受送达人所在国与中国缔结或共同参加的国际条约中规定的方式送达。2013年最高人民法院《关于依据国际公约和双边司法协助条约办理民商事案件司法文书送达和调查取证司法协助请求的规定实施细则（试行）》第4条规定：有权依据海牙《送达公约》、海牙《取证公约》直接对外发出司法协助请求的高级人民法院，应当根据便捷、高效的原则，优先依据海牙《送达公约》和海牙《取证公约》提出、转递本辖区各级人民法院提出的民商事案件司法文书送达和调查取证请求。最高人民法院《关于依据国际公约和双边司法协助条约办理民商事案件司法文书送达和调查取证司法协助请求的规定》第5条规定：人民法院委托外国送达民商事案件司法文书和进行民商事案件调查取证，需要提供译文的，应当委托中华人民共和国领域内的翻译机构进行翻译。

为实施海牙《送达公约》，1992年司法部、最高人民法院、外交部、发布了《关于执行〈关于向国外送达民事或商事司法文书和司法外文书公约〉有关程序的通知》和《关于执行海牙送达公约的实施办法》。2003年最高人民法院发布了《关于指定北京市、上海市、广东省、浙江省、江苏省高级人民法院依据海牙送达公约和海牙取证公约直接向外国中央机关提出和转递司法协助请求和相关材料的通知》。[①]

(2) 通过外交途径送达。1986年最高人民法院、外交部、司法部发布了《关于我国法院和外国法院通过外交途径相互委托送达法律文书若干问题的通知》对此作了规定。

(3) 向作为受送达人的自然人或者企业、其他组织的代表人、主要负责人直接送达。2015年最高人民法院《关于适用〈中华人民共和国民事诉讼法〉的解释》第535条规定：外国人或者外国企业、组织的代表人、主要负责人在中华人民共和国领域内的，人民法院可以向该自然人或者外国企业、组织的代表人、主要负责人送达。外国企业、组织的主要负责人包括该企业、组织的董事、监事、高级管理人员等。

(4) 向受送达人委托的有权代其接受送达的诉讼代理人送达。2006年最高人民法院《关于涉外民事或商事案件司法文书送达问题若干规定》第4条规定：除受送达人在授权委托书中明确表明其诉讼代理人无权代为接收有关司法文书外，其委托的诉讼代理人为《民事诉讼法》第267条第4项规定的有权代其接受送达的诉讼代理人，人民法院可以向该诉讼代理人送达。

(5) 向受送达人在中国境内设立的代表机构或有权接受送达的分支机构、业务代办人送达。2002年最高人民法院《关于向外国公司送达司法文书能否向其驻华代表机构送达并适用留置送达问题的批复》指出，当受送达人在中国境内设有代表机构时，便已不属于海牙《送达公约》第1条第1款所规定的须向外国送达文书的情形。因此，人民法院可以根据《民事诉讼法》第267条第5项的规定向受送达人在中国境内设立的代表机构送达文书，而不必依《送达公约》的规定向国外送达。同时，最高人民法院《关于涉外民事或商事案件司法文书送达问题若干规定》第12条规定：人民法院向受送达人在中华人民共和国领域内的法定代表人、主要负责人、诉讼代理人、代表机构以及有权接受送达的分支机构、业务代办人送达司法文书，可以适用留置送达的方式。

(6) 邮寄送达。受送达人所在国法律允许邮寄送达的，可以邮寄送达；邮寄送达时应附有送达回证。受送达人未在送达回证上签收但在邮件回执上签收的，视为送达，签收日期为送达日期。最高人民法院《关于适用〈中华人民共和国民事诉讼法〉的解释》第536条规定：自邮寄之日起满3个月，如果未收到送达的证明文件，且根据各种情况不足以认定已经送达的，视为不能用邮寄方式送达。2004年最高人民法院还通过了《关于以法院专递方式邮寄送达民事诉讼文书的若干规定》。

(7) 公告送达。不能用上述方式送达的，可以公告送达。自公告之日起满6个月的，视为送达。最高人民法院《关于涉外民事或商事案件司法文书送达问题若干规定》第9条规定：人民法院依照《民事诉讼法》第267条第8项规定的公告方式送达时，公告内容应在

[①] 就海牙《送达公约》的运作实践来看，整体效率不高。统计数据显示，我国依据该公约向外国送达文书，平均用时为一年半，且其中仅有约70%的协助送达请求得到对方某种程度的回应。

国内外公开发行的报刊上刊登。最高人民法院《关于进一步做好边境地区涉外民商事案件审判工作的指导意见》第2条指出,采用公告方式送达的,除人身关系案件外,可以采取在边境口岸张贴公告的形式。最高人民法院《关于适用〈中华人民共和国民事诉讼法〉的解释》第537条规定:人民法院一审时采取公告方式向当事人送达诉讼文书的,二审时可径行采取公告方式向其送达诉讼文书,但人民法院能够采取公告方式之外的其他方式送达的除外。其第534条规定,对在中华人民共和国领域内没有住所的当事人,经用公告方式送达诉讼文书,公告期满不应诉,人民法院缺席判决后,仍应当将裁判文书依照《民事诉讼法》第267条第8项规定公告送达。自公告送达裁判文书满3个月之日起,经过30日的上诉期当事人没有上诉的,一审判决即发生法律效力。

(8) 通过传真、电子邮件和移动通信等方式送达。人民法院可以通过传真、电子邮件等能够确认收悉的方式向受送达人送达。最高人民法院《关于适用〈中华人民共和国民事诉讼法〉的解释》第135条还规定了可以采用移动通信这一方式送达。

(二) 外国诉讼文书向中国的送达

根据中国《民事诉讼法》第277条的规定及有关司法解释,外国诉讼文书向中国送达可以采用以下途径:

(1) 对与中国缔结有司法协助协定的国家,按司法协助协定处理。最高人民法院《关于依据国际公约和双边司法协助条约办理民商事案件司法文书送达和调查取证司法协助请求的规定》第2条规定:人民法院协助外国办理民商事案件司法文书送达和调查取证请求,适用对等原则。其第4条规定:请求方要求按照请求书中列明的特殊方式办理的,如果该方式与我国法律不相抵触,且在实践中不存在无法办理或者办理困难的情形,应当按照该特殊方式办理。

(2) 对尚未与中国缔结司法协助协定的国家,只要其是海牙《送达公约》的成员国,可根据公约进行送达。但中国于1991年批准加入1965年海牙《送达公约》时,作了一些声明与保留。例如:第一,指定中华人民共和国司法部为中央机关和有权接收外国通过领事途径转递的文书的机关。第二,外国驻华使领馆只能直接向其在华的本国国民(而非中国国民或第三国国民)送达法律文书。第三,反对采用公约第10条所规定的方式(即邮局直接送达;文件发送国主管司法人员、官员和其他人员,直接通过目的地国上述人员送达;诉讼利害关系人直接通过目的地国上述人员送达)在中华人民共和国境内进行送达。

(3) 外交代表或领事送达。根据中国《民事诉讼法》第277条第2款的规定,外国驻中国使领馆可以向该国公民送达文书,但不得违反中国法律,并且不得采取强制措施。

(4) 既未与中国缔结司法协助协定,又非1965年海牙《送达公约》成员国的国家,通过外交途径进行送达。1986年最高人民法院、外交部、司法部《关于我国法院和外国法院通过外交途径相互委托送达法律文书若干问题的通知》对此作了详细规定。

(三) 中国的区际法律文书的送达

1999年最高人民法院《关于内地与香港特别行政区法院相互委托送达民商事司法文书的安排》、2001年最高人民法院《关于内地与澳门特别行政区法院就民商事案件相互委托送达司法文书和调取证据的安排》、2009年最高人民法院《关于涉港澳民商事案件司法文书送达问题若干规定》和2008年最高人民法院《关于涉台民事诉讼文书送达的若干规定》以及2009年《海峡两岸共同打击犯罪及司法互助协议》[①]、2010年最高人民法院《关于人民法院办理海峡两岸送达文书和调查取证司法互助案件的规定》,为中国内地与香港、澳门和台湾地区之间送达司法文书提供了明确的法律依据。

第八节　域外取证

一、域外取证的概念和范围

域外取证是指案件的受诉法院在征得有关国家同意的情况下,直接在该国境内收集、提取案件所需的证据,或通过国际民事司法协助途径,以请求书的方式委托有关国家的主管机关在该国境内代为收集、提取案件所需的证据。前者称直接调查取证,后者称间接调查取证。

为了协调各国不同的取证制度,便于域外取证的开展,国际社会通过努力缔结了大量的双边和多边条约。在多边条约中,较有影响的有:(1)1954年海牙《民事诉讼程序公约》。该公约第二章专门规定了域外取证,截至2018年6月30日,共有49个成员,它已适用于中国澳门地区,但中国未加入。(2)1970年海牙《关于从国外调取民事或商事证据的公约》(简称海牙《取证公约》)。截至2018年6月30日,已有61国家或地区批准或加入了该公约。公约自1998年2月6日起对我国生效。根据公约第39条第4款和第5款的规定,加入行为只在加入国和已声明接受该国加入的公约缔约国之间发生效力,且加入国和接受该国加入的国家之间自接受国交存接受声明后第60日起生效。截至2018年6月30日,共有荷兰、卢森堡、捷克、以色列、波兰、芬兰、德国、意大利、美国、斯洛伐克、法国、丹麦、西班牙、澳大利亚、挪威、阿根廷、葡萄牙、爱沙尼亚、瑞士、瑞典、拉脱维亚、希腊、塞浦路斯、摩纳哥和土耳其以及墨西哥等26个国家接受了我国的加入,另外,我国也在加入该公约以后接受了南非、保加利亚、立陶宛、斯里兰卡、斯洛文尼亚、乌克兰、俄罗斯联邦、白俄罗斯、科威特、罗马尼亚、波黑、马其顿、克罗地亚、阿尔巴尼亚和塞尔维亚、马耳他、摩洛哥、列支敦士登、黑山、塞舌尔、巴西、哥斯达黎加、亚美尼亚、哥伦比亚、匈牙利、冰岛、印度、韩国、哈萨克斯坦、安道尔等30个国家的加入。[②] 因此,截至2018年6月30日,该公约已经在我国和上述56个国家之间生效。(3)欧盟理事会于2001年通过了《关于民商事案件域外取证协助条例》,它适用于除丹麦以外的欧盟成员国之间。

由于各国法律的差异,关于域外调查取证的范围,有关国际条约和双边司法协助条约

[①] 近年来,两岸司法互助案件数量巨大,增长较快。统计数据显示,自两岸司法互助协议生效以来至2015年5月底,各地法院共办理涉台送达文书、调查取证、罪赃移交和裁判认可司法互助案件47170件。

[②] https://www.hcch.net/en/instruments/conventions/status-table/acceptances/? mid=493#eif5243,2018年6月30日访问。

或协定通常都不作明确规定。中国与外国缔结的双边司法协助条约或协定一般规定,域外取证的范围包括:询问当事人、证人和鉴定人,进行鉴定和司法勘验,以及其他与调查取证有关的诉讼行为。[①] 而中国与泰国缔结的双边司法协助协定则未规定域外调查取证的范围。因此,需要调取哪些证据,通常应依有关国家的内国法确定。

二、域外取证的方式

(一) 直接取证

1. 领事取证

领事取证,系指一国法院通过该国的领事或外交人员在其驻在国直接调取证据。因为这种取证通常是由领事进行,外交人员很少介入,而且外交人员取证时实际上也是在行使领事职务,因此,一般简称为领事取证。

领事取证有两种情形,一是对本国公民取证,二是对驻在国公民或第三国公民取证。对于第一种情形,即领事在驻在国对其本国公民取证,为大多数国家所普遍接受。《维也纳领事关系公约》以及大量的双边领事条约都肯定了这一做法。但也有少数国家,如葡萄牙、丹麦和挪威等国,则要求领事取证要事先征得该国同意。对于第二种情形,即领事在驻在国对驻在国或第三国公民取证,各国做法不一:一些国家要求必须经驻在国当局许可;一些国家则表示在任何情况下外国领事都不得对驻在国公民取证;一些国家则禁止外国领事在其境内对驻在国公民或第三国公民取证。

2. 特派员取证

特派员取证,系指法院在审理涉外民商事案件时委派专门的官员去外国境内调查取证的行为。根据海牙《取证公约》第17条的规定,在民商事案件中,被合法地专门指定为特派员的人在缔约另一国境内,如果得到取证地国家指定的主管机关已给予的一般性或对特定案件的许可,并且遵守主管机关在许可中设定的条件,则可在不加强制的情况下进行取证。但公约允许对此作出保留,故葡萄牙、丹麦、阿根廷、新加坡等国完全禁止外国特派员在其境内取证。

3. 当事人或诉讼代理人自行取证

当事人或诉讼代理人自行取证这种取证方式主要存在于一些普通法系国家,尤其是美国。尽管公约在原则上并不否认普通法国家的这一取证方式,但同时也允许缔约国对此声明保留。中国加入上述公约时便对此作了保留。

(二) 间接取证

由于在其他国家境内直接调查取证往往受到种种限制,给取证带来不便,因此各国通常都是委托有关国家的主管机构,用请求书的方式,通过司法协助的途径间接地提取处于国外的有关证据。

---

① 如1989年《中华人民共和国和蒙古人民共和国关于民事和刑事司法协助的条约》第13条、1987年《中华人民共和国和比利时王国关于民事司法协助的协定》第9条、1991年《中华人民共和国和罗马尼亚关于民事和刑事司法协助的协定》第17条等。

请求书方式是大多数国家普遍采用的一种域外取证方式,也是海牙《取证公约》规定的主要方式。上述《取证公约》第1条至第14条对取证请求的提出、请求的执行及执行情况的通知和请求的拒绝及请求的费用等作了详尽的规定。

海牙《取证公约》在便利域外取证上取得了积极效果,根据海牙国际私法会议2013年问卷调查的反馈结果,各国依据该公约执行取证请求的平均时间如下:38%的请求在2个月内完成,18%的请求在2—4个月内完成,5%的请求在4—6个月内完成,17%的请求在6—12个月内完成。鉴于通信科技的迅速发展与互联网的普及,在2014年召开的海牙国际私法会议《取证公约》特委会会议上,澳大利亚等国家建议为《取证公约》制定《视频取证任择性议定书》,大会在结论文件中重申有必要推动视频取证方式,并建议成立专门工作组研究使用视频及其他新技术手段协助取证的问题。[1]

三、中国的域外取证制度

中国的域外取证制度,主要规定在中国所缔结或参加的涉及域外取证的国际条约及中国的国内立法和有关的司法解释中。

1. 直接取证

(1) 关于领事人员取证。根据中国《民事诉讼法》第277条第2款及中国对外签订的双边司法协助协定和中国所参加的多边条约,如海牙《取证公约》的规定,中国接受并采取领事取证方式。不过,领事取证的对象仅限于领事所属国国民且不得违反中国法律和采取强制措施,不允许外国领事在中国境内对中国公民或第三国公民取证。

(2) 关于特派员取证。中国对外签订的双边司法协助协定中均未规定特派员取证制度。而依中国《民事诉讼法》第277条第3款的规定,未经中国主管机关准许,任何外国机关或者个人不得在中华人民共和国领域内送达文书和调查取证。由此,中国原则上不允许外国特派员在中国境内调查取证。中国在加入海牙《取证公约》时也对公约第17条等条款中关于特派员取证制度的规定提出了保留。

(3) 关于当事人或诉讼代理人自行取证。中国《民事诉讼法》第277条第3款规定,未经中国主管机关许可,任何外国当事人及其诉讼代理人都不得在中国境内自行调查取证。

对于不反对采用这种取证方式的国家和地区,我国当事人当然可以采用这种方式。事实上,我国人民法院在处理涉及港澳地区的案件时,对处于这些地区的案件,一般是责成有关当事人自行取证。

通常,外国法院的民商事判决如果已经通过法定程序获得我国法院的承认,则可以作为证据在我国法院使用,可以直接采用该判决所认定的事实。2006年《内地与澳门特别行政区关于相互认可和执行民商事判决的安排》第3条第2款规定,没有给付内容,或者

---

[1] 霍政欣:《国际私法》,中国政法大学出版社2017年版,第227页。

不需要执行,但需要通过司法程序予以认可的判决,当事人可以向对方法院单独申请认可,也可以直接以该判决作为证据在对方法院的诉讼程序中使用。

我国 2001 年《关于民事诉讼证据的若干规定》第 11 条规定:当事人向人民法院提供的证据系在中华人民共和国领域外形成的,该证据应当经所在国公证机关予以证明,并经中华人民共和国驻该国使领馆予以认证,或者履行中华人民共和国与该所在国订立的有关条约中规定的证明手续。当事人向人民法院提供的证据是在香港、澳门、台湾地区形成的,应当履行相关的证明手续。2010 年最高人民法院《关于进一步做好边境地区涉外民商事案件审判工作的指导意见》第 5 条指出,当事人提供境外形成的用于证明案件事实的证据时,可以自行决定是否办理相关证据的公证、认证手续。2018 年最高人民法院《关于设立国际商事法庭若干问题的规定》第 9 条规定:当事人向国际商事法庭提交的证据材料系在中华人民共和国领域外形成的,不论是否已办理公证、认证或者其他证明手续,均应当在法庭上质证。当事人提交的证据材料系英文且经对方当事人同意的,可以不提交中文翻译件。其第 10 条规定国际商事法庭调查收集证据以及组织质证,可以采用视听传输技术及其他信息网络方式。

2. 间接取证

中国《民事诉讼法》第 276 条规定:"根据中华人民共和国缔结或者参加的国际条约,或者按照互惠原则,人民法院和外国法院可以相互请求,代为送达文书、调查取证以及进行其他诉讼行为。外国法院请求协助的事项有损于中华人民共和国的主权、安全或社会公共利益的,人民法院不予执行。"对于普通法国家出于"审判前文件披露"而请求中国法院提供司法协助时,根据中国在加入海牙《取证公约》的声明,仅执行已在请求书中列明并与案件有直接密切联系的文件的调查请求。

就外交途径而言,中国前述 1986 年最高人民法院、外交部、司法部联合发布的《关于我国和外国法院通过外交途径相互委托送达法律文书若干问题的通知》指出,中国法院和外国法院通过外交途径相互委托代为调查取证的,可参照该《通知》的有关规定办理。①

3. 区际取证

中国最高人民法院 2001 年《关于内地与澳门特别行政区法院就民商事案件相互委托送达司法文书和调取证据的安排》、2017 年《关于内地与香港特别行政区法院就民商事案件相互委托提取证据的安排》、2009 年《海峡两岸共同打击犯罪及司法互助协议》和 2011 年最高人民法院《关于人民法院办理海峡两岸送达文书和调查取证司法互助案件的规定》,为中国内地与澳门、香港、台湾地区之间调查取证提供了明确的法律依据。

---

① 据统计,我国法院和外国法院相互委托送达民商事案件司法文书的数量,已从最初的每年不足 10 件上升到每年 3000 余件,调查取证也已达到每年数 10 件。案件类型也由简单的经济纠纷、婚姻家庭纠纷扩展到知识产权纠纷、股权纠纷等多领域的纠纷。

第九节 外国法院判决的承认与执行

一、外国法院判决的概念

在国际民事诉讼法中,或者说在国际民事司法协助中,外国法院判决是有特定含义的,一般是指非内国法院根据查明的案件事实和有关法律规定,对当事人之间有关民事权利义务的争议,或者申请人提出的申请,作出的具有强制拘束力的裁判。但应注意以下几点:

(1) 对"外国法院"应作广义理解。在多法域国家,外国法院判决也指另外一个法域的法院作出的判决。通常"外国法院"就是指行使民商事管辖权的普通法院,但也包括劳动法院、行政法院、特别法庭甚至是被国家赋予一定司法权的其他机构。[①]

(2) 对"判决"也应作广义理解。外国法院判决,在司法实践上并非只指法院判决一种,其他如就诉讼费用作出的裁决、经法院认可的调解书、法院对刑事案件中就有关损害赔偿事项作出的判决,以及某些外国公证机关就特定事项作出的决定等都是应包括在内的。

二、承认与执行外国法院判决的法律依据

按照国家主权原则,一国法院的判决一般只能在法院地国境内发生效力,但涉外民事案件既涉及其他国家的人或物,判决的结果便往往需要在其他国家境内得到该外国的协助才能实现,故普遍的实践是根据条约或互惠,可委托或协助他国法院加以执行。但也有例外,如根据1991年最高人民法院《关于中国公民申请承认外国法院离婚判决程序问题的规定》第1条[②]和2015年最高人民法院《关于适用〈中华人民共和国民事诉讼法〉的解释》第544条的规定,对于当事人向人民法院申请承认外国法院作出的发生法律效力的离婚判决的,就不需以国际条约和互惠为依据。

"互惠"顾名思义,即相互给予好处。互惠原则的本意是以互利为目标,并在积极追求双赢的过程中实现利益平衡的效果。由于互惠原则自身的不确定性和模糊性,各国在这一原则的运用上却没有形成固定的、统一不变的标准。纵观世界各国立法和司法实践,主要有以下几种互惠形式:(1) 法律互惠。法律互惠是指一国通过国内立法的形式规定承认与执行外国法院判决的条件,且两国规定的条件相对等。德国和日本是实行法律互惠的典型国家。(2) 事实互惠。它是指一国在司法实践中已有承认并执行另一国法院判决的先例,且该先例与申请承认和执行的案件在性质和社会影响等方面具有相同或者相似

[①] 例如在波兰,公证处也有权处理数额不大的财产纠纷,以及关于遗嘱有效性、遗嘱保护方面的纠纷。1992年《罗马尼亚国际私法》也规定它所指的"外国判决",包括外国法院、公证机关或其他主管机关作出的判决。

[②] 该《规定》第1条指出:"对与我国没有订立司法协助协议的外国法院作出的离婚判决,中国籍当事人可以根据本规定向人民法院申请承认该外国法院的离婚判决。"

性。(3) 推定互惠。推定互惠是与实存互惠(法律互惠和事实互惠)相对的概念。它主张,只要当事人不能证明外国确有拒绝承认与执行内国判决的事实,则推定互惠关系的存在。就互惠关系是否存在,大多数国家仍然采取实存互惠制,只有少数国家采取推定互惠的判断标准。例如1982年南斯拉夫《国际冲突法》第92条第2款这样规定:"……在无相反证明时,应推定存在承认外国判决的互惠关系。"①

三、承认外国法院判决与执行外国法院判决的关系

承认外国法院判决与执行外国法院判决,是既有区别又有联系的两个问题。一般而言,承认外国法院判决,意味着外国法院判决取得了与内国法院判决同等的法律效力,外国法院判决中所确定的当事人之间的权利义务关系被内国法院所确认。其法律后果是,如果在内国境内他人就与外国法院判决相同的事项,提出与该判决内容不同的请求,可以用该判决作为对抗他人的理由。而执行外国法院判决则不但要承认外国法院判决在内国的法律效力,而且就其应该执行的部分,通过适当程序付诸执行,强制当事人履行外国法院判决确定的义务,其法律后果是使外国法院判决中具有财产内容的部分得到实现。

一般而言,承认外国法院判决是执行外国法院判决的先决条件;执行外国法院判决是承认外国法院判决的结果。当然,承认外国法院判决也并非一定导致执行判决,因为有的判决只需承认就够了。例如,关于单纯的离婚判决,承认了它就意味着可以允许离婚当事人再行结婚,而不存在执行问题。

在某些国家,只需要承认而无需执行的外国法院判决的效力是自动产生的,不必经过法院承认程序。② 中国法律和对外缔结的双边司法协助协定均未明确规定外国判决能否在中国自动生效的问题。但1991年中国最高人民法院《关于中国公民申请承认外国法院离婚判决程序问题的规定》第20条规定:"当事人之间的婚姻虽经外国法院判决,但未向人民法院申请承认的,不妨碍当事人一方另行向人民法院提出离婚诉讼。"不过这也只表明对中国公民涉及外国法院离婚判决这一种情况持不自动生效的态度。

四、承认与执行外国法院判决的一般条件

对于请求承认与执行外国判决所需具备的各种条件,各国国内立法及双边或多边国际条约往往有所差异。这里讲的"一般条件"乃是指普遍实践共同的要求。在不具备这些条件时,判决往往会被被请求国拒绝承认与执行。这些一般条件通常包括:

(一) 请求承认与执行的必须是民事判决

这是最基本的一个条件。当然,这里所指的民事判决,无疑也包括商事判决在内。不过应该注意的是在有些国际公约中,为求达成一致的意见,却又将某些民商事判决排除在其适用范围之外。如1971年海牙《民商事案件外国判决的承认和执行公约》虽在其第1

---

① 任明艳:《论互惠原则在承认与执行外国法院判决中的适用》,载《公民与法》2011年第1期。
② 参见李双元、谢石松:《国际民事诉讼法概论》,武汉大学出版社2016年版,第457页。这类判决主要指构成性判决、与身份有关的判决、指定破产管理人的判决等。

条第 1 款中规定了"公约适用于缔约国法院作出的民事或商事判决"(在该条最后它又进一步指出,该公约不适用于责令支付一切关税、税款或罚款的判决),但下列本属民商事项的判决却"不适用"该公约:(1)人的身份与能力、家庭法上的事项;(2)法人的存在或成立、或法人机构的职权;(3)不包括在上述(1)中所指家庭法中的扶养义务;(4)继承问题;(5)破产、清偿协议或类似诉讼程序;(6)社会保障问题;(7)核能所造成的损害。但各国国内法中大多均无这方面的限制。

(二)原判决国法院必须具有合法的管辖权

这是承认与执行外国法院判决的第二位的基本条件。但究竟应依请求国法律还是依被请求国法律来判断原判决国是否对案件具有合法的管辖权,在实践中或有差异。

(1)依被请求承认与执行判决地国的法律进行审查。这是在没有相关国际条约,或国际条约中未列明管辖权规范或标准的情况下,绝大多数国家的做法。一些国家如匈牙利、西班牙等,虽也要求依被请求国法律进行审查,但它们只要求依被请求国法律并不排除外国法院的管辖权即可,而并不要求外国法院必须依被请求国法律享有管辖权。如 2004 年《比利时国际私法》第 25 条第 7 项和第 8 项规定,如果比利时法院对诉讼请求享有专属管辖权,或外国法院的管辖权仅基于被告在该法院所在国出现或有财产位于该法院所在国,但是与争议本身没有任何直接联系,则外国判决应不予承认和执行。

(2)依判决作出国的法律进行审查。例如,1971 年海牙《民商事案件外国判决的承认和执行公约》第 9 条规定:"在关于请求国法院的管辖权问题上,被请求国应依请求国法院决定管辖权所依据的事实之认定的约束。"

(3)同时依判决作出国和被请求承认与执行判决地国的法律进行审查。这种依双重法律进行审查的做法,大大增加了审查的难度。因此,采用的国家十分罕见,只有法国、以色列等极少数国家采用。

(4)根据共同参加的国际条约中的规定进行审查。多数国际条约都规定,只要判决作出国法院依有关国际条约的规定有管辖权,其他缔约国就应承认其有管辖权。例如,1968 年《布鲁塞尔公约》第 4 条第 1 款即规定,除专属管辖权外,每一缔约国法院的管辖权由各缔约国法律自行决定。

中国《民事诉讼法》对于应依何国法律来审查判定判决作出国法院有无管辖权的问题未作规定。但中国对外签订的双边司法协助协定主要采用了以下三种不同的审查标准:第一,中国与法国、波兰、蒙古、古巴及罗马尼亚等国签订的双边司法协助协定规定,依被请求国法律判断请求国法院是否有管辖权;第二,中国与俄罗斯签订的双边司法协助协定规定,依被请求国对案件是否有专属管辖权来判断请求国法院是否有管辖权;第三,中国与意大利、西班牙签订的双边司法协助协定则专门确定了若干管辖权标准,并规定只要作出裁决的法院符合协定所列的任一标准,即被视为有管辖权。

(三)外国法院判决已经生效或具有执行力

第三个条件当是依判决作出国法律要求承认与执行的判决必须已经生效或已经具有执行力。例如,1987 年《中华人民共和国和法兰西共和国关于民事、商事司法协助的协定》第22条、中国《民事诉讼法》第280条和第281条都作了类似规定。否则,承认与执行便是毫无意义的司法行为。

(四)外国法院进行的诉讼程序是公正的

由于国际社会多主张对请求承认与执行的外国判决不进行实质审查(否则无异重新进行一次诉讼全过程)而只作形式审查(即只要求程序合法),故而引导出以下条件:各国立法和有关国际条约都要求在承认或执行外国法院判决时,应审查在作出判决的程序中,对败诉一方当事人的诉讼权利是否提供了充分的保护,包括:对未出庭的败诉一方当事人是否已合法传唤;是否为其提供了充分应诉辩护的机会;对没有诉讼行为能力的人是否已指定适当的代理人;等等。

(五)外国法院的判决必须是合法取得的

许多国内法和1971年海牙《民商事案件外国判决的承认和执行公约》以及1973年海牙《关于扶养义务判决的承认和执行公约》都规定,如果外国法院判决是利用欺骗手段取得的,则可拒绝承认或执行。

(六)不存在"诉讼竞合"

各国法律和有关国际公约都规定,如果出现"诉讼竞合"的情形,即外国法院判决与内国法院就同一当事人之间的同一争议所作的判决或内国法院已经承认的第三国法院就同一当事人之间的同一争议所作的判决相冲突,内国法院可以拒绝承认与执行。此外,还应注意,如果请求承认与执行外国判决的案件,正在被请求国提出诉讼或正在审理,一般也可以拒绝承认与执行该外国判决。

(七)承认与执行外国判决不违背内国公共秩序

这是国际社会普遍公认的一个条件,各国法律及有关双边司法协助条约和国际公约都无一例外地对此作了明确规定。中国《民事诉讼法》第282条以及中国与外国缔结的双边司法协助条约均规定,承认与执行外国法院判决不得违背中国的公共秩序。至于违背被请求国的公共秩序的认定依据,狭义上可以理解为该外国判决所依据的实体法与被请求国法律与道德的基本原则相悖,但从广义上去理解,前述几种程序上的不公正行为亦可包括在内。

五、外国法院判决的承认与执行程序

(一)请求的提出

对于承认与执行外国法院判决的请求应由谁提出,各国规定各不相同。根据中国《民事诉讼法》第280条和第281条的规定,既可由当事人直接提出,也可按双方缔结或参加的条约办理,如由原裁判法院通过中央机关向被请求国有管辖权的法院提出。

(二)对外国法院判决的审查

对请求承认与执行的外国法院判决的审查,国际上有实质性审查和形式性审查两种不同的方式。所谓实质性审查,是指对申请承认与执行的外国判决,从法律和事实两个方面进行充分的审核,只要审核国认为该判决认定事实或适用法律是不适当的,它就有权根据本国的法律部分变更、或全部推翻、或不予执行。形式性审查,则是指实行审查的国家不对原判决的事实和法律进行审查,它仅审查外国的判决是否符合本国法律规定的承认和执行外国判决的条件,不对案件判决的实质作任何变动,不改变原判决的结论。

目前普遍的实践是不对外国判决作实质审查,而仅就以上提到的是否有阻碍承认和执行的情况存在进行审查,如果认为该判决合法有效且符合执行的其他条件,便可以予以承认并按被请求国法所规定的执行程序交付执行。

(三) 承认与执行外国法院判决的具体程序

一国法院在承认与执行外国法院判决时,具体应遵循什么样的程序,各国诉讼立法的规定不尽相同,大致可以分为如下几种:

(1) 执行令程序。以法国、德国和俄罗斯为代表的大陆法系国家一般采此程序。有关的内国法院受理了承认与执行某一外国法院判决的请求以后,先对该外国法院判决进行审查,如果符合内国法所规定的有关条件,即由该内国法院作出一个裁定,并发给执行令,从而赋予该外国法院判决与内国法院判决同等的效力,并按照执行本国法院判决的同样程序予以执行。

(2) 登记程序和重新审理程序。以英、美为代表的普通法系国家一般采此程序。英国法院目前主要根据判决作出国的不同而分别采用登记程序或重新审理程序来承认与执行外国法院判决。有管辖权的英国法院对于英联邦国家和欧盟各国法院所作出的判决采用登记程序,即英国法院在收到有关利害关系人提交的执行申请书后,一般只要查明外国法院判决符合英国法院所规定的条件,就可以予以登记并交付执行。而对于其他不属于上述法律规定的国家的法院判决,英国法院都是采用判例法所确定的重新审理程序,即英国法院不直接执行这些国家的法院所作出的判决,而只是把它作为可以向英国法院重新起诉的根据,英国法院经过对有关案件的重新审理,确定外国法院判决与英国的有关立法不相抵触时,作出一个与该外国法院判决内容相同或相似的判决,然后由英国法院依英国法所规定的执行程序予以执行。在美国法院,一般是区分金钱判决和非金钱判决而采用不同的执行程序。对于金钱判决,大多数州的立法和实践都遵循判例法中的重新审理程序。至于非金钱判决的承认与执行,美国各州法院所采用的程序就很不统一了,基本上没有一致的原则可循,各州法院完全适用执行地法的有关规定。

六、中国关于判决域外承认与执行的规定

关于中国人民法院和外国法院相互承认和执行判决的制度,中国《民事诉讼法》和最高人民法院《关于适用〈中华人民共和国民事诉讼法〉的解释》作了规定。

(一) 外国法院判决在中国的承认与执行

1. 提出请求的主体和依据

我国《民事诉讼法》第281条规定,外国法院作出的发生法律效力的判决、裁定,需要中华人民共和国法院承认和执行的,可以由当事人直接向中华人民共和国有管辖权的中级人民法院申请承认和执行,也可以由外国法院依照该国与中华人民共和国缔结或者参加的国际条约的规定,或者按照互惠原则,请求人民法院承认和执行。

我国《民事诉讼法》第281条规定了根据互惠原则承认与执行外国判决。在司法实践方面,我国是采用事实互惠的审查标准,在新加坡高等法院2014年裁定执行中国苏州市中级人民法院的判决后,2016年12月,南京市中级人民法院,依据申请人Kolmar Group AG(高尔集团股份有限公司)的申请,承认和执行了新加坡高等法院的一项民事判决。这是我国法院首次以互惠原则承认和执行外国法院的商事判决。

2. 应提交的文件

最高人民法院《关于适用〈中华人民共和国民事诉讼法〉的解释》第543条规定,申请人向人民法院申请承认和执行外国法院作出的发生法律效力的判决、裁定,应当提交申请书,并附外国法院作出的发生法律效力的判决、裁定正本或者经证明无误的副本以及中文译本。外国法院判决、裁定为缺席判决、裁定的,申请人应当同时提交该外国法院已经合法传唤的证明文件,但判决、裁定已经对此予以明确说明的除外。中华人民共和国缔结或者参加的国际条约对提交文件有规定的,按照规定办理。

3. 承认和执行的期间

最高人民法院《关于适用〈中华人民共和国民事诉讼法〉的解释》第547条规定,当事人申请承认和执行外国法院作出的发生法律效力的判决、裁定或者外国仲裁裁决的期间,适用《民事诉讼法》第239条的规定。当事人仅申请承认而未同时申请执行的,申请执行的期间自人民法院对承认申请作出的裁定生效之日起重新计算。

4. 对外国法院判决的审查以及承认与执行

我国《民事诉讼法》第282条规定,人民法院对申请或者请求承认和执行的外国法院作出的发生法律效力的判决、裁定,依照中华人民共和国缔结或者参加的国际条约,或者按照互惠原则进行审查后,认为不违反中华人民共和国法律的基本原则或者不危害国家主权、安全、社会公共利益的,裁定承认其效力,需要执行的,发出执行令,依照本法有关规定执行。违反中华人民共和国法律的基本原则或者危害国家主权、安全、社会公共利益的,不予承认和执行。

最高人民法院《关于适用〈中华人民共和国民事诉讼法〉的解释》第544条规定,如果该外国法院所在国与中华人民共和国没有缔结或者共同参加国际条约,也没有互惠关系的,裁定驳回申请,但当事人向人民法院申请承认外国法院作出的发生法律效力的离婚判决的除外。承认和执行申请被裁定驳回的,当事人可以向人民法院起诉。

上述《解释》第546条规定,对外国法院作出的发生法律效力的判决、裁定或者外国仲裁裁决,需要中华人民共和国法院执行的,当事人应当先向人民法院申请承认。人民法院经审查,裁定承认后,再根据《民事诉讼法》第三编的规定予以执行。当事人仅申请承认而未同时申请执行的,人民法院仅对应否承认进行审查并作出裁定。该《解释》第548条规定,承认和执行外国法院作出的发生法律效力的判决、裁定或者外国仲裁裁决的案件,人民法院应当组成合议庭进行审查。人民法院应当将申请书送达被申请人。被申请人可以陈述意见。人民法院经审查作出的裁定,一经送达即发生法律效力。

但是,不能认为,对于当事人直接申请或外国法院请求中国法院承认和执行的判决,只依照共同受约束的国际条约或互惠以及公共秩序制度进行审查,再无其他具体限制和条件。无论是从中国《民事诉讼法》的基本原则和基本制度来看,还是从当今国际社会的普遍实践来看,都必须认为,凡外国法院委托中国法院承认和执行的判决,必须是民(商)事判决,必须是由有管辖权的国家的具有审判涉外民事案件的权能的法院作出的;其审判程序必须是严格遵守了它自己的程序规则,并且为判决义务人提供了充分出庭应诉的机会,且不与正在中国国内进行或已经进行终了的诉讼相冲突等,这些均应是审查外国判决时需要考虑的因素。对此,中国跟外国缔结的双边司法协助条约已作了明确规定,如1987年《中华人民共和国和法兰西共和国关于民事、商事司法协助的协定》第22条、1991年《中华人民共和国和罗马尼亚关于民事和刑事司法协助的协定》第22条等。

5. 有关承认外国法院离婚判决的特别规定

1991年最高人民法院《关于中国公民申请承认外国法院离婚判决程序问题的规定》和1999年《关于人民法院受理申请承认外国法院离婚判决案件有关问题的规定》对此作了规定。根据1991年《规定》,对与中国没有订立司法协助协议的外国法院作出的离婚判决,中国籍当事人可以根据该《规定》向人民法院申请承认该外国法院的离婚判决。外国法院离婚判决中的夫妻财产分割、生活费负担、子女抚养方面判决的承认执行,不适用该《规定》。

(二)中国判决在外国的承认与执行

中国《民事诉讼法》第280条规定,人民法院作出的发生法律效力的判决、裁定,如果被执行人或其财产不在中华人民共和国领域内,当事人请求执行的,可以由当事人直接向有管辖权的外国法院申请承认和执行,也可以由人民法院依照中华人民共和国缔结或者参加的国际条约的规定,或者按照互惠原则,请求外国法院承认和执行。

最高人民法院《关于适用〈中华人民共和国民事诉讼法〉的解释》第550条规定,当事人在中华人民共和国领域外使用中华人民共和国法院的判决书、裁定书,要求中华人民共和国法院证明其法律效力的,或者外国法院要求中华人民共和国法院证明判决书、裁定书的法律效力的,作出判决、裁定的中华人民共和国法院,可以本法院的名义出具证明。

截至目前,韩国、德国、美国、新加坡、以色列等国均基于互惠原则承认或执行了我国法院的判决。

第十节 中国区际民商事判决的相互认可与执行

中华人民共和国建立以来的相当长一段时期,中国内地与中国香港地区和澳门地区、祖国大陆与台湾地区之间并没有建立相互认可与执行法院判决的合作关系,各自法院的判决不能在对方管辖区域内得到执行,影响了相互间经贸关系的发展。经过各方的不懈努力,目前中国区际民商事判决的相互认可与执行规则已初具规模。

一、中国内地与香港地区民商事判决相互认可与执行

（一）《关于内地与香港特别行政区法院相互认可和执行当事人协议管辖的民商事案件判决的安排》

《关于内地与香港特别行政区法院相互认可和执行当事人协议管辖的民商事案件判决的安排》于2006年7月14日签署，已于2008年8月1日生效。它的主要内容有：

（1）适用范围。内地人民法院和香港特别行政区法院在具有书面管辖协议的民商事案件中作出的须支付款项的具有执行力的终审判决，当事人可以根据《安排》向内地人民法院或者香港特别行政区法院申请认可和执行。

（2）法律适用。申请人申请认可和执行内地人民法院或者香港特别行政区法院判决的程序，依据执行地法律的规定，《安排》另有规定的除外。

（3）不予认可和执行的理由。对申请认可和执行的判决，原审判决中的债务人提供证据证明有下列情形之一的，受理申请的法院经审查核实，应当裁定不予认可和执行：第一，根据当事人协议选择的原审法院地的法律，管辖协议属于无效，但选择法院已经判定该管辖协议为有效的除外。第二，判决已获完全履行。第三，根据执行地的法律，执行地法院对该案享有专属管辖权。第四，根据原审法院地的法律，未曾出庭的败诉一方当事人未经合法传唤或者虽经合法传唤但未获依法律规定的答辩时间，但原审法院根据其法律或者有关规定公告送达的，不属于上述情形。第五，判决是以欺诈方法取得的。第六，执行地法院就相同诉讼请求作出判决，或者外国、境外地区法院就相同诉讼请求作出判决，或者有关仲裁机构作出仲裁裁决，已经为执行地法院所认可或者执行的。内地人民法院认为在内地执行香港特别行政区法院判决违反内地社会公共利益，或者香港特别行政区法院认为在香港特别行政区执行内地人民法院判决违反香港特别行政区公共政策的，不予认可和执行。

（4）认可与执行的效力。当事人对认可和执行与否的裁定不服的，在内地可以向上一级人民法院申请复议，在香港特别行政区可以根据其法律规定提出上诉。根据《安排》而获认可的判决与执行地法院的判决效力相同。

《安排》还对受理申请的法院、应当提交的文件和保全措施与费用等作了规定。

（二）《关于内地与香港特别行政区法院相互认可和执行婚姻家庭民事案件判决的安排》

近年来，内地与香港两地跨境婚姻每年新增2万余宗，由此所产生的婚姻家庭纠纷也呈现增长趋势。为此，2017年6月，最高人民法院与香港特别行政区政府签署了《关于内地与香港特别行政区法院相互认可和执行婚姻家庭民事案件判决的安排》，对相互认可和执行的案件范围、当事人申请的程序及救济途径、不予认可和执行的情形、救济和申请与承认执行的效力作了详细规定。

我国香港特区高等法院原讼法庭于2016年2月作出 HCMP2080/2015 号判决，认可了广东省深圳市中级人民法院于2014年作出的民事调解书。现有资料显示，该案是香港法院认可内地商事判决之首例。

二、中国内地与澳门地区民商事判决相互认可与执行

2006年,最高人民法院与澳门特别行政区签署了《关于内地与澳门特别行政区相互认可和执行民商事判决的安排》。该《安排》已于2006年4月1日生效,它详细规定了《安排》的适用范围、受理申请的法院、请求认可和执行判决的申请书、不予认可的理由、认可和执行的效力和执行措施、费用和法律适用。

三、祖国大陆与台湾地区民商事判决相互认可与执行

2009年《海峡两岸共同打击犯罪及司法互助协议》第10条规定,双方同意基于互惠原则,于不违反公共秩序或善良风俗之情况下,相互认可及执行民事确定裁判与仲裁裁决(仲裁判断)。

(一)祖国大陆法院判决在台湾地区的认可与执行

台湾地区1992年颁布的《台湾地区与大陆地区人民关系条例》(后经多次修改)对祖国大陆法院民商事判决在台湾的承认和执行作了规定。该《条例》第74条规定:在大陆地区作成之民事确定裁判、民事仲裁判断,不违背台湾地区公共秩序或善良风俗者,得申请法院裁定认可。前项经法院裁定认可之判决或判断,以给付为内容者得为执行名义。前两项规定以在台湾地区作成之民事确定裁判、民事仲裁判断,得申请大陆地区法院裁定认可或为执行名义者始适用之。1998年,台湾地区"行政院"又对《两岸关系条例施行细则》第54条(2003年修订后为第68条)增订了一项内容,即依本条例第74条规定申请法院裁定认可之民事确定裁判、民事仲裁判断,应经"行政院"设立或指定之机构或委托之民事团体验证。这一规定实际上增加了台湾地区认可祖国大陆法院民事判决的法律环节。

据台湾学者考察,1997年至2007年间,第三人向台湾地区高等法院申请裁定认可祖国大陆法院判决的案件,共25件。

(二)台湾地区法院判决在祖国大陆的认可与执行

在《海峡两岸共同打击犯罪及司法互助协议》生效6周年之际,最高人民法院2015年6月发布了新制定的认可与执行台湾地区民事裁判和仲裁裁决的司法解释,并公布了15起涉台司法互助典型案例。其中2015年最高人民法院《关于认可和执行台湾地区法院民事判决的规定》对认可和执行台湾地区法院民事判决作了规定,自2015年7月1日起施行。最高人民法院《关于人民法院认可台湾地区有关法院民事判决的规定》《关于当事人持台湾地区有关法院民事调解书或者有关机构出具或确认的调解协议书向人民法院申请认可人民法院应否受理的批复》《关于当事人持台湾地区有关法院支付命令向人民法院申请认可人民法院应否受理的批复》和《关于人民法院认可台湾地区有关法院民事判决的补充规定》同时废止。

2015年《关于认可和执行台湾地区法院民事判决的规定》共23条,对可申请认可和执行的民事判决的种类、申请程序和管辖法院、应提交的文件、受理和保全措施、审理和不

予认可和执行的理由及裁决的效力、复议和期间作了规定。

1998年《关于人民法院认可台湾地区有关法院民事判决的规定》颁行之后,内地各级人民法院依据该《规定》,受理申请认可台湾地区民事判决、仲裁裁决、调解书、支付令的案件已达200余件。

思考题

1. 什么是国际民事诉讼程序?它一般包括哪些内容?
2. 简述我国国际民事诉讼中的诉讼代理制度。
3. 简述我国有关外国人在华诉讼行为能力的规定。
4. 简述国际民事诉讼管辖权的类型。
5. 比较分析国家豁免和国家行为理论、国家豁免和外交豁免。
6. 简述国际民事司法协助的概念和主要内容。
7. 简述我国域外送达和域外取证制度。
8. 承认和执行外国判决一般需要具备哪些基本条件?
9. 简述我国区际民商事判决的相互认可与执行制度。

第十七章　国际商事仲裁

学习目标：了解国际商事仲裁的概念、性质和类别以及替代性争议解决方法，熟悉重要的国际商事仲裁机构，明确国际商事仲裁的准据法、仲裁协议和仲裁程序制度，掌握国际商事仲裁裁决的承认和执行规则。

教师导读：与解决争议的其他方法相比，仲裁既有诉讼解决争议的终局性，又有替代性争议解决方法解决争议的自愿性和灵活性。它集当事人之间的自愿性与法律上的强制性为一体，同时具有契约和司法的性质。有效的仲裁协议构成国际商事仲裁的基础。确定仲裁协议和仲裁实体问题的准据法很重要，仲裁程序有自己的特点。如果当事人不自愿履行仲裁裁决，则需要强制执行。《纽约公约》统一了各缔约国对仲裁协议效力的承认和拒绝承认与执行外国仲裁裁决的条件。中国相当重视和解与调解的作用。

建议学时：4 学时。

传统上，法院诉讼是定分止争和实现正义的重要途径，但因种种因素的制约，诉讼机制的缺陷难以克服，如程序拖沓、费用昂贵等等。于是，以非诉讼的方法解决纠纷逐渐盛行。在普通法国家，从 20 世纪 80 年代早期开始，替代性争议解决方法（Alternative Disputes Resolution, ADR）开始采用制度化的形式。美国 1998 年《替代性争议解决方法法》（ADR Act 1998）要求每个联邦地区法院应允许在所有的民事案件中使用 ADR，建立各自的 ADR 计划并制定相应的保障程序。

ADR 可按不同的标准进行分类。如按各种程序的特点与融合可将其分为主要的争议解决程序和混合的争议解决程序，前者包括仲裁、调解、谈判；后者有私人审判（private judging）、中立专家事实认定（neutral expert finding）、微型审判（mimi-trial）等。按提供 ADR 服务的主体不同，可分为临时 ADR（ad hoc ADR）和机构 ADR（Institutional ADR）。机构 ADR 又可依机构的性质不同分法院附属 ADR、行政机构 ADR、民间机构 ADR。按 ADR 程序的结构特点，各种 ADR 程序可分为调解型 ADR、和解型 ADR、评估型 ADR、裁决型 ADR 和混合型 ADR。

一些国际组织致力于推广、倡导 ADR，制定了一些规则。最早的有 1975 年和 1988 年的两个《国际商会任择性调解规则》（ICC Optional Conciliation Rules），它现在已被 2014 年《国际商会调解规则》所取代。此外，还有 2014 年世界知识产权组织《调解规则》《仲裁规则》和《快速仲裁规则》，联合国国际贸易法委员会 1980 年《调解规则》、2006 年《国际商事仲裁示范法》、2002 年《国际商事调解示范法》[①]和 2018 年《关于调解所产生的

---

① 2018 年 6 月，联合国国际贸易法委员会通过了《国际商事调解示范法修正草案》，拟提交第 73 届联合国大会审议通过。

国际和解协议公约》等。

在中国，对于替代性争议解决方法的探索可追溯于人民调解委员会的调解。而目前结合国际潮流的研究也颇为引人注目，特别是近年对国际商事调解的尝试和应用。国际商事调解大体上可分为民间调解、行政调解、调解机构调解、仲裁机构调解和法院调解等不同类型。

关于替代性争议解决方法的范围，目前国内外理论界存在两种不同的观点。广义的观点（通说）认为ADR是指包括仲裁在内的各种非诉讼解决争议的方法，而狭义的观点则认为ADR是指不包括仲裁在内的各种非诉讼解决争议的方法。本书采取第一种观点，但限于篇幅，这一章着重阐述国际商事仲裁制度。

第一节 国际商事仲裁概述

一、国际商事仲裁的概念

国际商事仲裁是指在国际商事活动中，当事人双方依事先或事后达成的仲裁协议，将有关争议提交给某临时仲裁庭或常设仲裁机构进行审理，并作出具有约束力的仲裁裁决的制度。然而，由于各国政治制度的不同，价值取向和法律文化的差异，使得在界定国际商事仲裁中的"国际"和"商事"问题上各国国内法及有关国际条约至今仍然未能达成比较一致的看法。

（一）关于"国际"的界定

目前各国通常是把国内仲裁与国际商事仲裁二者分开的。综观国际条约及各国立法与实践，对仲裁国际性的认定，一般有以下几种做法：(1) 以单一的住所或惯常居所作为连结因素，当事人中至少一方的住所或惯常居所不在内国的，则为国际仲裁。例如，1987年《瑞士联邦国际私法法规》第12章"国际仲裁"第176条第1款规定："本章的规定适用于所有仲裁庭在瑞士的、并且至少一方当事人在缔结仲裁协议时在瑞士既没有住所地也没有惯常居所的仲裁。"(2) 以国籍作为划分标准。即当事人中至少一方国籍是非内国国籍的，则为国际仲裁。(3) 以国籍、住所、合同履行地、仲裁地点以及标的物所在地等多种连结因素作为界定标准，只要上述连结因素中的几个或一个不在内国的，都是国际仲裁。如1985年联合国国际贸易法委员会《国际商事仲裁示范法》。法国可以说是采用多种连结因素界定仲裁国际性的典型国家。如1981年《法国民事诉讼法典》第1492条规定，"涉及国际商事利益的仲裁是国际仲裁"。而在实践中，只要当事人的国籍、住所、合同履行地、适用的准据法等涉及外国，即为国际仲裁。

2017年最高人民法院《关于审理仲裁司法审查案件若干问题的规定》第12条规定，仲裁协议或者仲裁裁决具有《关于适用〈中华人民共和国涉外民事关系法律适用法〉若干问题的解释（一）》第1条规定情形的，为涉外仲裁协议或者涉外仲裁裁决。其第21条规定，人民法院受理的申请确认涉及香港特别行政区、澳门特别行政区、台湾地区仲裁协议效力的案件，申请执行或者撤销我国内地仲裁机构作出的涉及香港特别行政区、澳门特别行政区、台湾地区仲裁裁决的案件,参照适用涉外仲裁司法审查案件的规定审查。同时,2015年实施的最高人民法院《关于适用〈中华人民共和国民事诉讼法〉的解释》第522条对涉外民事案件的界定也作了与《中华人民共和国涉外民事关系法律适用法》基本相同的规定。可见,中国是以争议的"国际性"或"涉外性"来确定有关的仲裁是国际(涉外)仲裁还是国内仲裁的;而对于何种争议具有"国际性"或"涉外性",也作广义的理解,且将涉及我国台湾、香港和澳门地区的商事仲裁,也作为"国际性"仲裁对待。

值得注意的是,根据最高人民法院于2016年《关于为自由贸易试验区建设提供司法保障的意见》,在自贸试验区内注册的外商独资企业相互之间可以约定商事争议提交域外仲裁,不应仅以其争议不具有涉外因素为由认定相关仲裁协议无效。

(二) 关于"商事"的界定

如何界定国际商事仲裁中的"商事"也存有争议。如美国认为它应包括海事和商事;而法国则认为只限于商事[①];1961年《欧洲国际商事仲裁公约》则只限定在"国际贸易中发生的争议"。而1985年联合国国际贸易法委员会《国际商事仲裁示范法》则取广义的解释,即包括一切契约性或非契约性商事关系中发生的种种争议。

一般而言,多数国家对"商事"是尽可能作广义解释的。依中国于1986年加入《承认及执行外国仲裁裁决公约》时所作商事保留声明,中国只对根据中国法律认定为属于契约性和非契约性商事法律关系所引起的争议适用该公约。所谓"契约性和非契约性商事关系",具体是指由于合同、侵权或者根据有关法律规定而产生的经济上的权利义务关系。例如货物买卖、财产租赁、工程承包、加工承揽、技术转让、合资经营、合作经营、勘探开发自然资源、保险、信贷、劳务、代理、咨询服务和海上、民用航空、铁路、公路的客货运输以及产品责任、环境污染、海上事故和所有权争议,等等。但不包括外国投资者与东道国政府之间的争端。[②] 可见,中国对国际商事仲裁中的"商事"的界定是与1985年联合国国际贸易法委员会《国际商事仲裁示范法》相类似的。

二、国际商事仲裁的特性

国际商事仲裁的特点,可通过其与国际民事诉讼的比较而反映出来。

国际商事仲裁和国际民事诉讼虽都是解决国际商事争议的常用的有效方法,但二者本身却有本质区别:(1) 就机构的性质而言,国际商事仲裁机构只具有民间团体的性质,而审理国际民商事纠纷的法院,则是国家司法机关。(2) 就管辖权来源而言,国际商事仲裁机构的管辖权建立在双方当事人自愿达成的仲裁协议的基础上。而法院审理国际民事诉讼的管辖权则来自国家的强制力,是法律赋予的,而非当事人双方的授权。(3) 就审理程序的公开性而言,国际商事仲裁程序一般都是不公开进行的,即使双方当事人要求公开审理,也仍应由仲裁庭作出是否公开审理的决定。而法院审理国际民商事争议,除极少数

---

① 参见《美国联邦仲裁法》第2条、1807年《法国商法典》第631条等。
② 最高人民法院《关于执行我国加入的〈承认及执行外国仲裁裁决公约〉的通知》。

涉及国家秘密或个人隐私的之外,原则上是必须公开进行的。(4)就当事人的自治性而言,国际商事仲裁中当事人的自治性大大超过国际民事诉讼中当事人的自治性。如国际商事仲裁中的双方当事人可以选择仲裁机构和仲裁的组织形式(常设的还是临时的仲裁机构),可以选择仲裁的地点、审理案件的仲裁员和仲裁适用的法律。(5)就审级制度而言,国际商事仲裁裁决一般实行一裁终局制。

此外,既然它是国际商事仲裁,因而不但与国际公法上的仲裁相区别,也与国内行政性质的强制仲裁(如目前我国的劳动关系争议的仲裁)相区别。

对于国际商事仲裁的性质,学术界颇有争议,而且往往各执一词,互不相容。具体有以下几种:(1)司法权说。该说认为国际商事仲裁只具司法权性质,其根据是它只是国家司法权的一种表现,且必由国家通过立法赋予仲裁机构受理仲裁争议的权力,仲裁活动才得以进行,裁决的强制执行才得以保障。(2)契约说或自治说。该说认为国际商事仲裁只具契约性质或自治性质①,认为仲裁管辖权只有在双方当事人通过契约自主约定提交仲裁才能行使,且仲裁程序中的许多规则亦可由当事人自主选择,甚至"一裁终结"也得由当事人事先约定或认可。(3)混合说。该说认为国际商事仲裁兼有上述两种性质。其主要根据亦是将上述两种学说的理论根据结合在一起加以考虑。本书的基本观点接近第三说,但如果从历史渊源上讲,商事争议通过提交给作为公断人的仲裁人来裁决乃起源于民间和商人社会,契约性与自治性当属其本质属性,而这一本质属性又来源于"私法自治"或"私权自治",国家加以干预(主要是承认和保障其具有法律上的效力)则已是现代仲裁制度的事了。

三、国际商事仲裁的法律渊源

许多国际经贸关系比较发达的国家目前都设有国际商事(或海事)仲裁机构,或者由自己的国内仲裁机构同时受理国际商事仲裁案件。因而在这些国家,都有各自的仲裁法或国际商事仲裁法,以及这些仲裁机构的仲裁规则。它们构成了国际商事仲裁的国内法渊源。

国际社会还缔结了各种各样的国际条约,试图尽可能统一仲裁规则,如1976年《联合国国际贸易法委员会仲裁规则》(2010年修正),供当事人选择采用,这些规则仅起自律法的作用。又如1965年《关于解决国家与他国国民之间投资争端公约》和1958年《承认及执行外国仲裁裁决公约》(简称《纽约公约》),则缔约国在有关事项上是必须遵守的。《纽约公约》反映了当前国际上对承认与执行外国仲裁裁决的主要实践,成为当前有关承认和执行外国仲裁裁决最有影响的国际公约。截至2018年6月30日,《纽约公约》已有159个缔约方。② 中国1986年12月决定加入该《公约》,《公约》自1987年4月22日起对中国生效。

---

① 也有将契约说与自治说加以区别各成一体的(可参见许光耀、宋连斌主编:《国际私法学》,湖南人民出版社2003年版,第455—458页)。

② http://www.uncitral.org/uncitral/en/uncitral_texts/arbitration/NYConvention_status.html,July,2018.

第二节　国际商事仲裁的类型

一、国际商事仲裁方式的分类

关于国际商事仲裁方式的类别或种类，依据不同的标准可作不同的划分，大体可以分为：临时仲裁与机构仲裁、依法仲裁与友好仲裁、私人间仲裁与非私人间仲裁。

（1）临时仲裁与机构仲裁。以仲裁机构的组成形式为标准，可以把仲裁分为临时仲裁与机构仲裁。

临时仲裁（ad hoc arbitration），又称特别仲裁，是指根据双方当事人的仲裁协议，在争议发生后由双方当事人推荐的仲裁人临时组成仲裁庭，负责按照当事人约定的程序规则审理有关争议，并在审理终结作出裁决后即不再存在的仲裁。临时仲裁与机构仲裁相比较，有较机构仲裁更大的自治性、灵活性及费用更低和速度更快等优点。在19世纪中叶常设仲裁机构产生之前，临时仲裁一直是国际上唯一的国际商事仲裁组织形式。即使在当今社会常设仲裁机构比比皆是的情况下，临时仲裁在国外的国际商事仲裁中仍占有重要地位。在国家作为当事人一方时，由于它们不愿意受常设仲裁机构权力的约束，更是经常组织临时仲裁。

依我国1994年《仲裁法》第16条的规定来看，我国并不采用临时仲裁。但是2015年《关于适用〈中华人民共和国民事诉讼法〉的解释》第545条规定：对临时仲裁庭在中华人民共和国领域外作出的仲裁裁决，一方当事人向人民法院申请承认和执行的，人民法院应当依照《民事诉讼法》第283条规定处理。最高人民法院2017年《关于为自由贸易试验区建设提供司法保障的意见》第9条指出："在自贸试验区内注册的企业相互之间约定在内地特定地点、按照特定仲裁规则、由特定人员对有关争议进行仲裁的，可以认定该仲裁协议有效"。该条规定意味着在我国自贸试验区内初步认可临时仲裁。2017年3月，珠海市横琴新区管委会和珠海仲裁委员会发布了《横琴自由贸易试验区临时仲裁规则》，标志着临时仲裁在中国境内真正落地。

机构仲裁是指由常设的仲裁机构进行仲裁。常设仲裁机构，是指依据国际公约或一国国内法成立的，有固定的名称、地址、组织形式、组织章程、仲裁规则和仲裁员名单，并具有完整的办事机构和健全的行政管理制度，用以处理国际商事争议的仲裁机构。目前，国际社会机构仲裁已很发达，全世界已有许多著名的国际商事仲裁机构。

（2）依法仲裁与友好仲裁。如果以仲裁庭是否必须按照法律作出裁决为标准，可将仲裁分为依法仲裁与友好仲裁。在通常情况下，仲裁庭都是依法仲裁的。例如，我国《仲裁法》第7条就规定："仲裁应当根据事实，符合法律规定，公平合理地解决纠纷。"但有时，国际商事仲裁中也允许友好仲裁。友好仲裁，也称友谊仲裁，是指在国际商事仲裁中，允许仲裁员或仲裁庭根据公平和善意原则或公平交易和诚实信用原则对争议实质问题作出裁决。

是否进行友好仲裁主要取决于当事人的愿望与授权,也得受"仲裁地法"或有关国际公约的制约。从国际上看,许多国际条约和许多国家均允许友好仲裁。例如,1965年在华盛顿缔结的《关于解决国家与他国国民之间投资争端公约》第42条第3款、1961年《欧洲国际商事仲裁公约》第7条第2款、2010年《联合国国际贸易法委员会仲裁规则》第35条第2款、2006年联合国国际贸易法委员会《国际商事仲裁示范法》第28条第3款等都规定:如果双方当事人授权仲裁庭进行友好仲裁,仲裁庭可以按照公平合理的原则对争议作出裁决。此外,如意大利、法国、德国、荷兰、比利时、西班牙和美国等国家亦均在民事诉讼法或其他法律中规定允许友好仲裁。

根据我国《仲裁法》第7条的规定,在中国内地是不承认友好仲裁的,裁决应根据法律作出,除非所应适用的法律或惯例没有明确规定,方可依据公平合理原则作出相应裁决。但2015年《中国(上海)自由贸易试验区仲裁规则》明确引入了友好仲裁制度。该《规则》第56条规定:"当事人在仲裁协议中约定,或在仲裁程序中经协商一致书面提出请求的,仲裁庭可以进行友好仲裁。仲裁庭可以依据公允善良的原则作出裁决,但不得违反法律的强制性规定和社会公共利益"。上海市第二中级人民法院制定的《关于适用〈中国(上海)自由贸易试验区仲裁规则〉仲裁案件司法审查和执行的若干意见》第13条规定:"仲裁庭依据友好仲裁方式进行仲裁的,若适用友好仲裁方式系经双方当事人书面同意,不违反我国法律的强制性规定,且仲裁裁决符合《上海自贸区仲裁规则》的规定,在司法审查时,可予以认可。"

(3) 私人间仲裁与非私人间仲裁。如果以当事人双方是否为私人作标准,可将仲裁分为私人间仲裁与非私人间仲裁。私人间仲裁是指争议双方当事人均是自然人或法人的仲裁。私人间仲裁在国际商事仲裁中是最为普遍的。有些国家的法律和仲裁机构的仲裁规则还明确规定,只受理私人间仲裁。例如,我国《仲裁法》第2条就规定,"平等主体的公民、法人和其他组织之间发生的合同纠纷和其他财产权益纠纷,可以仲裁"。非私人间仲裁,是指一方当事人为私人,另一方当事人为国家的仲裁。非私人间仲裁,由于一方当事人是国家,涉及的问题较多,尤其是国家及其财产豁免问题更为复杂,因而大多数常设仲裁机构并不受理。但在国际上,也有些常设机构受理非私人间仲裁,如设在巴黎的国际商会国际仲裁院。而在临时仲裁中,当事人一方或双方是国家的则更多。根据在世界银行赞助下设立的"解决投资争端国际中心",则是专门受理一方当事人为国家另一方当事人为私人的投资争议的常设机构。

二、国际商事仲裁机构的分类

(一) 解决投资争端国际中心

解决投资争端国际中心(International Center for Settlement of Investment Disputes, ICSID)是根据1965年华盛顿《关于解决国家与他国国民之间投资争端公约》(以下简称《华盛顿公约》)而成立的。它是世界银行属下的独立性机构,总部设在美国华盛顿。中心的任务是根据当事人之间的仲裁协议,通过调解或仲裁的方式解决成员国国家(政府)与他国国民间因国际投资而产生的法律争议。中心有自己的仲裁和调解规则(目前为2006年修订的),并备有仲裁员名册。当事人可在仲裁员名册中也可在仲裁员名册外指定仲裁员。截至2018年6月30日,该中心已有162个成员。中国于1993年递交了批准书,1993年2月6日成为中心的成员。①

(二)国际商会国际仲裁院

国际商会国际仲裁院(International Court of Arbitration of the International Chamber of Commerce,ICC International Court of Arbitration)②,成立于1923年,隶属于国际商会(International Chamber of Commerce,ICC),总部设在法国巴黎。该院的宗旨在于通过处理国际性商事争议,促进国际经济贸易的合作与发展。中国已于1996年参加国际商会。国际商会国际仲裁院在国际上具有广泛的影响,其完善的国际商事仲裁规则日益为东西方国家的许多商人在商事仲裁中采用。它备有具备广泛代表意义的国际性的仲裁员名单。该院现在适用的是2017年生效的《国际商会仲裁规则》和2014年生效的《国际商会调解规则》。

(三)瑞典斯德哥尔摩商会仲裁院

瑞典斯德哥尔摩商会仲裁院(Arbitration Institute of the Stockholm Chamber of Commerce,The SCC Institute)③成立于1917年,总部设在瑞典斯德哥尔摩,隶属于斯德哥尔摩商会。该院的职能是独立的,主要解决工商和航运方面的争议。仲裁院目前适用2017年生效的《斯德哥尔摩商会仲裁院快速仲裁规则》和《斯德哥尔摩商会仲裁院仲裁规则》以及2014年生效的《斯德哥尔摩商会仲裁院调解规则》。此外,它还允许依当事人的约定,根据《联合国国际贸易法委员会仲裁规则》及其他仲裁规则审理案件。加之瑞典对于外国仲裁裁决的承认与执行,态度是很宽容的,而且瑞典毫无保留地加入了许多有关仲裁的国际公约,所以它的裁决在国外易得到承认与执行。

(四)瑞士商会仲裁院

为了推进瑞士的国际仲裁,2004年,瑞士的多个商业与工业协会(巴塞尔、伯尔尼、日内瓦、提契诺、沃州和苏黎世商业与工业协会成立了联合商会(纳沙泰尔商业与工业协会后来加入),并共同成立了瑞士商会仲裁院(Swiss Chambers' Arbitration Institution)④,以按照共同制定的《瑞士国际仲裁规则》(2004年制定,2012年修订)管理国际仲裁案件。瑞士商会仲裁院通过七个区域秘书处提供仲裁服务。

(五)英国伦敦国际仲裁院

英国伦敦国际仲裁院(London Court of International Arbitration,LCIA)⑤成立于

---

① 网址:http://www.worldbank.org/icsid/index.html,accessed to June 30,2018。中国批准《华盛顿公约》时通知:根据《公约》第25条第4款的规定,中国政府仅同意因征用和国有化而产生的争议依从中心的管辖权。
② 网址:http://www.iccwbo.org/products-and-services/arbitration-and-adr,accessed to June 30,2018。
③ 网址:http://www.sccinstitute.com/uk/Home,accessed to June 30,2018。
④ 网址:https://www.swissarbitration.org/sa/en,accessed to June 30,2018。在2004年1月1日之前,1911年成立的苏黎世商会仲裁院根据1989年《苏黎世商会国际仲裁规则》进行工作。
⑤ 网址:http://www.lcia.org,accessed to June 30,2018。

1892年,属于英国伦敦国际商会管辖,在国际社会享有很高声望。目前仲裁庭按照2014年《伦敦国际仲裁院仲裁规则》和2012年生效的《伦敦国际仲裁院调解规则》主持有关的程序。1996年英国颁布了新的《仲裁法》,对仲裁作出了许多支持性的规定,在很大程度上限制或削弱了法院对仲裁的干预或监督权。

(六) 美国仲裁协会

美国仲裁协会(American Arbitration Association,AAA)[①],成立于1926年,总部设在纽约,并在美国的主要城市设有分支机构,主要受理国内一般商事案件,兼受理美国同外国当事人之间的商事争议。对于国际争议,它目前适用的是2013年修改并生效的《国际争议解决程序》(包括独立的调解和仲裁规则)。

(七) 新加坡国际仲裁中心

新加坡国际仲裁中心(Singapore International Arbitration Centre,SIAC)[②],成立于1990年,目前适用2016年生效的《新加坡国际仲裁中心仲裁规则》和2017年生效的《新加坡国际仲裁中心投资仲裁规则》。

(八) 中国受理涉外民商事争议的仲裁机构

1. 中国国际经济贸易仲裁委员会

中国国际经济贸易仲裁委员会(China International Economic and Trade Arbitration Commission,CIETAC,以下简称中国贸仲)又称中国国际商会仲裁院(The Court of Arbitration of China Chamber of International Commerce, CCOIC Court of Arbitration),是中国国际贸易促进委员会(中国国际商会)属下的一个在国际上有很大影响并享有较高声誉的常设仲裁机构,成立于1956年,总部设在北京,并设有华南分会、上海分会、天津国际经济金融仲裁中心(天津分会)、西南分会、浙江分会、湖北分会、福建分会和香港仲裁中心,同时设有粮食行业争议仲裁中心和网上争议解决中心。它现在适用中国国际商会2015年修订的《中国国际经济贸易仲裁委员会仲裁规则》(以下简称2015年《贸仲仲裁规则》)、2009年《网上仲裁规则》、2015年《金融争议仲裁规则》。2015年《贸仲仲裁规则》第3条规定:"(一)仲裁委员会根据当事人的约定受理契约性或非契约性的经济贸易等争议案件。(二)前款所述案件包括:(1)国际或涉外争议案件;(2)涉及香港特别行政区、澳门特别行政区及台湾地区的争议案件;(3)国内争议案件。"中国贸仲备有仲裁员名册,近年已陆续增加了外国和港澳地区的仲裁员。

值得注意的是,2012年,中国贸仲华南分会更名为华南国际经济贸易仲裁委员会(以下简称华南贸仲)和深圳国际仲裁院,中国贸仲上海分会更名为上海国际经济贸易仲裁委员会(以下简称上海贸仲)和上海国际仲裁中心,两者对外宣称是独立的仲裁机构,发布了《仲裁规则》,并制定了仲裁员名册。为此,中国贸仲认为两个分会是其派出机构,分会的上述行为均没有法律依据,属于无效。而两个分会认为自己自始是独立的仲裁机构,有权

[①] 网址:http://www.adr.org,accessed to June 30,2018。

[②] 网址:http://www.siac.org.sg,accessed to June 30,2018。

更名和制定自己的仲裁规则。2014年,中国贸仲宣布重组华南分会和上海分会。2015年最高人民法院《关于对上海市高级人民法院等就涉及中国国际经济贸易仲裁委员会及其原分会等仲裁机构所作仲裁裁决司法审查案件请示问题的批复》就中国贸仲、华南贸仲和上海贸仲受理仲裁案件的权限、仲裁的管辖、仲裁的执行等问题作出了答复。

2. 中国海事仲裁委员会

中国海事仲裁委员会(China Maritime Arbitration Commission,CMAC)是中国国际贸易促进委员会属下的受理海事争议的专门的常设仲裁机构,成立于1959年,总部设在北京,并在上海、天津、重庆、深圳、香港、福建设有分会。另设有中国海事仲裁委员会渔业争议解决中心、物流争议解决中心、海事调解中心。中国海事仲裁委员会主要受理海上船舶互相救助报酬,海上船舶碰撞,海上船舶租赁与代理业务以及海上船舶运输和保险,海洋环境污染损害和船舶买卖、修造、拖航等方面的争议以及当事人协议要求仲裁的其他海事争议。仲裁庭根据2015年《中国海事仲裁委员会仲裁规则》对有关案件进行审理。

3. 香港国际仲裁中心

香港国际仲裁中心(Hong Kong International Arbitration Centre,HKIAC)[①]成立于1985年,是为配合亚洲地区对仲裁服务的需要而设立的。中心的仲裁事务分为本地仲裁和国际仲裁,均适用2013年生效的《香港国际仲裁中心机构仲裁规则》。此外还制定了2014年《本地仲裁规则》(适用于临时仲裁)、1993年《证券仲裁规则》、2002年《电子交易仲裁规则》、1992年《简易形式仲裁规则》和2015年《国际仲裁管理程序》。

4. 中国新组建的仲裁委员会

根据我国1994年《仲裁法》新组建的仲裁机构独立于行政机关,与行政机关没有隶属关系。对于新组建的仲裁委员会对涉外案件的管辖问题,《仲裁法》未作明文规定。1996年国务院办公厅《关于贯彻实施〈中华人民共和国仲裁法〉需要明确的几个问题的通知》第3条指出:"涉外仲裁案件的当事人自愿选择新组建的仲裁委员会仲裁的,新组建的仲裁委员会可以受理"。1995年国务院法制局会同有关单位拟定了《仲裁委员会仲裁暂行规则示范文本》,供各地仲裁委员会研究采用。目前各地仲裁委员会基本上都制定了其本身的仲裁(暂行)规则。

第三节 仲 裁 协 议

一、仲裁协议的概念和种类

仲裁协议是指双方当事人合意将他们之间已经发生或者将来可能发生的国际商事争议交付仲裁解决的一种书面协议。根据各国有关的仲裁法规和国际公约的规定,仲裁协议是仲裁庭或仲裁机构受理双方当事人的争议的依据。根据其表现形式的不同,仲裁协

[①] 网址:http://www.hkiac.org,accessed to June 30,2018。

议主要可分为仲裁条款和仲裁协议书,以及其他表示提交仲裁的文件。

仲裁条款是指双方当事人在协议中订立的,约定把将来可能发生的争议提交仲裁解决的条款。

仲裁协议书是指在争议发生前或争议发生后有关当事人双方经过平等协商,共同签署的一种把争议提交仲裁解决的专门性文件。从形式上看,仲裁协议书跟有关的合同是完全分开、彼此独立的。

其他表示提交仲裁的文件通常是指双方当事人针对有关合同关系或其他没有签订合同的国际商事法律关系而相互往来的信函、电传、电报以及其他书面材料。此种文件中含有双方当事人同意把他们已经发生或将来可能发生的有关争议提交仲裁解决的意思表示。

二、仲裁协议的内容

各国立法和有关国际条约对一项有效的仲裁协议应该包括哪些内容规定不尽相同,但是为了使有关仲裁程序得以顺利进行,并能获得各方当事人所预期的效果,一项完备的仲裁协议可包括以下五个方面的内容:

(一)提交仲裁的事项

仲裁协议首先应该明确把什么样的争议提交仲裁。如我国《仲裁法》第16条规定,仲裁协议的内容应该包括仲裁事项;该法第18条进一步明确规定,仲裁协议对仲裁事项没有约定或者约定不明确的,当事人可以补充协议,达不成补充协议的,仲裁协议无效。2006年最高人民法院《关于适用〈中华人民共和国仲裁法〉若干问题的解释》第2条规定,当事人概括约定仲裁事项为合同争议的,基于合同成立、效力、变更、转让、履行、违约责任、解释、解除等产生的纠纷,都可以认定为仲裁事项。

但也有些国家(如瑞典)的法律则规定,仲裁协议只要载明当事人愿意提交仲裁解决争议的合意就可以了,而不必规定包括仲裁事项在内的其他内容。

(二)仲裁地点

仲裁地点是指进行仲裁程序和作出仲裁裁决的所在地。在国际商事仲裁中确定仲裁地点很重要,这主要是因为仲裁地点与仲裁所适用的程序法以及按哪一国的冲突规则来确定合同的实体法都有密切关系。仲裁地点还影响着仲裁协议的有效性,按照国际惯例做法,一项仲裁协议如果规定了不可仲裁的事项,则仲裁协议无效。而可仲裁事项的范围是依支配仲裁的法律来确定的,支配仲裁的法律又通常是仲裁地法。此外,仲裁地点在很大程度上决定了仲裁裁决的国籍。

(三)仲裁机构

在国际商事仲裁中,对于仲裁机构的选择有两种做法,其一是组成临时仲裁庭,其二是选择某个常设仲裁机构。如果约定选择临时仲裁,则应在仲裁协议中具体写明仲裁庭的组成人数和如何指定仲裁员,以及采用什么仲裁程序规则审理等;如果约定在常设仲裁机构仲裁,则宜具体写明双方选定的那个常设仲裁机构在订立仲裁协议时所使用的全称。

我国《仲裁法》第 18 条规定,仲裁协议中没有约定仲裁机构或者约定不明确,后又无法达成补充协议的,该仲裁协议无效。2006 年最高人民法院《关于适用〈中华人民共和国仲裁法〉若干问题的解释》第 3 条至第 7 条作了补充规定:其一,仲裁协议约定的仲裁机构名称不够准确,但能够确定具体的仲裁机构的,应当认定选定了仲裁机构。其二,仲裁协议仅约定纠纷适用的仲裁规则的,视为未约定仲裁机构,但当事人达成补充协议或者按照约定的仲裁规则能够确定仲裁机构的除外。其三,仲裁协议约定两个以上仲裁机构的,当事人可以协议选择其中的一个仲裁机构申请仲裁;当事人不能就仲裁机构选择达成一致的,仲裁协议无效。其四,仲裁协议约定由某地的仲裁机构仲裁且该地仅有一个仲裁机构的,该仲裁机构视为约定的仲裁机构。该地有两个以上仲裁机构的,当事人可以协议选择其中的一个仲裁机构申请仲裁;当事人不能就仲裁机构选择达成一致的,仲裁协议无效。其五,当事人约定争议可以向仲裁机构申请仲裁也可以向人民法院起诉的,仲裁协议无效。但一方向仲裁机构申请仲裁,另一方未在仲裁庭首次开庭前提出异议的除外。

(四)仲裁规则

仲裁规则是指当事人和仲裁员在仲裁过程中必须遵守的操作规则,它包括仲裁申请的提出、仲裁员的选定、仲裁庭的组成、仲裁的审理、仲裁裁决的作出等内容。

各常设仲裁机构都制定了自己的仲裁规则。在大多数情况下,在订立仲裁条款时约定到某仲裁机构进行仲裁便也意味着同时约定适用该仲裁机构的仲裁规则。但也有些常设仲裁机构允许按双方当事人的约定,采用该仲裁机构以外的仲裁规则。而在选择临时仲裁时,无现成的仲裁规则可供采用,一般是选择某个仲裁机构的仲裁规则或《联合国国际贸易法委员会仲裁规则》,或者对上述仲裁规则作修改后再采用,或者专门拟定仲裁规则。

(五)裁决的效力

从较普遍的实践来看,仲裁庭就有关争议所作出的实质性裁决具有终审裁决的效力,是终局性的。但也有少数仲裁立法和仲裁规则规定了仲裁裁决不具有终局性而可以向法院起诉。如 1980 年《法兰西共和国仲裁法令》第 36 条(1998 年修订的《法国民事诉讼法典》第 1476 条)规定:"仲裁裁决一经作出,便对所作裁决的争执具有已决案件的权威性。"但该法令第 42 条(1998 年修订的《法国民事诉讼法典》第 1482 条)却规定:"除非当事人已在仲裁协议中放弃上诉,可以对仲裁裁决提起上诉。但如仲裁员是作为友好仲裁员接受仲裁裁决任务的,则除非当事人在仲裁协议中明确保留了这种权利,不得对裁决提起上诉。"美国仲裁协会为了方便那些协议对仲裁裁决可提出上诉的当事人,2013 年还制定了《选择性上诉仲裁规则》。

因此,仲裁协议最好还应对裁决的终局性进行约定。为了便于双方当事人在合同中订立合格的仲裁条款,许多仲裁机构都拟订有示范仲裁条款,供当事人采用。如中国贸仲拟订的《示范仲裁条款(一)》为:"凡因本合同引起的或与本合同有关的任何争议,均应提交中国国际经济贸易仲裁委员会,按照申请仲裁时该会现行有效的仲裁规定进行仲裁。仲裁裁决是终局的,对双方均有约束力。"

除以上五个方面外,仲裁协议还可以视具体情况,规定其他方面的内容,如仲裁的提起、仲裁员的任命、仲裁庭的权限、仲裁费用的承担,等等。

三、仲裁协议有效性的构成要件与认定机构

(一)仲裁协议有效性的构成要件

仲裁协议有效性的构成要件,即仲裁协议的有效要件,是指一项有效的仲裁协议必须具备的基本条件。尽管各国仲裁立法和国际公约对仲裁协议的有效要件的规定不尽相同,但对构成有效仲裁协议的基本条件的规定还是一致的。一般而言,主要涉及以下三个问题:

(1)仲裁协议的形式。一项有效的仲裁协议必须有合法的形式。对于仲裁协议的形式,绝大多数国家的立法和国际公约都规定,仲裁协议应该是书面的。例如,根据1958年《纽约公约》第2条第2款规定,书面仲裁协议是指当事人所签署的或者来往书信、电报所包含的合同中的仲裁条款和仲裁协议。我国《民事诉讼法》《仲裁法》均规定,仲裁协议是指在合同中订立的仲裁条款或者以其他书面方式在纠纷发生前或者纠纷发生后达成的请求仲裁的协议。2006年中国最高人民法院《关于适用〈中华人民共和国仲裁法〉若干问题的解释》第1条规定,《仲裁法》第16条规定的"其他书面形式"的仲裁协议,包括以合同书、信件和数据电文(包括电报、电传、传真、电子数据交换和电子邮件)等形式达成的请求仲裁的协议。

(2)仲裁协议当事人的行为能力。订立仲裁协议当事人的行为能力也是决定仲裁协议效力的有效要件之一。例如,1958年《纽约公约》规定,如果订立仲裁协议的"当事人依对其适用之法律有某种无行为能力情形者",缔约国可以拒绝承认执行该仲裁裁决。

(3)争议事项的可仲裁性。争议事项的可仲裁性是指当事人订立的仲裁协议中约定的提交仲裁的事项,必须是有关国家法律(即前面所说的"仲裁法"或"仲裁地法")允许采用仲裁方式处理的事项。如我国《仲裁法》第3条规定,对于婚姻、收养、监护、扶养、继承纠纷,以及依法应当由行政机关处理的行政争议不能仲裁。其他国家一般也有类似规定。1958年《纽约公约》第1条第3款把非商事争议排除在适用《纽约公约》之外。《纽约公约》第5条第2款还规定,如果根据仲裁裁决承认执行地国家的法律,争议事项系不能以仲裁解决者,则该国可以拒绝承认与执行裁决。

(二)仲裁协议有效性的认定机构

根据有关国际公约、国内立法及仲裁实践,有权认定仲裁协议是否存在及其有效性的机构主要有以下三类:

(1)仲裁机构。许多国家的仲裁立法和国际条约都规定仲裁机构有权认定仲裁协议是否有效。这是认定仲裁协议效力最主要、最普遍的机构。

(2)法院。如果双方当事人对订立的仲裁协议的有效性发生争执,一方当事人就属于仲裁协议规定的事项的争议向法院提起诉讼,法院能否受理?在这种情况下,根据1958年《纽约公约》第2条第3款的规定,法院有权认定仲裁协议是否有效。如果法院查

明仲裁协议是无效的、未生效的或不可能执行的,法院是可以受理此案的;如果法院查明仲裁协议是有效的,则应依一方当事人的请求,命令当事人把案件提交仲裁。

根据我国《仲裁法》第20条和最高人民法院《关于适用〈中华人民共和国仲裁法〉若干问题的解释》的有关规定,当事人对仲裁协议的效力有异议的,可以请求仲裁委员会作出决定或者请求人民法院作出裁定,并应当在仲裁庭首次开庭前提出。如一方请求仲裁委员会作出决定,另一方请求人民法院作出裁定的,由人民法院裁定。仲裁机构对仲裁协议的效力作出决定后,当事人向人民法院申请确认仲裁协议效力或者申请撤销仲裁机构的决定的,人民法院不予受理。人民法院审理仲裁协议效力确认案件,应当组成合议庭进行审查,并询问当事人。

2017年最高人民法院《关于审理仲裁司法审查案件若干问题的规定》第2条规定,申请确认仲裁协议效力的案件,由仲裁协议约定的仲裁机构所在地、仲裁协议签订地、申请人住所地、被申请人住所地的中级人民法院或者专门人民法院管辖。涉及海事海商纠纷仲裁协议效力的案件,由仲裁协议约定的仲裁机构所在地、仲裁协议签订地、申请人住所地、被申请人住所地的海事法院管辖;上述地点没有海事法院的,由就近的海事法院管辖。该司法解释第4条和第5条规定,申请人向两个以上有管辖权的人民法院提出申请的,由最先立案的人民法院管辖。申请人向人民法院申请确认仲裁协议效力的,应当提交申请书及仲裁协议正本或者经证明无误的副本。其第7条规定,申请人提交的文件不符合第5条、第6条的规定,经人民法院释明后提交的文件仍然不符合规定的,裁定不予受理。申请人对不予受理的裁定不服的,可以提起上诉。其第9条规定,对于申请人的申请,人民法院应当在7日内审查决定是否受理。其第10条和第11条规定,人民法院受理仲裁司法审查案件后,被申请人对管辖权有异议的,应当自收到人民法院通知之日起15日内提出。人民法院对被申请人提出的异议,应当审查并作出裁定。当事人对裁定不服的,可以提起上诉。在中华人民共和国领域内没有住所的被申请人对人民法院的管辖权有异议的,应当自收到人民法院通知之日起30日内提出。人民法院审查仲裁司法审查案件,应当组成合议庭并询问当事人。

此外,2017年最高人民法院《关于仲裁司法审查案件报核问题的有关规定》第2条第1款为涉外涉港澳台仲裁司法审查案件建立了报核制度[①]:各中级人民法院或者专门人民法院办理涉外涉港澳台仲裁司法审查案件,经审查拟认定仲裁协议无效,不予执行或者撤销我国内地仲裁机构的仲裁裁决,不予认可和执行香港特别行政区、澳门特别行政区、台湾地区仲裁裁决,不予承认和执行外国仲裁裁决,应当向本辖区所属高级人民法院报核;高级人民法院经审查拟同意的,应当向最高人民法院报核。待最高人民法院审核后,方可依最高人民法院的审核意见作出裁定。

上述司法解释第7条还规定,在民事诉讼案件中,对于人民法院因涉及仲裁协议效力

---

① 该司法解释第2条第2款也为非涉外涉港澳台仲裁司法审查案件规定了报核制度(除案件当事人住所地跨省级行政区域和以违背社会公共利益为由不予执行或者撤销我国内地仲裁机构的仲裁裁决最终向最高人民法院报核以外,其他案件向高级人民法院报核)。

而作出的不予受理、驳回起诉、管辖权异议的裁定,当事人不服提起上诉,第二审人民法院经审查拟认定仲裁协议不成立、无效、失效、内容不明确无法执行的,须按照本规定第 2 条的规定逐级报核,待上级人民法院审核后,方可依上级人民法院的审核意见作出裁定。

(3) 被请求承认和执行裁决的主管机关。根据《纽约公约》第 5 条第 1 款的规定,被请求承认和执行裁决的主管机关根据双方当事人选定的法律,或在没有这种选定的时候,根据作出裁决的国家的法律,认定仲裁协议是无效的,可以根据一方当事人的请求,拒绝承认和执行该裁决。这就意味着被请求承认和执行裁决的主管机关是有权对仲裁协议是否有效作出判断的。

四、仲裁协议的法律效力

(一) 已签字国际商事仲裁协议的法律效力

根据有关国际条约和大多数国家的法律规定,一项有效的仲裁协议在国际商事仲裁中具有以下法律效力:

(1) 对双方当事人具有严格的约束力,不得再向法院提起诉讼。例如我国《民事诉讼法》第 271 条第 1 款规定:"涉外经济贸易、运输和海事中发生的纠纷,当事人在合同中订有仲裁条款或者事后达成书面仲裁协议,提交中华人民共和国涉外仲裁机构或者其他仲裁机构仲裁的,当事人不得向人民法院起诉。"

(2) 具有排除有关国家法院的管辖权的效力。如各国的仲裁立法和有关的国际条约都毫无例外地规定:一项有效的仲裁协议能排除法院的管辖权。1958 年《纽约公约》规定,如果缔约国法院受理一个案件,而就这个案件所涉及的事项,当事人已达成本条意义上的协议时,除非该法院查明该协议是无效的、未生效的或不可能执行的,应该依一方当事人的请求,命令当事人把案件提交仲裁。但如一方当事人向法院起诉时未提交有关的仲裁协议,而他方亦不以有仲裁协议存在反对法院受理案件,可视为双方已放弃原仲裁协议,而行使司法管辖权。2015 年我国最高人民法院《关于适用〈中华人民共和国民事诉讼法〉的解释》第 215 条规定,依照《民事诉讼法》第 124 条第 2 项的规定,当事人在书面合同中订有仲裁条款,或者在发生纠纷后达成书面仲裁协议,一方向人民法院起诉的,人民法院应当告知原告向仲裁机构申请仲裁,其坚持起诉的,裁定不予受理,但仲裁条款或者仲裁协议不成立、无效、失效、内容不明确无法执行的除外。该司法解释第 216 条规定,在人民法院首次开庭前,被告以有书面仲裁协议为由对受理民事案件提出异议的,人民法院应当进行审查。经审查符合下列情形之一的,人民法院应当裁定驳回起诉:第一,仲裁机构或者人民法院已经确认仲裁协议有效的;第二,当事人没有在仲裁庭首次开庭前对仲裁协议的效力提出异议的;第三,仲裁协议符合《仲裁法》第 16 条规定且不具有《仲裁法》第 17 条规定情形的。

另外,对于国际商事仲裁协议是否必须考虑法院专属管辖的问题,理论界与实务界均存在不同看法。在实践中,国内外普遍主张当事人在通过协议选择法院管辖时不得改变本应服从的专属管辖,而对仲裁协议选择了将法院专属管辖事项提交仲裁是否当然无效则莫衷一是。只是我国 2015 年最高人民法院《关于适用〈中华人民共和国民事诉讼法〉的解释》第 531 条特别规定,根据《民事诉讼法》第 33 条和第 266 条规定,属于中华人民共和国法院专属管辖的案件,当事人不得协议选择外国法院管辖,但协议选择仲裁的除外。

(3) 是有关仲裁机构行使仲裁管辖权的依据。一方面表现为如果双方当事人没有签订将他们之间的争议提交仲裁的仲裁协议,有关仲裁机构就无权受理当事人之间的争议;另一方面表现为仲裁机构的管辖权受到仲裁协议严格的限制,它只能受理仲裁协议所规定的争议,只能就当事人按仲裁协议的约定所提交的争议事项进行仲裁审理,并作出裁决,不得超裁。

(4) 是强制执行仲裁裁决的依据。如《纽约公约》第 4 条规定:为获得仲裁裁决的承认和执行,申请承认和执行仲裁的当事人应该在申请的时候提供仲裁协议正本或经正式证明的副本。无效的仲裁协议也是构成有关国家拒绝承认和执行有关裁决的理由之一。

(二) 未签字国际商事仲裁协议的法律效力

不少国家的立法、司法和仲裁实践、仲裁理论均逐步认为在某些情况下,仲裁条款对未签字的当事人仍具有法律约束力。这些情况主要指:

(1) 法人合并与分立并不导致原来所签字的仲裁协议的无效。2006 年我国最高人民法院《关于适用〈中华人民共和国仲裁法〉若干问题的解释》第 8 条规定:"当事人订立仲裁协议后合并、分立的,仲裁协议对其权利义务的继受人有效。当事人订立仲裁协议后死亡的,仲裁协议对承继其仲裁事项中的权利义务的继承人有效。前两款规定情形,当事人订立仲裁协议时另有约定的除外。"

(2) 合同转让一般也不影响原仲裁协议的效力。2006 年我国《关于适用〈中华人民共和国仲裁法〉若干问题的解释》第 9 条规定:"债权债务全部或者部分转让的,仲裁协议对受让人有效,但当事人另有约定、在受让债权债务时受让人明确反对或者不知有单独仲裁协议的除外。"

(3) 提单的转让和租约仲裁条款并入提单。一般认为,提单中的仲裁条款对受让人继续有效,只要受让人在接受提单时对其中的仲裁条款没有表示反对。

各国对租约仲裁条款并入提单的效力问题采取的态度各不相同。特别是当提单发生转让后,这种并入条款对承租人以外的提单持有人是否具有约束力,由于缺乏明确的法律规定,我国在理论与实践上一直存在不同的观点和做法。近年来,最高人民法院通过对个案的请示答复,审查标准已经逐渐趋于统一:对租约仲裁条款并入提单对提单持有人的效力问题持相对谨慎的态度,强调当事人双方将争议事项提交仲裁的合意是最高人民法院认定仲裁条款效力的主要标准。[①]

(4) 国际公约中的仲裁条款的适用。2006 年我国最高人民法院《关于适用〈中华人民共和国仲裁法〉若干问题的解释》第 11 条规定:涉外合同应当适用的有关国际条约中有仲裁规定的,发生合同争议时,当事人应当按照国际条约中的仲裁规定提请仲裁。

---

① 李双元、欧福永主编:《国际私法(第四版)》,北京大学出版社 2015 年版,第 460 页。

(5) 代位清偿。如果被代位权人与原债务人之间订有仲裁条款,对该仲裁条款对代位权人与原债务人是否具有约束力的问题,一些国家的立法和司法实践亦持肯定态度。

五、仲裁条款自治理论

在国际商事交往中,为了使国际商事争议得到及时妥善地解决,当事人往往在国际商事合同中订有争议解决的仲裁条款。但随之也带来一个问题,即当包含有仲裁条款的国际商事合同被确认为无效时,仲裁条款是否仍然有效?目前最普遍的观点是,即使包括有仲裁协议的合同是无效合同,也并不影响该仲裁协议的效力。这就是所谓的"仲裁条款自治理论"。这一理论的根据是,凡以仲裁条款的形式出现的仲裁协议,应被视为与当事人之间有关合同的其他部分相分离的单独协议,即一个包含仲裁条款的合同,应被视为由两个相对独立的合同构成的,尽管可以认为规定当事人双方在商业利益方面的权利义务关系的合同为主合同,而另一个以仲裁条款形式出现的仲裁协议为从合同,但这二者不能适用"主合同无效,从合同亦随之无效"的一般法理。这是因为这个从合同得以存在以及得以实施的前提条件正是双方当事人之间因主合同是否存在、是否有效以及其他事项发生了争议,从合同是主合同不能履行或不能完全履行时的一种救济手段。

仲裁条款自治理论被许多国家的立法和有关国际条约所采用。如 2010 年《联合国国际贸易法委员会仲裁规则》第 23 条第 1 款规定,构成合同一部分的仲裁条款,应作为独立于合同中其他条款的一项协议对待。仲裁庭作出合同无效的裁定,不应自动造成仲裁条款无效。中国的有关立法也承认仲裁条款自治理论。我国《仲裁法》第 19 条第 1 款规定:"仲裁协议独立存在,合同的变更、解除、终止或者无效,不影响仲裁协议的效力。"2006 年我国最高人民法院《关于适用〈中华人民共和国仲裁法〉若干问题的解释》第 10 条规定:"合同成立后未生效或者被撤销的,仲裁协议效力的认定适用仲裁法第 19 条第 1 款的规定。当事人在订立合同时就争议达成仲裁协议的,合同未成立不影响仲裁协议的效力。"

第四节 仲 裁 程 序

仲裁程序是指国际商事仲裁中自一方当事人提请仲裁到作出终局裁决这一整个过程中,有关仲裁机构、仲裁员、仲裁庭、申请人、被申请人以及证人、鉴定人、代理人等其他仲裁参与人参与进行仲裁活动所必须遵循的程序。

一、仲裁申请和受理

(一)仲裁的申请

仲裁的申请是指仲裁协议中所约定的争议事项发生以后,仲裁协议的一方当事人依据该协议将有关争议提交他们所选定的仲裁机构,从而提起仲裁程序的行为。提出仲裁申请是开始仲裁程序最初的法律步骤。一些国家的仲裁法律明确规定,仲裁机构受理仲裁案件的依据除了仲裁协议以外,还必须要有当事人一方的申请。我国《仲裁法》第23条规定,仲裁申请书应当载明下列事项:(1)当事人的姓名、性别、年龄、职业、工作单位和住所,法人或者其他组织的名称、住所和法定代表人或者主要负责人的姓名、职务;(2)仲裁请求和所根据的事实、理由;(3)证据和证据来源、证人姓名和住所。

(二) 仲裁的受理

仲裁机关在收到申请人提交的仲裁申请书及有关材料后,应立即进行初步审查以决定是否立案受理。一般来说,审查事项包括:(1)仲裁条款或仲裁协议是否有效,该仲裁机构是否享有对该争议的管辖权;(2)请求仲裁事项是否属于仲裁协议的范围之内或是否能进行仲裁;(3)是否超过仲裁时效;(4)仲裁协议当事人的名称和仲裁申请书的申请人和被申请人名称是否一致等。如符合上述各项条件,仲裁机构即正式立案受理,否则将仲裁申请书及有关材料退回申请人,并说明不予受理的理由。如仅是某些形式要件不符规定,仲裁机构可要求申请人予以补正。

仲裁机构受理案件后,应即向申请人发出受案通知,并向被申请人发出仲裁通知,同时将仲裁申请书副本及其附件送达给被申请人,还应将仲裁机构的仲裁规则及仲裁员名册和仲裁费用表各一份同时发送给被申请人,通知被申请人应诉并指定仲裁员(或指定产生仲裁员的方法)。

当事人可以授权仲裁代理人办理有关仲裁事项。当事人或其仲裁代理人应向仲裁委员会提交授权委托书。

二、答辩和反请求

(一) 答辩

我国《仲裁法》第25条第2款规定,被申请人收到仲裁申请书副本后,应当在仲裁规则规定的期限内向仲裁委员会提交答辩书。仲裁委员会收到答辩书后,应当在仲裁规则规定的期限内将答辩书副本送达申请人。被申请人未提交答辩书的,不影响仲裁程序的进行。

(二) 反请求

反请求是仲裁过程中被申请人用来保护自身利益的重要手段。我国《仲裁法》第27条规定,申请人可以放弃或者变更仲裁请求。被申请人可以承认或者反驳仲裁请求,有权提出反请求。

通常,在受理反请求后,为了节省时间、人力和物力,仲裁庭把申请人提起的原请求跟被申请人提起的反请求合并审理。提出仲裁申请的申请人在审理过程中撤回仲裁申请的,不影响反请求审理的继续进行。

三、仲裁员和仲裁庭

(一) 仲裁员的资格

仲裁员的指定是仲裁与诉讼的本质区别之一,也是当事人的最重要权利。

仲裁员应具备完全的行为能力,且不得与一方当事人有亲属或利害关系。我国《仲裁法》第13条规定:仲裁委员会应当从公道正派的人员中聘任仲裁员。仲裁员应当符合下列条件之一:(1)通过国家统一法律职业资格考试并取得法律职业资格,从事仲裁工作满8年的;(2)从事律师工作满8年的;(3)曾任法官满8年的;(4)从事法律研究、教学工作并具有高级职称的;(5)具有法律知识、从事经济贸易等专业工作并具有高级职称或者具有同等专业水平的。仲裁机构都设有自己的仲裁员名册,供当事人选择。

(二) 仲裁员的选定或指定和仲裁庭的组成

在当事人约定应由三人组成仲裁庭审理时,双方当事人可各自选任一名仲裁员,而第三名作为首席仲裁员的一般应由该两名仲裁员商定选任,也可委托仲裁机构代替双方指定首席仲裁员。如约定由独任仲裁员仲裁时,应由双方当事人合意选定;如达不成合意,可共同委托仲裁机构指定。2015年《中国国际经济贸易仲裁委员会仲裁规则》第30条规定,仲裁委员会主任根据本规则的规定指定仲裁员时,应考虑争议的适用法律、仲裁地、仲裁语言、当事人国籍,以及仲裁委员会主任认为应考虑的其他因素。

为了满足当事人在仲裁庭组成前对以保全财产或证据为目的的"临时性救济"的需求,国际商会国际仲裁院、美国仲裁协会、斯德哥尔摩商会仲裁院等仲裁机构在其仲裁规则中规定了"紧急仲裁员制度",2015年《中国国际经济贸易仲裁委员会仲裁规则》就规定了紧急仲裁庭制,其第23条规定,根据所适用的法律或当事人的约定,当事人可以依据《中国国际经济贸易仲裁委员会紧急仲裁员程序》(本规则附件三)向仲裁委员会仲裁院申请紧急性临时救济。紧急仲裁员可以决定采取必要或适当的紧急性临时救济措施。紧急仲裁员的决定对双方当事人具有约束力。

整个仲裁程序都由独任仲裁员或首席仲裁员主持进行。但首席仲裁员除主持仲裁程序外,同其他仲裁员一样,也只有一票决定权。在仲裁庭不能形成多数意见时,依中国《仲裁法》第53条的规定,仲裁裁决依首席仲裁员的意见作出。

(三) 仲裁员的回避和更换

在国际商事仲裁中,各国仲裁立法和仲裁规则都对仲裁员的回避作了规定。被指定或选定的仲裁员与案件有利害关系的,应自行披露此种情况并请求回避。当事人也享有请求其回避的权利。中国《仲裁法》第34条和第35条规定,仲裁员有下列情形之一的,必须回避,当事人也有权提出回避申请:(1)是本案当事人或者当事人、代理人的近亲属;(2)与本案有利害关系;(3)与本案当事人、代理人有其他关系,可能影响公正仲裁的;(4)私自会见当事人、代理人,或者接受当事人、代理人的请客送礼的。当事人提出回避申请,应当说明理由,在首次开庭前提出。回避事由在首次开庭后知道的,可以在最后一次开庭终结前提出。其第36条规定,仲裁员是否回避,由仲裁委员会主任决定;仲裁委员会主任担任仲裁员时,由仲裁委员会集体决定。其第38条规定,仲裁员有本法第34条第4项规定的情形,情节严重的,或者有本法第58条第6项规定的情形的,应当依法承担法律责任,仲裁委员会应当将其除名。

仲裁员遇回避或死亡,或因其他原因不能履行职责时,一般应按原来的程序重新指定或选定仲裁员。仲裁员被更换后,原来进行了的审理是否需要重新进行,一般由仲裁庭决定。

四、仲裁审理

仲裁审理是指仲裁庭以一定的方式和程序收集和审查证据、询问证人、鉴定人,并对整个争议事项的实质性问题进行全面审查的仲裁活动。仲裁审理在整个仲裁程序中占有重要地位。仲裁审理一般涉及以下一些问题:

(一) 审理方式

仲裁审理的方式大体上分为两种,一种是口头审理,又称开庭审理,即双方当事人或者其代理人亲自出庭,以口头答辩的方式,接受仲裁庭对案件的审理;另一种是书面审理,又称不开庭审理,即双方当事人或者他们的代理人可以不必亲自到庭,仲裁庭只根据双方当事人提供的书面证据材料如仲裁申请书、答辩书、合同、双方往来函电以及证人证言、专家报告等书面证据材料,对争议案件进行审理。书面审理可缩短周期,快速结案,同时还可以节省双方当事人往返的时间和费用。为节省时间和费用,国外许多的仲裁立法和仲裁规则一般都规定,仲裁庭仅在当事人作出约定或提出请求时才决定开庭进行口头审理。例如1999年瑞典《仲裁法》第24条规定:"经一方当事人请求,且当事人没有其他约定,仲裁庭在对提交其解决的事项作出决定之前应举行一次开庭。"如果根据案件的实际情况没有必要进行口头审理,即使一方当事人提出了这种要求,也没有必要开庭审理。但是我国却强调开庭审理,我国《仲裁法》第39条规定,仲裁应当开庭进行。当事人协议不开庭的,仲裁庭可以根据仲裁申请书、答辩书以及其他材料作出裁决。

(二) 开庭通知与开庭地点

如果确定案件需要进行开庭审理时,仲裁庭需要向双方当事人发送开庭通知。当事人有正当理由的,一般可以在仲裁规则规定的期限内请求延期开庭。是否延期,由仲裁庭决定。开庭审理时,确定开庭地点也很重要,开庭地点和仲裁地点还是有所不同的。仲裁地点通常就是指作出仲裁裁决的地点,它基本上决定仲裁裁决的国籍;开庭地点则是指开庭审理的地点,一般就是在仲裁地点,但开庭地点也可以在仲裁地点之外。

(三) 缺席审理

缺席审理是指在开庭审理时,当事人或者其代理人接到开庭通知,没有正当理由而不到庭,或者未经仲裁庭许可中途退庭,仲裁庭在该当事人或其代理人不出庭的情况下进行的审理。各仲裁规则对此都有明确规定。我国《仲裁法》第42条规定,申请人经书面通知,无正当理由不到庭或者未经仲裁庭许可中途退庭的,可以视为撤回仲裁申请。被申请人经书面通知,无正当理由不到庭或者未经仲裁庭许可中途退庭的,可以缺席裁决。

(四) 不公开审理

关于仲裁庭开庭审理案件是否应公开进行的问题,各国一般规定,除当事人双方同意公开审理外,仲裁审理应不公开进行。例如我国《仲裁法》第40条规定,仲裁不公开进行。当事人协议公开的,可以公开进行,但涉及国家秘密的除外。仲裁审理之所以原则上不公开进行,是基于保护商业秘密的需要。而在实践中,当事人要求公开审理的也极少见。

(五) 调查取证

在仲裁审理中,双方当事人都会提出对自己有利的证据材料,而对自己不利的证据当然不会主动提交给仲裁庭。因而,在双方当事人提交的证据不充分或不足以证明事实真相的情况下,就得由仲裁庭自行调查事实,收集证据。

我国《仲裁法》第43条至第46条规定,当事人应当对自己的主张提供证据。仲裁庭认为有必要收集的证据,可以自行收集。仲裁庭对专门性问题认为需要鉴定的,可以交由当事人约定的鉴定部门鉴定,也可以由仲裁庭指定的鉴定部门鉴定。证据应当在开庭时出示,当事人可以质证。在证据可能灭失或者以后难以取得的情况下,当事人可以申请证据保全。2015年最高人民法院《关于适用〈中华人民共和国民事诉讼法〉的解释》第542条第2款的规定,当事人申请证据保全,人民法院经审查认为无需提供担保的,申请人可以不提供担保。

国际商事仲裁的当事人和仲裁员通常来自于不同国家和不同法系,其法律思维、证据理念和职业习惯都有着较大的差异。为协调不同法系间证据规则的差异,实现仲裁实务的统一操作,国际律师协会制定了《国际商事仲裁取证规则》(1983年第1版、1999年第2版、2010年第3版,英文名称:IBA Rules on the Taking of Evidence in International Arbitration)。该规则秉承的基本原则在于:确保每一方当事人有权在任何证据听证会或者有关事实或者实体的任何决定作出前的合理时间内获知其他当事人所依赖的证据,使仲裁庭得以公平、高效、经济地解决国际商事仲裁中的取证问题。该规则反映了国际商事仲裁证据获取及出示方面的最好实践,可以通过当事人自由约定而适用。中国国际经济贸易仲裁委员会也于2015年发布了其《证据指引》。

五、仲裁中的财产保全

仲裁中的财产保全是指法院或仲裁机构根据仲裁案件当事人的申请,就有关当事人的财产作出临时性强制措施,以保全申请人的权益,保证将来作出的裁决能够得到执行。

仲裁中的财产保全,通常由当事人在仲裁申请时一并提出,也可在仲裁审理过程中提出。我国《民事诉讼法》第272条规定,当事人申请采取财产保全的,中华人民共和国的涉外仲裁机构应当将当事人的申请,提交被申请人住所地或者财产所在地的中级人民法院裁定。最高人民法院《关于适用〈中华人民共和国民事诉讼法〉的解释》第542条第1款规定,依照《民事诉讼法》第272条规定,中华人民共和国涉外仲裁机构将当事人的保全申请提交人民法院裁定的,人民法院可以进行审查,裁定是否进行保全。裁定保全的,应当责令申请人提供担保,申请人不提供担保的,裁定驳回申请。

六、仲裁中的和解与调解

（一）仲裁中的和解

1. 和解的含义

和解是当事双方在平等的基础上相互协商、相谅互让,按照有关法律规定和合同约定或者公平原则,自愿解决争议的一种方式。依据不同的划分标准可将和解分成不同种类,如仲裁中的和解与诉讼中的和解[①]、提交争议前的和解与提交争议后的和解,等等。而国际商事和解(international commercial negotiation),又称为国际商事协商或谈判,是国际商事关系的当事人在自愿互谅的基础上,按照有关法律规定和合同约定或者公平原则,直接进行磋商,自行达成协议,从而解决争议的一种方式。国际商事和解一般遵循自愿原则、平等原则、合法原则、和解一致原则和公平合理原则。

2. 仲裁中的和解程序

在国际商事仲裁中不仅允许当事双方在提交仲裁前自行和解,而且允许当事双方在提交仲裁后且在裁决作出前自行和解。我国《仲裁法》第49条就明确规定:"当事人申请仲裁后,可以自行和解。达成和解协议的,可以请求仲裁庭根据和解协议作出裁决书,也可以撤回仲裁申请。"其第50条规定:"当事人达成和解协议,撤回仲裁申请后反悔的,可以根据仲裁协议申请仲裁。"2006年最高人民法院《关于适用〈中华人民共和国仲裁法〉若干问题的解释》第28条规定,当事人请求不予执行仲裁调解书或者根据当事人之间的和解协议作出的仲裁裁决书的,人民法院不予支持。

（二）仲裁中的调解

1. 调解的定义与分类

调解是指中立的第三方在当事人之间调停疏导、帮助交换意见、提出解决问题的建议并促成当事方解决纠纷的一种方式。按照调解中立方的主体不同,大致可以分为民间调

[①] 诉讼中的和解是民事诉讼中的一项重要制度,世界各国民事诉讼法大多作了较详细的规定。我国现行《民事诉讼法》也作了原则性规定,如第50条规定:双方当事人可以自行和解。2004年最高人民法院《关于人民法院民事调解工作若干问题的规定》第4条规定:当事人在和解过程中申请人民法院对和解活动进行协调的,人民法院可以委派审判辅助人员或者邀请、委托有关单位和个人从事协调活动。2007年最高人民法院《关于进一步发挥诉讼调解在构建社会主义和谐社会中积极作用的若干意见》第14条规定,当事人达成和解协议或者调解协议后申请人民法院制作调解书的,人民法院应当依法对调解协议或者和解协议进行审查。其第16条规定,人民法院对和解协议、调解协议审查确认后制作的调解书,应当由办案法官署名,并加盖人民法院印章。我国《民事诉讼法》第97条规定:调解书经双方当事人签收后,即具有法律效力。2015年最高人民法院《关于适用〈中华人民共和国民事诉讼法〉的解释》第107条规定:在诉讼中,当事人为达成调解协议或者和解协议作出妥协而认可的事实,不得在后续的诉讼中作为对其不利的根据,但法律另有规定或者当事人均同意的除外。

解、行政调解、调解机构调解①、仲裁机构调解和法院调解②等类型。③

而国际商事调解(conciliation or mediation)则是指国际商事争议的当事人自愿将争议提交给第三者,并在第三者的主持下,查清事实、分清是非、明确责任,通过第三者的劝说引导,促使当事人在互谅互让的基础上达成和解,从而促成争议解决的一种方法。国际商事调解的进行除依当事人的协议外,并无定式。联合国国际贸易法委员会曾于1980年制定了《调解规则》,同年12月联合国大会同意推荐该《规则》以供当事人寻求以调解方式友好解决国际商事关系中发生的争议。2002年该委员会通过《国际商事调解示范法》(UNCITRAL Model Law on International Commercial Conciliation),全文共14条。这是联合国国际贸易法委员会致力于国际商事争议解决机制的又一重大成果。其主要内容可以归纳为七个方面:

第一,调解的开始。对于已发生的争议,调解程序自当事人同意进入该程序之日起开始。一方当事人邀请另一方当事人进入调解程序,自发出邀请之日起30日内或在邀请中确定的期限内未收到答复,可视为拒绝调解邀请。

第二,调解员的人数及委任。除非当事人另有约定,调解员应为一人。当事人应尽力达成委任调解员的协议,在委任调解员时,当事人可求助于机构或个人,要求其推荐或直接指定合适的调解员。

第三,调解的进行。当事人可约定调解的方式。如未达成此种协议,调解员在考虑案件的情形、当事人可能表达的愿望以及快速解决争议的基础上,可按其认为适当的方式进

---

① 调解机构调解是指由专职的调解机构就当事人之间的争议所进行的调解。我国专职的调解机构有村民委员会和居民委员会下设的人民调解委员会、中国国际贸易促进委员会/中国国际商会调解中心、中国海事仲裁委员会海事调解中心。此外,中国国际贸易促进委员会/中国国际商会调解中心还与外国有关机构建立了一些联合调解机构,例如北京—汉堡调解中心、中意商事调解中心、中美商事调解中心、中韩商事争议调解中心、中国国际商会调解中心与澳门世界贸易中心联合调解中心。

我国《人民调解法》第31条规定,经人民调解委员会调解达成的调解协议,具有法律约束力,当事人应当按照约定履行。其第32条规定,当事人之间就调解协议的履行或者调解协议的内容发生争议的,一方当事人可向法院提起诉讼。其第33条规定,双方当事人认为有必要的,可以自调解协议生效之日起30日内共同向法院申请司法确认。法院依法确认调解协议有效,一方当事人拒绝履行或者未全部履行的,对方可以向法院申请强制执行。

在中国,除人民调解委员会以外的民间调解机构调解达成的协议,没有强制执行力,只能由当事人自愿履行。

② 法院调解,也称为司法调解,是指由法院主持下进行的调解。中国法院审理民事案件,可以在诉讼程序中进行调解。这种做法被称为"审判与调解相结合",其主要特征表现在三个方面:第一,调解的适用范围。中国《民事诉讼法》第122条规定,当事人起诉到人民法院的民事纠纷,适宜调解的,先行调解,但当事人拒绝调解的除外。最高人民法院《关于适用〈中华人民共和国民事诉讼法〉的解释》第145条规定,人民法院审理离婚案件,应当进行调解,但不应久调不决。第二,调解的原则。中国《民事诉讼法》第93条和第96条规定,人民法院审理民事案件,根据当事人自愿的原则,在事实清楚的基础上,分清是非,进行调解。调解达成协议,必须双方自愿,不得强迫。调解达成协议的内容不得违反法律规定。最高人民法院《关于适用〈中华人民共和国民事诉讼法〉的解释》第146条规定,人民法院审理民事案件,调解过程不公开,但当事人同意公开的除外。调解协议内容不公开,但为保护国家利益、社会公共利益、他人合法权益,人民法院认为确有必要公开的除外。第三,调解协议和调解书的效力。最高人民法院《关于适用〈中华人民共和国民事诉讼法〉的解释》第530条规定:涉外民事诉讼中,经调解双方达成协议,应当制发调解书。当事人要求发给判决书的,可以依协议的内容制作判决书送达当事人。中国《民事诉讼法》第97条和第99条规定,调解书经双方当事人签收后,即具有法律效力。调解未达成协议或者调解书送达前一方反悔时,人民法院应当及时判决。

③ 对于调解的分类,学术界和实务界存在分歧。有人认为调解分为司法调解、行政调解和人民调解三种;有人认为调解应分为司法调解、行政调解、仲裁调解、人民调解、民间调解和律师调解六种;有人认为调解应分为司法调解、行政调解、仲裁调解、民间调解(包括狭义的民间调解、人民调解、律师调解)。

行调解。但在任何情况下,调解员应公平地对待全体当事人。在调解的任何阶段,调解员可提出解决争议的建议。调解员可共同或单独与当事人会晤或联系。调解员自一方当事人处收到的非保密信息,可向其他当事人披露其实质内容。

第四,调解的结束。在下列情形下调解结束:当事人签订调解协议;经商当事人,调解员宣告不必继续进行调解;当事人通知调解员结束调解程序;一方当事人通知其他当事人和调解员(如已委任)结束调解程序。

第五,保密。除非当事人另有协议,与调解程序有关的任何信息均应保密,除非法律要求或者为实施或执行调解协议的目的而作出披露。

第六,调解与其他程序的关系。调解程序的当事人、调解员及任何第三人包括调解程序的有关管理者,不得在仲裁、司法或类似程序中将下列情形作为依据、当作证据提出或作证或提供证据:当事人邀请开始调解程序或愿意参加调解程序的事实;为使争议可能得到解决,一方当事人在调解程序中表达的观点或建议;一方在调解过程中所作声明或承认;调解员提出的建议;一方表示愿意接受调解员建议的调解方案的事实;仅为调解程序的目的而准备的文件。仲裁庭、法院或其他有权政府机构不应命令披露前述信息,违反规定而提交此等信息,应视为不可接受的证据,但法律另有规定或者为实施或执行调解协议的除外。

除非当事人另有约定,调解员不得在调解程序所针对的争议或关于同一法律关系所引起的争议中担任仲裁员。

第七,调解协议的可执行性。如果当事人达成解决争议的协议,则调解协议具有拘束力并可强制执行。这是《国际商事调解示范法》对传统调解的一个最大的突破。不过,各国在采用该《示范法》时,可自行决定执行的方法或规定。

2. 仲裁中的调解程序

仲裁中的调解是指在仲裁机构主持下进行的调解。目前,世界上许多仲裁机构都受理调解案件。不过,各仲裁机构的具体做法有所不同:一种做法是把调解程序与仲裁程序分开,分别订有调解规则和仲裁规则,调解由调解委员会主持,仲裁由仲裁法庭主持,调解不成而需仲裁时,则原调解人不得为同一争议的仲裁人;另一种做法是把调解纳入仲裁程序,由仲裁庭主持进行,在仲裁程序开始前或开始后,仲裁庭可主动征得当事人同意后进行调解,调解成功即结案,调解不成或当事人不愿继续进行调解,则进行仲裁。

中国国际经济贸易仲裁委员会和中国海事仲裁委员会采用后一种做法。这种做法在中国被称为仲裁中的调解。根据中国《仲裁法》的规定,仲裁庭在作出裁决前,可以先行调解。当事人自愿调解的,仲裁庭应当调解。调解不成的,应当及时作出裁决。调解达成协议的,仲裁庭应当制作调解书或者根据协议的结果制作裁决书。调解书与裁决书具有同等法律效力。调解书应当写明仲裁请求和当事人协议的结果。调解书由仲裁员签名,加盖仲裁委员会印章,送达双方当事人。调解书经双方当事人签收后,即发生法律效力。在调解书签收前当事人反悔的,仲裁庭应当及时作出裁决。

七、仲裁裁决

（一）仲裁裁决的概念

仲裁裁决是指仲裁庭对仲裁当事人提交的争议事项审理终结后作出的结论性意见。仲裁庭作出最终裁决后，整个仲裁程序即宣告终结。除作出最终裁决（终局裁决）外，根据需要，仲裁庭还可以作出中间裁决或部分裁决。

最终裁决，又称终局裁决。仲裁庭在审理终结后，对争议的所有问题或遗留下的问题，作出最终裁决。最终裁决一经作出，即具有法律约束力，当事人一般既不能向法院起诉，也不能请求其他机构变更仲裁裁决。

部分裁决是指仲裁庭在案件审理过程中，如果认为案件的某部分事实已经查清，并且有必要先行作出裁决的，就对该部分事实作出裁决。部分裁决一经作出，即具有法律约束力，在性质上和终局裁决一样，只不过是在最后审理终结前作出的。已经在部分裁决中裁决的事项，在终局裁决中就不得再次进行裁决。

中间裁决，又称为临时裁决。仲裁庭认为有必要或当事人提出请求并经仲裁庭同意时，可以在仲裁过程中的任何时候，就案件的任何问题作出中间裁决。中间裁决不对当事人的责任问题作出结论，一般只是仲裁庭查清事实或对案件重要问题作出临时性措施的一种手段，以便仲裁庭作出最后裁决。

（二）裁决的形式和内容

无论什么类型的裁决，各国仲裁立法和仲裁规则都要求以书面形式作成。仲裁裁决应由仲裁庭全体或多数仲裁员签名。仲裁裁决书的内容，一般应包括如下几项：(1) 仲裁机构的名称、裁决书编号、仲裁员的姓名和地址、当事人双方的名称和住所地、代理人和其他参与人的姓名，以及作出仲裁裁决的准确日期和地点；(2) 简述有关裁决背景的事实情况，如双方当事人之间所签订的国际商事合同及其发生的争议、仲裁协议、仲裁申请和仲裁庭的组成情况、仲裁双方当事人的仲裁要求和支持其要求的依据；(3) 仲裁庭根据当事人双方的申诉、抗辩、证据和可适用的法律对案件作出的评价以及从这种评价中得出的关于判定双方当事人权利的结论；(4) 当事人需支付的仲裁费用和仲裁员报酬；(5) 由仲裁员在裁决书上签名，并加盖仲裁机构的印章，并且要载明裁决是终局裁决。

（三）裁决的作出和裁决理由的说明

裁决一般由独任仲裁员或依多数票作出，在未取得多数的情况下或由仲裁庭授权时，首席仲裁员得单独作出决定。对于作出的裁决，一般要求说明作出相关裁决的理由。例如，2010年《联合国国际贸易法委员会仲裁规则》第33条第1款规定，在有仲裁员不止一名的情况下，任何裁决或其他决定应由仲裁员的多数作出。但关于程序问题，在未取得多数的情况下或由仲裁庭授权时，首席仲裁员得单独作出决定，但应遵从仲裁庭的可能修正。

为了保证仲裁裁决的质量，国际商会国际仲裁院等仲裁机构建立了仲裁裁决的核阅制度。例如，2015年《中国国际经济贸易仲裁委员会仲裁规则》第51条规定，仲裁庭应在签署裁决书之前将裁决书草案提交仲裁委员会核阅。在不影响仲裁庭独立裁决的情况下,仲裁委员会可以就裁决书的有关问题提请仲裁庭注意。

(四)裁决的期限和效力

各国仲裁立法和仲裁规则对于裁决作出的期限,规定并不一致。如2017年《国际商会仲裁规则》第31条规定,裁决作出的期限为6个月,但在特殊情况下,仲裁院可以延长此期限。2015年《中国国际经济贸易仲裁委员会仲裁规则》第48条明确规定,仲裁庭应当在组庭后6个月内作出裁决书。经仲裁庭请求,仲裁委员会仲裁院院长认为确有正当理由和必要的,可以延长该期限。

裁决的效力是指裁决的定案效力。一项终局裁决只要是合法有效的,即可构成定案。任何一方当事人无权向法院起诉或请求其他机构变更裁决。各国立法和仲裁规则对此作了比较一致的规定。中国《仲裁法》第9条第1款规定,"仲裁实行一裁终局的制度。裁决作出后,当事人就同一纠纷再申请仲裁或者向人民法院起诉的,仲裁委员会或者人民法院不予受理。"

(五)裁决的解释、更正和补充

裁决作出以后,当事人如果认为对裁决内容有不清楚之处,可以在一定期限内请求仲裁庭予以解释。如果当事人或仲裁庭发现裁决书上存在计算或打字上的错误,则可以对裁决内容加以更正。如果当事人发现裁决内容遗漏了已在仲裁程序中提出且经仲裁审理的事项,则可在一定期限内申请仲裁庭作出补充裁决。

(六)对国际商事仲裁裁决的异议和撤销

虽然大多数国家的仲裁立法没有赋予当事人就仲裁裁决的法律或事实上的问题提起完全上诉的权利,但相当多的国家都允许当事人通过另一条途径向法院提出申诉,这一途径通称为裁决的异议程序。

1. 对仲裁裁决提出异议的时间和理由

仲裁裁决作出后,如果裁决作出地国法律允许对裁决持有异议的当事人提出撤销裁决的申请,则对当事人可提出撤销裁决申请的时间多有限制,以免当事人有意拖延时间,影响裁决的承认和执行。总的来看,各国法律对可提出异议的时限都规定得较短,从28天(1996年英国《仲裁法》第70条第3款)到3个月(1998年德国《民事诉讼法典》第1059条第3款、联合国《国际商事仲裁示范法》第34条第3款)不等。中国《仲裁法》第59条规定,当事人申请撤销裁决的,应当自收到裁决书之日起6个月内提出。

对仲裁裁决提出异议的理由在各国法律中一般都有明确规定,但各国规定的理由不尽相同。总的来看,主要有四类:(1)裁决本身的问题。例如,裁决在法律适用和事实认定上有错误,裁决不符合法定的形式或内容的要求。(2)管辖权问题。(3)其他仲裁程序问题。例如,仲裁庭的组成是否适当;仲裁程序是否符合当事人仲裁协议中的约定;是否给予当事人以适当的开庭和听审通知。(4)公共政策问题。

2. 中国的涉外仲裁裁决的异议和撤销制度

2017年中国最高人民法院《关于审理仲裁司法审查案件若干问题的规定》第17条规

定,人民法院对申请执行我国内地仲裁机构作出的非涉外仲裁裁决案件的审查,适用《民事诉讼法》第237条的规定。人民法院对申请执行我国内地仲裁机构作出的涉外仲裁裁决案件的审查,适用《民事诉讼法》第274条的规定。可见,我国对内国的涉外仲裁裁决和内国的国内仲裁裁决实行不同的异议制度,即对涉外仲裁裁决实行形式审查制,对国内仲裁裁决实行实质审查制。

我国《仲裁法》第70条规定,当事人提出证据证明涉外仲裁裁决有《民事诉讼法》第258条(2012年修订后为第274条)第1款规定的情形之一的,经人民法院组成合议庭审查核实,裁定撤销。我国《民事诉讼法》第274条第1款的规定如下:(1)当事人在合同中没有订有仲裁条款或者事后没有达成书面仲裁协议的;(2)被申请人没有得到指定仲裁员或者进行仲裁程序的通知,或者由于其他不属于被申请人负责的原因未能陈述意见的;(3)仲裁庭的组成或者仲裁的程序与仲裁规则不符的;(4)裁决的事项不属于仲裁协议的范围或者仲裁机构无权仲裁的。2006年最高人民法院《关于适用〈中华人民共和国仲裁法〉若干问题的解释》第19条规定,当事人以仲裁裁决事项超出仲裁协议范围为由申请撤销仲裁裁决,经审查属实的,人民法院应当撤销仲裁裁决中的超裁部分。但超裁部分与其他裁决事项不可分的,人民法院应当撤销仲裁裁决。我国《仲裁法》第9条规定,仲裁裁决被人民法院依法裁定撤销或不予执行后,当事人可以重新达成仲裁协议申请仲裁,也可以向人民法院提起诉讼。

2017年最高人民法院《关于审理仲裁司法审查案件若干问题的规定》第19条规定,人民法院受理仲裁司法审查案件后,作出裁定前,申请人请求撤回申请的,裁定准许。其第20条规定,人民法院在仲裁司法审查案件中作出的裁定,除不予受理、驳回申请、管辖权异议的裁定外,一经送达即发生法律效力。当事人申请复议、提出上诉或者申请再审的,人民法院不予受理,但法律和司法解释另有规定的除外。

2017年最高人民法院《关于仲裁司法审查案件报核问题的有关规定》第2条第1款为涉外涉港澳台仲裁司法审查案件建立了报核制度:各中级人民法院或者专门人民法院办理涉外涉港澳台仲裁司法审查案件,经审查拟认定仲裁协议无效、不予执行或者撤销我国内地仲裁机构的涉外仲裁裁决,不予认可和执行香港特别行政区、澳门特别行政区、台湾地区仲裁裁决,不予承认和执行外国仲裁裁决,应当向本辖区所属高级人民法院报核;高级人民法院经审查拟同意的,应当向最高人民法院报核。待最高人民法院审核后,方可依最高人民法院的审核意见作出裁定。

2015年中国法院分别审结申请撤销涉外和涉港澳台仲裁裁决案件59件和24件,经最高人民法院复函同意后裁定撤销的涉港仲裁裁决案件1件,通知重新仲裁的案件2件。[①]

[①] 中国仲裁法学研究会:《中国国际商事仲裁年度报告(2015)》,第18页。

八、简易程序

在时间等于金钱的商界,当事人都希望在尽可能短的时间内通过仲裁解决争议,因而很多仲裁机构还规定了诸如"简易仲裁""快速仲裁""速办程序""小额争议仲裁"等做法,适用于一些案情较为简单、争议金额不大,而双方当事人都希望仲裁程序进行的时间尽可能缩短的案件。

2015 年《中国国际经济贸易仲裁委员会仲裁规则》第四章对"简易程序"作了规定,除非当事人另有约定,凡争议金额不超过人民币 500 万元,或争议金额超过人民币 500 万元,但经一方当事人书面申请并征得另一方当事人书面同意的,或双方当事人约定适用简易程序的,适用简易程序。没有争议金额或争议金额不明确的,由仲裁委员会根据案件的复杂程度、涉及利益的大小以及其他有关因素综合考虑决定是否适用简易程序。

九、仲裁中的语文和费用

(一)语文

各仲裁规则一般对仲裁使用的语文都作了规定。为了适应进一步对外开放的需要,方便双方都是外国籍的当事人在中国提起仲裁,1995 年《中国国际经济贸易仲裁委员会仲裁规则》突破了已往的规定,即允许在仲裁中使用外国语言文字。2015 年《中国国际经济贸易仲裁委员会仲裁规则》第 81 条规定:当事人对仲裁语言有约定的,从其约定。当事人对仲裁语言没有约定的,以中文为仲裁语言。仲裁委员会也可以视案件的具体情形确定其他语言为仲裁语言。当事人提交的各种文书和证明材料,仲裁庭或仲裁委员会仲裁院认为必要时,可以要求当事人提供相应的中文译本或其他语言译本。

(二)费用

各仲裁规则对费用问题都作了详细规定。例如,2015 年《中国国际经济贸易仲裁委员会仲裁规则》第 82 条就作了详细规定,其第 1 款规定:仲裁委员会除按照其制定的仲裁费用表向当事人收取仲裁费外,可以向当事人收取其他额外的、合理的实际费用,包括仲裁员办理案件的特殊报酬、差旅费、食宿费、聘请速录员速录费,以及仲裁庭聘请专家、鉴定人和翻译等的费用。

第五节 国际商事仲裁的法律适用

仲裁作为一项解决国际商事争议的制度,相关活动往往涉及多个国家,而各国的法律无论是仲裁程序法还是解决争议的实体法均难免存在歧异,因而需要确立相应的原则或规则来确定国际商事仲裁中各有关问题的法律适用。

一、仲裁协议的法律适用

由于仲裁协议实为契约的一种表现形式,世界大部分国家立法对仲裁协议的法律适用问题并未作明确、具体的规定,一般参照合同法律适用的准则。在国际商事仲裁实践中,关于仲裁协议应适用的法律,大致有适用当事人选择的法律、适用仲裁协议订立地法、适用当事人的属人法、适用最密切联系地法、适用仲裁地法等不同主张。

尽管在确定一项仲裁协议是否有效时,有时会适用当事人选择的法律,有时也可能适用仲裁协议订立地法或当事人的属人法,但仲裁地法是确认仲裁协议有效性所适用的主要法律,特别是在当事人没有选择应适用的法律的情况下,例如上述《纽约公约》第5条第1款第1项就作了类似规定。根据2017年最高人民法院《关于审理仲裁司法审查案件若干问题的规定》第16条规定,人民法院适用《纽约公约》审查当事人申请承认和执行外国仲裁裁决案件时,被申请人以仲裁协议无效为由提出抗辩的,人民法院应当依照该公约第5条第1款第1项的规定,确定确认仲裁协议效力应当适用的法律。

我国《涉外民事关系法律适用法》第18条规定,当事人可以协议选择仲裁协议适用的法律。当事人没有选择的,适用仲裁机构所在地法律或者仲裁地法律。2017年最高人民法院《关于审理仲裁司法审查案件若干问题的规定》第13条至第15条规定,当事人协议选择确认涉外仲裁协议效力适用的法律,应当作出明确的意思表示,仅约定合同适用的法律,不能作为确认合同中仲裁条款效力适用的法律。人民法院根据《涉外民事关系法律适用法》第18条的规定,确定确认涉外仲裁协议效力适用的法律时,当事人没有选择适用的法律,适用仲裁机构所在地的法律与适用仲裁地的法律将对仲裁协议的效力作出不同认定的,人民法院应当适用确认仲裁协议有效的法律。仲裁协议未约定仲裁机构和仲裁地,但根据仲裁协议约定适用的仲裁规则可以确定仲裁机构或者仲裁地的,应当认定其为《涉外民事关系法律适用法》第18条中规定的仲裁机构或者仲裁地。

2015年中国法院分别审结申请确认涉外和涉港澳台仲裁协议案件18件和36件,只有少数仲裁协议因为仲裁协议准据法是中国法时没有约定仲裁机构、航次租船合同仲裁条款没有并入提单、仲裁协议签字人没有得到有效授权等原因被认定无效。[①]

2012年最高人民法院《关于适用〈中华人民共和国涉外民事关系法律适用法〉若干问题的解释(一)》第14条规定,当事人没有选择涉外仲裁协议适用的法律,也没有约定仲裁机构或者仲裁地,或者约定不明的,人民法院可以适用中华人民共和国法律认定该仲裁协议的效力。

仲裁地法对仲裁协议的约束主要体现在以下几个方面:第一,仲裁协议的形式。第二,仲裁协议的内容。第三,仲裁协议的可仲裁事项。

二、仲裁程序问题的法律适用

(一)当事人协商选择的法律

当事人可以协商选择支配仲裁程序的法律或规则,是当今大多数国家仲裁立法和实践以及有关国际条约所承认的原则。如果当事人未作明示选择,通常还可根据某些因素

---

① 中国仲裁法学研究会:《中国国际商事仲裁年度报告(2015)》,第17—18页。

推定其默示选择。例如,若当事人约定由某一机构仲裁却未约定程序规则,则该指定机构所在国的法律以及该机构的仲裁程序规则即可被推定为应适用的法律规则。这主要是基于仲裁具有契约的性质。

(二) 仲裁法或仲裁地法

当事人未就仲裁程序法单另作出选择时,仲裁程序的准据法一般也就是指仲裁法,即仲裁地国家所制定的支配仲裁程序的法律。这一法律不但决定有关争议事项是否允许用仲裁方法解决,并且对其他程序事项也起决定性的作用,直至因仲裁庭超越其权限或未能适当地进行仲裁程序所作出的裁决的撤销。

此外,即使当事人就仲裁程序法作出了其他选择,也要适用仲裁地法中的强制性规定(例如禁止外国人作仲裁员、不得禁止律师担任代理人等确保程序公正的规定)。因为在很大程度上,这类强制性规定是仲裁地国家对在其境内进行的仲裁施以最基本的法律控制的一种有效手段。

(三) 非当地化理论及其局限性

自19世纪60年代以来,随着国际商事仲裁制度的发展,传统的"仲裁地"理论日益受到质疑和挑战。与此同时,一种新的理论——"非当地化理论"(delocalisation theory)被提出,并得到了一定的发展。这一学说认为不宜过分强调"仲裁地法"的地位与作用,当事人甚至可以在其合同中约定,仲裁不依从任何特定国家的程序法、任何特定国家的冲突法规则或任何特定法律体系的实体法,而仲裁员也可以适用一般法律规则或习惯法。激进的观点甚至认为,仲裁裁决的强制执行力并不必然来自于仲裁地法,即使有关的仲裁程序违反了该地法律乃至其强制性规则,在其他国家仍可得到执行。

最早在1961年《关于国际商事仲裁的欧洲公约》中便有了非当地化理论的反映。该《公约》第4条第1款即规定,除非当事人将争议提交常设仲裁机构仲裁,仲裁员适用的程序规则将完全交由当事人自己约定,无需考虑有关国内法是如何规定的。2017年《国际商会仲裁规则》第19条也在一定程度上采纳了非当地化理论。它规定:仲裁庭审理案件的程序受本仲裁规则管辖;本仲裁规则没有规定的,受当事人约定的或当事人没有约定时仲裁庭确定的规则管辖,不论是否因此而援引适用于该仲裁的某一国内法的程序规则。

迄今为止接受或倾向于接受非当地化理论的国家仍只是极少数。大多数国家仍坚持认为,仲裁程序制度在无当事人自主选择的情况下,仍应受仲裁地法支配,并受仲裁地国家法院的监督和管辖;仲裁裁决也只有取得仲裁地国家的国籍,才能依《纽约公约》在各缔约国间得到承认和执行。英国便是不接受非当地化理论的典型国家。

三、仲裁实体问题的法律适用

(一) 当事人协商选择实体法

在国际商事仲裁中,允许当事人协商选择解决争议的实体法,是各国普遍一致的做法。而且,随着国际商事仲裁制度的不断发展和完善,当事人协商选择实体法的自主权也不断扩大。同时,当事人选择法律的范围并不仅限于特定国家的国内法,还可以扩展到非国内法体系或非法律规则体系,如国际法、跨国法、国际贸易惯例、商事习惯法、一般法律原则,甚至可以是一些包含或体现在国际条约中的宗旨、原则或理念。

(二)依冲突法规则确定实体法

当事人未作法律选择或选择无效时,仲裁庭即需承担确定实体法的任务。通常,仲裁庭也是依据一定的冲突法规则来确定所要适用的实体法。例如,2006年联合国《国际商事仲裁示范法》第28条第2款规定,当事人没有指定任何可适用的法律的,仲裁庭应当适用其认为可适用的法律冲突规范所确定的法律。但是,根据很多学者的观点和部分外国立法和仲裁规则,仲裁庭不同于法院,不具有适用仲裁地冲突法规则的义务,而可在包括仲裁地冲突法在内的多个冲突法体系中进行选择。

实践中,可供仲裁庭选择的冲突法规则主要有以下四种:(1)仲裁地国家的冲突法规则。(2)仲裁员本国的冲突法规则。(3)裁决执行地国家的冲突法规则。(4)与争议有最密切联系国家的冲突法规则。[①]

(三)直接确定实体规则

最近几十年里,国际商事仲裁实践中出现了一种直接确定实体规则的方法,即仲裁庭无需确定和依赖冲突法规则,只需根据案件的实际情况,直接确定所应适用的实体规则。

许多国家的仲裁立法和实践以及有关的国际条约,都对这一方法予以了确认和肯定,例如2010年《联合国国际贸易法委员会仲裁规则》第35条第1款规定,仲裁庭应适用各方当事人指定适用于实体争议的法律规则。各方当事人未作此项指定的,仲裁庭应适用其认为适当的法律。2017年《国际商会仲裁规则》第21条第1款也作了相同规定。

如前所述,国际商事仲裁也允许友好仲裁,允许仲裁员或仲裁庭根据善良和公平原则(ex bono et aequo)或公平交易和诚实信用原则对争议实体问题作出裁决。

我国《仲裁法》没有规定仲裁中程序问题和实体问题的法律适用。但在当前国际商事仲裁尊重当事人意思自治的一般趋势下,当事人应该可以选择适用于仲裁中程序问题和实体问题的法律。在没有选择的情况下,对于程序问题,应该适用我国法律;对于实体问题,我国仲裁庭一般是依我国冲突规则指引准据法,在依最密切联系原则确定涉外合同的法律适用时,主要适用合同缔结地法、合同履行地法和仲裁地法。

第六节 国际商事仲裁裁决的承认与执行

实践表明,在国际商事仲裁中,绝大多数裁决都得到了当事人的自觉履行,但也不乏败诉方拒绝履行的。在这种情况下,胜诉方即可申请法院承认与执行,这既是仲裁裁决强制执行力的表现,也是法院支持和协助仲裁的重要表现。

国际商事仲裁裁决的承认与执行一般分两种情况:一是内国国际商事仲裁裁决在内国的承认与执行;二是内国国际商事仲裁裁决在外国的承认与执行,以及外国国际商事仲

[①] 李双元、欧福永主编:《国际私法(第四版)》,北京大学出版社2015年版,第483—484页。

裁裁决在内国的承认与执行。前一种情况为内国仲裁裁决的承认与执行,后一种情况则为外国仲裁裁决的承认与执行。在各国的仲裁立法和实践中,一般对内国仲裁裁决和外国仲裁裁决承认与执行的依据、条件和程序等有不同的规定,从而就得首先确定仲裁裁决的国籍。

一、国际商事仲裁裁决的国籍

关于内国仲裁裁决和外国仲裁裁决的区分标准,主要有两种:一是领土标准;二是非内国裁决标准。所谓领土标准,是指以裁决作出地为确定裁决国籍的标准,即凡在被请求承认与执行地国以外的国家领土内作出的裁决即为外国裁决。非内国裁决标准,则是指凡依被请求承认与执行地国法律不属于其内国裁决的即为外国裁决的标准。例如法国、德国等国的法律或判例都表明,在本国但依外国仲裁程序法进行的仲裁而作出的裁决不属于本国裁决,而是一项外国裁决。依此标准,裁决作出地不再是确定裁决国籍应予考虑的因素,一项在内国作出的裁决可能被确定为外国裁决,而一项在外国作出的裁决却可能被确定为内国裁决。

1958年《纽约公约》订立时,各缔约国分歧太大,无法就确定裁决国籍的标准达成一致。最后,《纽约公约》采用了一个折中方案,即兼以领土标准和非内国裁决标准为确定裁决国籍的标准,并将《公约》适用于依该两种标准确定的外国仲裁裁决的承认与执行。[①] 不过,应指出的是,无论是拟定《公约》的纽约会议还是《公约》本身,都更偏重于领土标准,非内国裁决标准乃是第二标准。两者之间是一种主从关系,后者只是前者的一种补充和扩延,而且后者的作用主要在于扩大《公约》的适用范围。[②] 同时,《公约》第1条第3款规定,任何国家得于签署、批准或加入本《公约》时,或于本《公约》第10条通知扩展适用时,基于互惠原则声明该国适用本《公约》,以承认及执行在另一缔约国领土内作成之裁决为限。

值得注意的是,尽管德国和法国在20世纪50年代起草《纽约公约》的过程中极力主张通过仲裁程序适用的法律决定仲裁裁决的国籍,但是这两国在其修订的民事诉讼法中,均抛弃了上述标准,而采用仲裁地点作为决定国际商事仲裁裁决国籍的标准。因此,可以认为,现代国际商事仲裁实践中,以仲裁地点决定国际商事仲裁裁决国籍,已成为各国公认的标准。[③]

二、内国仲裁裁决的承认与执行

内国仲裁裁决,即具有内国国籍的仲裁裁决,除包括国内非涉外仲裁裁决外,还包括

[①] 《纽约公约》第1条第1款规定:"仲裁裁决,因自然人或法人间之争议而产生且在申请承认及执行地所在国以外之国家领土内作成者,其承认及执行适用本《公约》。本《公约》对于仲裁裁决经申请承认及执行地所在国认为非内国裁决者,亦适用之。"

[②] 韩健:《现代国际商事仲裁法的理论与实践》,法律出版社2000年版,第380—381页。

[③] 赵秀文:《国际商事仲裁法》,中国人民大学出版社2012年版,第332页。

内国的国际商事仲裁裁决。许多国家对国内非涉外仲裁裁决和内国国际商事仲裁裁决在内国的承认与执行适用完全相同的条件和程序。

从各国的仲裁立法和实践看,申请承认和执行内国仲裁裁决的程序一般为:首先,由一方当事人向有管辖权的法院提出执行申请。其次,法院收到执行申请书后即对仲裁裁决进行形式审查。最后,法院经审查认定裁决符合有关法律规定的,即裁定承认其效力;需要执行的,则发给执行令,由内国法院依照内国民事诉讼法中规定的程序像执行内国法院判决一样予以强制执行。

法院对内国仲裁裁决进行形式审查的内容一般包括仲裁协议是否有效、仲裁员是否具备法定资格、仲裁员的行为是否得当、仲裁庭的组成及仲裁程序是否符合法律或仲裁协议的规定、被申请执行人是否得到了仲裁程序上适当的通知、裁决事项是否超出了仲裁协议的范围、裁决的形式是否符合法律的要求等。对于内国国际商事仲裁裁决,法院通常还要作公共秩序方面的审查。少数国家对内国仲裁裁决还作更严格的审查,如裁决中认定的事实是否正确、适用的法律是否适当。经审查,如果裁决有一项或几项不符合法律规定的,法院即驳回当事人的执行申请,裁定不予执行。

三、外国仲裁裁决的承认与执行

(一)承认与执行外国仲裁裁决的依据

由于仲裁裁决需经法院承认与执行,各国一般都将外国仲裁裁决的承认与执行纳入了国际民事司法协助的范围。由此,承认与执行外国仲裁裁决的依据便基本同于承认与执行外国法院判决的依据,即有关的国际条约和互惠原则。目前,较具影响的国际条约主要有:1958年《纽约公约》、1965年《华盛顿公约》、1961年《关于国际商事仲裁的欧洲公约》、1975年《美洲国家间关于国际商事仲裁的公约》等。

(二)承认与执行外国仲裁裁决应提交的文件

《纽约公约》第4条统一规定了申请承认与执行外国仲裁裁决应当提供的文件:经正式认证的裁决正本或经正式证明的副本;仲裁协议正本或经正式证明的副本。如果上述裁决或协议不是用被请求承认或执行的国家的文字作成,则申请人应提供译文,该译文应由一个官方的或宣过誓的译员或外交人员或领事人员证明。

(三)拒绝承认与执行外国仲裁裁决的理由

根据《纽约公约》第5条,拒绝承认与执行外国仲裁裁决的理由可分为两类:(1)须由被申请方当事人举证证明的理由。具体包括:仲裁协议当事人根据对他们适用的法律在当时是属于无行为能力,或根据当事人选定适用的法律,或没有这种选定时根据裁决作出地国法律,仲裁协议是无效的;对作为裁决执行对象的当事人未曾给予指定仲裁员或进行仲裁程序的适当通知,或作为裁决执行对象的当事人由于其他缘故未能提出申辩;裁决涉及仲裁协议所未曾提到的,或不包括在仲裁协议约定之内,或超出仲裁协议范围之外的争议①;仲裁庭的组成或仲裁程序与当事人的协议不符,或在没有这种协议时与仲裁地法不符;裁决对当事人尚无约束力,或已由裁决作出地国或裁决所依据法律所属国的主管机关撤销或停止执行。(2)法院依职权主动拒绝承认与执行的理由:争议事项不具可仲裁性;承认与执行裁决违反法院地国的公共秩序。

值得注意的是,外国仲裁裁决具有《纽约公约》第5条所列举的情形之一时,承认与执行地法院对是否承认与执行裁决享有自由裁量权。②

(四)承认与执行外国仲裁裁决的程序

根据《纽约公约》第3条的规定,执行仲裁裁决的程序规则依被申请执行地国的法律。各缔约国在承认或执行外国仲裁裁决时,不得比承认和执行国内仲裁裁决附加更为苛刻的条件或者征收过多的费用。显然公约只是作了原则性的规定,在执行外国仲裁裁决的程序方面,具体规定仍依各缔约国国内法。

综观各国立法,可将其承认和执行外国仲裁裁决的程序规则分为三类。其一是将外国仲裁裁决作为外国法院判决对待。这是多数国家的做法。其二是将外国仲裁裁决作为合同之债对待,这是英美法系国家比较普遍的做法,要求有关当事人提起一个请求履行仲裁裁决中规定的义务或请求损害赔偿的诉讼来获得在内国境内承认和执行外国仲裁裁决的执行令。其三是将外国仲裁裁决作为内国仲裁裁决对待,把适用于执行内国仲裁裁决的规则扩大及于外国仲裁裁决的执行。

四、中国关于国际商事仲裁裁决承认与执行的制度

中国关于国际商事仲裁裁决承认与执行的制度,主要体现在中国缔结或参加的有关国际条约、《民事诉讼法》《仲裁法》、最高人民法院《关于适用〈中华人民共和国民事诉讼法〉若干问题的意见》和最高人民法院《关于人民法院办理仲裁裁决执行案件若干问题的规定》等司法解释中。总的来看,上述制度主要涉及以下问题:(1)中国涉外仲裁裁决在中国的承认与执行;(2)中国涉外仲裁裁决在外国的承认与执行;(3)外国仲裁裁决在中国的承认与执行。

(一)中国涉外仲裁裁决在中国的承认与执行

1. 管辖的法院和应提供的文件

对于中国涉外仲裁裁决的承认与执行,中国《民事诉讼法》第273条规定,经中华人民

---

① 但如果关于仲裁协议范围内事项的决定可以同关于仲裁协议范围外事项的决定分开,则该部分决定仍可予以承认和执行。参见《纽约公约》第5条第1款第3项。

② 根据《纽约公约》第5条,裁决存在该条列举的情形之一时,承认与执行地法院"才可以"(may be)而不是"必须"(should or must)拒绝承认与执行,这赋予了法院自由裁量权。范·邓·伯格指出,《纽约公约》第5条规定的事由服从于法院的自由裁量权,如果执行地法院确信执行该裁决是适当的,即使裁决存在第5条规定的情形,执行地法院也可予以执行。在司法实践中,各国和各地区法院不是在外国仲裁裁决一有《公约》第5条规定的情形,就不予承认和执行,而是视具体情况,分别处理。这种做法显然有助于《公约》目标的实现。See Van den Berg, *The New York Convention of 1958*, Kluwer Law and Taxation Publishers, 1981, p.265. 例如,法国法院在一系列案件中,均承认与执行了已被外国法院撤销的仲裁裁决,尤其是 Chromally 公司案中的国际商事仲裁裁决在被埃及法院撤销后,又先后在美国和法国得到承认和执行。参见程永强:《论被撤销外国仲裁裁决的承认与执行》,厦门大学2009年硕士学位论文。

共和国涉外仲裁机构裁决的,当事人不得向人民法院起诉。一方当事人不履行仲裁裁决的,对方当事人可以向被申请人住所地或者财产所在地的中级人民法院申请执行。2018年最高人民法院《关于人民法院办理仲裁裁决执行案件若干问题的规定》第2条规定,当事人对仲裁机构作出的仲裁裁决或者仲裁调解书申请执行的,由被执行人住所地或被执行的财产所在地的中级人民法院管辖。

2017年最高人民法院《关于审理仲裁司法审查案件若干问题的规定》第6条规定,申请人向人民法院申请执行或者撤销我国内地仲裁机构的仲裁裁决、申请承认和执行外国仲裁裁决的,应当提交申请书及裁决书正本或者经证明无误的副本。当事人提交的外文申请书、裁决书及其他文件,应当附有中文译本。

2. 拒绝承认与执行中国涉外仲裁裁决的理由

我国对内国的涉外仲裁裁决和内国的国内仲裁裁决实行不同的承认与执行制度,即对涉外仲裁裁决实行形式审查制,对国内仲裁裁决实行实质审查制。这表明中国目前对仲裁裁决实行的是一种"内外有别"的双轨制监督机制。

根据中国《仲裁法》第71条、《民事诉讼法》第274条第1款,被申请人提出证据证明仲裁裁决有下列情形之一的,裁定不予执行[①]:第一,当事人在合同中没有订立仲裁条款或者事后没有达成书面仲裁协议的;第二,被申请人没有得到指定仲裁员或者进行仲裁程序的通知,或者由于其他不属于被申请人负责的原因未能陈述意见的;第三,仲裁庭的组成或者仲裁的程序与仲裁规则不符的;第四,裁决的事项不属于仲裁协议的范围或者仲裁机构无权仲裁的。人民法院认定执行该裁决违背社会公共利益的,裁定不予执行。2018年《关于人民法院办理仲裁裁决执行案件若干问题的规定》第13条和第14条对不予执行仲裁裁决的理由进行了细化。

根据2018年最高人民法院《关于人民法院办理仲裁裁决执行案件若干问题的规定》第3条和第4条规定,人民法院可以裁定部分执行仲裁裁决或者仲裁调解书,应当书面告知仲裁庭补正或说明仲裁裁决主文或者仲裁调解书中的文字、计算错误以及仲裁庭已经认定但在裁决主文中遗漏的事项。其第5条规定,申请执行人对人民法院依照本规定第3条、第4条作出的驳回执行申请裁定不服的,可以自裁定送达之日起10日内向上一级人民法院申请复议。其第17条规定,被执行人申请不予执行仲裁调解书或者根据当事人之间的和解协议、调解协议作出的仲裁裁决,人民法院不予支持,但该仲裁调解书或者仲裁裁决违背社会公共利益的除外。其第20条规定,当事人向人民法院申请撤销仲裁裁决被驳回后,又在执行程序中以相同事由提出不予执行申请的,人民法院不予支持;当事人向人民法院申请不予执行被驳回后,又以相同事由申请撤销仲裁裁决的,人民法院不予支持。

2015年最高人民法院《关于适用〈中华人民共和国民事诉讼法〉的解释》第481条规

[①] 根据我国《仲裁法》第70条的规定,人民法院裁定撤销我国涉外仲裁裁决的理由与不予执行的理由完全相同。

定,当事人请求不予执行仲裁裁决或者公证债权文书的,应当在执行终结前向执行法院提出。

依照中国《仲裁法》第9条的规定,仲裁裁决被人民法院依法裁定撤销或不予执行后,当事人可以重新达成仲裁协议申请仲裁,也可以向人民法院提起诉讼。

(二)中国涉外仲裁裁决在外国的承认与执行

中国《仲裁法》第72条、《民事诉讼法》第280条第2款均规定,对于涉外仲裁机构作出的已发生法律效力的裁决,当事人请求执行的,如果被执行人或其财产不在中国境内,应由当事人直接向有管辖权的外国法院申请承认和执行。

中国于1986年加入《纽约公约》,该公约已于1987年4月22日对中国生效。中国涉外仲裁裁决在公约其他成员境内的承认与执行,无疑应按《纽约公约》办理。在被请求承认与执行地国是非《纽约公约》成员的情况下,如果中国与对方存在相互承认与执行仲裁裁决的双边条约或互惠关系,则中国涉外仲裁裁决也可依有关的双边条约或互惠原则在对方得到承认与执行。值得注意的是,《纽约公约》第7条明确承认了缔约国另外签订的有关承认与执行裁决的多边或双边条约的优先效力。

(三)外国仲裁裁决在中国的承认与执行

中国《民事诉讼法》第283条规定:国外仲裁机构的裁决,需要中华人民共和国人民法院承认和执行的,应由当事人直接向被执行人住所地或其财产所在地的中级人民法院申请,人民法院应当依照中华人民共和国缔结或者参加的国际条约,或者按照互惠原则办理。

最高人民法院《关于适用〈中华人民共和国民事诉讼法〉的解释》第545条规定,对临时仲裁庭在中华人民共和国领域外作出的仲裁裁决,一方当事人向人民法院申请承认和执行的,人民法院应当依照《民事诉讼法》第283条规定处理。

1. 确定外国仲裁裁决的标准

从《民事诉讼法》第283条的措辞来看,中国对外国仲裁裁决的确定采用了作出裁决的仲裁机构标准,即国外仲裁机构作出的裁决就是外国仲裁裁决。这不仅与《纽约公约》中确立的标准大相径庭,而且使中国仲裁实践中对外国仲裁裁决的确定陷入了矛盾和混乱。因此,中国应及早取消仲裁机构标准,而采用《纽约公约》中的领土标准,以实现与国际普遍实践的一致,同时消除确定外国仲裁裁决和履行条约相关义务方面所存在的尴尬和不利影响。

2.《纽约公约》裁决在中国的承认与执行

为保证《纽约公约》在中国的有效实施,最高人民法院1987年发布了《关于执行中国加入的〈承认及执行外国仲裁裁决公约〉的通知》。

第一,可在中国依《纽约公约》承认与执行的裁决范围。中国加入《纽约公约》时提出了两项保留,即互惠保留和商事保留。根据互惠保留,中国只在互惠基础上对在另一缔约国领土内作出的仲裁裁决的承认与执行适用该《公约》。

第二,管辖法院。根据中国《民事诉讼法》第283条的规定,外国仲裁裁决的承认与执行由被执行人住所地或其财产所在地的中级人民法院管辖。2017年最高人民法院《关于审理仲裁司法审查案件若干问题的规定》第3条规定,外国仲裁裁决与人民法院审理的案件存在关联,被申请人住所地、被申请人财产所在地均不在我国内地,申请人申请承认外国仲裁裁决的,由受理关联案件的人民法院管辖。受理关联案件的人民法院为基层人民法院的,申请承认外国仲裁裁决的案件应当由该基层人民法院的上一级人民法院管辖。受理关联案件的人民法院是高级人民法院或者最高人民法院的,由上述法院决定自行审查或者指定中级人民法院审查。外国仲裁裁决与我国内地仲裁机构审理的案件存在关联,被申请人住所地、被申请人财产所在地均不在我国内地,申请人申请承认外国仲裁裁决的,由受理关联案件的仲裁机构所在地的中级人民法院管辖。

第三,承认与执行程序。申请中国法院承认和执行在另一缔约国领土内作出的仲裁裁决,由仲裁的一方当事人提出,当事人应当提交经中国驻外使领馆认证或经中国公证机关公证的仲裁裁决书的中文文本。申请应当在中国《民事诉讼法》第239条规定的2年申请执行期限内提出。中国有管辖权的人民法院在接到一方当事人的申请后,应对申请承认与执行的仲裁裁决进行审查。

3. 非《纽约公约》裁决在中国的承认与执行

中国与许多国家签订的双边条约,如双边贸易协定、双边投资保护协定以及双边司法协助协定,有的规定有相互承认与执行仲裁裁决的内容。由此,如果裁决作出地国不是《纽约公约》成员,但与中国存在关于承认与执行仲裁裁决的双边条约,则其裁决在中国的承认与执行可依该双边条约的规定办理。

在裁决作出地国既非《纽约公约》成员,又与中国不存在关于承认与执行仲裁裁决的双边条约时,根据中国《民事诉讼法》第283条的规定,中国仍可按互惠原则对其裁决予以承认和执行。实践中,中国法院一般是参照承认和执行外国法院判决的程序和条件对此类裁决进行审查的。

(四)拒绝承认和执行涉外和外国仲裁裁决的报核制度

如前所述,2017年最高人民法院《关于仲裁司法审查案件报核问题的有关规定》第2条第1款为不予执行或者撤销我国涉外仲裁裁决和外国仲裁裁决的司法审查案件建立了报核制度。

从2015—2017年间我国法院处理的81个有关承认与执行外国仲裁裁决的案例来看,有3例案件被拒绝承认和执行,有4例案件因仲裁庭超裁被拒绝承认与执行超裁部分,有61例案件得到法院承认与(或)执行,8例案件因被申请人撤诉而结案,1例案件因申请人提供材料不符合认证规定被驳回请求,1例案件被移送管辖,3例案件因管辖问题而被裁定驳回起诉或不予受理。上述数据充分表明,绝大多数外国仲裁裁决得到了中国法院的承认与执行,这是中国严格履行《纽约公约》所赋予的条约义务的有力证明。[①]

---

① 刘敬东、王路路:《"一带一路"倡议下我国对外国仲裁裁决承认与执行的实证研究》,载《法律适用》2018年第8期。

第七节　中国区际仲裁裁决的相互认可与执行

一、中国内地与香港地区仲裁裁决的相互认可与执行

（一）香港回归前区际仲裁裁决的认可与执行

香港回归前的仲裁裁决在内地是参照外国仲裁裁决予以认可与执行的。

1975年，英国批准了《纽约公约》，并于1977年将该《公约》拓展适用于香港地区。由此，在《纽约公约》自1987年4月22日对内地生效后，香港和内地作出的仲裁裁决即可作为《纽约公约》裁决依《公约》被相互认可与执行。

（二）香港回归后区际仲裁裁决的认可与执行

香港1997年回归祖国后，其与内地之间的关系即从原先的国际关系转变为区际关系。《纽约公约》显然已不适合作为两地相互认可与执行仲裁裁决的直接依据。由此，内地与香港之间相互执行仲裁裁决处于一种"冻结"状态。经过磋商，两地终于在1999年就《关于内地与香港特别行政区相互执行仲裁裁决的安排》达成一致意见。该《安排》于2000年2月1日起施行，其主要内容如下：

（1）管辖法院。在内地和香港特别行政区作出的仲裁裁决，一方当事人不履行的，另一方当事人可以向被申请人住所地或者财产所在地的有关法院申请执行。有关法院，在内地指被申请人住所地或者财产所在地的中级人民法院，在香港特别行政区指高等法院。被申请人的住所或者财产，既有在内地又有在香港特别行政区的，申请人不能同时分别向两地有关法院提出申请。只有一地的财产不足以偿还其债务时，可就不足部分向另一地法院申请执行。

（2）应提交的文书。申请人应提交以下文书：执行申请书；仲裁裁决书；仲裁协议。执行申请书应当以中文文本提出，裁决书或者仲裁协议没有中文文本的，申请人应当提交正式证明的中文译本。

（3）期限和法律适用。申请人向有关法院申请执行内地或者香港特别行政区仲裁裁决的期限依据执行地法律有关时限的规定。有关法院在接到申请人申请后，应当按执行地法律程序处理及执行。

（4）不予执行的根据。在内地或者香港申请执行的仲裁裁决，被申请人接到通知后，提出证据证明有下列情形之一的，经审查核实，有关法院可裁定不予执行：第一，仲裁协议当事人依对其适用的法律属于某种无行为能力的情形；或者该项仲裁协议依约定的准据法无效；或者未指明以何种法律为准时，依仲裁裁决地的法律是无效的。第二，申请人未接到指派仲裁员的适当通知，或者因他故未能陈述意见的。第三，裁决所处理的争议不是交付仲裁的标的或者不在仲裁协议条款之内，或者裁决载有关于交付仲裁范围以外事项的决定的；但交付仲裁事项的决定可与未交付仲裁的事项划分时，裁决中关于交付仲裁事项的决定部分应当予以执行。第四，仲裁庭的组成或者仲裁庭程序与当事人之间的协议

不符,或者在有关当事人没有这种协议时与仲裁地的法律不符。第五,裁决对当事人尚无约束力,或者业经仲裁地的法院按仲裁地的法律撤销或停止执行的。有关法院认定依执行地法律,争议事项不能以仲裁裁决解决的,则可不予执行该裁决。内地法院认定在内地执行该仲裁裁决违反内地社会公共利益,或者香港法院认定在香港地区执行该仲裁裁决违反香港的公共政策,则可不予执行该裁判。

(5) 费用。申请人向有关法院申请执行在内地或者香港特别行政区作出的仲裁裁决,应当根据执行地法院有关诉讼收费的办法交纳执行费用。①

(6) 适用范围。1997年7月1日以后申请执行在内地或者香港特别行政区作出的仲裁裁决按本《安排》执行。

最高人民法院于2009年《关于香港仲裁裁决在内地执行的有关问题的通知》指出:当事人向人民法院申请执行在香港特别行政区作出的临时仲裁裁决、国际商会仲裁院等国外仲裁机构在香港特别行政区作出的仲裁裁决的,人民法院应当按照《安排》的规定进行审查。

二、中国内地与澳门地区仲裁裁决的相互认可与执行

(一) 澳门回归前区际仲裁裁决的认可与执行

澳门仲裁制度最早可追溯至葡萄牙1961年《民事诉讼法典》第四卷对仲裁的专门规定,该法典自1963年1月1日起延伸适用于澳门。但是,澳门地区一直没有民商事仲裁的案例和仲裁机构,直到1996年澳门《仲裁法律制度》确立起澳门本地仲裁制度,1998年澳门《涉外商事仲裁专门制度》建立起澳门涉外商事仲裁制度。葡萄牙虽于1995年加入了《纽约公约》,但未将该《公约》拓展适用于澳门地区(直到我国政府2005年7月19日宣布,按照中国加入《公约》之初所作的声明,《公约》适用于澳门地区)。因此,澳门回归前内地仲裁裁决不能在澳门得到承认与执行。

在澳门地区作出的仲裁裁决也不能依《纽约公约》在中国内地被认可与执行,而只能依中国《民事诉讼法》第283条的规定,由人民法院按互惠原则办理。

(二) 澳门回归后区际仲裁裁决的认可与执行

1999年澳门《涉外商事仲裁专门制度》对认可与执行外国仲裁裁决作了规定。只要符合它规定的条件,在互惠或对等的基础上,包括中国内地在内的任何国家或地区的仲裁裁决都可在澳门特别行政区得到认可与执行。

2007年最高人民法院与澳门特别行政区经协商并达成了《关于内地与澳门特别行政区相互认可和执行仲裁裁决的安排》,自2008年1月1日起实施。《安排》主要参照了《纽约公约》的有关规定,对管辖法院、应提交的文件、不予认可的根据、收费和保全措施等作了规定。

---

① 根据2005年最高人民法院《第二次全国涉外商事海事审判工作会议纪要》第73条规定,涉及执行香港特别行政区、澳门特别行政区、台湾地区仲裁裁决的收费及审查期限问题,参照最高人民法院《关于承认和执行外国仲裁裁决收费及审查期限问题的规定》办理。

三、祖国大陆与台湾地区仲裁裁决的相互认可与执行

1992年中国台湾地区颁布《台湾地区与大陆地区人民关系条例》,允许台湾地区法院认可与执行在祖国大陆作出的仲裁裁决。根据1998年最高人民法院发布的《关于人民法院认可台湾地区有关法院民事判决的规定》第19条的规定,在人民法院申请认可与执行台湾地区仲裁机构仲裁裁决的,可适用本《规定》。2015年,最高人民法院又发布了《关于认可和执行台湾地区仲裁裁决的规定》,自2015年7月1日起施行。

最高人民法院《关于认可和执行台湾地区仲裁裁决的规定》共22条,其基本框架与2015年《关于认可和执行台湾地区法院民事判决的规定》大体相同,主要是扩大了申请认可与执行台湾地区仲裁裁决的范围,明确了仲裁优先的原则和不予认可仲裁裁决的理由,规定了认可台湾地区仲裁裁决的审查期限,以及在当事人申请认可后在台湾地区法院又进行的撤销仲裁裁决程序对人民法院认可和执行程序的影响,增加了不予认可后的救济途径,等等。

四、关于不予认可与执行涉港澳台地区仲裁裁决的报核制度

2017年最高人民法院《关于仲裁司法审查案件报核问题的有关规定》第2条第1款为不予认可与执行香港特别行政区、澳门特别行政区、台湾地区仲裁裁决的司法审查案件建立了报核制度。[①]

思考题

1. 简述国际商事仲裁的特点。
2. 国际商事仲裁协议的有效要件有哪些?
3. 简述国际商事仲裁协议的效力。
4. 何谓仲裁条款自治理论?
5. 何谓非当地化理论?
6. 简述国际商事仲裁中的和解程序。
7. 如何确定国际商事仲裁中实体问题和程序问题的准据法?
8. 试述我国的国际商事仲裁裁决异议制度。
9. 试述我国的国际商事仲裁裁决承认与执行制度的完善对策。

---

① 2015年中国法院审结申请认可与执行涉港澳台仲裁裁决案件4件,其中1件因为超裁而不予认可和执行。

后 记

经全国高等教育自学考试指导委员会同意,由法学类专业委员会负责高等教育自学考试法律专业教材的审定工作。

《国际私法》自学考试教材由湖南师范大学蒋新苗教授担任主编,参加编写的有浙江大学光华法学院金彭年教授、武汉大学法学院郭玉军教授、湖南警察学院李先波教授、吉林大学法学院田洪鋆教授、湖南师范大学法学院欧福永教授和福州大学法学院黄辉教授。

参加本教材审稿讨论会并提出修改意见的有北京大学法学院何其生教授、中国人民大学法学院杜焕芳教授和中国政法大学国际法学院杜新丽教授。全书由主编蒋新苗教授修改定稿。

北京大学出版社冯益娜老师等编审人员付出了大量努力,在此一并表示感谢!

全国高等教育自学考试指导委员会
法学类专业委员会
2018 年 9 月